向海而兴

上海国际航运中心建设亲历者说

中共上海市委党史研究室
上海市交通委员会
上海中国航海博物馆

编

上海人民出版社

编委会

目 录

第三编 建设洋山港，缔造新传奇

第四编 砥砺奋进，创新发展

前　言

2020年是上海国际航运中心基本建成之年。

1996年1月，党中央、国务院作出重大决策，将建设以上海为中心、以苏浙为两翼的上海国际航运中心确立为国家战略。2009年4月，国务院发布《关于推进上海加快发展现代服务业和先进制造业建设国际金融中心和国际航运中心的意见》，进一步为上海国际航运中心建设明确了目标和任务。20多年来，上海不忘初心、牢记使命，在党中央、国务院的坚强领导下，在中央部委和兄弟省市的大力支持下，以勇创世界一流的志气和勇气，以2020年基本建成国际航运中心为目标，筚路蓝缕，砥砺前行，向党和人民交出了一份靓丽的答卷。今天，上海已跻身全球一流国际航运中心之列。

时不我待，建设上海国际航运中心战略决策的确立

建设上海国际航运中心，是党中央、国务院为扩大对外开放、推动我国尽快在经济全球化和区域经济一体化的世界经济大格局中取得一席之地而作出的一项战略决策。

自1978年12月党的十一届三中全会作出实行改革开放的重大决策以来，我国的对外开放不断向纵深推进。从20世纪80年代初创立4个经济特区开始，到80年代中期开放14个沿海城市和开辟沿海经济开放区；从1990年4月党中央、国务院正式宣布开发开放浦东，将其作为深化改革、扩大开放的又一重大部署，到1992年10月党的十四大作出“以上海浦东开发开放为龙头，进一步开放长江沿岸城市，加快把上海建成国际经济、金融、贸易中心之一，带动长江三角洲和整个长江流域地区经济的新飞跃”的战略部署，多层次、有重点、点面结合的对外开放格局逐步形成。

同时，我国的外部发展环境也在发生着深刻变化。20世纪80年代末90

年代初，经济全球化趋势加速发展，经济发达国家凭借其资本优势，在具有资源禀赋优势的国家或地区组织生产，通过国际贸易形式获取更大效益，最终在全球范围内实现资源的合理配置。部分东亚国家和地区，如新加坡和韩国受益于世界经济发展和西方国家经济产业结构调整，成为跨国公司的重要生产制造基地，并逐步形成了区域经济一体化的发展趋势。

国际贸易的增长和区域经济的发展，对作为国际贸易主要实现方式的海上运输，以及作为连接海陆运输重要枢纽的港口都带来了重大影响。尤其是以船舶大型化、经营联盟化、运输干线网络化为主要特点的国际集装箱运输方式的出现，改变了传统的国际贸易运输。随着中国经济的快速发展，争夺东北亚地区区域性国际集装箱枢纽港的竞争愈演愈烈。1995 年前后，韩国提出了把釜山建成“21 世纪环太平洋中心港”规划目标，我国台湾地区提出了把高雄建成“亚太营运中心”的发展规划，日本在阪神大地震之后提出了把神户建成“亚洲母港”的战略目标。虽然提法各有不同，但从本质上看，竞争的焦点就是争夺东北亚地区的国际集装箱枢纽港地位。如果我国大陆没有一个国际航运中心，大量的货物只能以支线方式喂给神户港、釜山港和高雄港，运费比直接运输高很多，我国大陆劳动力成本低的优势就此打折；从更深层次看，我国大陆市场巨大、腹地辽阔，如果没有一个与其经济实力相匹配的枢纽港，就会丧失在国际贸易和航运领域的话语权，在国际分工与竞争中就会处于被动地位，动员资源的能力就会受到制约，经济发展的动力就会被削弱。

建设上海国际航运中心，也是上海深化城市功能定位，更好发挥服务长三角、服务长江流域、服务全国作用而作出的深入思考。

上海位于我国南北海岸线的中心，是长江入海的咽喉。“港为城用，城以港兴”，就是对上海发展历史的形象概括，港口的发展催生了上海这座城市的兴起，而上海城市的繁荣又进一步促进了港口的发展。正因如此，无论是中央层面还是上海自身在谋划城市发展的过程中，始终把发挥上海港“襟海带江”的地理条件和沟通国内国外的独特优势作为前提基础和重要内容。随着浦东开发开放和“一个龙头、三个中心”战略定位的确立，上海对外经贸交流规模不断扩大，作为上海腹地的长三角地区和长江流域对外贸易也呈现迅猛增长之势，这对推动以上海港为基础的航运业发展提出了迫切要求。航运业既是现代服务业的重要内容，也是支撑金融、贸易、信息等产业发展的基础条件之一。如果上海不能成为国际航运中心，国际经济、贸易和金融中心的作用就难以充分发挥出来。

1995 年 12 月，国务院总理李鹏批示指出："把上海建成国际航运中心是开发浦东，使其成为远东经济中心，开发整个长江的关键。"1996 年 1 月，他在沪主持召开由两省一市和国务院有关部门主要负责人参加的专题会议，就建设上海国际航运中心问题进行了研究。会议认为，把上海建成国际航运中心是开发开放浦东，使上海成为国际经济、金融、贸易中心之一的重要条件，对我国对外开放，对长江经济带的经济发展意义重大。会议还明确了近期需要抓紧落实的 6 项工作：一是成立上海航运交易所，二是建立上海组合港，三是推进外高桥港区一期改造和新建二期集装箱码头等一批集装箱码头建设，四是实施长江口深水航道治理工程，五是组织开展上海国际航运中心新港址论证，六是开通宁波至美国东海岸航线。2001 年 5 月，国务院批复同意《上海市城市总体规划 1999 年—2020 年》，明确将上海逐步建成国际经济、金融、贸易和航运中心之一。

三管齐下，实现上海港从河港到海港的"三级跳"

为贯彻落实会议精神，加快上海国际航运中心建设，必须完善相关工作机构和航运功能性机构的设立。1996 年 5 月，上海市委组建上海国际航运中心上海地区领导小组及其办公室，国航办承担领导小组日常工作，具体负责上海国际航运中心建设的有关工作。同年 11 月，经国务院批准、由交通部和上海市政府共同组建和管理的国家级航运交易市场——上海航运交易所开业，航交所成为上海建设国际航运中心的基础性配套机构。1997 年 9 月，国务院批复成立上海组合港，作为跨上海、浙江、江苏三省市的港口集装箱码头的行政管理机构，组合港管委会办公室设在上海。

加快国际集装箱深水枢纽港建设成为这一阶段上海国际航运中心建设迫切需要解决的核心问题。集装箱深水泊位是国际航运中心的重要物质基础之一，上海港虽然是我国最大的港口，但港口主要分布于黄浦江两岸，进港航道水深和年吞吐能力远不能适应国际航运市场船舶大型化的发展要求。

如何解决这一难题？1995年9月，中共上海市委书记黄菊提出建设上海国际航运中心“三管齐下”的总体思路，即同步推进外高桥港区建设、长江口深水航道建设和洋山深水港选址论证。

加快外高桥港区建设，解决上海港集装箱码头装卸能力缺口矛盾。1997年7月，外高桥港区一期集装箱化改造工程开工，1999年6月完工。原有的4个泊位改建为3个大型集装箱泊位，可全天候停靠第二代集装箱船舶，乘潮靠泊第三、第四代集装箱船舶，设计年吞吐能力为60万标准箱。此后，又持续开展了外高桥二期至六期建设，外高桥港区成为上海国际航运中心国际集装箱码头设施的重要组成部分。

实施长江口深水航道治理工程，突破长江口通航“瓶颈”。虽然上海港已逐步向罗泾、外高桥等新港区转移，但因流速放缓、潮汐顶托等多种因素综合作用，导致大量来沙在长江口口门附近堆积而成的“拦门沙”的影响，长江口航道水深仅为7.5米，大型船舶只能乘潮进出。为了实现治理长江口、打通“拦门沙”的夙愿，1998年1月，长江口深水航道治理（一期）工程开工建设。工程按照“一次规划，分期建设，分期见效”的思路分三期实施，至2010年3月全面完成，前后历时12年，使长江口达到12.5米的通航水深。

但无论是港区布局的调整，还是航道的疏浚整治，都无法从根本上解决上海港航道水深不足的问题。鉴于周边国家和地区港口的激烈竞争以及上海建设“一个龙头、三个中心”的迫切需要，必须在5至10年内初步建成上海国际航运中心，必须以上海为中心建设集装箱枢纽港。上海市委、市政府曾先后对北上（罗泾）、东进（外高桥）、南下（金山嘴）等方案进行论证，最终选定在位于崎岖列岛、具有15米水深条件的大小洋山建港。

1996年至2001年，围绕大小洋山深水港址，上海按照中央的要求，以严谨细致的科学态度、求真务实的工作作风，动员上百家科研设计单位、几十位两院院士和几百位国内外权威专家，进行了6年艰苦而卓有成效的科学论证和各项前期工作。据统计，共有6000多人次的科研人员参加论证和前期工作，完成专题研究200多项；参加各种专题成果评审和咨询的国内外知名专家、学者达1000多人次，两院院士达100多人次。

2000年11月，中共中央总书记、国家主席江泽民对建设上海国际航运中心洋山深水港区作出重要批示，为尽快将上海建成太平洋西岸国际经济、贸易、金融和航运中心城市指明了方向。2001 年 1 月，国务院副总理吴邦国召集有关部委领导，强调建设上海洋山深水港区是必要的、紧迫的，并对在科学论证基础上按程序加快洋山深水港区建设作了具体部署。2002 年 3 月，国务院第 56 次总理办公会议审议通过洋山深水港区一期工程可行性研究报告和开工报告。6 月，洋山深水港区一期工程开工建设，2005 年 12 月建成完工投入试运行。至 2008 年 11 月洋山深水港区三期（二阶段）工程建成完工，洋山深水港北港区主体工程全面建成，形成集装箱专用泊位 16 个，在连成一片的 5.6 公里长的码头岸线上，整齐地排列着 60 台集装箱桥吊，平均不到 100 米就有一台集装箱桥吊，这在世界先进的集装箱码头上也是少有的。

洋山深水港区建设，使得上海港成为一座真正的“海港”，从根本上解决了上海港不具备 15 米以上水深的航道和泊位的瓶颈制约，为奠定上海国际集装箱枢纽港地位发挥了不可替代的作用。

在“三管齐下”的合力作用下，上海港仅通过 15 年奋斗，即问鼎世界集装箱大港。而航道治理技术、外海码头建设技术、集装箱码头智能化技术等一系列成就，具有世界意义和影响。

双轮驱动，上海国际航运中心建设的深入推进

2009 年，《国务院关于推进上海加快发展现代服务业和先进制造业建设国际金融中心和国际航运中心的意见》明确，到 2020 年，上海将基本建成航运资源高度集聚、航运服务功能健全、航运市场环境优良、现代物流服务高效，具有全球航运资源配置能力的国际航运中心。上海国际航运中心建设由注重基础设施建设转入提升基础设施能力与发展服务软环境并举的阶段。

党的十八大以来，上海国际航运中心建设充分体现“一带一路”建设以及“长江经济带”“交通强国”“海洋强国”战略布局要求，将国家发展任务与上海国际航运中心建设紧密结合起来。尤其是在 2018 年 11 月首届中国国际进口博览会在上海举行期间，中共中央总书记、国家主席习近平在上海考察。他在视频连线洋山港四期自动化码头，听取码头建设和运营情况介绍时指出，经济强国必定是海洋强国、航运强国。洋山港建成和运营，为上海加快国际

航运中心和自由贸易试验区建设、扩大对外开放创造了更好条件。要有勇创世界一流的志气和勇气，要做就做最好的，努力创造更多世界第一。他希望上海把洋山港建设好、管理好、发展好，加强软环境建设，不断提高港口运营管理能力、综合服务能力，在我国全面扩大开放、共建"一带一路"中发挥更大作用。

一是优化现代航运集疏运体系，形成分工合作、优势互补、竞争有序的港口格局，增强港口综合竞争能力。

2017 年 12 月 10 日，洋山深水港区四期码头开港试生产。洋山四期是目前全球正在运营的规模最大的自动化集装箱码头，不仅是全球正在运营的数十个自动化集装箱码头中的"集大成之作"，而且从基础设施建设到控制系统总集成，中国企业都在其中发挥着核心作用，标志着我国港口行业在运营模式和技术应用上实现了里程碑式的跨越升级，为上海港进一步巩固世界强港地位、加速国际航运中心建设提供了新动力。

内河高等级航道网建设是港口集疏运体系中的重要一部分，也是国际航运中心建设的重要板块。随着长江 12.5 米深水航道向上游延伸，多级转运进一步减少，促进形成以上海国际航运中心为龙头，布局合理、层次分明、分工协作、优势互补的长江港口体系，长江中上游江海联运能力大幅提升，长江黄金水道焕发新活力。"一环十射"高等级航道网建设的推进，将长三角地区的集装箱通过苏申外港线、平申线、杭申线、长湖申线、大芦线等航道直抵芦潮港等内河集装箱港区，加大了上海国际航运中心对外辐射能力。

随着上海港集疏运体系的进一步优化，2017 年上海港成为全球首个年集装箱吞吐量突破 4000 万标准箱的港口，2019 年达 4330.3 万标准箱，并连续十年蝉联世界集装箱吞吐量第一。

二是发展现代航运服务体系，拓展航运服务产业链，不断完善航运服务功能。

口岸环境不断完善。为提高口岸运作效率，上海在实施"一门式"服务、提前实现"大通关"目标之后，又率先启动"5+2 天"工作制、"一单两报"、进口分类通关等改革措施，确保"管得住"又"通得快"。2012 年起，上海市口岸办联合上海口岸海关、检验检疫、海事和边检全面推行无纸化作业和通关一体化改革，降低综合通关成本，提高通关效率。同时，上海自贸试验区口岸监管制度不断创新，“一线放开、二线安全高效管住、区内自由”的贸易监管制度和国际贸易“单一窗口”制度实施，货物状态分类监管制度试点，口岸通关便利化水平进一步提高。

航运全产业链完整建立。航运辅助业、支持产业都有所发展，在各个门类都出现了在世界市场中占据领先地位的领军企业。2016 年 2 月，由中国远洋和中国海运重组建立的中国远洋海运集团有限公司在上海正式成立，集团经营船队综合运力排名世界第一。成立于 1992 年的上海振华重工（集团）股份有限公司在全球港机市场上一枝独秀，市场占有率长期占据世界第一。

服务功能逐步提升。航运指数影响全球，上海航运交易所形成的上海航运指数体系，整个门类的齐全度全球第一，在国际航运市场上发挥着“晴雨表”和“风向标”的作用。2014 年 6 月，由新华社国家金融信息中心指数研究院联合波罗的海交易所编制的“新华・波罗的海国际航运中心发展指数”在上海首次发布。航运要素加快集聚，波罗的海国际航运公会上海办事处等一批航运协会及航运人才培训机构、海事法律仲裁机构、全球九大船级社分支机构等功能性机构在上海集聚，航运融资、保险、衍生品等业务规模均居全国前列。充分发挥上海靠近国际主航线的区位优势，以及工业基础、人才资源、商务环境等方面的综合优势，大力发展船舶交易、船舶管理、航运经纪、航运咨询、船舶技术等各类航运服务机构，拓展航运服务产业链，延伸发展现代物流等关联产业，不断完善航运服务功能。完善航运服务规划布局，进一步拓展洋山保税港区的功能，发展北外滩、陆家嘴、临港等航运服务集聚区。

邮轮经济快速发展。上海邮轮码头及配套设施建设日益完善，随着上海吴淞口国际邮轮港开港及其后续工程投入使用，上海邮轮码头进入四船同靠时代，目前该港已成为亚洲第一、全球第四的邮轮母港。产业发展环境日渐改善，“上海国际邮轮产业发展综合改革试点区”“中国邮轮旅游发展实验区”“中国邮轮旅游发展示范区”在沪先后设立。2018 年 11 月，中船集团与嘉年华集团、意大利芬坎蒂尼集团共同宣布合作设计建造“2+4”艘 Vista 级大型邮轮，这成为打响“上海制造”品牌、促进上海邮轮全产业链发展的重要一步。

上海国际航运中心建设一路走来曾历经坎坷曲折，也曾收获重大突破。

为了充分反映这一段不平凡的历程，中共上海市委党史研究室、上海市交通委员会和上海中国航海博物馆合作编撰了《向海而兴——上海国际航运中心建设亲历者说》一书，先后对约50位上海国际航运中心建设的领导者、建设者和参与者开展口述访谈，听他们讲述其中一幕幕令人难忘的故事。上海国际航运中心建设时间跨度大、涉及领域广，许多工作相互关联、彼此交织，为此，我们以上海国际航运中心建设发展历程为纵轴，结合各个阶段的特色工作，聚焦上海国际航运中心建设的决策过程、长江口深水航道治理工程和外高桥港区两大基础工程建设、上海国际航运中心建设的核心项目——洋山深水港区建设，以及航运产业、航运服务等领域的创新发展这4个方面进行编排。

习近平总书记指出："一切向前走，都不能忘记走过的路；走得再远、走到再光辉的未来，也不能忘记走过的过去，不能忘记为什么出发。"希望本书不仅能够帮助大家重温这一段峥嵘岁月，更能够从重温历史中汲取继续奋发前行的动力，共同创造上海国际航运中心建设更加辉煌的未来！

第一编

国家战略，时代使命

建设上海国际航运中心 探索合作共赢之路

口述前记

徐匡迪，1937 年 12 月出生。先后在北京钢铁工业学院、上海工学院、上海机械学院、上海工业大学、上海市政府教育卫生办公室、上海市高等教育局等单位工作。1991 年至 1992 年任上海市计委主任、党组书记。1992 年 8 月至 12 月任上海市副市长兼市计委主任、党组书记。1992 年 12 月至 1994 年 10 月任上海市委常委、副市长。1994 年 10 月至 1995 年 2 月任上海市委副书记、副市长。1995 年至 2001 年任上海市委副书记、市长，其中于 1995 年当选为中国工程院院士。2001 年至 2008 年先后担任中国工程院院长、党组书记，第十届全国政协副主席等职。

中共第十四届中央候补委员，十五届、十六届中央委员。

口述：徐匡迪
采访：徐建刚、谢黎萍、杨建勇、张　励
整理：刘　捷、张　励
时间：2019年7月4日

1992年召开的党的十四大明确提出要把上海建成“一个龙头、三个中心”的战略目标，而保障上海的国际经济、金融、贸易中心建设在新形势卜持续深入巩固推进，航运中心建设就是一项非常关键的措施。从1992年担任上海市副市长开始，尤其是1995年2月担任上海市市长以后，我在抓好2001年APEC会议举办和2010年中国上海世界博览会申办工作的同时，在市委统一领导下，参与了上海国际航运中心建设，主要是深水港的前期论证工作。在这一过程中，给我印象最深的，一是关于究竟是实施长江口深水航道治理工程还是建设洋山深水港的争论，最后还是决定“两条腿走路”，两个项目都要上；二是上海港从黄浦江两岸转移到长江口，再到跳出上海真正成为海港的“三步走”设想。

建设国际航运中心，一项刻不容缓的决策

上海建设国际航运中心，是中央作出的一项重大战略决策。为什么这样说？首先，我认为这与上海优越的区位优势有关。上海位于我国南北海岸线的中点，是万里长江的通海咽喉，对内可以沿着长江辐射到流域内的九省二市，对外是西太平洋世界海上航路要冲之一，因此自1843年开埠以来便是中国内地与世界各地交流的一个重要口岸。内地的许多货物，如四川的桐油、云南的茶叶等，都可以通过长江集中到上海再销往海外；洋油、洋棉、面粉、石油等国外运来的商品经由上海转口卖到内陆各个省份。纺织工业被称为上海工业的“半壁江山”，非常发达。但这些棉纺厂所用原料主要是从境外进口的棉花，织成棉布后一部分在内地销售，一部分出口到香港和东南亚等地。面粉工业也是如此，中国虽然也种植小麦，但由于土壤及气候原因，小麦蛋白质含量不够高，适合制作炊饼和馒头，要制作面包、蛋糕的话，还要使用进口面粉。

上海不仅是内外物资流通的中心，而且是人员交流的中心。由于当时航空和铁路运输还不发达，不仅前往香港、日本乃至欧洲和美洲都需要在上海搭乘远洋轮船，像邓小平等赴法勤工俭学就是从上海出发，搭乘邮轮前往法国的；连国内交通，无论是到长江沿岸的重庆、武汉、南昌、九江等城市，还是到长三角区域内的许多城市，也主要是依靠坐船。我记得当时从上海出差去鞍钢，就是坐船一昼夜到大连，再乘坐火车到鞍山的。上海还是外国在华投资的中心，是我国对外开放的一个重要门户。随着19世纪末外商在中国通商口岸设厂和输入机器合法化，英、美、日等国资本进入上海，开设大批工厂，规模比较大的主要涉及食品、棉纺织、日用轻工业、印刷等行业。

其次是与我国社会主义现代化建设对港口现代化的迫切需求有关。随着时代的发展，航运业自身发生了很大的变化。在港口运输的货物方面，之前我国进口货物中棉花、小麦等占有很大比重，但在我国自己的优质小麦品种广泛推广之后，粮食进口逐步减少；同样，在我国新疆成功引进种植埃及长绒棉品种之后，棉花的进口也大为减少，同时上海对全市纺织工业布局也作出调整，许多工厂搬迁到更靠近棉花产地的河南、陕西乃至新疆等地，从而大大降低了运输成本。在港口运输的手段方面，过去港口货物运输都是由码头工人打包肩扛人挑的，20世纪60年代后开始出现集装箱运输，这种运输方式是把货物整整齐齐地装入集装箱中进行运输和装船，机械化装卸更加方便、规范。在运输船舶的规模方面，实际上过去进出上海港的远洋船舶吨位也并不大，多数在1万吨左右，白天从长江口停泊的锚地出发，乘潮从吴淞口进来一直到十六铺，晚上再乘着涨潮驶离。但船舶大型化趋势的发展使得黄浦江水深不够的问题成了上海建设国际航运中心的最大制约。此外，铁路和公路交通的发展，尤其是改革开放以来航空业的快速发展，轮船的客运功能在逐渐弱化，客运人数日益减少。新中国成立之前，钱学森、朱光亚等人赴美国留学和归国都是乘坐轮船，现在去美国都是搭乘飞机了。

最后，这与上海推进改革开放的现实需求有关。过去外滩对面的浦东陆家嘴一带都是修船厂、堆货的仓库等，船舶驶入黄浦江后就停靠在那里卸载、维修。随着1990年党中央、国务院作出开发开放浦东的重要决策，地处外滩对岸的浦东开发开放核心区域——陆家嘴金融贸易区的岸线景观与其原有的定位、设施不相符。1992年，我曾带领一个上海市代表团去伦敦考察泰晤士河港口的改造。泰晤士河和我们的黄浦江一样，穿过整个伦敦市区，过去两岸都是一个一个的码头，后来这些码头先后被迁到泰晤士河入海口边上，而原先的码头则改成高新技术园区，这对我们改造黄浦江岸线很有启发。

更进一步说，上海要建设国际经济、金融、贸易“三个中心”，也需要建设国际航运中心来“保驾护航”。对于建设国际经济中心来说，如果没有国际航运中心建设的同步推进，在基础设施支撑结构上就存在一定缺陷，在沟通和连接国内外市场上也缺少了能够有效吸纳、吞吐的“通道”；对于建设国际金融中心来说，如果没有国际航运中心建设的配套，就难以依托广阔舞台，辐射和带动的范围会受到极大的制约和影响；对于建设国际贸易中心来说，建设国际航运中心的意义就更为直接和明显，贸易需要的人流、物流和信息流，更需要依托航运基础来实现。只有国际经济、金融、贸易、航运“四个中心”建设共同推进，上海才能真正建设成为社会主义现代化国际大都市。

因此，不论是从国家的总体宏观考虑，还是从上海改革开放的现实需求来看，建立一个新型的国际航运中心、一个以集装箱运输为主的大型国际航运枢纽，是刻不容缓的。

“三步走”设想，推动上海港从浦江走向深蓝

我们上海从20世纪90年代初提出要建设国际航运中心时，就有一个设想，这是经过市委、市政府多次务虚会和讨论形成的，即上海港跳出黄浦江的“三步走”设想。什么是“三步走”？

第一步是把装卸港口从当时的十六铺迁移到吴淞口的张华浜。张华浜位于宝山县，当时我们觉得那里虽然离市区很远，但与十六铺相比，却有三大优势：一是岸线水深条件比较好，可以稳定保持在8米以上，而十六铺一带黄浦江的水深一般在3米，涨潮时顶多到6米多；二是腹地比较广阔，货物卸下来后可以堆放的地方比较多；三是交通也比较便利，沪宁线、沪杭线都有货运支线进去，一直可以进到港口内部。通过第一步的迁移，上海港的水深从3米多到8米，确保5万吨船舶的通行。

第二步是从张华浜到位于长江口的外高桥。这样，上海港的水深从8米进一步达到12米，但搬迁到外高桥后的上海港面临最大的障碍，就是长江口

还有个“拦门沙”。6300多公里的长江带下来很多泥沙，到长江口被海水顶推，流速变慢，泥沙凝聚沉降形成“拦门沙”，最浅处的水深只有2米左右。这样，连五六千箱的集装箱船都只能乘着涨潮进入外高桥。

所以，我们第三步是想跳出长江口，在上海附近寻找一个24小时可以装卸的深水港。为什么要24小时装卸呢？因为对于航运业来说，船期是很值钱的。在船主和货主看来，在航线基本一致的情况下，当然是船期时间越短越有利。因此，上海港建设的主要创新，就是想跳出黄浦江，建设24小时能够进港、卸货，水深在20米以上的深水港。

当时对于清理“拦门沙”和建设深水港，究竟哪个优先推进的问题上，国家交通部和上海市有着不一样的想法。交通部提出实施长江口深水航道治理工程，希望通过“束水冲沙”的方式，就是在长江入海之前，在两面堆起一个喇叭形的坝来，加快水流速度，把“拦门沙”中淤积的泥沙冲走，使长江口主航道的水深达到10至13米，这样不仅打通长江口，而且可以把长江沿岸的港口搞活。位于南京的河海大学的专家教授们非常支持这一方案，他们还对“束水冲沙”方案作出详细论证，建立了很大的数学模型、物理模型。我也去看过，这从原理上来讲是没有问题的，但10至13米的水深只能满足江海联运的需求，因为在长江里航行本来就不需要很大的船只。我记得当时给市委、市政府曾做过一份分析报告，里面提出进入长江的船80%吃水在12米左右。虽然这一航道治理工程对于上海张华浜、外高桥等港口的发展有着很大的好处，但仍完成不了上海要建设成为世界一流大港的既定目标。因为在亚洲与上海竞争国际航运中心的大阪、神户、釜山、高雄等港口的水深条件都非常优越，而且我们当时估计，集装箱船还会继续朝着大型化方向发展，尤其是装载6600标准箱以上的第六代集装箱船要求进港航道和靠泊码头必须要有15米以上水深。因此，市委、市政府认为上海必须拥有自己的深水港。

这场争论大约持续了一年多的时间，双方相持不下。后来，上海市委、市政府通过反复考虑，大家统一了思想，决定“两条腿走路”，既支持交通部实施长江口深水航道治理工程，该出钱就出钱，该出人就出人。最后我们与交通部和兄弟省市达成协议，资金主要由交通部负责，上海出一部分，但上海提供的人力支持比较多；同时也开始寻求交通部、水利部和浙江省对上海建设深水港方案的支持。对于这件事情，时任上海市委书记黄菊同志是非常用心的。因为深水港项目是一项事关各方的重大工程，面临许多前所未有的新问题，尤其是与长三角地区其他省市之间关系如何协调。黄菊同志是中共中央政治局委员又是上海市委书记，与浙江省、江苏省之间的联系沟通工作主要由他出面。当时我担任上海市常务副市长，又是第一批工程院院士，因此负责争取国家计委、交通部、水利部等中央相关部门领导和学术界各位专家的支持。交通部部长黄镇东同志和我关系很好，我就向他表态在长江口深水航道治理工程上，你们该要上海出多少钱就出多少钱，争取他对上海深水港方案的支持。水利部老部长钱正英同志既是老革命又是老专家，当年毛泽东主席题词“一定要把淮河修好”，钱正英同志作为治理淮河工程的主要负责人之一，是有功劳的。我向她说明建设深水港对于上海国际航运中心建设的重要意义，介绍上海市委、市政府“两条腿走路”的方针，最终取得了她的支持。

应该说，当时上海市委、市政府确定的“两条腿走路”的方针是非常正确的。因为从20世纪90年代中期到2005年洋山深水港一期工程建成投入使用，中间毕竟还有10年时间，其间经由上海港的货物吞吐量还是在不断增长的。通过实施长江口深水航道治理工程，消除了千百年来长江口“拦门沙”对航运的制约，打造出一条从长江口到南京的430公里12.5米深水航道，5万吨级的海轮可以直达南京，张华浜、外高桥可以进出10万吨级的船舶。于是，我们就在张华浜建了一期二期、在外高桥建了一期二期三期。这一方针既服从了中央的决定、支持了兄弟省市发展，同时又为上海下一步发展做了准备。

物畅其流，实现多方互利共赢

建设深水港是上海历届市委、市政府十分牵挂的一件事。早在20世纪80年代中期，陈国栋、胡立教、汪道涵担任上海市领导期间，就已把深水港建设纳入了上海中长期发展战略的重点规划中。

1996年1月，时任国务院总理李鹏在沪主持召开专题会议，提出建设上海国际航运中心的任务，并明确了近期需要抓紧落实组建上海组合港，成立上海航运交易所，开通宁波至美国东海岸国际集装箱班轮航线，推进上海港外高桥港区一期改造和新建二期集装箱码头等一批集装箱码头建设，组织开展上海国际航运中心新港址论证，继续深化长江口深水航道治理工程可行性研究等6项工作。当年5月，上海市委、市政府决定建立上海国际航运中心上海地区领导小组，下设办公室，以切实推动包括深水港港址论证在内的上海国际航运中心建设各项工作。

但上海的深水港究竟选址在哪里呢？最初，上海曾着眼于市域范围之内提出了“北上”宝山罗泾、“东进”外高桥和“南下”杭州湾三个方向，但始终没有找到合适的深水港港址。最后不得不跳出上海市域，选择浙江舟山嵊泗崎岖列岛的大、小洋山作为港址。那里距离上海南汇芦潮港东南约30公里，航道平均水深15米以上，是距离上海最近的天然深水港址。

为了更深入地了解大、小洋山的情况，1998年8月13日，由我带队，一行人专程乘船前往考察。我们在岛上待了一个多小时，还登上山顶俯瞰全岛情况，山虽然并不高，只有六七十米，但那时正是三伏天，天很热，大家的衬衫都湿透了。不过大、小洋山距离上海很近，能够收看到上海电视台的节目，当地的居民们对上海的领导都很熟悉。我们在岛上受到当地百姓的“夹道欢迎”，他们欢迎客人的最高礼仪是用淡水请你擦脸，因为岛上淡水非常宝贵，贵客来了，就会在门口放一脸盆淡水和一条新毛巾，用新毛巾蘸着淡水请你擦把脸，从中可以看到当地居民对上海在洋山建设深水港的支持。

然而，各方围绕洋山深水港建设仍然存在一定的争论，导致港区建设实际上处于停滞状态。随着周边国家和地区对于东北亚航运中心的竞争日益激烈，中央主要领导认识到，上海能否建成东北亚航运中心已不仅仅是个经济问题，还是个重大的政治问题，洋山深水港区建设的争论再拖下去，上海、江苏、浙江和国家都会受到影响，并为此专门作出批示。

为落实批示要求，2001年1月30日，时任国务院副总理吴邦国同志在上海西郊宾馆召开了一次会议，交通部和上海、浙江的相关领导都参加了。在会议召开之前，吴邦国同志会同国家发展计划委员会主任曾培炎、国家经贸委员会主任盛华仁、交通部部长黄镇东、国务院副秘书长尤权、国家发展计划委员会副主任张国宝、交通部副部长翁孟勇，在上海市委书记黄菊、浙江省副省长卢文舸和我的陪同下，顶着风浪，从芦潮港乘船前往大、小洋山进行实地考察。出于天气和安全因素考虑，我们没有登上小洋山山顶，只是绕着小洋山看了看，并乘船察看了大洋山岛，再回到西郊宾馆开会。这次会议决定了三件事情：第一，建设洋山深水港是必要的、紧迫的；第二，建设洋山深水港技术上是可行的、立得住脚的；第三，长江口深水航道治理、北仑港和洋山港三者之间的关系要处理好。航道问题是交通部提出来的，大、小洋山原来只是个渔港，只有小型的渔船进出，大型的轮船是不经过的，因而这里也没有航道。没有航道就等于路上道路没有路标，船只开进去非常危险，船东也不愿意往这里走，会上就明确在交通部牵头下上海、宁波参加，要在洋山港开辟航道。

这次会议后，在党中央、国务院领导的直接关心下，2002 年 3 月，国家正式批准了洋山深水港区建设的工程可行性报告，随后洋山深水港工程建设正式启动。由于我已于 2001 年 12 月调北京，担任中国工程院党组书记，洋山深水港施工这个阶段具体工作，主要是由当时的上海市副市长韩正同志、市政府副秘书长杨雄同志和建委主任吴祥明同志在负责。

在建设过程中，上海始终坚持一条重要原则，就是黄菊同志所强调的，上海建设洋山深水港，要的是“物畅其流”，是要解决上海港的吞吐问题，不

洋山深水港

是为了要赚钱。那个年代，大家的关注点还放在怎样实现 GDP 的增长、怎样增加税收上，但上海已经清醒地认识到，一个地区的发展不能只关注 GDP 和税收，而要实现更高质量的发展。尽管当时还没有提出科技创新，上海已经看到，经济效益的产生，要靠汽车、通信、医药制造等新兴产业的发展，要靠宝钢、金山石化这样大型实体经济企业的发展。通过投资洋山深水港建设，解决束缚上海港吞吐量增长的瓶颈问题，就能带动现代化产业的发展，从而产生更好的经济效益，这些经济效益肯定比建一个码头多得多。因此，上海无论在洋山深水港的建设上，还是在清理“拦门沙”的问题上，都摆出“高姿态”。在洋山深水港的建设过程中，明确洋山的行政隶属关系仍归属浙江不变，但出于港口管理便利的考虑，港口的管辖权归属上海；土地施工由上海来，资金也由上海出，洋山的土地租金和产生的税收归浙江，所有领航费的收入也归浙江，并且原岛上的居民搬迁安置由居民自由选择，愿意迁往上海落户的由上海市负责安置。同时，将洋山港的集装箱运往上海，需要建设一座长达 30 公里以上的东海大桥，这需要巨额的投资。谁来出资？市委、市政府决定由上海市全额承担建设东海大桥的费用。为避免增加洋山港集装箱的运输成本和影响国际集装箱在此集散的积极性，上海市再次作出有战略眼光

2006 年，上海港集装箱吞吐量突破 2000 万标准箱

的决定，经过东海大桥的集装箱不收过桥费，桥梁的建设费用由综合效益来还。可以说，浙江省和上海市在洋山深水港建设上是共建共享的，浙江省表现了大局观念，同时上海市也做出了“高姿态”。

2005 年 12 月 10 日，上海国际航运中心洋山深水港区一期工程开港，当年整个上海港集装箱吞吐量是 1800 万标准箱，位列世界第三。2006 年，上海港集装箱吞吐量突破 2000 万标准箱。到 2007 年，达到 2600 万标准箱，首次超过香港跃居全球第二；全港货物吞吐量完成 5.61 亿吨，连续三年保持全球第一。2018 年上海港集装箱吞吐量超过 4200 万标准箱，自 2010 年以来连续九年稳居世界第一。

上海港的快速发展与中国尚处于发展中国家的发展阶段有着密切的关系。从当今国际贸易的产品结构来看，知识型产品所占比重正不断扩大，数据产业的生产不需要原料，其所需信息直接通过网络进行传输，不需要依靠交通工具。另一类产品是以电脑、手机等为代表的信息产业产品，其小型轻便的特点使其运输主要依托航空而非集装箱。不过，目前我国作为新兴发展中国家，无论是经济的发展，还是基础设施的完善，都要进口不少机械装备以及石油、天然气、矿石等原料，同时出口包括钢铁、汽车板、铝材、玻璃、轻工业品在内的各类商品，这些都需要进行集装箱运输。可以说，上海深水港的建设，既满足了国内外的需要，同时也达到了多方共赢的效果。

事实证明，清理“拦门沙”和洋山深水港的建设，对上海建设国际航运中心都有着举足轻重的作用，这两方面是不能偏废的。如果只做一方面，就不可能建成国际航运中心，也不能跃居集装箱吞吐量世界第一。当然，上海也一定要做到“海纳百川”，上海有今天，必须要依托长三角，依托长江流域乃至全国的发展。所以，我在担任上海市市长后第一次接受上海电视台的采访时，记者问我想对市民讲的第一句话是什么。我说，上海是全国的上海，是全国人民建设出来的上海。所以，在这里特别需要强调的是，上海建设国际航运中心，最重要的是靠中央的支持、兄弟省市的支持。

推动我国全方位融入全球经济的重大战略

口述前记

黄镇东，1941 年 1 月出生。曾任秦皇岛港务局副局长、局长。1985 年 6 月至 1988 年 7 月任交通部副部长、党组成员。1988 年 7 月至 1991 年 2 月任国家交通投资公司总经理、党委书记。1991 年 2 月至 1993 年 3 月任交通部部长、党组书记，招商局集团有限公司董事长。1993 年 3 月至 2002 年 10 月任交通部部长。2002 年 10 月至 2005 年 12 月任重庆市委书记。2005 年 12 月至 2013 年 3 月先后任十届全国人大内务司法委员会副主任委员，十一届全国人大常委会委员、全国人大内务司法委员会主任委员、全国人大常委会代表资格审查委员会主任委员等职。

中共十四届、十五届、十六届中央委员会委员。

口述：黄镇东
采访：徐建刚、张　林、谢黎萍、杨建勇、张　励、刘明兴
整理：刘明兴、张　励
时间：2018 年 5 月 16 日

20 世纪 90 年代中期，面对船舶大型化、经营联盟化、运输干线网络化的国际集装箱运输发展趋势，党中央、国务院作出了建设上海国际航运中心的重大决策。建设上海国际航运中心，是开发开放浦东，使上海成为国际经济、金融、贸易中心之一的重要条件，是直接影响长三角地区和长江经济带发展的重要环节，更是我国扩大对外开放、推动我国经济融入全球经济的重要举措。上海国际航运中心从酝酿提出到全面推进，其间经历诸多困难曲折、突破不少“条框”束缚，到如今 20 多年时间能够取得显著的成绩，这是在党中央、国务院领导下，包括交通部和两省一市（上海市、浙江省、江苏省）在内的广大干部职工共同努力的结果。

建设上海国际航运中心：从酝酿到提出

1996 年 1 月 16 日，时任国务院总理李鹏同志在上海主持召开两省一市和国务院有关部门主要负责人参加的座谈会，就建设上海国际航运中心问题进行了研究，正式宣布建设上海国际航运中心并部署一系列工作。这是上海国际航运中心建设提出的一个重要标志。

当时为什么要提出建设国际航运中心这个目标？主要目的是为了推动我国的对外开放，发展对外贸易。在党的十一届三中全会作出把党和国家的工作重点转移到社会主义现代化建设上来，实行改革开放的历史性决策之后，党中央、国务院于 1986 年在对外开放领域作出一项重要决定，那就是要应对国际竞争环境，通过各种渠道展开交流与合作，加入世界贸易组织（WTO），积极参与经济全球化，在经济全球化发展中实现社会主义现代化。在党中央、国务院决定的推动下，国民经济各个领域都提出了推动改革开放的举措。在交通运输领域，1992 年 7 月交通部提出了深化改革扩大开放加快交通发展的“二十五条”。在国际航运业务方面，我们的开放目标是向英国伦敦、德国汉

堡、美国纽约、新加坡、我国香港地区等较早的国际航运中心看齐，朝着建设中国国际航运中心的方向努力。

当时，在我国大陆周边很多港口都在争取成为亚太地区的航运中心。为此，20世纪90年代初期，我带领中国交通代表团考察了韩国的釜山、光阳和日本的神户、大阪、东京等港口，了解这些港口发展状况，特别是转运我国集装箱情况。由于我国集装箱运输起步晚、航线班轮密度低，我国北方地区相当大一部分的集装箱是通过釜山中转的，光阳港还有一个十分宏伟的集装箱码头发展规划。日本神户也在竞争亚太地区航运中心这个位置，最大的优势是国际航线多、密度大，我国很多外贸货物要进入国际市场，都选择到神户去中转，神户后来因为地震，港口设施受到损坏，竞争力降低。甚至连我国台湾地区也提出了要把高雄港建设成为亚太境外转运中心。其实，他们都看中了中国大陆经济发展的潜在市场，占据先行发展的优势，确立自身在区域或全球航运发展格局中的位置，成为中转中国大陆集装箱的枢纽港口，进而成为区域性或全球性国际航运中心。

在周边国家和地区都在争取中国大陆潜在市场的情况下，交通部作为国务院主管航运业务的职能部门应该如何应对？改革开放前后，中国港口基础设施十分薄弱，港口“三压”（压船、压港、压货）是制约国民经济发展的瓶颈，到90年代初期，虽然有所缓解，但仍然十分紧张；同时又面临着我国周边国家和地区港口的竞争态势。改变这样被动局面的出路，只有坚持改革开放，只有建立社会主义市场经济体制，只有艰苦奋斗、自力更生，调动中央和地方各方面的积极性，加快我国交通特别是港口基础设施建设，加快国家船队的建设。今天，我们回顾这段历史，实践证明我们的路走对了。

关于国际航运中心这个概念是交通部水科所（现交通运输部水运科学研究院）在研究国际航运发展趋势的课题过程中首先提出来的，这与上海的想法不谋而合，同时天津、大连等港口也都在积极争取。交通部认为上海是最具备条件建设国际航运中心的。为什么这么说呢？尽管当时上海港的吞吐量（1996年上海港吞吐量1.64亿吨，其中集装箱吞吐量197万标准箱）与国际大港相比还有一定差距，但就全国范围而言还是处在领先位置的；从自然条件来看，上海港具有得天独厚的区位优势，上海地处长江口，辐射范围大：

首先辐射到长江三角洲，然后辐射到长江沿岸，再向南北方向辐射，北可以包括陇海线，南可以吸收一部分到新加坡、我国香港地区转口的货源；从城市发展规律来看，上海是通过港口带动发展起来的，是口岸开放后逐步繁荣起来的。1992年党的十四大对上海发展提出了“一个龙头、三个中心”（以浦东开发开放为龙头，建设国际经济、金融、贸易中心）的战略定位，明确了上海发展的战略目标，更确定了上海在我国改革开放和经济建设中的地位和作用。在“一个龙头、三个中心”当中，哪个是支撑点？从李鹏总理当时的讲话中可以看出，支撑点应该是经济中心，“经济中心是包括交通运输的”。到了90年代中期，随着国际形势的发展，党中央、国务院更为清楚地指出，如果上海不能成为国际航运中心，经济、贸易和金融中心的作用就难以充分发挥出来。这样就提出了建设上海国际航运中心的战略性目标。我认为建设上海国际航运中心对上海“一个龙头、三个中心”的战略定位起着支撑作用或者说是基础条件之一。

1996年1月，党中央、国务院作出建设上海国际航运中心的决定，推动了我国国际航运事业的发展，推动了长三角经济社会的发展。明确建设上海国际航运中心的港口布局是以上海港为中心，以江苏、浙江港口为两翼的“组合港”，合理分工、优势互补、相互促进，并相应成立“组合港”的办事机构。20多年过去了，“中心两翼”的港口群得到了极大的发展，2018年上海港吞吐量达到了6.8亿吨，其中集装箱吞吐量4201万标准箱；浙江宁波舟山港吞吐量达到了10.8亿吨，其中集装箱吞吐量2635万标准箱；江苏长江沿线的港口南京、镇江、扬州、常州、泰州、无锡、苏州、南通港口吞吐量18.1亿吨，其中集装箱吞吐量1270.2万标准箱。“中心两翼”的港口群的吞吐量占全国的四分之一，集装箱吞吐量占全国的三分之一。随着南京以下12.5米深水航道开通，5万吨级船舶自由通航，10万吨级船舶可乘潮进江，南京以下江港海港化的趋势明显。浙江的宁波舟山港建成了我国接卸40万吨矿石泊位、30万吨原油泊位等大型散货码头，相应建设了集装箱码头。苏浙两省的港口服务长三角经济，中转长江中上游货物的能力明显提高，发展潜力巨大。在全国沿海港口群中，“中心两翼”组合港的建设和效率都是最为突出的，建设上海国际航运中心取得了巨大的进展，成就卓著。

加快发展集装箱业务：建设上海国际航运中心的关键

建设国际航运中心是一项系统工程，其“硬件”体现在要有规模化经营的航运企业、港口企业，并开辟覆盖区域和全球的国际航线；其“软件”是中心城市要有发达的航运服务业和开放、良好的市场环境。国际航运中心发展到当代，普遍认为集装箱运输是国际航运中心的标志之一。国际港口界曾有一位知名人士提出：什么是港口现代化？集装箱化就是港口现代化。无论是国际航运中心的内涵还是世界港口发展潮流，都为我们建设上海国际航运中心明确了思路和努力的方向。

建设上海国际航运中心这一目标，上海在国际、国内航运组织方面必须具备的基本功能，就是航运企业及其航线开辟，组织集装箱班轮运输。我们是一个社会主义国家，完全依靠外国航运企业是不行的。当时，我们沿海运输有上海、大连、广州三个主要的海运公司（后来整合成立中国海运集团），国际航线主要是中国远洋运输公司。中国海运集团的总部设在上海，中国远洋运输公司的总部虽然在北京，但集装箱业务在上海。交通部对我国集装箱船队的建设实际上已经考虑到要充分利用上海的优势，并开放国际航运市场，吸引国际上的航运巨头如马士基、地中海航运、达飞等航运公司开辟上海国际集装箱班轮航线。此外，我国地方和民营航运企业也开辟了众多的集装箱干支线，从事近洋和沿海、沿江的集装箱运输。经过这20多年的努力，以上海为中心的国际集装箱班轮航线已经覆盖全球，并且密度比较大。2016年2月，中国远洋与中国海运两家集团重组成中远海运集团，集团总部设在上海，这样就进一步提高了我国国际航运的竞争力，充实巩固了上海国际航运中心的作用和地位。

国际航运企业的集装箱船队航线开辟是随着集装箱航运市场发展逐步布局的，体现了国际航运中心的成长过程。在经济全球化的当今世界，虽然城市拥有大型的航运企业未必是建设国际航运中心的必要条件，比如说英国的航运企业规模并不大，但伦敦国际航运中心地位是国际公认的。不过我们认为，如果具备这个条件，显然是更有利于上海国际航运中心建设的。另外，伦敦国际航运中心地位是历史延续下来的，至今该中心发布的波罗的海干散货运价指数仍然是分析散货运输市场的权威信息。伦敦的航运服务如金融、保险、法规和劳氏船级社等还是国际一流的。这从另一个侧面启示我们建设上海国际航运中心要高度重视中心的“软件”建设，大力发展上海国际航运中心的航运服务业，不断提高上海国际航运中心在全球航运发展中的影响力。

建设上海国际航运中心，还有一个标志性的要素，就是上海航运交易所。航运交易所是市场的产物，把上海航运交易所建立起来，就是建立起了一个有形航运市场，既为各方提供市场信息，也为货主、船东、港口及货运业务提供规范化的交易场所，便于将主要的货源纳入市场，按照公开、公平、公正的原则进行交易。中国第一个航交所设在上海，而且是以上海为主进行筹办，交通部组织有关部门、有关省市积极配合。在上海航运交易所酝酿过程中，就明确航交所不是以盈利为目的，收费能够维持正常开支就行，但它又要有一定的场所，有计算机网络线路，还需要有开办费，这些钱不能从货主身上拿，就由国家出一点，上海也出一点，办公用房也由上海提供。之所以要设在上海，这是考虑到上海要开发开放浦东，建设经济中心、贸易中心和金融中心，意味着上海在航运服务业方面具有很强的发展潜力。经过 20 多年的发展，现在来看上海航交所办得还是比较成功的，已经形成以中国为主体发布的集装箱运价指数、散货运价指数、船价指数等三类指数，同时为船舶交易鉴证、代理招投标、价值评估等方面提供服务，顺应国际航运的发展趋势，不断拓展航交所的业务，提高在国际航运界的影响力，为建设航运强国作出贡献。

打开长江口：上海国际航运中心建设的重要支点

长江口深水航道治理工程，1998 年 1 月一期工程开工，2010 年 3 月三期工程竣工，到现在已过去了近十年。很多同志未经历我国加快发展的历史时期，对这样一个早已建成的工程有些淡漠了，但对我这样当年参与工程方案决策和组织领导的人来说至今还是难以忘怀的。

党的十四大对上海的发展提出的战略构想是“一个龙头、三个中心”，在这个战略思想指导下，到 1996 年国务院明确指出要建设上海国际航运中心，作为党中央战略思想的支撑，这也完全符合上海城市的“以港兴城、港为城用”的发展规律。在这样的历史背景下，长江口深水航道治理工程迎来了难得的建设机遇。1997 年 1 月 29 日，李鹏总理主持召开长江口深水航道治理工程专题论证会，会议指出“尽快建成上海国际航运中心，发挥上海国际经济、贸易、金融中心的功能，必须加快长江口深水航道的治理”，明确“一次规划、分期建设、分期见效、先治理至 8.5 米”建设方针。当时参与工程论证的专家学者、工程技术人员欣喜若狂，摩拳擦掌；交通部作为主管部门调兵遣将，组织协调，为工程建设做好充分的准备。1998 年 1 月 29 日吴邦国副总理参加了长江口深水航道治理一期工程开工典礼，此后二期（水深 10.5 米）、三期（水深 12.5 米）连续施工，二期工程建设长达 13 年。上海国际航运中心的建设也随着长江口深水航道治理工程、外高桥港区，特别是洋山港区的进展不断完善提高，成为全球有影响力的国际航运中心。所以，建设上海国际航运中心带动了长江口深水航道治理工程，而长江口深水航道治理工程支撑了上海国际航运中心的建设。

“长江口深水航道治理工程成套技术”成果获得了国务院 2007 年度国家科学技术进步一等奖。在交通运输部长江口航道管理局新老领导和同志们的

1999 年 7 月，长江口深水航道治理一期工程堤坝工程初步建成后，疏浚工程正式开工

共同努力下，这个工程的技术总结或者说理论成果《长江口深水航道治理工程实践与创新》专著也于 2015 年 5 月公开出版发行。全国政协原副主席、我国水利界德高望重的专家钱正英同志对长江口深水航道治理工程作出了高度的评价："本项工程的成功建设，极大地释放了长江黄金水道的通航能力，推动了 12.5 米深水航道上延至南京工程的建设，支撑了上海国际航运中心的建设并带动了长江区域经济的发展，创造了巨大的社会经济效益，而且直接带动了水运工程建设全行业的技术进步。该工程是我国河口治理工程和水运事业的伟大创举，成为世界上巨型河口航道治理的成功范例。"

党的十九大提出了建设交通强国的战略，而海运强国是不可或缺的一部分。上海国际航运中心的发展任重道远，在社会主义现代化建设过程中，像长江口深水航道治理工程这样的特大型基础设施建设项目还会不少，认真研究总结长江口深水航道治理工程实践与创新的特点和经验，是十分必要的。《长江口深水航道治理工程实践与创新》这部专著对此作了全面深入的阐述，给我们留下了宝贵财富。就我参与决策和组织领导这样特大型工程的体会来说，以下几个方面值得高度重视。

技术论证深入，前期工作扎实。治理长江口，打通拦门沙是几代中国人的夙愿。早在 1919 年孙中山先生在他的《治国方略》中就提出了"整治扬子江"，"建设东方大港"的设想。但面对"江面茫茫，沙洲不定，河势动荡"的长江口，在积贫积弱的旧中国这是难以实现的梦想。新中国成立后，20 世纪 50 年代后期在中国科学院学部委员严恺院士主持领导下，组织大批专家学者开展了大规模的现场测验，进行了多学科、系统性的长期研究和多方案的反复论证，特别是 1992 年列入了国家"八五"科技攻关计划后，长江口治理研究取得了重大进展和突破。针对长江口"三级分汊、四口入海"① 的复杂多变的河势，研究选择"南港北槽"作为深水航道，提出整治与疏浚相结合的工程治理方案。发挥整治建筑物的"导流、拦沙、减淤"功能，以实现和维护 12.5 米的目标水深。所以长江口治理工程的科学论证进行了 40 多年，积

① "三级分汊、四口入海"是指长江口自 20 世纪 50 至 70 年代徐六泾节点形成后，河槽出现有规律的分汊：首先长江入海被崇明岛分为南、北两支；南支又被长兴岛、横沙岛分为南北两港；南港又被九段沙（水下暗沙）分为南、北两槽。长江口平面总体上呈现"三级分汊、四口入海"的河势格局。

累了大量的科研成果，逐步正确把握和认识长江口水沙运动和河床演变规律，科学修订总体治理方案，体现了对国家重大项目的科学、民主、慎重决策的前期工作指导思想。做到这一条是难能可贵又是必须遵循的工作制度，为我们重大交通基础设施建设，包括洋山深水港区建设作出了表率和样板。

抓住机遇、果断决策。长江口深水航道治理工程自然条件恶劣，技术极其复杂，投资规模巨大，开工建设的时机要与我国经济社会发展需求密切相关。1992年党的十四大明确提出了建立社会主义市场经济体制的改革方向，调动了各方面的积极性，特别是明确上海“一个龙头、三个中心”的发展定位，明确了我国东部地区率先发展的战略构想。1996年国务院又作出了建设上海国际航运中心的决定。这就是最大的机遇，必须紧紧抓住。怎么抓住机遇呢？随着长江口深水航道治理工程前期工作不断深入，1994年完成“长江口拦门沙航道演变规律与深水航道整治方案研究”攻关课题并通过了国家验收，交通部、上海市人民政府联合拟定了长江口深水航道治理工程的预可行性研究计划，项目进入了工程可行性研究和项目基本建设程序阶段。1996年成立了长江口深水航道建设领导小组和专家顾问组。最为关键的一次会议是1997年9月24日在北京京西宾馆召开的长江口深水航道建设领导小组会议，会议由时任国务院副总理邹家华、吴邦国同志主持，两省一市和国务院有关部门负责人和专家学者100多人出席，会议听取长江口深水航道治理工程汇报。会议召开的前一天晚上，为了听取时任水利部部长钱正英同志的意见，我和交通部有关同志去钱正英部长房间拜访，钱部长明确告诉我们，她的意见还未定，晚上还要进一步听取清华大学等单位的专家学者意见。那天晚上我几乎一夜没睡，反复思考项目论证中还存在什么漏洞。第二天会议上，钱部长讲话中指出，长江口是可以认识的、可以治理的，而且必须在治理的实践中才能完成对它的认识。这次会议虽然是长江口深水航道建设领导小组会议，但对工程建设起到了决策的作用。1998年1月27日长江口深水航道一期工程正式开工，吴邦国副总理出席。

重视技术进步与创新，确保工程顺利实施。国外河口治理工程都经历了漫长而艰苦的经验性探索阶段，鲜有一次成功的实例。对于长江口深水航道治理，荷兰专家认为“非常困难”，提不出可操作的工程方案；美国密西西比河河口治理权威认为长江口是“茫茫大海”，不能称之为河口，过于复杂，难以治理。长江口治理方案只能靠中国人自己研究制定。经多轮方案论证和技术经济比较，最终决定选择长江口南港北槽拦门沙浅滩治理的方案。工程采用整治与疏浚相结合，通过整治建筑物工程，包括分流口工程（5.53 公里），南北导堤（南导堤 48.077 公里，北导堤 49.2 公里）和丁坝群的建设（19 座／ 34.11 公里），发挥“导流、拦沙、减淤”的功能，改善南港北槽流场、河床地形和泥沙条件，辅以航道疏浚成槽，逐期实现航道目标水深 12.5 米。其关键性技术的创新，体现在首创了宽间距双导堤长丁坝群的整治建筑物布置形式；充分利用落潮优势，创造性确定了中水位整治的设计理念；针对潮汐河口的特殊性，提出了治导线宽度计算公式。在设计施工阶段，一是针对长江口水动力条件和泥沙运移规律的复杂性及局部地形冲淤变化存在的不确定性，实现动态管理以达到最佳的整治效果，实现检测技术的创新。二是模型试验研究技术创新，开发应用了长江口航道回淤预测全沙数学模型；三维数值模拟计算平台；物理模型试验实现了长江口外旋流场模拟；高透水性建筑物对整治效果影响；开发了大型潮汐河口模型悬沙自动加沙系统。三是整治建筑物结构设计创新方面，有护底软体排结构；袋装砂堤心斜坡堤结构、半圆形堤身结构、新型空心方块斜坡结构。四是整治建筑物装备和工艺的创新，GPS 测量定位技术取代了传统测量手段，整治建筑物全部水上作业实现了机械化、半自动化和信息化施工，研制开发具有世界领先水平的大型专用作业船机 6 类 27 艘（台）。还在治理工程中解决了一批重大工程技术难题。成套技术创新 74 项，其中原始创新 49 项，重大的发明专利 12 项，实用新型专利 12 项，“直接带动了水运全行业的技术进步”。不仅确保了长江口深水航道治理工程的顺利完成，而且为我国后期的大型水工工程做了技术储备。

长江口深水航道治理工程的社会经济效益显著。长江口深水航道治理工程成功建设，实现了长江黄金水道治理和利用的可能，极大释放了长江黄金水道的运输潜能，促进了长三角和沿江地区经济社会快速发展。为了减少工程对环境的影响，采取了一系列预防、保护、补偿等措施，取得了显著效果。2011 年中国工程院组织开展了工程评价工作，形成了《长江口深水航道治理工程评价综合报告》，对工程治理效果、取得的社会经济效益以及工程对生态与环境影响，作了全面的总结，给予了充分肯定。水运行业有句行话“寸水寸金”，长江航道水深从 7 米到 12.5 米，以 2017 年为例，产生经济效益 124.41 亿元，而投入的水深维护费用 11.60 亿元，经济效益直接达到 112.81 亿元。在宏观经济效益方面，据中国财政科学研究所研究成果，长江口深水航道开通以来，货运量带动的 GDP 增长年均超过 1000 亿元，拉动财政收入增长年均超过 200 亿元，带动就业年均超过 10 万人。特别是在生态文明建设中作出的贡献极为突出。检测结果显示在航道工程南北导堤逐步形成长达 147 公里、面积为 260 公顷的人工鱼礁，利用疏浚土营造湿地，在上海横沙东滩到 2020 年可形成约 105 平方公里，成为鸟类的栖息地，为发展旅游业、水产业创造了条件。

建设洋山深水港区：实现上海港口布局的“三级跳”

洋山深水港区是上海国际航运中心的重要基础设施，奠定了上海国际航运中心地位基石。特别是洋山四期工程，码头岸线长达 2770 米，7 个泊位，前沿水深 15.5 米，采用了先进的自动化集装箱装卸工艺系统，效率高，处于国际领先水平，是我国集装箱码头建设和管理从交通大国走向交通强国的标志。

虽然实施了长江口深水航道治理工程，上海港的外高桥港区能够达到 12.5 米水深的目标，第三、四代集装箱船全潮进出长江口，10 万吨级散货船可乘潮进出。但上海的同志深感船舶大型化趋势的紧迫性，苦恼于市域范围内没有深水岸线，而距离上海最近的深水岸线资源在浙江舟山地区。加之历史上嵊泗曾属于上海管辖，20 世纪 70 年代上海港在嵊泗绿华山建立过驳锚地，90 年代在马迹山建设铁矿石中转码头，很多老同志对嵊泗有感情，对那里的情况比较了解。1995 年 8 月上海市提出建设洋山深水港区的设想，1996 年 9 月根据国务院的要求和交通部下达的文件，交通部第三航务工程设计院（现中交三航院）科研人员经过论证，认为大、小洋山岛的建港条件比较好，位于浙江嵊泗列岛以北，航道平均水深 15 米以上，海域潮流强劲，泥沙不易落淤，地理位置优越，西北距上海南汇芦潮港约 32 公里，向东经黄泽洋水道直通外海，距国际航线仅 45 海里，扼守亚洲—美洲、亚洲—欧洲两大国际航线要道，是距离上海最近的深水良港。

对于上海要在洋山建设深水港区，存在重大意见分歧，主要是港址的行政隶属关系。大、小洋山隶属浙江省舟山市，浙江对上海在浙江区域内建设洋山港区反映强烈，担心洋山港区的建设影响宁波北仑港的发展。浙江省委、省政府专门上书党中央、国务院，坚持宁波港是上海港组合港的观点，不支持上海港在洋山建设新港区。交通部作为国务院交通运输的主管部门，没有协调行政区划的职责，虽然积极做工作但多次协调未果，洋山深水港区方案处于停滞状态。这引起了专家学者的高度关注，我国著名的桥梁工程和力学专家李国豪同志联名15位院士和专家于2000年9月向中央致信，明确提出了上海要“加快建设洋山深水港区的建议”。这封信受到党中央的重视，时任中共中央总书记江泽民同志作了一个很长的批示，强调上海国际航运中心建设事关上海和国家经济社会的发展，事关长江三角洲地区和长江流域的发展，指出有关各方面要有全局观点，从国家整体利益出发，统筹考虑，通力协作，认真比选、科学决策，经得起历史考验。为此，国家发展计划委员会在2000年12月下发文件，就建设洋山港区项目征求有关省市和国务院各部门的意见。

江泽民总书记批示后，我拿着报告赶到浙江，把报告呈递时任浙江省委书记并征询意见，他表示中央决策前浙江要充分表达意见，中央作了决定，浙江坚决服从大局。浙江对上海建设洋山深水港区的意见明确后，我向吴邦国副总理作了报告。2001年1月30日，在吴邦国副总理率领下，曾培炎同志和国家经贸委主任盛华仁、国务院副秘书长尤权、国家发展计划委副主任张国宝，交通部有我和副部长翁孟勇等先在上海集中，在黄菊同志、徐匡迪同志及浙江省副省长卢文舸的陪同下，顶着风浪，在船上颠簸两个多小时，抵达了大、小洋山岛。大洋山有个乡镇，人口也比较多，当时有三万多人，小洋山人不多，只有三千六七百人。我们登上陡峭的小洋山岛，实地勘察深水港址，并乘船察看了大、小洋山岛海域情况。一致认为可以总体规划、分步实施，先行开发小洋山港区。

当天下午，参与洋山港区考察的各单位负责同志在上海西郊宾馆参加了座谈会。吴邦国副总理主持会议，再次听取交通部、上海市、浙江省等有关方面的意见。这次会议上，大家达成了三点共识：第一，建设上海洋山深水港区是必要的、紧迫的；第二，在洋山建设深水港区技术上是可行的；第三，建设洋山深水港区要处理好与长江口深水航道治理和建设宁波北仑港的关系。吴邦国副总理还特别强调，要充分保障浙江的利益，明确了四条：一是大、小洋山岛的行政隶属关系不变；二是洋山港区当地的税收留浙江；三是由上海安置有关洋山港区的劳动力，在工程建设中切实保护好大、小洋山的生态环境；四是浙江在大、小洋山港区建设中可以投资入股。对于下一步的工作，认为洋山深水港区已经具备立项的条件，要尽快按程序报批立项，要求在科学论证的基础上，加快洋山深水港区建设。要重点围绕洋山深水港区建设对杭州湾海域生态环境的影响、港区平面布置方案的优化及项目筹资方案等技术和经济问题，着手工程可行性研究准备工作。同时，成立洋山深水港区建设协调领导小组，由国家发展计划委、交通部、上海市、浙江省组成，指导、协调洋山深水港区建设中的问题。上海市要着手组建项目公司，按照市场经济原则，开展洋山深水港区建设的有关准备工作。这次专题会议的精神比较好地处理了在社会主义市场经济条件下跨省市的建设项目，大、小洋山港区建设树立了一个成功的典范。

在吴邦国副总理的领导和推动下，洋山深水港区建设由此进入了快车道。2001 年 2 月，国务院第 94 次常务会议批准上海港洋山深水港区一期工程立项；2002 年 3 月，国家批准上海港洋山深水港区工程可行性报告；同年 6 月 26 日，上海港洋山深水港区一期工程开工建设。

在上海港洋山深水港区建设过程中，时任国务院总理朱镕基同志对我们交通部的要求是，洋山深水港区建设具体工作由上海和浙江进行组织协调，

洋山深水港区一期、二期工程

交通部主要是负责推动洋山深水港区的建设，在港口建设专业技术方面把好关。除了港口码头建设外，要重视洋山深水港区的进出航道问题，进港航道的走向与杭州湾的泥沙运动密切相关；还有渔船问题，舟山是我国“四大渔场”之一，大量渔船在主航道上进进出出，如何进行管理。涉及航行安全和渔政管理问题，交通部作出决定，把洋山港区的港政、航政全部归上海统一管理，这样就避免了在主航道附近进行捕鱼活动影响航行安全的问题。

洋山深水港建设投入巨大，除了码头泊位、港池水域、进港航道等港口基础设施建设投入外，为解决洋山港区陆上集疏运问题，上海投资建设了一座长约 32.5 公里的东海大桥。大桥通车后对集装箱营运车辆实行免费通行，调动货主在洋山港区转运集装箱的积极性。时任上海市市长徐匡迪同志说，勒紧裤腰带也要把这座桥建起来。东海大桥是杭州湾通航水域的一座桥梁，桥梁的净空高度，也是一个很大的问题。如果桥面高度太低，会影响船舶通行；但如果要将桥梁净空抬高，又会大大增加东海大桥的资金投入。对此，交通部站在全局高度决定对大桥的净空高度不能要求过高，定为 40 米，可满足 5000 吨级船舶双向通航，另设三个副通航孔，供一些中小船舶通行，超过万吨级的船舶可以绕行，妥善解决了杭州湾区域通航问题，推动洋山深水港区早日建成。

在党中央、国务院的领导下，经过上海市、浙江省和交通部的共同努力，2005 年 12 月 10 日，洋山深水港区一期工程顺利开港。2006 年建成二期工程，2008 年建成三期工程，2017 年建成四期工程，共建成 23 个水深 15.5 米至 17.5 米的泊位，最大可靠泊 15 万吨级的集装箱船舶；相应完成了进港航道工程、东海大桥和芦潮辅助功能区域的建设，形成完备的集装箱港区。

可以说我亲身经历了上海港港口布局的“三级跳”，从中华人民共和国成立一直到 20 世纪 80 年代，上海港的港口泊位都集中在黄浦江沿线。90 年代酝酿跳出黄浦江，开发利用长江岸线，建设了宝钢铁矿石中转码头、罗泾煤码头、外高桥集装箱港区，跳出了一大步。进入 21 世纪，跳出长江口，往海上跳，建设了洋山深水港区，标志着上海国际航运中心的主体上海港完成由河口港向海港的转变。

20 多年来，上海国际航运中心建设坚持“硬件”与“软件”建设并举，洋山深水港区成为国际一流的现代化集装箱港区，长江口 12.5 米深水航道延伸至南京，我国集装箱船队规模跻身世界前列，特别是第一个国家级航运交易市场——上海航运交易所的系列航运指数成为国际国内航运市场“晴雨表”和“风向标”。如今的上海港已连续 8 年保持世界港口集装箱吞吐量第一，成为我国港口改革开放的缩影。展望未来，上海国际航运中心建设进一步通过技术创新、管理创新和服务创新，提高国际化、市场化、便利化水平，打造 21 世纪海上丝绸之路与长江经济带的枢纽节点，实现我国从海运大国到海运强国的壮举。

合力推进上海国际航运中心服务功能提升

口述前记

李盛霖，1946 年 11 月出生。曾任天津市政府副秘书长、市纺织工业局局长、市计委主任，天津市副市长，市委副书记、市长，国家经济贸易委员会副主任、党组副书记，国家发展和改革委员会副主任、党组副书记等职。2005 年 12 月至 2008 年 3 月，任交通部部长、党组书记。2008 年 3 月至 2012 年 8 月，任交通运输部部长、党组书记。2012 年 11 月起任十一届全国政协经济委员会副主任，2013 年 3 月至 2018 年 3 月任十二届全国人大财政经济委员会主任委员。

口述：李盛霖

采访：徐建刚、谢黎萍、杨建勇、张　励

整理：许　璇

时间：2018 年 5 月 31 日

我在交通部（后改为交通运输部）任部长期间（2005 年至 2012 年），是上海国际航运中心建设的重要时期。我曾陪同党和国家领导人去上海专题考察调研，我本人也多次去上海了解情况，从部级层面积极采取措施，支持和推动上海国际航运中心建设。

建设上海国际航运中心是深化对外开放的重要举措

建设上海国际航运中心是党中央、国务院从全局和战略高度作出的重大决策部署。1984 年 5 月，中央明确上海等 14 个沿海港口城市和海南岛实行对外开放。1990 年 4 月，中央作出了开发开放浦东的重大决策。1992 年 10 月，党的十四大作出“加快把上海建成国际经济、金融、贸易中心之一，带动长江三角洲和整个长江流域地区经济的新飞跃”的部署。1995 年 12 月，中央明确，上海建成国际航运中心是开发浦东、使上海成为远东经济中心、开发整个长江的关键。2009 年 4 月，国务院下发《关于推进上海加快发展现代服务业和先进制造业建设国际金融中心和国际航运中心的意见》（以下简称国务院 19 号文件），明确了 2020 年基本建成国际航运中心的总体目标。

上海市委、市政府高度重视，积极组织落实党中央、国务院有关决定，建立了上海国际航运中心上海地区领导小组，负责组织和协调上海地区国际航运中心建设的重大事项。交通运输部认真实施国家战略，主动作为，积极推进上海国际航运中心建设。20 多年来，在全国各方面的支持下，上海市委、市政府勇于创新、锐意改革、积极进取、攻坚克难，不断强化航运枢纽中心地位，提升国际竞争力，为 2020 年基本建成国际航运中心创造了有利条件。从目前情况看，上海国际航运中心基础设施建设和服务能力已位居世界前列，上海港集装箱吞吐量稳居世界第一，全球规模最大、拥有全部知识产权的上海洋山深水港四期全自动化集装箱码头建成投入试运行，引领了全球港口自动化、智能化发展，航运中心国际竞争力和全球资源配置能力显著提升。实践证明，中央作出的建设上海国际航运中心的决策是完全正确的。这是我国现代化建设和深化改革开放的重大举措，也是上海转变经济发展方式、适应经济全球化新格局的有效途径，对于更好发挥上海航运战略优势和综合优势，示范带动长三角地区、长江流域经济发展，更好服务长江经济带、“一带一路”建设以及经济社会发展全局，都具有重要意义。

部市合作不断提升航运中心服务功能

上海国际航运中心建设，关键有两条：一是基础设施建设，二是服务功能不断提升。所谓基础设施建设，就是要有能力承受越来越多的货物，要有能力把这些货物引进来运出去。这就得靠码头、港口以及其他硬件方面的条件。仅有这个还不够，还要具备吸引货物过来的条件。其中腹地的条件相当重要，要有广袤的腹地，并且要求腹地经济发展到一定程度。这样，发达的腹地经济可以提供大量有待运输的货物，并且要有运输到上海港口的渠道。长江流域特别是长三角地区是上海港口的重要腹地，这些地区的经济发展，成为上海港口建设国际航运中心的重要条件。

上海港口基础设施建设很早就开始了。早在 1991 年 7 月，上海外高桥港区一期工程开工建设。为配合外高桥集装箱港区建设，1996 年开始推进长江口深水航道治理工程。1998 年 1 月，长江口深水航道治理一期工程开工；2010 年 3 月，三期工程竣工，进入 12.5 米水深试通航期；2011 年 5 月，三期工程通过交通运输部验收。其中，我参与并主持了 2006 年 9 月开工的三期工程的研究，工程建设过程中重大问题的解决和工程的竣工验收，主持召开了工程建设总结大会。为解决上海深水港问题，从 1996 年 8 月起，交通部就开始协调参与上海国际航运中心新港址的论证工作。2002 年 6 月，洋山深水港一期工程开工；2004 年 4 月，二期工程开工；2006 年 4 月，三期工程开工；2014 年 12 月，四期工程开工；2017 年建成完工。我本人见证、参与、协调了一期试运行，二期、三期工程建设中有关问题的解决。前不久，我在全国人大财经委的工作岗位上参观了四期工程全自动化码头投产试运行。

上海国际航运中心基础设施建设十分重要，但服务功能的不断提升更加重要。有人说航运中心建设，基础设施仅占20%，服务要占到80%，我认为是有道理的。光有这些硬件条件还不够，最重要的还是货物愿意来。这就需要不断提高服务功能，增强吸引力与竞争力，比如提供简便、条件好、费用低的服务。而且国际航运中心，不仅是依靠国内的腹地，而且还要吸引其他国家的货物。

上海国际航运中心功能提升的一个重要标志，是2009年4月国务院19号文件，明确了2020年基本建成国际航运中心的总体目标，即“一个基本建成，三个基本形成”：到2020年，基本建成航运资源高度集聚、航运服务功能健全、航运市场环境优良、现代物流服务高效，具有全球航运资源配置能力的国际航运中心；基本形成以上海为中心、以苏浙为两翼，以长江流域为腹地，与国内其他港口合理分工、紧密协作的国际航运枢纽港；基本形成规模化、集约化、快捷高效、结构优化的现代化港口集疏运体系，以及国际航空枢纽港，实现多种运输方式一体化发展；基本形成服务优质、功能完备的现代航运服务体系，营造便捷、高效、安全、法治的口岸环境和现代国际航运服务环境，增强国际航运资源整合能力，提高综合竞争力和服务能力。

建设上海国际航运中心是国家发展战略，交通运输部责无旁贷。当时交通运输部党组认真贯彻国务院19号文件精神，积极推进上海国际航运中心建设，特别是将推进提升中心功能建设列入了重要的议事日程，明确时任副部长翁孟勇、徐祖远为主重点抓好此项工作。现在回想起来，在我离任之前，除继续配合做好基础设施建设，在服务能力建设上主要配合做了以下几个方面工作。

第一，2010年1月，我与时任上海市市长韩正同志共同签署了《交通运输部、上海市人民政府加快推进国际航运中心建设合作备忘录》。这标志着部市合作推进国际航运中心建设进入了一个新的阶段。时任上海市常务副市长杨雄出席签字仪式，副市长沈骏主持签字仪式。交通运输部和上海市政府确定成立部市协调委员会和工作层面推进机制，从四个方面加快上海国际航运中心建设。一是优化现代航运集疏运体系。交通运输部积极支持上海市港口、航运企业与沿海、沿江港航企业间建立多种形式的合作关系，促进跨区域联合。推进上海国际航运中心集疏运安全保障体系建设，推进长江直达洋山深水港区江海直达船型的研究。继续支持加快上海国际航运中心规划和建设，包括加快长江黄金水道、内河高等级航道、港口主要集疏运通道等基础设施建设以及继续加强长江口航道疏浚工作。二是发展现代航运服务体系。支持上海港口和航运转变经济增长方式、提升现代服务功能的试点工作；支持国际班轮公司区域营运中心、航运经纪、船舶管理等国际航运服务企业落户上海，在上海先行先试相关推荐政策，加速国际航运要素向上海集聚；推进在上海建立船员专业人才市场；推进形成具有国际影响力的运价指数体系；支持上海航运交易所进一步拓展服务功能；支持上海市加强上海国际航运中心信息化建设；支持部市共建的上海海事大学的建设与发展。三是探索建立国际航运发展综合试验区。开展加快上海国际航运中心建设，推进国家航运事业发展的相关政策研究；推动特案免税登记制度的落实。四是促进和规范邮轮产业发展。推进上海邮轮母港建设，加快完善邮轮产业发展的金融服务体系。建立了交通运输部与上海市部市合作机制，并在这个机制下给予上海国际航运中心建设宏观指导与具体帮助。

为了深化部市合作，2012 年 8 月，交通运输部和上海市人民政府又就加快推进上海国际航运中心建设的有关具体工作签署了深化合作备忘录。这两个备忘录都对部市合力推进国务院 19 号文件的贯彻落实，加快上海国际航运

2012 年 8 月，交通运输部与上海市人民政府签署
《加快推进国际航运中心建设深化合作备忘录》

中心建设提出了明确的要求。实践证明，备忘录的签订和落实，有助于上海国际航运中心集疏运和航运服务体系的进一步完善，促进了航运要素的全面集聚和优化提升。

第二，交通运输部安排专项补助资金，以上海港集装箱内河集疏运通道建设为重点，加快长三角内河集疏运体系建设。2012 年，上海初步形成了以“一环十射”为骨架的内河航道网，较大幅度提高了集装箱水水中转比例。

在集疏运通道建设方面，还需特别说明的是，长江南京以下 12.5 米深水航道工程建设。2011 年 5 月，长江口深水航道三期工程通过验收后，交通运输部及时将工程成果应用到长江黄金水道建设上，提出并积极组织长江南京以下 12.5 米深水航道工程的研究论证。2012 年 8 月，一期工程正式开工。目前长江口 12.5 米深水航道已通到南京，使南京港实际上享受到上海港的航道通行能力。现在看来，这一工程的实施不仅有力推动了长江经济带的建设，也有利于上海国际航运中心服务功能的发挥，是长三角内河集疏运体系的重要组成部分。

第三，加强政策扶持，推进航运服务能级的提升，推动国际航运要素在上海的集聚。2011 年，交通运输部支持在上海建立国家级船员评估中心，推动中国海员招募中心和中国国家船员援助中心等落户上海。2012 年 8 月，交通运输部和上海市政府共同为北外滩航运服务总部基地授牌，支持航运公司总部、国际班轮公司区域营运中心、航运功能性机构落户上海。以上海航交所为重点，推动现代航运服务业发展。2009 年、2010 年交通运输部发布国际集装箱班轮运价备案实施办法和《船舶交易管理规定》，指定上海航交所为运价备案受理机构，建立全国性船舶交易信息平台，支持开发了系列运价指数，推动上海航交所成为国内外权威航运指数发布和交易机构。同时还推动航运与贸易、金融、保险等服务业融合，不断创新运价指数、大宗商品交易、船舶融资、航运金融、航运保险等服务产品。打造邮轮母港。2010 年，以举办世博会为契机，出台允许国际邮轮境内多点挂靠的政策，指导上海先行先试，丰富了上海邮轮航线的设计。2011 年，交通运输部发文适当放宽了独资船务公司市场准入条件和经营范围，吸引了国际大型邮轮企业在华开展业务，目前皇家加勒比邮轮、歌诗达邮轮等五家全球最大的邮轮公司均已在上海设立独资船务公司。2011 年，上海港靠泊邮轮 105 艘次，出入境游客 22 万人次；

2013年，靠泊邮轮197艘次，出入境游客76万人次。据了解，2017年，上海港靠泊邮轮已达到512艘次，出入境游客291万人次，成为全球第四大邮轮母港。

第四，交通运输部赋予上海航运中心一系列先行先试的功能。自2010年以来，先后在上海率先试点国际航运经纪业准入制度、船舶融资租赁业务、中资“方便旗”船舶特案免税登记制度。为强化国际中转功能，2012年，推动了洋山港区正式成为启运港退税离岸中转港，进一步强化了上海港的枢纽地位。

用历史唯物主义的观点看待上海国际航运中心建设

在参与上海国际航运中心建设过程中，我有以下几点体会。

一是建设上海国际航运中心是国家发展战略，需要全国各有关方面的鼎力支持。建设国际航运中心，上海市责任重大，但全面实现战略目标，离不开各方面的协作。例如，洋山深水港区的建设，浙江省很有全局眼光，给予了大力支持；交通运输部积极配套，协调各方关系，全力支持。此外，上海国际航运中心功能的完善更需要全国各地、各方面的配合和支持。集疏运体系的建设涉及跨区域、跨流域，而且航运中心货物的来源离不开大量的腹地，要靠腹地经济的持续发展才会有源源不断的货物，同时还要靠腹地对航运中心各方面的支持。

二是上海国际航运中心建设还涉及上海金融中心建设的配套，上海金融中心建设直接影响上海航运中心功能的提升。国际航运中心要在“国际”二字上做文章，必须有符合国际经济规律、国际规矩的金融计算体系。这就涉及金融在这个方面如何按照要求，能够适当地开放，并且在金融对外开放上深化改革，或者是提前试点，能够配套在上海国际航运中心建设上做点文章。国务院19号文件明确上海是双中心，意味着两个中心要互为依存、互为你我。所以上海国际航运中心的建设要进一步由上海国际金融中心的发展来配套，这还需要国家有关方面的继续支持。

三是上海国际航运中心建设，还要继续在提高服务功能上花大力气。上海航运中心建设是在面临国际国内竞争的大环境中进行的。从国际上讲，新

“国际航运上海论坛 2010”圆桌会议

加坡、伦敦、汉堡、釜山在国际航运服务功能上优势比上海大，地理位置也比上海有优势；从国内看，香港的竞争力应该讲比上海强，地理位置也比上海优越，天津、大连等沿海城市也在着力进行航运中心建设。在这种情况下，十分重要的就是服务功能的不断完善和提升。要通过建设，不断增加对人才队伍等各方面的吸引力，把航运中心建设中的各种要素吸引到上海来。在这方面，上海市委、市政府在指导思想上一直很清醒、很明确，而且经过多年的努力很有成效。现在离 2020 年建成国际航运中心的目标，时间很紧了，建议要保持定力、继续努力，特别是在金融结算等的配套上进一步完善功能。我相信在全国各方面的大力支持下，经过上海市委、市政府持续不断的努力，中央确定的 2020 年基本建成上海国际航运中心的目标一定能够如期实现。

立足国家战略，建设上海国际航运中心

口述前记

杨雄，1953年11月出生。曾任上海市计委长远计划综合处副处长、处长，市计委主任助理兼计划投资处处长，市计委副主任、市政府副秘书长（正厅级）等职。2003年2月至2013年1月先后担任上海市副市长，常务副市长，市委副书记、代市长等职。2013年1月至2017年1月任上海市委副书记、上海市市长。2017年2月至今先后担任第十二届全国人大财政经济委员会副主任委员、十三届全国政协外事委员会副主任。

口述：杨　雄
采访：张　林、谢黎萍、杨建勇、张　励
整理：张　励
时间：2019 年 4 月 24 日

建设上海国际航运中心，是党中央、国务院着眼于我国改革开放和社会主义现代化建设全局作出的一项国家战略，也是上海继续当好改革开放排头兵、创新发展先行者，加快建设国际经济、金融、贸易、航运和科创“五个中心”的重要支撑和突破口。上海国际航运中心建设一路走来不容易，其间得到了从中共中央、国务院领导到国务院相关部委办、全国各省市方方面面的支持，也凝结了上海历届市委、市政府坚持不懈的探索。作为其中的一名参与者，我主要是做好一些组织协调工作。我觉得，正是历届市委、市政府共同的努力，才有了今天上海国际航运中心建设的丰硕成果。

深水港选址：大、小洋山“有戏”

上海在历史上是以港兴市的，历届上海市委、市政府对于港口的发展一直非常重视。我在市计委工作的时候，上海历次发展战略讨论，如 1984 年启动的“上海经济发展战略研究”、1994 年前后进行的“迈向 21 世纪的上海”等，都提到要充分利用上海的港口优势实现城市转型发展。每次在编制本市五年计划时，上海的港口规划建设问题也都是其中一项重要内容。

1990 年党中央、国务院宣布开发开放浦东之后，上海港如何规划、如何建设的问题更显迫切。此时，上海港的发展面临着一系列挑战，首先是对外贸易规模的不断扩大、货物运输量的迅猛增长，导致我们长期面临码头货物吞吐能力不足的问题，建一个满一个、建一个满一个。我记得在对外高桥二期进行项目评估时，争议的核心问题就是对未来箱量增长的预期。我们提出外高桥二期建成以后，箱量可以从一期时的 60 万箱左右，提升至 150 万至 200 万箱。但有人对此表示怀疑，认为能达到几百万箱是不得了的事情。实际上，后来的发展远远超过了我们的预期。其次是集装箱船大型化趋势已经开始，那时的集装箱船已经达到 2000 至 3000 箱水平，后来更是出现了 4000

至5000箱的四代、五代船，大概是4万吨至5万吨，我们已经碰到5万吨的船要在长江口外减载候潮的问题。同时，我们还面临着与我国台湾高雄、韩国釜山、日本大阪神户之间的激烈竞争，1994年时上海的集装箱量只有100万箱，与这些港口相比还存在一个数量级上的差距。因此，我们的压力很大。

但我们始终认为，从历史发展来看，“港为城用，城以港兴”是上海城市发展的一条重要规律；从地理位置来看，上海位于长江入海口，地处我国大陆东部海岸的中间；从港口条件来看，与新加坡这样的国际中转港不同，上海是一个腹地港，背靠的腹地是我国经济最发达的地区——长江三角洲。这些因素决定了上海必须要有一个深水港，这无论对上海而言、对长三角地区而言，还是对整个中国而言，都意义重大。

对于深水港的选址，最初我们着眼于上海市域范围之内，提出了“北上”“东进”“南下”三个方向。“北上”主要是宝山罗泾；“东进”指的是外高桥，我们从1991年开始建设外高桥港区一期工程，共三个多用途泊位，至2010年底，外高桥港区六期工程建成投入试运行。但无论是罗泾还是外高桥，都遇到“拦门沙”的影响，导致长江口航道水深只有8米左右。“南下”杭州湾一带，这里虽然有岸线，但航道水深与长江口差不多，水深不足的问题依然无法解决。为解决这一难题，交通部提出采用“束水冲沙”的方式，对长江口航道开展疏浚整治，目标是实现12.5米水深。但上海市委、市政府觉得主要竞争对手的港口水深条件都胜过我们，12.5米水深的国际竞争力显然还不够。

东北亚地区国际航运中心之争日趋激烈，但上海市域范围内又苦于找不到合适的深水港选址。上海市委、市政府经过深入思考，最后创造性地提出了跳出上海、到外海建设深水港的大胆思路。当时有好几个方案，其中提出最早、研究最充分的是瞿世民提出的衢黄港方案，此外对马迹山方案、绿华山方案也做过较为深入的论证，马迹山是因为宝钢已经在那里建了铁矿石中转码头，绿华山是锚地。但经过反复研究比较，认为衢黄港距离上海太远，不仅架桥成本较高，而且途经部分海域水深达十几米，就当时的架桥技术而言把握不大；马迹山也好、绿华山锚地也好，都不太理想，因此迟迟决定不了。

最初的方案中并没有大、小洋山，最早提出大、小洋山方案的是时任上海市政府副秘书长吴祥明同志。那年，我们在北京参加国家计委关于长江口深水航道的项目评估，评估结束等待他们撰写评估报告的过程中，有半天的休息时间，我们就在房间里研究海图，发现最靠近上海的深水区域是大、小洋山，正好处于 8 米等深线往外一点点，那个时候算下来可以达到－18 米的水深，而且这里离上海比较近，有架桥的可能性。于是，我们就琢磨着应该到大、小洋山去看一看那里是否有建港的条件。

从北京回来后，我记得吴祥明同志向黄菊同志汇报后，就带队去了一趟大、小洋山。待他回来后，我就问他看下来怎么样，他说有戏。大、小洋山有水文资料，而且是长期积累的水文资料，这就为进一步的论证提供了基础。加之嵊泗历史上有一段时间曾隶属上海管辖，与上海的关系一直很密切。嵊泗的很多产品是供应上海市场的，上海的票证发放也一直是覆盖到嵊泗的，工业券、缝纫机票等票证嵊泗都有。改革开放以后，嵊泗的科技副县长也是我们上海市科委委派的。后来他们向黄菊同志汇报以后，黄菊同志还自己乘船前往查看，认为大、小洋山建港条件基本具备，随后就启动了相关的前期工作。在这个过程中，嵊泗、舟山是非常支持的，浙江总体上也是很支持的，当时也是顾全大局。

建设洋山深水港，对上海来说是一件特别要紧的事。1996 年 1 月，李鹏同志在上海宣布建设上海国际航运中心。但要建设国际航运中心，必须解决上海有一个深水港的问题，这两件事是互为因果的关系。因为上海不像伦敦，伦敦过去是一个港口，后来运输功能慢慢退化，服务功能保留下来。但上海不同，我们必须要有运输功能，然后才有服务功能，当然从长远看，也许我们也会像伦敦那样经历一个运输功能逐步淡化、服务功能逐步增强的过程。但在目前条件下，没有深水港，上海建设国际航运中心肯定不行。

建设洋山港：从“不得已而为之”到“创新”

在确定以大、小洋山作为上海深水港港址之后，经过详细论证和积极争取，2002 年 3 月，国务院审议通过洋山深水港区一期工程可行性研究报告和开工报告。同年 6 月，洋山深水港区一期工程启动。

为加强洋山深水港工程建设的组织领导，我们成立了市深水港工程建设指挥部，总指挥是韩正同志，同时根据工程的特点分别设立了港口、大桥、港城三个分指挥部，具体负责港区一期工程、大桥工程的建设和海港城地区的开发。港口分指挥部指挥是归墨，总经理是诸葛宇杰，大桥分指挥部指挥是黄融，临港这一块是配套区，指挥是白文华。

人、小洋山是离人陆约30公里的小岛，岛上没有水、没有电、没有通信设施，建设过程中要面对难以想象的恶劣的施工条件，大家最初只能住在船上；还要克服诸多世界级的技术难题，其中难度最大的还是港口和大桥。

洋山深水港区是世界上唯一建在外海岛屿上的离岸式集装箱码头，东海大桥是我国第一座真正意义上的跨海大桥。尽管我们拥有在江河上建港、建桥的丰富经验，但要在茫茫大海上建起海上深水港和跨海大桥，对传统的建港、建桥方式挑战极大。在建造东海大桥的时候，我们面临的最大难题是桩打不下去。架桥必须先打桩，东海大桥最先进行的就是桥墩的沉桩工程。最初的时候，我们对恶劣的海上施工环境缺乏充分估计，打桩用的还是混凝土桩，但是不行，桩头打坏很多，后来全部换成了钢管桩，提高抗击

洋山深水港区一期二期全景

能力。常规打桩，我们用8吨的锤就能够打得到，但这个地方不行，要换到15吨，打桩速度也要明显加快，才能把直径1.5米的钢管桩打到六七十米深处。第二个难题是定位不准。与在陆地上施工不同，在大海中没有参照物，如果采用常规的打桩方式，极有可能因桩位不准而影响大桥的合龙，因此，我们采用了GPS卫星定位技术，一个桩用3至5颗GPS卫星定位，这在当时是很不容易的。参加建设的设计施工人员一方面主动学习国际先进经验；另一方面积极探索新技术，并将各种专业技术在东海大桥进行"大集成"。当然，其中也有一些小遗憾，当时我们的浮吊能力只有3000吨左右，现在振华港机已经研制出了7000吨的浮吊，如果那时就能达到这个能力的话，我们东海大桥的桥桩还可以少打，桥孔还可以拉长，建造速度还可以更快。

洋山深水港建港的钱从哪里来，也是我们需要解决的一个难题。与以往由财政大包大揽不同，洋山港并不是以政府名义投资建设的，而是由"同盛"这家投融资公司来具体运作，这可以说是一种创新，也可以说是不得已而为之，但通过我们的实际操作，最后由不得已而为之变成了一种创新，这是很有意思的。

洋山深水港建设，国家没花一分钱，资金全是上海自筹的。我当时担任市政府副秘书长，负责协调洋山深水港的资金问题。我最初的考虑是由上海港务局［上海国际港务（集团）公司前身］承担全部投资。这样，上海港务局既是港口的投资主体，又是港口的使用单位，这有利于洋山深水港的建设，也便于今后港口的运营管理。但由于投资额太大，上海港务局顾虑重重。迫不得已，我只能找到市里的投资公司——上海国际集团有限公司（以下简称国际集团），由其牵头出资成立上海同盛投资（集团）有限公司（以下简称同盛集团），作为投资主体建造洋山深水港。2002年3月，同盛集团成立，注册资金50亿元，由三家公司出资，其中国际集团占52%股份、上海港务局占40%股份、上海国资经营有限公司占8%，由国际集团副总经理刘作亮担任首任董事长。那时，上海的经济实力与现在根本无法相比，市计委（市发改委）一年的固定资产投资只有十多亿元，洋山深水港一期的投资就要四五十亿元，如此巨大的投资无论哪一家公司都承担不了，只有通过同盛集团这个平台，调动市里各个方面的资金，包括银行贷款，放在这个平台上，七拼八凑终于筹齐了建设洋山深水港一期的资金。当然，成立同盛集团也有一个好处，就是解决了非港口的投资主体问题，东海大桥的建造、岛上公共基础设施的建设等，都由同盛集团一并解决。

回顾洋山深水港建设这一段不平凡的日子，无论是在工程建设过程中，还是在资金筹集方面，我们都面临着一系列前所未有的挑战。对此，我们只能在实践中不断去摸索，不断寻找解决问题的办法，这些办法有的是创新，有的是过渡，但最后的结果都还很好，许多迫不得已的过渡后来成为了创新的举措，被运用在城市建设和管理的方方面面。

补好短板：提升航运“软实力”

洋山深水港一期工程的建成是上海建设国际航运中心一个重要的里程碑，它标志着上海港已经从一个内河港变成一个拥有深水泊位的海港，为上海国际航运中心建设奠定了重要的硬件基础。但上海要成为真正的国际航运中心，仅仅依靠完善的硬件设施和发达的经济腹地等是不够的，必须要重视软件建设，形成快捷通畅的信息通道、秩序良好的航运市场环境。

为了发展航运服务业，提升我国在国际航运领域的话语权，我们一项比较大的探索就是建立上海航运交易所，这是一个创新。对上海而言，国际航运中心建设的主要短板就是服务业。当时我们就想通过成立航交所在航运服务业上树一个功能性的机构，于是就跟着欧洲学，欧洲有波罗的海交易所，我们就建一个上海航运交易所。1996年11月28日，经国务院批准，由交通部和上海市人民政府共同组建的上海航运交易所正式开业，这是我国第一家航运交易市场，发挥规范航运交易行为、调节航运交易价格、沟通航运交易信息的功能，为全国航运市场的发育和发展起到示范引导作用。欧洲有干散货指数，我们就搞一个集装箱指数。1998年4月13日，由交通部主持、上海航交所编制发布的“中国出口集装箱运价指数”首次发布仪式在上海航交所交易大厅举行，交通部和上海市的相关领导都出席了这次发布仪式并为首批委员单位颁发了证书，这也引起了国内外的广泛关注。现在，“中国出口集装箱运价指数”已经与“波罗的海干散货运价指数”一起被誉为世界两大海运运价指数，成为联合国文件引用的可靠数据。

这么多年我们坚持下来是非常不容易的，现在我们常说中国价格、中国声音，在航运领域就要有我们的价格指数、要有价格的生成发现，这是一个创新。

我们推动航运服务业发展的另一项重要举措是发展邮轮产业，建设吴淞口国际邮轮港。吴淞口靠近长江口主航道，在这里修建邮轮港可以弥补上海港没有大型邮轮专用码头的不足，与北外滩国际客运中心实现功能互补、错位发展，共同形成我国规模最大、功能最全的国际邮轮母港和邮轮产业中心。但同时，在吴淞口建邮轮港也面临一个突出问题：长江口主航道宽度有限，各类班轮进出频繁，航道拥堵情况较为严重，邮轮船型巨大，靠岸又要掉头，一不小心容易引发船舶交通安全风险。为此，经多次与交通部上海海事局沟通，最终取得他们对建造吴淞口邮轮港的支持。

2009 年 7 月，上海吴淞口国际邮轮码头水上项目正式开工建设，并于 2011 年 10 月 15 日正式开港。此后，为贯彻落实国家“一带一路”建设和长江经济带发展战略的部署以及市委、市政府“创新驱动发展、经济转型升级”的工作要求，进一步加快上海国际航运中心建设，又于 2015 年 6 月 18 日开始建设上海吴淞口国际邮轮码头后续工程，新建两个大型邮轮泊位，使得吴淞口国际邮轮港具备四船同靠能力。2018 年 7 月 13 日，码头后续工程正式试运营，当天迎来了“盛世公主”号、“诺唯真喜悦”号、“地中海辉煌”号三艘 13 万吨以上大型邮轮同时靠泊，正式开启吴淞口国际邮轮港“三船同靠”邮轮运营新纪元。现在，上海已经成为亚太地区最繁忙的国际邮轮母港，邮轮母港旅客发送量保持在世界第四。

聚焦重点：实现航运中心建设双轮驱动

在上海国际航运中心建设过程中，2009 年 4 月颁布的《国务院关于推进上海加快发展现代服务业和先进制造业建设国际金融中心和国际航运中心的意见》（以下简称国务院 19 号文件）可以说是重要的分水岭。以这份文件的颁布为界，2009 年之前我们称之为基础设施建设阶段，2009 年之后转为发展服务软环境与提升基础设施能力双轮驱动阶段。

当时，在 2008 年全球金融危机背景下，如何推进上海率先实现产业结构

2009 年 5 月，上海市委、市政府举行“贯彻国务院文件精神　加快推进上海国际金融中心国际航运中心建设工作会议”

优化升级，率先实现经济发展方式的转变，俞正声书记提出了上海进一步转型的几项重点举措，这份文件的起草便是其中之一。文件由上海起草后上报给国务院，国务院讨论通过后就直接批给我们上海了。

在这份文件中，发展现代服务业和先进制造业是个“头”，比较核心的是解决上海国际金融中心和国际航运中心建设问题。关于上海国际航运中心建设，国务院 19 号文件明确了“一个总体目标”，就是到 2020 年基本建成航运资源高度集聚、航运服务功能健全、航运市场环境优良、现代物流服务高效，具有全球航运资源配置能力的国际航运中心。提出了重点抓好“两手”。其一是优化现代航运集疏运体系。上海航运集疏运体系的基本框架已经基本形成了，但还需要进一步完善，包括整合长三角港口资源，形成分工合作、优势互补、竞争有序的港口格局；促进与内河航运的联动发展，充分利用长江黄金水道，加快推动洋山深水港区的江海直达，要大力发展水水中转，这主要是解决集装箱陆路运输对城市冲击的问题，这个问题解决好了，港口发展可以更顺一点。其二是发展现代航运服务体系。我们觉得上海国际航运中心的硬件设施基本可以了，但服务软环境还需要进一步完善，因此在文件中提出要充分发挥上海靠近国际主航线的区位优势，以及工业基础、人才资源、商务环境等方面的综合优势，大力发展船舶交易、船舶管理、航运经纪、航运咨询、船舶技术等各类航运服务机构，拓展航运服务产业链，延伸发展现代物流等关联产业，不断完善航运服务功能。

这份文件可以说是推动上海国际航运中心建设的一份纲领性文件。1996年1月，李鹏同志在上海宣布建设国际航运中心，上海从“三个中心”变为“四个中心”，但对于如何具体推动航运中心建设，虽然在一些文件中有所涉及，但是从国家层面上对上海国际航运中心建设进行整体性阐述的文件却是从未有过的。所以说，这份文件对上海国际航运中心建设是非常重要的，现在我们的工作就是围绕文件中所明确的2020年基本建成国际航运中心这个目标在做，我们推出的一些举措，如启运港退税、航交所指数等，也都是这份文件所提出的明确要求。

根据国务院19号文件的规定，我们实施了启运港退税政策，降低国际集装箱中转成本，鼓励我国外贸集装箱在上海国际航运中心转运。这主要是解决一个什么问题呢？当时我们发现沿海很多港口的货物不到洋山中转，而是到釜山中转，一年据称有300万箱。为什么它们会选择釜山，我们了解下来，主要是因为它到釜山中转可以办理离港退税，而洋山是国内港口，享受不到这样的优惠政策。于是，我们就提出实行启运港退税，上海港作为全球第一大集装箱港口，地处沿海岸线中心与长江黄金水道的交汇点，兼具自贸试验区等多项政策优势，完全有能力也有义务提供国际中转集拼服务，以降低国际海运综合物流成本。通过向财政部、税务总局、海关、交通部等相关国家部委积极争取，在我担任市长的期间争取了青岛、武汉两个试点，解决了国内港口到洋山的退税问题。2014年10月，上海港完成首票国际中转集拼。目前，上海港集装箱水水中转量虽然与新加坡港、香港港相比仍有一定差距，但国际中转量已在逐年递增。

当然，在发展航运服务业方面，我们还面临着“方便旗”船舶登记等很多体制机制方面的问题。现在中国船队的规模很大、运量很大，但挂五星红旗的有限，从上海国际航运中心建设来看，船舶登记是非常重要的，船舶在这里登记，相关的海事服务也会在这里办理，否则航运保险等航运服务业就难以发展起来。我认为，这些需要通过下一步的改革加以解决。

上海国际航运中心建设实际上是一个不断探索、不断统一认识、不断创新的过程，其间创造了许多全国第一乃至世界第一。在港口建设方面，离岛建港是国内第一家、全球第一家，在海上建桥也是国内第一家；在体制机制领域，港口建设省市合作也是国内首创，而且这些年来我们与浙江的合作方式还在进一步深化创新。

通过这些年的改革创新，2018 年，我们上海港的集装箱吞吐量已经超过 4200 万箱，再创历史新高，并连续九年问鼎世界第一。虽然国际上一些评级机构在国际航运中心排名中把上海港列为第二等级或第三等级，把伦敦列为最高等级，但我这么多年研究下来觉得这种评价可听可不听，航运中心有类型差异，但不存在等级之分，不存在你比我高、我比你低的问题。我们应该打破这一偏见，理直气壮地宣布：上海已经是国际航运中心了！

发展现代航运服务业
极力提升“软实力”

口述前记

徐祖远，1952 年 1 月出生。历任广州海运（集团）有限公司董事长、总经理，中国海运（集团）总公司副总裁等职。2004 年 5 月至 2013 年 4 月任交通运输部党组成员、副部长兼中国海事局局长。2011 年 9 月当选中国航海学会第七届理事会理事长。2013 年 6 月受聘担任中国航海博物馆馆长。2015 年 7 月受聘担任国际海事组织（IMO）首届海事大使。

口述前记

张守国，1957 年 10 月出生。曾任交通部水运局副处长、交通部水运司处长等职。2005 年至 2009 年 3 月任交通部水运司副司长。2009 年 3 月至 2010 年 9 月任交通运输部水运局副局长。2010 年 9 月起任中国船东协会常务副会长。

口述：徐祖远、张守国

采访：谢黎萍、杨建勇、张　励、朱　昊

整理：龚思文

时间：2018年5月23日

上海国际航运中心的建设在我们国家航运发展史上的重要意义众所周知。自1996年国务院作出以上海为中心、苏浙为两翼建设上海国际航运中心重大战略决策以来，以2009年4月国务院发布《关于推进上海加快发展现代服务业和先进制造业建设国际金融中心和国际航运中心的意见》（以下简称国务院19号文件）为重要标志，上海在港航基础设施建设不断完善的同时，航运服务能力建设也不断增强，上海国际航运中心建设向着“软硬件结合”全面发展的方向不断迈进。我们在交通部（后更名为交通运输部）任职期间也有幸亲历并见证了上海贯彻中央有关要求、大力发展现代航运服务业的工作历程。

国家战略：航运服务发展正当其时

交通部负责国家重大水运工程项目的技术审核和技术标准的规范审查；从项目规划选址、开工建设到竣工验收期间，还牵头推进有关部门和单位的协调等工作。我们正好都在交通部工作，所以也见证了上海港航基础设施建设取得的举世瞩目成就。2005年12月，洋山深水港一期建成并投入运营，标志着上海港拥有了7万吨至10万吨级的集装箱泊位。从那以后到2008年底前，洋山二期、三期工程陆续竣工并投入运营。2009年长江三峡水利枢纽完工。这两个最“重量级”的工程项目在时间上实现了很好的“对接”，使得长江航道整治这一项“重量级”工程得以在“深下游、畅中游、延上游、通支流”的总体思路指引下更为有效地推进实施。随着长江口“拦江沙”以及“下游三沙”（即福姜沙、通州沙、白茆沙）等其他碍航浅段问题逐步解决，长江下游430多公里主航道初步实现“深水化”，中游、上游及支流的通航能力也逐步提升，上海国际航运中心真正实现了“通江达海”，无论是地理环境还是硬件条件都堪称世界一流。

然而，基础设施建设毕竟只是打好了一个硬件基础，下一步最需要做什么呢？要真正提升上海国际航运中心在国际上的整体竞争力，那就必须实现全面的发展。上海港硬件设施可以与世界上任何重要港口相媲美，但辐射面和影响力同英国伦敦、新加坡和我国香港等世界著名航运中心相比，仍然存在不小差距。那是因为我们在“硬实力”不断增强的同时，面临着航运服务能力不足、现代航运服务体系建设滞后等“软实力”上的短板。对伦敦、新加坡和香港而言，航运服务业是构筑其航运中心体系的核心内容，而且航运服务业对整个城市经济的贡献度可达15%以上。面对着全球的竞争，面对着我国经济发展的需要，面对着对外开放步伐的加快，上海国际航运中心地位的确立，更多地要体现在航运服务业“软环境”的改善上，这也正是当年我们交通部重点研究并且努力推动的工作。

“十一五”期间，我国经济整体转型为上海航运服务业发展提供了最大的机遇。为适应世界经济全球化总体趋势和我国经济发展的新特点，发展服务业成为了中央关注的焦点。2007 年 3 月，国务院印发《关于加快发展服务业的若干意见》，首次提出到 2020 年“基本实现经济结构向以服务经济为主的转变，服务业增加值占国内生产总值的比重超过 50%”的目标。这同我们过去一直强调基础设施建设、大力发展制造业等发展导向相比，发生了明显转变。上海是我国现代服务业启动最早、发展最快的地区之一，其优越的地理位置和良好的经济发展水平也是发展现代航运服务业的一个非常大的优势。由于上海处于我国沿江和沿海两大经济带的交汇处，背靠长江三角洲、长江流域，对内可以连通长江流域及附近主要地区，对外连接世界环球航线，是世界各大港口城市与中国相联系的最佳门户。得益于我国经济持续高速发展，上海国际航运中心腹地内经济发达、人口众多，雄厚的经济实力可以为上海国际航运中心建设带来规模庞大的货物流、资金流、人才流和信息流，这些都是国际航运中心建设和航运服务业发展必不可少的基础条件。随着上海港硬件设施的持续建设和港航集疏运体系的进一步完善，还将催生出许多航运服务业（如航运金融、保险、经纪等）新需求。综合上述条件，我们认为在这个时间点上加快发展航运服务业，可谓是“正当其时”。

然而，航运“软环境”的改善在政策上需要面对和突破的问题更多，比基础设施建设难度更大，因此上海发展现代航运服务业虽说是拥有诸多有利条件，但面对的困难和考验同样也是巨大的。

第一个考验体现在对国际形势的正确判断，以及与国际环境的协调上。上海要建设国际航运中心，与传统意义上的航运中心相比较，无论是在政策法规、金融贸易地位的确立还是标准制定等方面，我们都处在一个后发的地位。我们必须要认真研究国际上通行的这些法规对中国的适用性问题，以及如何完善我们以海商法为主体调节国际航运关系的现有法律法规的问题。同时，从当时整个世界的经济格局看，重心已经逐渐从欧洲、北美向亚洲转移，亚太地区逐步成为世界经济增长最重要的动力引擎。在2001年中国加入世贸组织后，中国经济的发展在世界上的影响力与日俱增、逐步扩大。发展到一定阶段之后，我们也要适应世界结构的变化、重心转移这种需求，作出我们正确的战略部署。随着2005年洋山开港，上海在港口能级上实现了从“河”到“江”，再从“江”到“海”的“三级跳”，越来越多的航运要素开始向中国集聚，也引起了周边的国家、地区和一些新兴的重要港口城市对我们的关注；从某种程度上说，它们自身也同样面临着航运业转型的巨大压力。如何在明确定位的同时协调和处理同它们的关系，这是一项艰巨、复杂又具有一定挑战性的工作。

第二个考验，我们认为要在“建设上海国际航运中心是国家战略”这一认识上进一步统一思想、形成共识。当时，交通部率先达成了这样的共识：上海国际航运中心建设不只是上海的事情，而是我们整个国家的事情；国务院明确“一主两翼”发展是国家的战略选择、战略决策，更多是国家的责任。“软环境”建设、法律制度的完善，这些单靠上海自己的力量肯定是力不从心的；从顶层设计上加大对上海的支持力度，本身就是国家层面的职责。所以交通部在牵头的各项工作上要更加主动、更加积极。而对于中央其他部委来说，由于认识程度不一，我们体会到在不同部门之间进行协调的难度还是比较大的。此外，对于我国沿海其他地区和长江流域其他港口城市来说，在建设发展过程中如何在上海作为航运中心枢纽港这一国家战略的前提下明确自身的定位，更好地实现跨地区、跨区域、跨行业、跨部门、跨系统的协同效应，而不是停留在只为局部利益考虑，对这一共识的达成也同样需要经历一个过程。

第三个考验来自上海自身。客观而言，处于起步阶段的上海现代航运服务业，在航运服务质量、经济贡献、市场份额、世界影响力和话语权等方面，与现代航运服务体系的要求还有很大的差距。虽然上海当时已经拥有了较多的航运服务企业，但是与国际同类企业相比，航运相关法律、鉴证、评估、代理、咨询、经纪、船舶管理等服务机构规模较小，专业化和国际化程度不高，真正能够提供全方位服务的国内企业仍然非常缺乏。当时上海虽然已经成为国内的金融中心，航运金融业的发展却还处于萌芽或起步阶段。航运企业所得税等相关税收政策、航运企业外资准入条件、航运仲裁法律适用、开放船舶供应市场等一系列问题怎样更好地同国际接轨，仍有待进一步探索研究。

面对这些机遇和挑战，交通部牵头并会同其他有关部门进一步加大政策研究力度；上海也在实践中抓紧研究、积极探索工作对策和创新举措，这些都为国家层面制定出台相关文件打下了扎实基础。在这一过程中，我们感觉到“两个作用”是非常重要的，其中一个是上海的主动性。从很大程度上讲，许多原来研究的基础性内容都是上海主动提出的，也是上海主动、努力、积极地去攻坚克难争取的，这一点起了决定性作用。另一个是部里的许多技术人员、专家认为上海建设国际航运中心对国家整个航运的发展更加重要也更有必要，更加需要着力推进。在他们的引导和推动下，这样的共识在交通部建立起来了。2009 年 4 月，国务院 19 号文件明确提出，到 2020 年“基本建成航运资源高度集聚、航运服务功能健全、航运市场环境优良、现代物流服务高效，具有全球航运资源配置能力的国际航运中心”建设目标。从国家对上海国际航运中心发展目标的确立上，充分反映出航运服务体系建设已经被摆在了十分突出的位置，这为上海国际航运中心建设更有效地抓住机遇、应对挑战提供了指南。从具体配套措施和要求来看，举全国之力加快推进上海“优化现代航运集疏运体系”“发展现代航运服务体系”“探索建立国际航运发展综合试验区”“完善现代航运发展配套支持政策”“促进和规范邮轮产业发展”等具体工作步伐，更是从国家层面为上海优先和加快发展现代航运服务业提供了有力的政策保障。

部市合作：探索实践航运服务新举措

在贯彻落实党中央、国务院文件和要求，推进上海国际航运中心现代航运服务业建设发展的过程中，交通部作为牵头主管部门，一直遵循这样一条方针：能够做的尽力做，能够支持的尽力支持；做起来确有困难的，尽力协调其他有关部门去做，并且推动了部市合作中两次备忘录的签署和一系列试点工作的展开。

第一次签署备忘录，我们记得是在 2010 年 1 月底，由交通运输部部长李盛霖同志和上海市委副书记、市长韩正同志在上海共同签署加快推进国际航运中心合作备忘录。这次备忘录的内容紧紧围绕国务院 19 号文件要求，将部市合作体现在优化现代航运集疏运体系，促进沿海及长江沿线港航企业间建立多种形式的合作关系，实施跨区域联合；发展现代航运服务体系，创造良好商务环境，降低企业商务成本，促进航运企业和航运服务产业健康发展，加速国际航运要素向上海航运中心集聚；探索建立国际航运发展综合试验区，推动实施启运港退税政策，增强洋山深水港区水水中转功能；促进和规范邮轮产业发展，推进上海邮轮母港建设，加快完善邮轮产业发展的金融服务体系等多个方面，可以说是对国务院 19 号文件部署的细化和落实。

在两年多工作的基础上，2012 年，部市之间又签署了加快推进国际航运中心建设深化合作备忘录，进一步围绕优化现代航运集疏运体系、发展现代航运服务体系、探索建立国际航运发展综合试验区、促进邮轮产业发展四个方面，共同推进上海国际航运中心建设，着眼点在于促进上海国际航运中心集疏运和航运服务体系的进一步完善，促进航运要素的全面集聚和优化提升。在这次深化合作备忘录签署的同时，交通部还结合当时的经济形势，针对全球航运业发展较为困难局面，发布了三个方面政策：一是关于促进我国国际海运业平稳有序发展；二是完善管理促进国内航运业健康平稳发展；三是允许将融资租赁船舶视作认定企业资质的自有运力，并在上海先行试点。这第三点具体而言，就是对融资租赁的船舶，当航运企业已付租金达到应付款项一定比例时，并经融资租赁双方共同书面确认及航运管理部门备案后，该融资租赁船舶可认定为航运企业的自有运力。这项试点政策是一项全新的探索，是在考虑上海航运金融环境取得了一定发展的基础上，在上海先行试点，目的是缓解航运企业资金压力，帮助航运企业盘活现有资产，有效应对严峻的航运形势，并助推上海航运业的集聚和壮大。在那次签约会议上，中国船东协会也分别与交银金融租赁有限责任公司、民生金融租赁股份有限公司签订了战略合作框架协议，还一起为“北外滩航运服务总部基地”“上海海事大学上海高校知识服务平台”进行了授牌。

除了刚才提到的试点外，还先后在上海开展了期货保税交割、保税船舶登记、集装箱国际中转集拼等试点工作。其中，2010年在上海综合保税区实行的保税交割业务试点工作，对促进期货市场资源配置功能辐射范围逐步扩大至国际市场过程具有重要的意义。2012年实行的保税船舶登记试点工作，为吸引中资“方便旗”船回归登记开辟了新途径。当时世界范围内的船舶国籍登记大致可分为严格登记和开放登记两类，其中“严格登记”对申请船舶登记有一定的限制条件，如对船舶所有人、船员国籍的限制等，中国采取的就是“严格登记”制度；“开放登记”也被称为国际船舶登记制度，在船舶登记方面的要求较为宽松。船舶到开放登记国去登记，就叫“方便旗”船。保税船舶登记政策的创新突破促成了“内外贸同船运输”的实现，也为综合保税区开展融资租赁业务创造了有利条件，解决了融资租赁企业在跨境业务中对船舶所有权登记、国籍登记、抵押权登记等方面的实际需求。此外，2012年启动启运港退税政策，有利于吸引出口货物在上海港中转，进一步推进上海港集装箱枢纽港建设；还支持上海率先试点国际航运经纪业准入制度，填补了我国航运经纪业准入制度的空白。随着克拉克森、马士基等国际知名航运经纪公司在上海注册运营，上海已经发展成为全国航运经纪的重心所在。这些试点政策的着眼点是为上海现代航运服务体系的发展创造良好的环境，以及促进上海国际航运中心建设不断与国际接轨，逐步缩小上海与世界上主要国际航运中心的差距。同时，随着期货保税交割、保税船舶登记试点、集装箱国际中转集拼等先行先试政策的落地，综合保税区成为上海航运政策创新的先行区，也可以说是为后来上海自由贸易试验区国家战略的启动和推进做了一些基础性的工作。

上海奋进：航运服务效能显著提升

政策的生命力在于实施。2009年国务院19号文件的有效落地、部市合作的顺利推进、一系列试点工作的成功展开，都离不开上海主动性、积极性的发挥以及持之以恒的付出和努力。在这一过程中，我们认为上海是尽了力并且取得了一定成效的。我们想围绕几个方面来谈一谈。

第一个方面，上海市党政领导对国际航运中心系统性建设的认识越来越统一，已经充分认识到下一步国际航运中心的建设不单单是“航运”单一板块的发展，而是涉及经济、金融、贸易、科创等全方位一体化的发展。印象最深的是2007年习近平同志担任上海市委书记期间，上海就主动提出希望部里安排专家围绕如何建设国际航运中心作专题讲解。当时交通运输部安排了水运局副局长杨赞教授来上海。他曾担任大连海事大学副校长，是一位学者型官员。当年8月，上海市委常委学习会专门听取了杨赞教授所作的《关于国际航运业发展趋势与上海国际航运中心建设》专题辅导报告，习近平同志还谈了学习体会并对下一步工作作出了重要指示。

第二个方面，上海国际航运中心建设的体制机制保障不断加强。在国家层面，建立了部际协调机制，统筹协调上海“两个中心”建设工作；省市层面，建立了以上海为中心、江苏和浙江为两翼的“两省一市”协调机制，共同推动长三角地区协调发展；上海市层面，也成立了上海国际航运中心建设工作推进小组，负责上海国际航运中心的重大决策事项。2003年，为加快上海国际航运中心建设，上海进行了管理体制改革，专门成立了上海市港口管理局，并挂国航办的牌子，牵头负责上海国际航运中心建设的具体推进工作。到2005年，市港口管理局组织开展了“上海现代航运服务业发展战略研究”，在全国范围内是最早的。

第三个方面，上海在发挥优势推进航运服务业发展，特别是在聚集航运要素等各项措施上下了很大的功夫。2011年4月，波罗的海交易所在上海正式启动全球航运运价衍生品中央交易系统，这是波交所成立200多年来首次在海外启动重大航运交易平台。2011年7月，世界海事大学上海代表处入驻虹口北外滩，并于2012年升格为世界海事大学上海中心。以上海海事大学为代表的专业研究机构和研究人才领先全国。2012年底，波罗的海国际航运公会（BIMCO）入驻上海。国际知名航运组织入驻，上海在国际航运界的话语权与竞争力日益凸显。同时，上海已集聚一批行业领先的航运研究咨询和信息服务机构，本市以上海国际航运研究中心、上海航运交易所等为代表；外资机构主要包括上海辛普森航运咨询有限公司等。上海航运交易所的船舶交易量显著提高，交易品种也由原先较为单一的散杂货船、集装箱船、油船等，扩展到其他船型，基本实现全覆盖。作为国内和国际上的金融中心，上海金融机构参与航运融资业务程度明显提高，业务量也取得较快增长；还通过出台优惠政策，吸引全国航运保险业务向上海转移。2010 年，上海航运运价交易有限公司注册成立，成为全球首个航运运价第三方集中交易平台，并先后推出上海出口集装箱、中国沿海干散货、中国沿海煤炭等多个运价衍生品交易产品，填补了国内航运运价衍生品交易市场的空白。除此之外，上海对航运会展的承办能力也越来越强，上海举办的中国国际海事技术学术会议和展览会已经发展成为亚洲最大、最具权威性的海事商贸盛会，展会规模和参会人数逐年递增，影响力和规模屡创新高，进一步巩固了海事会展亚洲第一、世界第二的地位。

第四个方面，一大批航运企业在实践中感觉到，在上海的发展、经营、生活是比较舒适的。用现在的话来说，上海拥有良好的营商环境、服务环境、生活环境，很适合现代航运服务企业发展。21 世纪以来，上海口岸深化推进“大通关”工程，完善“5+2”通关工作制，优化“一门式”服务，加快建设电子口岸平台。启动“统一平台、区域联动、选择申报、多点放行”改革试

2016 年 7 月，2016 新华 · 波罗的海国际航运中心发展指数在上海发布

点，推进“属地申报、口岸验收”“属地检验、口岸放行”“直通放行”等区域通关改革，提高了口岸通关效率，航运贸易环境进一步优化。同时，拥有上海国际航运仲裁院和上海海事仲裁院两大海事仲裁机构的上海，良好的法治服务环境也得到了广泛的认可。到了2012年前后，全球二十大班轮公司都有分公司或办事机构入驻，世界上最大的9个船级社都在上海开设了代表处。2016年合并成立的中远海运集团也将总部设在了上海。

除了上述四个方面之外，我们认为上海在造船、港口设施、港口机械等产业支撑，以及立足长江流域一体化发展的多式联运、配套法规制定出台、资金保障和重点扶持等方面也是做得很好的，这些都能为航运服务业持续推进和深化发展提供有力的支持和保障。从2014年起，《新华·波罗的海国际航运中心发展指数报告》连续发布，上海稳居全球十大国际航运中心之列，2017年更是位居全球第五。随着现代航运服务业“短板”不断补足，上海国际航运中心的建设成效也得到了越来越多的认同。

航运文化：丰富上海国际航运中心内涵

我们觉得，培育航运文化是航运中心提质增效的重要动力；“向海而兴”的文化应当为上海国际航运中心建设注入更多的内涵。纵观世界历史发展，航海对人类历史、对国家发展都是至关重要的。上海本身就是一个“以港兴市”的重要城市，没有轮船来往就没有上海的昨天，也没有上海的今天；上海的明天还需要航运发展。“上海市徽”图案中就有一条船，这条船是在上海航运几百年发展中延续的沙船。国外对上海最早的印象也是航运，巨鹿路上的马勒公寓等许多历史建筑，都与航运有着千丝万缕的联系。上海拥有深厚的航运历史积淀，又在中国航运发展史上发挥着无可替代的重要功能，航运文化的传播和彰显更应该成为上海国际航运中心建设的一块“金字招牌”。对此，我们也想谈谈与航运文化有关的、印象比较深的几件事。

第一件事，就是积极争取国务院批复设立“中国航海日”。这项提议早在20世纪80年代就提出了，当时交通部协调了多个部门，起草了好几份报告，并向国务院提出申请。但有关主管部门认为我们国家的“国家日”“国家节”太多了，没有采纳交通部的建议。到了2005年郑和下西洋600周年，中央明确要举行一系列大型活动来纪念，借这个时机，交通部在认真梳理、深入论证的基础上，推动国家批准了“中国航海日”的设立。我们清晰地记得当年在人民大会堂开完纪念郑和下西洋600周年纪念大会后，来到上海展览中心门口举办第一届“中国航海日”相关活动，部里和市里的主要领导都参加了相关活动。2018年7月，“中国航海日”主题活动又一次回到上海举办，通过航海日论坛等一系列主题活动来全面展示“航海新时代，丝路再出发”的重大主题。

第二件事，就是与上海合作建立中国航海博物馆。我们可以看到，世界历史上几乎所有的强国、所有繁荣的港口城市都有它独特的、影响力很大的海事和航海文化，城市中遍布航海标识，也都拥有海事博物馆。我们都亲身经历了中国航海博物馆从规划、建设到正式对外开放的全过程，特别体会到国家意识、大局意识对建这个博物馆是何等重要。这是要建在上海的国家级博物馆，但这件事如果举全国之力来办，那就会遇到相关系统、部门以及全国各地的不同意见，可能花很多的时间也解决不了问题。我们当时找上海商议，时任副市长杨雄同志马上同意与交通部共同建设，而且上海市负责资金

中国航海博物馆

和技术支持。2006 年 1 月，航海博物馆在上海南汇新城开工奠基；2010 年 7 月全面建成开放。博物馆室内展览面积达到两万多平方米，以“航海”为主题，“博物”为基础，设置了航海历史、船舶、航海与港口、海事与海上安全、海员、军事航海六大展馆以及渔船与捕鱼、航海体育与休闲两个专题展区，并建有天象馆、4D 影院、儿童活动中心，涵盖文物收藏、学术研究、社会教育、陈列展示等多种功能。今天，我们可以自豪地说，上海拥有了在全中国乃至在全世界都堪称一流的航海博物馆。

还有一件事情，我们想谈谈从邮轮经济中衍生出的邮轮旅行文化。邮轮首先是一个邮轮经济的概念，而不应定位在一种简单的交通工具上。发展邮轮经济、建设国际邮轮母港也是中央对上海作出的重大战略部署之一。2011 年 9 月，交通部明确，外国航运公司可在中国设立独资船务公司，可为该独资船务公司的母公司拥有或经营的船舶提供揽客、出具客票、签订合同等服务。在这个大环境下，上海凭借独特的地理环境和突出的中心城市地位，为繁荣发展邮轮经济开展了许多工作。现在世界知名邮轮集团——嘉年华邮轮、皇家加勒比邮轮和丽星邮轮均已在上海设立分支机构。近年来，已形成从北外滩到吴淞口，两大邮轮母港功能互补、错位发展的格局；在各方共同推动下，上海邮轮旅游出现井喷式发展：2016 年上海港共靠泊邮轮超过 500 艘次，同比增长将近 50%；邮轮旅客吞吐量达到近 300 万人次。

但在这些数字背后，目前的上海邮轮发展是不是还缺了些什么呢？我们认为最突出的问题，还是在文化上出现“短板”。我们现在可能更多地把乘坐邮轮定位为“乘船去旅游”，在这种认识之下，邮轮又被定位在交通工具上了。我们认为邮轮不仅是一种旅游，更是一种旅行；你别看它一字之差，这更多地是注入了经济和文化内涵。在体验邮轮旅行的过程中，上海周边省份的游客要先乘坐的士、再乘坐高铁到上海来；然后再乘坐的士到港口登上邮轮；在邮轮上，他面对着像一个“小城市”一样丰富多样的设施设备，感受着各国之间文化传播和各种生活方式的交流展示，这才是旅行的品味和体验！以上海为“圆心”，邮轮经济的辐射半径可以覆盖长三角乃至全国更广阔地区。随着老百姓生活水平的不断提高，对体验旅行文化的需求自然是日益增长的；相关的供应、资讯、购物，包括可供欣赏的文化产品是否具备、能否同步跟上？如果缺乏这种配套的服务系统，也就难以实现邮轮经济的发展。

而且在宣传推广方面，我们还没有好的小说、好的诗词，或者好的歌曲，更没有好的电视剧和电影来传达“乘坐邮轮去旅行”的感受。如果将来哪天邮轮旅行能真正成为中国人的一种时尚，那邮轮经济的发展潜力就很大了。当然，在这个过程中，规范化、系统化的服务质量、服务标准、服务水平也要同步跟上。

虽然我们现在已经不在交通运输部任职了，但我们仍然关注着上海国际航运中心的建设和发展。从近年来的一系列变化特别是航运服务业的快速发展中，我们深切体会到上海距离国际航运中心的目标是越来越近了。现在上海正在逐步探索和稳步推进自由贸易试验区建设，当好“一带一路”建设的桥头堡，提升航运服务功能与之关联度也是非常高的。希望上海能够在“国际”二字上做足文章，进一步对标国际一流水平，推动上海国际航运中心建设不断向世界顶尖水平迈进。

上海国际航运中心建设是划时代的事业

口述前记

王庆云，1955 年 5 月出生。曾任国家计划委员会（国家发展计划委员会、国家发展和改革委员会）交通能源司副司长、基础产业司副司长、基础产业司司长、交通运输司司长等职。2009 年 7 月至 2009 年 12 月任国家物资储备局党组书记、局长。2009 年 12 月至 2012 年 12 月任国家发展和改革委员会党组成员兼国家物资储备局党组书记、局长。2012 年 12 月至 2018 年 8 月任国家体育总局党组成员、中央纪委驻国家体育总局纪检监察组组长等职。

口述：王庆云
采访：徐柏章、杨建勇、刘明兴
整理：刘明兴
时间：2018 年 10 月 16 日

我大学毕业后就进入国家计划委员会工作，一下就是 30 多年。在这期间，正值国家全面推进改革开放，我亲历了国家经济战略调整和国家重大战略选择的过程，其中上海国际航运中心建设就是经济转型过程中国家战略选择的一项重大事件。现在重新认识这一重大实践的决策过程，对我们今天深刻理解我国改革开放的伟大成就，深刻理解我国加入世界贸易组织后为什么经济贸易会突飞猛进等，都有着现实和深远的重要意义。今天我们可以说，上海国际航运中心的形成，为中国经济贸易运行降低了成本、提高了效率，并顺应了加入世界贸易组织后的大势，是一项划时代的事业。

国家重大战略决策的历史背景

上海国际航运中心建设是党中央、国务院作出的一项重大战略决策，不仅事关上海城市发展，也关系到改革开放事业和国家未来的发展。上海国际航运中心建设与当时的历史背景密切相关，我觉得有四个层面。

第一个层面，这是改革开放的大背景决定的，需要在当期我们国家经济最发达的地区形成一个贸易中心，同时以贸易中心来带动航运中心。如果没有贸易中心，航运中心也很难形成，两者是相辅相成的。在洋山港区决策之前，也就是上海国际航运中心深水港决策之前，浦东开发开放已经起步，而且中国的改革开放已经走过了十多年的历程，各个方面也都取得了很大的成绩，包括深圳、珠海、汕头、厦门 4 个经济特区再加上 14 个沿海港口城市都在同步往前推进，但这期间，走过来的人都能够感受到，在 20 世纪 80 年代末，我国的发展碰到一个坎。在改革开放催生出来的经济飞跃发展的过程当中一下子出现了很多障碍。最大的一个障碍是贸易量在快速增长，成本也在快速增长。沿海开放城市的三资企业生产出来的产品数量急剧增加，但是要把东西运出去，让外国人接受并产生效益，我们的成本比发达国家要高很多，这是一个非常现实的问题。当时的硬件和软件都是制约我们降低贸易成本的重要因素。当然，在硬件问题还没有解决之前，软件问题暴露得不是那么突出。就在这个关键节点上，改革开放的时代呼唤中国找一个地域，作为一个突破点，就是在最有条件的地方，发挥出经济和贸易中心的作用，使我们暴露出来的最突出的成本问题能降下来。

我们国家1990年就开始申请加入世界贸易组织，直到2001年才正式加入。20世纪90年代就有中央领导提出过如何通过加入世界贸易组织推动我国降低贸易成本的问题，从而带动中国经济全方位地降低成本。现在回过头来看，这一想法是很有远见的。用什么来推动我们整个贸易国际化，并且在贸易国际化的过程中提高我们自身的生存能力和竞争力，这些决策没有长远的战略眼光是提不出来的。其实，在这个时期，上海已超前做了大量的工作，尤其是浦东开发开放先走了一步。仅仅走了这么一小步，上海的优势就体现出来了，明显比其他沿海开放城市甚至比深圳、珠海、厦门、汕头经济特区来得大。

中国改革开放后经济飞速发展，周边国家和地区认为这是对他们的冲击和威胁。这种威胁的表现就是竞争非常激烈。在激烈的竞争过程中，如果降低成本的问题一时解决不了，我们的量越做越大，这样势必把周边国家的港口带起来了，如把韩国带起来了，把日本带起来了，把新加坡也带起来了。长此下去，肯定会加大我国的贸易成本。因此，必须加快在我国贸易中心的基础设施建设，形成我们自己的国际航运中心，来降低贸易成本和提高运行效率，切实解决改革开放当期最主要的问题。

第二个层面，在上海地区建立国际航运中心，突出上海的优势，发挥改革开放的“领头羊”作用。早在1992年初，当时的国家计划委员会和世界银行就共同合作完成了《长江三角洲地区综合运输研究》报告。这是一份由20多名外国专家、100多名中国专家，历时近两年的时间完成的一项综合性研究报告。按当时的财力，对于该课题的研究算是耗资较大的。那个时候就对中国经济最发达的地区进行系统研究，分析研究基础设施到底怎么样，运输物流成本到底能不能降下来以及制约因素是什么。这个报告出来后，提交给世界银行和中国中央政府，当时就提出来：一是这个地区的建设一定要和浦东开发结合起来，要和国家经济建设和发展的需要结合起来；二是在这个地方发展交通设施一定要统筹规划，条块结合，分层负责，联合建设；三是最重要的是处理好远期和近期的关系问题；四是加快打通长江三角洲地区和其他地区的进出通道；五是建设一批重点工程，包括京沪客运专线，沪宁、沪杭甬高速公路等。当时还提出来，上海港区的建设可以考虑外高桥、罗泾、金山嘴，但关键是要考虑长江口航道整治的制约问题。明确指出上海港的远期发展主要取决于长江口整治，而长江口的整治最多就达到水深 12.5 米，因此必须走出长江口。另外，还提出虹桥机场要建第二跑道，上海还要尽快建设第二机场。那个时候提出新机场建设的重要因素之一是降低物流成本。上海市有关领导多次说过，如果长江口整治无法解决问题，那么降低物流成本的措施就需要通过空港或其他方面来弥补，现在看这是很有战略眼光的。现在想一想，如果浦东机场建得再晚一点的话，一些高附加值的产品就不知道转移到哪里去了。高附加值的产品量虽然不多，但是可以带动很多下游的产品。这些内容都是研究报告提出来的，最后得到国家的认可，也为后来航运中心研究作了铺垫。

20 世纪 80 年代末、90 年代初，当时的国家计划委员会和世界银行的合作研究报告，已经将上海放在了最突出的国家战略的位置去考虑。应该说，上海长期形成的优势能涌现出来，既是上海自身努力的结果，也是改革开放催生的结果。

第三个层面，党中央、国务院采取的浦东开发开放这项重大改革举措，加快了上海国际航运中心建设的步伐。前面提到国家申请加入世贸组织这个过程，也催促着上海国际航运中心早日形成。实际上，加入世贸组织的准备过程是倒逼我国经济改革的过程，也是倒逼我国必须要做好以贸易为核心全面降低运行成本提高效率的各方面的准备，时不我待地准备迎接挑战。现在再回过头来看，实际上，上海的发展在不断地验证着这些准备和面临的挑战，只不过，浦东开发开放加快了做好这些准备和迎接挑战的步伐。换句话说，在中国改革开放的大事业中，国家在不断地出题目，上海在不断地围绕国家的题目做文章、找答案，直至解题。

第四个层面，就是上海自身的优越条件。上海港口城市经济发展的地位在当期的我国是无可替代的，其他任何一个城市都达不到这些要求。实际上在长江三角洲地区，当时港口城市经济能够和上海相比的就是宁波舟山，这也是浙江方面一直在坚持的，其拥有非常好的深水港口自然条件，但是港口城市经济实力能不能支撑这一自然条件，这是需要从国家层面上去衡量的。在当期的大势下，在国家改革开放急需去弥补当期不足的时候，需要综合权衡，敢不敢把这个宝押到别的地方去。换句话说，如果单纯考虑自然条件这一个因素，或者说不考虑当期的港口城市经济综合实力，用别的自然条件很好的地方去替代港口城市经济已经形成巨大作用的上海，我们的代价能不能付得起？所以从国家层面上的权衡，以及广泛开展的咨询研究和论证，其关键点就在这里。经过多方面的论证和研究，大家还是认为上海港城结合起来的地位和作用，其他的城市替代不了，也满足不了当期改革开放的急需。回想一下，如果没有这一个重大的决策，我们进入了世贸组织后，面临全球化竞争，就很难适应，甚至会出现相反的效果。实际上我们把最大的障碍，即基础设施之后的问题，先期给予解决，再借助入世后的制度优势，一下子就搞活了。

上海国际航运中心的形成过程和中国改革开放的进程、中国的发展背景是紧密结合的。就其形成过程来说，是由三个选择决定的。一是历史的选择。即改革开放的历史过程和上海港自身航运业的历史地位。改革开放的过程是国家层面上的决策，上海港自身的地位是其历史积淀起来的。二是时代的选择。如果没有改革开放，也就没有上海国际航运中心，如果改革开放的步伐没有这么快、这么成功，也就没有上海国际航运中心。改革开放激发的活力正需要一个效率高、成本低的中心，让软件硬件都发挥作用，这样也就恰好凸显了上海的作用。三是国家战略机遇期的选择。在邓小平视察南方之后，全国上下都统一思想不折腾，一心一意谋发展。在谋发展的进程中，上海是不可替代的，而且上海的经济一直是“领头羊”。

新港区选址方案的论证

上海国际航运中心新港区选址方案的比选论证的大部分前期工作，都由上海自己做了。需要从国家层面上做的就是怎么样去评价上海已经做了的工作，或者说对上海做的这些工作能够认可多少，是50%的认可、80%的认可还是100%的认可。这个认可过程既有国内的咨询公司去评审，比如中国国际工程咨询公司在这方面就做了大量的工作；也邀请了一些国外的知名咨询公司来评审，如美国的路易斯·伯杰工程咨询公司、荷兰港口咨询公司等。按照中央的要求，对如此重大的项目决策，需要由第三方来评估，因为对国家层面的战略决策项目，中咨公司毕竟还是我们国家自己的，不能只有自己的评估意见，需要第三方的意见，所以就请了国外的这两家咨询公司。

论证的过程既科学严谨，又广开思路、争论激烈。既有世界上的技术问题，也有我们自己的经济问题，还有行政区划问题等。既有国家层面的战略选择问题，又有区域层面的收益归属问题，还有项目本身的技术可行性和经济合理性问题，需要论证的内容还是相当复杂的。

应该说，在当时的交通主管部门中，持不同观点的人还不少，有相当一部分人认为整治长江口航道就可以解决深水港的问题，不主张上海到外海去再建深水港。其实，从部门角度看这个问题也不难理解，因为他们认为长江口整治受益的是整个沿线，而上海深水港受益的只是上海一家。但如果我们能跳出部门和地方的框框，站在国家层面来考虑国家战略与国家经济运行和发展，这两个方面就不是矛盾的了，因为它们解决的是不同层面的需求，更不是只为了解决面上的问题。应该说深入的讨论或专家们争论的焦点，主要集中在两点：一个是港城经济发展能不能再走过去的路；另一个是长江口的整治是不是就能取代上海国际航运中心的深水港。第一个焦点，从港城经济历史演进过程和特征发展来说，我们是否还让历史重演。也就是说，我们不能眼看着在经济贸易快速发展、技术进步不断提升，越来越大的船承载着越来越多贸易量的时候，出现大型深水硬件设施没有及时跟上导致港口与城市脱节、经济开始衰退的现象。如果也采用之前导致该现象出现的办法，上海就有可能让历史重演，这样做，我们的代价太大了。所以从国家层面考虑此问题，就必须要采取有力措施，不让上海出现此现象，当然我们也有能力不让此现象出现。港口城市经济必须及时跟上科技、贸易发展的要求。这就涉及第二个焦点，即长江口整治能不能解决上海国际航运中心深水港的问题。交通部门有些同志认为，长江口12.5米水深能够解决上海国际航运中心深水港问题，但需要时间。因为当时长江口航道整治还需要观察，要分步实施，不可能一步到位，具体整治到12.5米水深时不知道要到哪年。现在回过头来看，也用了十年的时间。如果上海国际航运中心深水港等上十年，面对入世后的竞争大势，我们的竞争优势也没了。这两个争论焦点也对应两个问题，一个是上海国际航运中心深水港是放浙江还是放上海，一个是如何充分吸纳部门的意见，在上海国际航运中心深水港建设的同时，也做好长江口航道整治的相关工作。

应该说，在当时的情况下，对建设上海国际航运中心深水港区的认识还不尽一致，除交通主管部门有些同志持不同意见外，上海市也有一些同志对此认为没有那么紧迫，甚至在一些小范围的内部会议上经常出现争论，尤其是对未来集装箱增长量的预测问题，大家都各持己见。回想一下，我认为这种争论还是很有意义的。就这样，在评审论证等环节决策时，从国家的层面考虑，认为上海港口城市发展的地位不能动摇，不能让历史上港口硬件没有及时跟上所导致的港口与城市脱节、经济衰退的现象重演，我们有条件也有能力去制止其发生。从国家发展的角度，长江口整治和上海国际航运中心深水港建设并不矛盾。上海国际航运中心深水港的建设对长江沿线港口的贸易量来说是增量的，反过来也使上海国际航运中心更加活跃。

在整个决策过程中，起决定作用的是时任中共中央总书记的江泽民同志。之前尽管已完成了各方面的论证意见，但在不同层面还一直争论不休，或者说一直没有最后拍板。2000 年下半年，我国著名桥梁专家李国豪院士向中央写了一封信。这封信得到中央的重视，江泽民同志作了一个很长的批示，从上海国际航运中心建设事关上海经济社会的发展、长江三角洲地区和长江流域的发展乃至祖国统一大业的高度进行阐述。这样，深水港的建设才真正统

2001 年 3 月，专家们在对上海国际航运中心洋山深水港区一期工程进行讨论研究

一了思想认知。

上海国际航运中心深水港由于是选定在洋山港区，而洋山港区的行政区划是在浙江省，管理体制的问题又提到了议事日程。目前来看，当时对管理体制的建议，即以上海管理为主、浙江利益分成这个办法挺管用的，而且运行起来也是高效的。确定这种管理模式，在当时的背景下也只能做到这一步。当时上海确实不便说话，因为涉及两个省市的事情。我们当时考虑，既然国际航运中心要突出上海，而且要发挥上海港城经济的地位和作用，没有别的选择，深水港必须放在上海国际航运中心里面去。解决前面两个问题不就是为了一体化的管理吗？在我们将此意见与浙江省和交通部沟通时，他们也都非常支持，都表示统一由中央决定，中央怎么定他们就怎么执行。就这样，经国家发改委报经国务院批准后实施。

对未来的一点思考

一个地区的发展并能够形成多个中心，既有客观条件，也有主观能动因素，而主观是起主要作用的，也就是说没有上海的主观能动因素的作用，就不会有上海国际航运中心洋山深水港区。洋山深水港区在上海国际航运中心的作用和地位是具有划时代性的。不过国际形势变化这么大，特别是现在的技术和贸易产品与上海国际航运中心深水港区建设时，发生了质的变化，将来洋山深水港区能够发挥什么作用，不能用过去做研究时候的眼光和结论去推理。我们只讲过去。我们说，洋山深水港区的决策在当期的时代是对的，起到了决定性的作用，推动了中国的改革开放，使外国真正地能够看到中国改革开放的成果。就是说它正好适应了入世后面临的挑战，而且使中国经济在当期的全球化竞争中如虎添翼，是一项划时代的事业。

现在再回过头来看，上海国际航运中心建设，深水港建设仅仅是其中心的硬件之一，需要支撑和维护航运中心正常运行的所有软件和其他硬件，都需持续更新和维护。从某种意义上讲，深水港可以建设出来，但航运中心不可以，航运中心是要靠诸多的措施支撑和持续的维护形成的。换句话说，最终的上海国际航运中心的走向，取决于贸易中心；没有了贸易中心，即使已经发达的航运中心也会逐渐衰败。为此，上海国际航运中心如何不断适应经

2011 年，上海港集装箱吞吐量突破 3000 万标准箱

济全球化的新变化，如何应对新的全球化竞争态势，必须围绕如何服务贸易中心做好功课。为贸易中心服务就是维护了航运中心的根基。航运本身就是降低成本、提高效率的一项服务措施，航运中心不但取代不了经济和贸易，还必须用最低的成本为其提供最好的服务。航运中心也不像金融中心那样自成体系，金融方面的证券和银行都能自己成为一个体系；航运脱离了贸易就是无源之水。在上海国际航运中心的发展中，切记：决不能因为航运中心影响贸易中心，要学会扶持和服务贸易中心，这才是工作的发力点。千万不要弄成航运拼命赚贸易的钱，把贸易中心都挤掉了，到头来自己也没有了，应该明白是贸易养航运而不是航运养贸易。物流的企业不能是高盈利性的，能够维持成本运作就是对地区经济发展的最大贡献。

现在洋山深水港四期已经正式运作了，它的全自动化让世界刮目相看。我想并不是全自动就是最好的，上海应该去思考全自动化降低了多少成本、提高了多少效率、解决了多少就业等一系列的问题。作为运输企业，它可以拼命去搞研发，但研发是为了降低成本、提高效率，使贸易中心受益。为了长远的发展，许多问题都值得深入研究。

大交通视野下的上海国际航运中心建设

口述前记

孙建平，1955 年 9 月出生。曾任上海市建委经济管理处处长、市建委经济合作处处长、市建委秘书长、市建委副主任、市建设和交通委员会副主任，政协上海市第十二届委员会常委、人口资源环境建设委员会主任等职。2008 年 10 月至 2015 年 12 月任上海市城乡建设和交通委员会副主任兼上海市交通运输和港口管理局局长、党组副书记、党组书记和上海市交通委员会主任。

口述：孙建平
采访：张　励、刘明兴
整理：刘明兴
时间：2018 年 3 月 21 日

2008 年 10 月至 2015 年 12 月我担任上海市交通运输和港口管理局局长、上海市交通委员会主任，其间正值国家推进上海国际航运中心建设进入新阶段，我们按照国家要求，对接国际做法，结合上海实际，大胆探索，努力实践，上海国际航运中心建设取得了积极成果。

新阶段面临的问题

2008 年 10 月到上海市交通运输和港口管理局工作之前，我对港口曾经有过一些工作接触。一是 2001 年年底，国务院下发了深化中央直属和双重领导港口管理体制改革意见，上海港属于交通部和上海市双重管理的港口，当时我在市建交委担任秘书长，参与了上海港口管理体制改革的前期调研和方案起草工作。方案经上海市委、市政府批准后，2003 年 1 月，原上海港务局实行政企分开，成立了港口管理局和上港集团。二是根据市委、市政府关于洋山深水港开发建设实行政府宏观引导、市场具体运作的总体要求，组织开展洋山深水港开发建设投融资体制研究，制定实施方案。其中组建同盛投资公司给我留下的印象最为深刻。2002 年上半年，国务院批准了洋山深水港一期工程可行性报告。这对上海来说既是一个利好消息，同时也是一个棘手难题。因为洋山深水港一期工程建设资金是要由上海自行承担的，而从当时市政财力来看，资金缺口很大。市委、市政府领导非常关注这个问题，要求相关部门尽快拿出具体方案。我们研究并借鉴了国际通用做法，提出了组建同盛投资公司作为洋山深水港开发建设投资主体，然后，由同盛投资公司分别与相关企业组建了大桥、港区和港城三个项目建设公司，具体承担三个重点项目的工程建设方案。在洋山一期工程开发建设过程中，同盛投资公司充分发挥了投资融资主体作用，形成了持续投入、滚动开发、良性循环的长效机制。在洋山二期、三期和四期等工程项目建设中，都沿用了这个体制。

经过十多年的努力，上海国际航运中心三大标志性港口基础设施项目已基本建成。第一是洋山深水港建设持续推进。2008 年 11 月，继洋山国际集装箱深水码头一期、二期工程之后，洋山港区三期工程建成投产，深水港已经形成规模了。上海港国际班轮航线已经遍及全球各主要航区，成为中国大陆集装箱航线最多、航班最密、覆盖面最广的港口。第二是长江口深水航道治理工程竣工。2010 年 3 月，长江口深水航道工程项目完成第三期工程，基本符合大的集装箱船的通行要求，全程 12.5 米深水航道可以直达南京。第三是外高桥码头泊位建成投产。2010 年 12 月，随着外高桥码头第六期工程项目竣工投产，外高桥第一至六期码头泊位也全部建成运行。大规模的港口基础设施建设工程基本完成。

2009 年 4 月，国务院下发了《关于推进上海加快发展现代服务业和先进制造业建设国际金融中心和国际航运中心的意见》(以下简称国务院 19 号文件)，明确提出了上海国际航运中心建设的总体目标和主要任务。

根据国务院 19 号文件精神和上海市委、市政府要求，市交通港口局迅速把工作重点转移到“两个体系”建设上来，即加快推进现代化港口集疏运体系建设，实现多种交通运输方式一体化发展，进一步提高城市综合交通规模化、集约化水平；加快推进现代航运服务体系建设，营造便捷高效、安全法治的口岸环境和现代国际航运服务环境，进一步增强国际航运资源整合能力和国际竞争力。

在国家推进上海国际航运中心建设进入新阶段这个大背景下，我刚好在上海交通港口局局长和上海市交通委主任的岗位上。我们看到了上海国际航运中心建设取得了重要进展，但是瓶颈和约束也是客观存在的，从上海实际出发，找准了上海交通与航运中心建设存在不相匹配的问题。

港口集疏运体系还不够健全完善。从总体上看，上海具有独特的区位优势，交通运输网络比较发达。但从航运集疏运体系看，比较突出的矛盾是各种运输方式不均衡、不协调。长期以来，上海港口集疏运方式主要以公路为主，约占 70%，而水路、铁路运输比重偏低，尤其是铁路的比重不到百分之一。由此带来了一系列问题：一是加剧城市交通拥堵。以外环线为例，外环线部分路段集装箱卡车占通行车辆比重的 30% 以上，外环线隧道超过了 50%，随便哪个工作日下午到外高桥去，都会发现那里堵得厉害。二是存在严重安全隐患。集装箱车辆的通行密集度及其自身车况因素，造成道路交通事故高发。三是影响道路正常使用寿命。超载车辆及密集的车流量严重破坏了城市道路，许多新修的道路没有多久就又坏了。四是对环境造成严重影响。

现代航运服务还存在较大差距。与现代化港口基础设施建设相比较，上海现代航运服务业发展相对滞后，主要是指包括船舶融资、海事仲裁、航运保险、航运经纪等高端航运服务业比较滞后，服务机构规模较小、专业化和国际化程度不高，有些方面甚至是空白的。与香港、新加坡等国际成熟的航运中心相比，上海在管理体制、法律制度、口岸环境、服务环境等软环境方面尚有一定差距。

政府管理职能还有待于进一步加强。2003 年，我们进行了港口管理体制改革。上海港长期以来一直是实行政企合一的管理体制，行政管理、生产经营、码头建设等职能都合在一起。改革之后组建了港口管理局和港务集团公司，港务集团公司专门从事港口生产经营，现在已成为一家上市公司。市港口管理局是新组建的政府管理机构，主要负责港口行政管理职能。

加快现代化港口集疏运体系建设

港口集疏运系统由铁路、公路、城市道路及相应的交接站场组成，是港口与广大腹地相互联系的通道，为港口赖以存在与发展的主要外部条件。任何现代化港口都必须具有完善与畅通的集疏运系统，才能成为综合交通运输网中重要的水陆交通枢纽。针对上海在港口集疏运体系方面存在的问题，我们在大交通视野下，采取了积极措施。

第一，调整港口规划布局。当时我们结合城市规划与黄浦江综合开发，利用世博会的有利时机，对黄浦江、长江口码头功能作全面调整。首先，建设国际邮轮港。当时我们的判断是邮轮都会越来越大，而上海只有一个邮轮码头在虹口北外滩，黄浦江那里有一个最大的问题就是杨浦大桥，只有 7 万吨以下的船能够进来，7 万吨以上的进不来，而现在邮轮最大的达 20 万吨，一般都是十四五万吨。在这种情况下，得在上海找一个大船能够停泊的地方。早先，小的船舶进到这里面，大的停泊在外高桥的备用码头，不过外高桥那里比较远，而且外高桥那里集装箱、散货太多，资源已经不够用了。所以考虑船舶大型化

2010 年 4 月，吴淞口国际邮轮港首次停靠大型邮轮——“钻石公主”号

的趋势，必须建设新的邮轮码头。因此，我们支持宝山区与长江轮船公司（中外运）合作，把周边乱糟糟的原长江口长航锚地规划调整为国际邮轮码头，建设吴淞口国际邮轮港。这个邮轮港现在一次可以停靠两艘邮轮，等二期建好后一次可以同时停靠四艘。宝山和外高桥比，对游客来说近得多了。邮轮港建设时我还担任了建设总指挥，因为当初对建设有不同的意见，我以交通港口局局长的身份担任建设总指挥，便于协调各方，后在区里和市各级有关部门的支持下就顺利建好开港了。环境改善了以后，现在世界上三大邮轮公司皇家加勒比、嘉年华等都在上海设立了分支机构，并开设多条以上海为母港的区域邮轮旅游航线。目前吴淞口已成为我国国际邮轮最大母港，而邮轮经济也成为了宝山很大的一个产业，实现了区域经济成功转型。

与此同时，对上海港宝山、军工路、张华浜三个货物装卸码头作规划调整。宝山的上港十四区，改成了长滩商住综合体了，另外两个上港九区和十区每年还有大约几百万标准箱的内贸集装箱，计划把这两个集装箱码头挪到罗泾去，再把罗泾的散杂货迁到其他地方。这样，集装箱码头全部集中到外环线以外。此外，还有外高桥七期和八期建设，这些都纳入了上海“十三五”规划。

第二，大力推进内河高等级航道建设。针对上海内河和港区不衔接的问题，我们提出建设“水上高速公路”——内河高等级航道的设想。之前上海市规划了一个“一环十射”的内河航道网，到2020年建设260公里，以三级航道的标准为主进行建设。所谓三级航道，即1000吨（可以放90个集装箱）的船可以通行。上海现在很多内河航道都是四级、五级，都受到桥的影响。除了提升内河航道等级之外，还有一个很重要的方面就是要与港区对接。如果不跟港区对接，货到了还得先上来，再通过卡车运到港区，效果不好。这些在制定上海“十三五”规划的时候都已注意到了。这260公里的内河航道建设得到了交通部的大力支持，建设费原先约定交通部出30%，后来上升到50%。经过多年的建设，已建成约120公里。赵家沟、大芦线两条内河高等级航道工程项目已完成，现在正在建设油墩港。这样，长三角地区苏浙两省内河水路集装箱运输可以实现与外高桥港区对接。

第三，优化港口集疏运方式。经过多年努力，上海港集装箱水水中转比例得到大幅度提升，目前已达到45%，其中长江干线集装箱运输水水中转比重达到了60.5%。港口集疏运方式结构得到进一步优化，极大地减轻了上海城市交通压力。此外，之前虽然有铁路进芦潮港，但是到洋山港还是得经过东海大桥，这样优势就没有了。目前，沪通铁路进港区工程正在建设中，未来海铁联运方式将会得到进一步发展。内河与港区的转换不顺畅，铁路还进不了港区的症结将逐步解决。集疏运体系的建设虽然取得了一些成绩，但是我认为不足之处就是建设速度不够快。

推进现代航运服务体系建设

航运中心建设除了港口单纯的装卸生产活动外，以港口为中心的航运服务体系和航运市场的建立，才是建设航运中心更为重要的支撑。完善的航运服务体系是航运中心走向国际航运中心的重要基础。上海要建设国际航运中心，现代化的航运服务体系建设已成为当务之急。这几年来，我们针对上海在现代航运服务体系建设方面存在的不足，对症下药，取得了可观的成果。

口岸服务环境得到进一步改善。上海口岸各主管部门积极提升口岸服务环境，加快推进洋山、浦东机场、北外滩和外高桥地区的“一门式”口岸通关服务中心建设工作。口岸“一单两报”试点方案转入实质性推进阶段。2010年12月试点企业通过“一次录入、分别申报”正式走通了申报业务全流程，完成了报检和报关。2012年启动进口分类通关改革，上海海关75%的进口报关单和100%的出口报关单已纳入分类通关改革范围。今后理想的做法是在上海市中心近外环基本上不走集卡，中心城区有货运配送体系，用5吨以下车子就可以了。

航运服务集聚区功能快速升级。这期间，上海航运融资、航运保险、航运衍生品等业务得到进一步发展，业务规模均居全国前列。上海各主要银行业金融机构对上海航运产业的授信总额继续增加。融资租赁业务实现规模化发展，上海自贸试验区累计引进境内外融资租赁母公司300多家，SPV（单船单机）的项目公司300余家，累计注册资本1000多亿元。航运保险方面，上海保险市场共有49家财产保险公司经营航运保险直保业务，3家再保险公司从事航运相关再保业务，11家财产保险公司先后在沪设立航运保险运营中心。上海船舶险和货运险总保费收入占全国船货险保费收入的26.69%，其中船舶险占全国船舶险保费收入的43.56%。航运衍生品方面，上海航运运价交易公司运力交易产品覆盖国际集装箱（欧洲、美西）及国内沿海散货、进口散货三大领域，为航运和贸易企业更好地控制船运风险创造了条件。

上海充分利用港口空港资源禀赋、先行先试政策优势以及金融、贸易等现代服务业发展基础，航空和航海两大方面共同推进，发展形成了外高桥、洋山—临港、北外滩、陆家嘴洋泾、吴淞口、虹桥、浦东机场周边七大航运服务集聚区，区域空间布局进一步优化，服务功能逐步升级。此外，我们还试行了无船承运服务，这个有点“共享经济”的感觉，要求无船承运公司提供服务并承担责任，我们也进行了监管。

现代航运服务功能不断完善，航运要素集聚明显加快。近1700家国际海上运输及辅助经营单位在上海从事经营活动，全球九大船级社在上海开设了分支机构，22家国内外知名航运经纪公司在上海注册运营。上海已成为全国注册登记货代企业数量最多、业务最集中的地区。波罗的海国际航运公会上海中心、波罗的海交易所上海代表处、世界海事大学上海中心、上海亚洲船级社中心、国际海上人命救助联盟亚太交流合作中心、国际海事教师联合会上海中心、中国贸易促进委员会上海海损理算中心、中国船舶动态监控中心、中国船舶油污损害理赔事务中心、上海船员评估示范中心、上海国际航空仲裁院等一批国际性、国家级航运功能性机构先后入驻上海。当初引进上海国际航空仲裁院的时候，国际航空协会原来并没有很想来中国的，说国际上的航空仲裁在伦敦、巴黎就可以了。我告诉他们，你们得明白现在中国是飞机最大的买家，我们可以要求中国的航空公司在发生纠纷的时候70%放在中国仲裁，剩下的才放在国外。在我们的努力下，他们才入驻了上海。当然，现在这个仲裁院都是按照国际规范运作的，也聘请了一些国际上顶尖的人才。

航运信息咨询服务水平显著提高。上海航运交易所、上海国际航运研究中心等航运研究咨询机构力量不断壮大。上海航运交易所成为全国集装箱班轮运价备案中心、中国船舶交易信息中心，并先后发布集装箱、沿海煤炭、进口干散货、进口原油等运价指数。中国航运景气指数、上海船舶价格指数、中国新造船价格指数相继发布，“中国航运数据库”正式上线。上海船舶价格指数等指数产品的发布，填补了我国船舶价格评估和系列船价指数的多项空白。

此外，航空是上海国际航运中心的特色发展内容之一，我们继续加快了航空枢纽建设。浦东机场第四跑道通过行业验收并试飞成功，第五跑道主体工程建设及南机坪、东机坪工程前期工作启动，虹桥国际机场T1航站楼改造项目开工建设。目前，浦东、虹桥两大国际机场已有4座航站楼、6条跑道、3个货邮国际（地区）转运中心，设计能力达到年旅客吞吐量8000万人次和货邮吞吐能力500万吨，定期通航上海的航空公司达100家，通达国内外250多个城市航点。

转变政府管理职能

建设上海国际航运中心除了配套的硬件和相关的软件建设外，政府在其中的作用也是相当重要的。在国际航运中心进入新阶段后，政府管理职能还有待于进一步加强。政企分开之后，应当纳入政府行政管理职能范围的引航管理体制以及港口公安体制需要进一步理顺。针对这些问题，我们采取了以下措施来转变政府管理职能。

首先，制定出台《上海市推进国际航运中心建设条例》。我当初就在想，上海国际航运中心2020年就要建成了，现在连个条例都没有。所以我就找来了上海海事大学、华东政法大学在行业内的专家、学者，加上人大法工委、政协社会法制委的有关人员着手研究起草《上海市推进国际航运中心建设条例》。先要求上海海事大学和华东政法大学各做一个框架，拿来一看截然不同，大家展开争论，在不断修改和辩论中达成共识并形成一份新的框架稿。之后再给他们一个月的时间各做一份条例版本，大家讨论达成共识形成一份初稿。我们再结合市交通委之前委托国务院发展研究中心和交通运输部水运科学研究院的“2030年的上海国际航运中心发展研究”项目到交通部汇报。在条例一读前，还把交通部的专家请到上海给市人大的常委们讲解相关内容。2015年12月30日，条例正式提交市人大常委会一读。2016年3月，市人大审议通过了《上海市推进国际航运中心建设条例》。文件前后花了6年时间，内容具有创新性、操作性、前瞻性。这是在对1996年党中央作出上海国际航运中心建设重大战略部署20年来规划建设运行管理过程全面总结基础上形成的地方性条例，对于今后工作具有重要意义。

其次，努力理顺引航管理体制和公安体制。在深化港口引航管理体制方面，按照我国现行法规，外籍船舶进入我国领海必须接受强制引航，国轮进出港口也可以申请船舶引航。在一定程度上，引航体现了一个国家主权象征。

2016年7月，上海召开《上海市推进国际航运中心建设条例》媒体通气会

长期以来，在政企合一的港口管理体制下，引航机构一直是作为港口内部的一个部门。2003 年上海港口实行政企分开管理体制改革之后，根据国务院有关文件规定，设置了三年过渡期。三年过渡期之后，引航机构从体制上成为一个独立的行政事业单位。上海市交通港口局组建后，按照国务院文件精神，借鉴兄弟港口成功做法，结合上海港口实际，进一步完善引航管理体制机制，既加强政府行政管理职能，又提高引航安全服务水平。在理顺港口公安管理体制方面，我们积极配合中编办、交通运输部认真做好港口公安体制改革的前期调研等方面的工作，并结合上海港口港政航政管理的工作实践提出了一些具体的意见和建议。在中央和上海市委、市政府的关心下，目前上海港口公安体制管理改革已经顺利完成。

再次，大力推进绿色航运。港口单位吞吐量碳排放强度能耗从 2010 年的 8.14 吨标准煤 / 万吨吞吐量下降至 2015 年的 6.81 吨标准煤 / 万吨吞吐量。风能、太阳能等环保新能源应用以及节能新技术研发得到积极探索，作业机械“油改电”有效推行，移动式岸基供电系统试点工作有序开展。上海港空气质量自动监测网正式启动，污染排放与统计制度逐步建立。在市交通委大力推动下，上海开始推行绿色港口行动。在美国，轮船进港都要求用轻油，不能用污染严重的重油，而一些包括中国运输企业在内的轮船在进上海港的时候还是用重油，所以我们提出进港轮船必须全部改换成轻油，可是又担心上海港出了这个规定后增加了航运成本，有些轮船不来了。我们抓住了 G20 召开的机会，联合浙江、江苏一起搞了一个船舶污染控制排放区，出台了相关规定，进港轮船在离苏浙沪 12 海里的地方必须换成轻油才能进港。2014 年，上海绿色港口行动被列入中美政府间合作项目，我还到北京签署了相关的协议。

第四，积极推进区域合作。地区合作协调机制不断深化，区域综合交通运输体系对接有序推进，区域通关制度建设日益完善，上海国际航运中心“一体两翼”格局逐步形成。长三角区域海关通关一体化和检验检疫一体化稳步推进，海事、边检信息共享、互通合作机制建立，通关模式和通关流程不断优化。民航华东地区管理局组织开展《长三角世界级城市群民航协调发展战略研究》，推动长三角区域民航协同发展。长三角港口集疏运体系建设不断完善，沪苏浙省干线路网实现全面对接，区域间高等级航道网的通达度和网络化水平显著提高，上海港与长江沿线主要港口间合作关系继续深化。

组合港：为“一体两翼”而生

口述前记

王明志，1957年6月出生。1990年7月至2005年11月先后在交通部运输管理司水运处，水运管理司港口管理处、外贸运输管理处，水运司国际航运管理处、综合运输处工作，任副处长、处长等职。2005年11月至2015年12月交通部选派任上海组合港管理委员会办公室主任（副局级）。2012年4月任交通运输部水运局副局长、交通运输部台办副主任。2016年6月任交通运输部水运局巡视员。

口述：王明志
采访：徐建刚、张　林、谢黎萍、杨建勇、张　励、刘明兴
整理：刘明兴
时间：2018 年 5 月 16 日

1990 年我从上海海运学院硕士研究生毕业后，考入交通部从事水运管理工作，先后在运输管理司、水运管理司、水运司多个处室工作过。2005 年交通部选派为上海组合港管理委员会办公室主任，开始与上海国际航运中心建设结缘。工作期间亲历了上海国际航运中心建设从研究决策、推进建设到战略转型的过程。上海组合港管理委员会及其办公室，作为国务院批准组建的推进上海国际航运中心建设的临时协调机构，在上海国际航运中心建设起步阶段破解重大难题、建设阶段积极协调、转型阶段积极推进发挥了重要的作用。

上海国际航运中心建设的三个重要阶段

上海国际航运中心的建设可以分为三个阶段。其中，第一阶段是研究决策阶段。

1978 年党中央确立实行改革开放的方针，全国先后建立 4 个经济特区、开放 14 个沿海港口城市，进一步扩展到沿海、边境、长江流域地区等更广阔的领域、更辽阔的地带，呈现由点到面、由沿海向内地梯次发展的对外开放格局。对外开放的逐步深入，带动了我国对外贸易的发展，货物运输需求急剧增长，这对国家主要承担外贸运输任务的沿海港口的通过能力提出了更大需求。

当时我国港口基础设施落后老化、通过能力严重不足、综合国际竞争力不强的问题凸显，亟须加快建设和发展。特别是上海港，作为我国最大的港口，面临着对外经济交流规模迅速扩大带来的严峻挑战。1990 年党中央、国务院决定上海浦东开发开放，1992 年批复设立上海浦东新区，上海市经济发展迅猛，对外贸易运输量快速增长。1993 年，上海的对外贸易规模首次突破 100 亿美元大关，达到 127.18 亿美元。

此时，日本、韩国等周边国家和地区都开始以我国经济高速增长产生的货源为前提争建国际航运中心，我国港口集装箱吞吐量与世界大港和周边国家和地区港口相比差距很大。到1995年，韩国的釜山港是世界第三，我国大陆只有上海港才刚刚进入世界二十大集装箱港口之中，名列第19位。我国对外贸易货物的60%左右要通过日本、韩国、新加坡等外国港口中转，经济利益流失，对外贸易运输控制弱化。以上充分表明，我国港口发展正在面临着巨大的国内运输保障、国际竞争和经济安全的多重压力。

为了保障我国经济加速发展、对外贸易顺利进行，提高我们对国际货物运输的掌控能力，交通部筹划加快建立和完善我国的港口国际运输体系，要建设我们自己的国际航运中心。

具体在哪里率先建设国际航运中心呢？华南地区有香港和广州、深圳和珠江口各港形成的干支衔接比较完善的国际运输体系，基本能够满足当时的运输需要。而华东、华北地区亟需建设国际航运中心，提升综合运输能力和综合国际竞争力。初步考虑有三个选点：一是东北具有以重工业基地为依托的大连，二是华北靠近北京腹地广阔的天津，三是华东港口基础良好位于国家经济重地的上海。上海自然禀赋优越，拥有“襟海带江”的地理条件和沟通国内国外的独特优势，上海城市和港口的国际影响力比较突出。上海市和长三角地区外向型经济发展，贸易运输量快速增长，迫切需要加快提高港口通过能力和综合服务水平。特别是，上海市委、市政府着眼未来，谋划长远，积极组织开展促进港口发展的一系列研讨、研究，提出了推进加快航运产业集聚的政策措施，积极配合国家有关部门，解决航运产业布局调整，解决机构、公司入驻上海的一些实际问题。交通部通过组织专家深入调研、广泛座谈、深入论证，从自然条件、经营环境、综合优势、港口所在城市政府开拓进取精神和积极支持力度等方面进行全面分析，站在国家经济利益、经济安全、国家经济运行全局等方面综合考虑，经过综合条件比选，基本形成了率先在上海建设国际航运中心，提升中国重要港口枢纽港功能，建设国际航运有形市场，加速国家航运资源集聚，提高中国港口综合国际竞争力，保障我国外向型经济快速发展的重点工作方案。

港口资源集聚是我国经济保持稳定持续快速发展的重要支撑，港口是我国国民经济健康运行、有效开展国际竞争的基础性战略性产业。随着我国外向型经济的快速发展，国际运输需求急剧增长，沿海港口压船压港问题突出。国务院领导高度重视，多次亲自带队到上海、天津、大连等沿海港口指挥疏解。国务院总理李鹏曾经几次到沿海主要港口召开会议，调研考察，作出批示，推进港口体制改革，鼓励专用码头参与公共服务，努力提升港口能力。1994年，他在上海调研时就提到了建设国际航运中心问题。1995年12月8日，他在浙江省委、省政府关于建议组建上海—宁波—舟山组合港、加快建成上海国际航运中心的报告上作出明确批示：我一直认为把上海建成国际航运中心是开发浦东，使其成为远东经济中心，开发整个长江的关键。

1996年1月3日，交通部黄镇东部长、刘松金副部长一起参加了国务院专题会议，向吴邦国副总理专门汇报了建设上海国际航运中心的具体推进方案。1月16日下午，李鹏总理在上海主持会议，专题研究部署建设上海国际航运中心的有关问题，从国家层面启动了建设上海国际航运中心的伟大进程。上海国际航运中心建设正式上升为国家经济发展的重大战略。

第二阶段是推进建设阶段。

交通部及国务院有关部委与上海市、浙江省、江苏省一起，认真落实国务院重大战略决策，加强港口基础设施投资建设，推进长江口深水航道治理工程，开辟北仑至美国航线，支持建设上海航运交易所，改造外高桥相关码头，开展深水港区选址，推进长三角地区综合交通运输系统建设，完善区域港口集疏运体系，把新组建的中国海运集团注册在上海，把中远集团集装箱运输公司整体迁到上海等。特别是，上海市领导站在国家经济发展全局，投入了巨大的人力、物力、财力，集聚各界力量，努力完成党中央交给的带动长江流域经济发展、引领全国港口发展的重大战略任务。交通部从规划布局、功能分工、项目安排和资金投入上对上海国际航运中心建设给予全力支持，在研究出台我国关于港口、海运、管理和经营等方面新的政策之前，基本上都率先在上海进行试验，先期实施，改革、开放、转型、调整发展重点等，都首先在上海先行先试。

经过政府推动、各界支持和企业员工的顽强拼博，上海港的通过能力大幅度提高，取得了举世瞩目的成就，港口集装箱吞吐量由1995年首次进入世界前20位，到2010年首次成为世界第一，有力地保障了上海经济、贸易、金融中心建设的顺利开展，保障了长三角地区、长江流域和国家对外贸易运输的安全运行。

推进建设这方面的资料很多，许多人都参与了相关工作，亲身经历了发展过程，他们谈得会更具体更生动，我这里不多谈了。

第三阶段是战略转型阶段。

上海国际航运中心经过十多年建设，硬件基础设施能力大幅度提高。与此同时，如何进一步提升其自身航运服务水平，成为一个新的重要课题。上海市委、市政府领导对这个问题非常重视，交通部领导也给予积极支持与大力配合，组合港办公室作为上海国际航运中心建设的一个专门机构，积极配合中央政策研究室经济局开展进一步加快上海国际航运中心建设专题调研。2008 年 4 月底，中央政策研究室向中央政治局领导报送了《关于率先建成上海国际航运中心的建议》专报。国务院领导高度重视，7 月，国务院总理温家宝带队到上海开展专题调研，国务院有关部委积极支持，全力配合，加紧工作。2009 年 4 月国务院发布了《关于推进上海加快发展现代服务业和先进制造业建设国际金融中心和国际航运中心的意见》(以下简称国务院 19 号文件)，开启了上海国际航运中心由基础设施通过能力建设为主向港口通过能力建设与高端服务业并举发展的战略转型。

国务院 19 号文件提出，国际航运中心建设的总体目标是到 2020 年基本建成航运资源高度集聚、航运服务功能健全、航运市场环境优良、现代物流服务高效，具有全球航运资源配置能力的国际航运中心。因此，主要任务就是要优化现代航运集疏运体系、发展现代航运服务体系、建立国际航运发展综合试验区、完善现代航运发展配套支持政策、促进和规范邮轮产业发展等。文件系统地提出了实现港口发展战略转型、加快发展现代航运服务业的上海国际航运中心建设的新方向和新任务，开启了我国国际航运中心建设的新时代。

目前，上海国际航运中心现代航运服务业及相关核心产业加速集聚，全球资源配置能力大幅度提高，区域港口资源进一步优化，区域港口错位发展，功能趋于合理，为长三角地区各省市乃至全国经济发展和经济安全发挥日益凸显的综合影响，并将发挥更重要的整体效能，对长江流域经济发展起到重要带动作用。

决策阶段党中央站在国家经济发展全局，具有世界性国际战略眼光。有关部委、省市，特别是长三角地区的上海和浙江能够顾全大局，相互协作，密切配合，使上海国际航运中心建设上升为国家战略，催生了上海国际航运中心这颗光耀世界的灿烂明珠。

推进阶段国家有关部委，特别是上海市扎扎实实做了大量基础设施建设工作，浙江省、江苏省积极配合，上海外高桥港区、宁波北仑港区、江苏南京以下港口都得到快速发展，能力大幅度提升。特别是上海国际航运中心洋山深水港区的建设投产，标志着上海国际航运中心有着巨大的内生动力，省市区县整体融合和密切协作，成为上海国际航运中心建设过程中举世瞩目的重大工程。

转型阶段面临着推进综合性改革的一系列新的问题。要重视提升上海国际航运中心的国际影响力，加快发展现代航运服务业，为国家经济社会发展发挥更大的作用；要进一步优化长三角地区港口布局，有效配置全球航运资源；要更加合理地集聚长三角地区各省市的力量，推进提升区域城市群的综合国际竞争力，等等。

上海国际航运中心建设要围绕"一带一路"等国家重大发展建设工作，做好更高、更远的战略谋划，加强转型和资源集聚，引领中国国际航运业发展方向，影响世界航运的发展大势，对上海整体经济发展、对国家全局经济发展和经济安全发挥更大的作用。

组合港为上海国际航运中心建设服务

李鹏总理在上海召开建设上海国际航运中心座谈会之后，交通部与上海市、浙江省和江苏省共同研究确定了6项重大建设任务，把组建组合港作为加强上海国际航运中心建设的一项重要举措。1997年9月18日国务院发出《关于同意上海组合港组建方案的批复》，上海组合港管理委员会主任由交通部副部长担任，上海市副市长、浙江省副省长、江苏省副省长各一人任副主任。上海组合港管理委员会办公室于当年9月29日正式挂牌成立，负责日常工作，国务院副总理到会讲话并揭牌。

在国务院对于交通部和上海市、浙江省、江苏省于1996年联合上报的关于组建上海组合港的请示批复中，明确指出，上海组合港以上海为中心，浙江和江苏为两翼，在不改变原有地域和行政隶属关系的前提下，对相应港口的集装箱码头泊位进行组合。具体范围包括：上海市吴淞口以下、江苏省南京长江大桥以下的长江水域以及浙江省宁波、舟山地区水域内已建集装箱泊位及规划建设泊位的深水岸线。把上海组合港管理委员会作为跨地区的港口集装箱码头行政管理机构，协调组合港范围内集装箱码头的规划、建设和管理，不代替各港口管理当局的职责。

关于组建上海组合港，在最初设计阶段，从工作文件和公开报道中可以看出，国务院总理、副总理和有关方面领导，曾经设想组建一个区域性港口集团，搞成经营实体。但最后，把上海组合港定为一定区域范围的港口松散联合体，把上海组合港管理委员会及其办公室确定为港口集装箱码头行政协调机构。

当时设计的总体战略思路主要有这么几个方面：

第一，是提升上海国际航运中心服务长江三角洲地区和长江流域经济发展的综合能力。在上海组合港成立大会上，黄镇东部长曾经讲了组建上海组合港的第一个目的是解决长江三角洲集装箱码头的规划和布局问题。建设上海国际航运中心的几大任务中，有多个都涉及上海组合港。关于组合港与组合港管委会的概念和含义，不少人认为不是特别清晰。实际上，组合港是指

2009 年 10 月，上海组合港管理委员会办公室组织召开加快推进建设上海国际航运中心专家座谈会

一个区域内港口群的概念。最初提组建上海组合港，是要把北仑港和上海外高桥港区的能力整合起来，国务院批复时调整为包含6个港口的集装箱码头。上海市的深水岸线资源不足，但浙江省宁波市和舟山群岛地区及长江南京以下港口城市有不少良好的岸线资源，所以当时国务院批文明确了上海组合港的区域是包含上海市吴淞口以下，江苏省南京长江大桥以下的长江水域以及浙江省宁波、舟山地区水域内已建集装箱泊位及规划建设集装箱泊位的深水岸线，涉及上海港外高桥、宁波港北仑、南京港、镇江港、张家港、南通港等集装箱港埠企业。通过当时长三角地区主要集装箱码头资源的整合，提升区域港口群总体集装箱运输通过能力，解决港口能力不足，不能满足经济发展需要的问题。

第二，是开展跨省市港口发展的协调。组建上海组合港，一方面是如文件上所强调的按照“深水深用，浅水浅用”的原则，对组合港范围内深水岸线集装箱泊位的规划、建设进行综合平衡和协调，避免重复建设。另一方面，业务推进上按照“合理分工，优势互补”的原则和经济规律，对上海组合港范围内的集装箱码头的营运和分工进行协调，避免无序竞争，组织推动直达运输、多式联运。研究组合港利用外资的意见和方案，并按国家有关规定报批后组织实施。

第三，创新模式，推进合作，破除垄断，扩大规模，加快发展。

从实施情况看，第三方面的目标已经达到，第一方面目标基本上达到，第二方面的工作与国家行政管理体系、行政权力机制和组合港办公室行政授权有关，无法完全执行到位，力所能及地做了一些协调、谋划和建议工作。

2005年我到上海组合港办公室任职之后，根据上海国际航运中心建设形势变化和上海组合港办公室实际工作情况，在工作方式、方法上进行了创新。依据国务院批复的职责，站在国家经济发展全局，在强化职能、加强管理、建立队伍、完善机制、研究政策、推动区域港口业务合作、推进上海国际航运中心建设等方面，做了新的探索，调整了工作思路，优化了工作方式，强化了协调服务，推进港口融合，创新竞合模式，促进长三角区域港口共同发展，努力提升上海国际航运中心区域港口的综合通过能力和综合国际竞争力，积极完成保障国家经济健康运行的国内外货物运输任务。主要体现在3个方面，一是确立了组合港办公室新的工作方针。把工作重点明确为：掌握动态、

太仓港

研究问题、提出建议、支持决策、协调服务。二是拓展组合港工作区域。把最初确定的对6个港口集装箱码头行政协调，拓展到长三角区域所有港口及安徽省主要港口。三是发起成立上海国际航运中心发展促进会，利用社团组织方式，引进专业人才，充实工作力量，开展区域信息发布、政策研究等工作。

20年来，上海组合港经历了1996年至1998年的筹建、探索、组建、建立工作基础阶段；1998年至2005年的探索成长、组织协调、配合相关工作阶段；2005年以后的创新发展、巩固提高、推进转型、加强合作阶段。以积极推进码头扩能改造，深水港区选址建设，长江口深水航道治理，集装箱运输体系完善和航运市场规范为重点，上海组合港范围内建成了一批重大工程项目，极大地提升了主要港口的码头通过能力、装卸效率、服务水平和国际地位。推动加强合作，探索资源整合，共同应对航运疲软，加快港口转型发展和集疏运体系建设，大力促进现代航运服务业发展，积极探索港航制度创新和区域港口资源优化组合，等等。

关于上海组合港的未来发展方向，应该朝着建设我国世界级特大港口群的目标发展，逐步使上海国际航运中心成为我国经济安全发展的稳定器，成为亚洲甚至世界经济交往的核心枢纽，真正能够引领全球国际航运的发展方向。

关于上海组合港办公室未来的工作重点，要及时把握全球国际航运中心发展趋势，紧紧围绕国家重大战略决策，做好前瞻性谋划，不断完善工作机制，优化功能，提升能力，凝聚合力，使长三角港口群能够更好地服务区域和国家经济未来发展需要。重点是：按照交通运输部、上海市及浙江省、江苏省、安徽省及长江流域有关省市政府发展的重大决策和上海组合港管理委员会确定的工作方针、工作重点，努力做好统筹协调，全力推进上海国际航运中心建设。努力完善区域港口发展协调机制，以资本为纽带，实现江港口互动、重组和资源融合；促进优化区域港口资源整合，探索区域港口一体化发展；推进发展现代航运服务业，促进高端航运产业健康成长；协助完善海港、空港、公路、铁路、长江水运和内河水网运输，促进发展多式联运，助力企业降本增效；协助做好水运生产防污节能，促进长三角区域港口绿色发展；探索研究航运政策创新，完善港口信息发布机制，促进提升国际航运影响力，积极配合国家海运强国、交通强国和社会主义现代化强国建设。

保驾护航，使命必达

口述前记

王志一，1943 年 7 月出生。1994 年 5 月至 1998 年 7 月任交通部上海海上安全监督局局长。1998 年 7 月至 2003 年 6 月任上海海事局局长。后任上海市第十二届人大常委会委员。

口述：王志一
采访：杨建勇、范婷婷、许　璇
整理：许　璇
时间：2017 年 4 月 27 日

我是船长出身，1992 年到 2003 年 6 月一直在上海海事部门担任主要领导，参与和见证了上海国际航运中心从论证到建设的全过程。现在回忆起这段历程，很多情景依然历历在目。

主动作为，为洋山深水港一期工程项目建设创造条件

关于上海国际航运中心深水港建设的选址问题，上海、浙江、江苏和交通部等几方面对长江口深水航道治理工程、外高桥集装箱港区和洋山深水港建设存在不同看法。上海市委、市政府提出“三管齐下”的总体思路是非常正确的，我一直赞成三个工程齐要上的观点。记得有一次大潮汐期间，我陪同黄菊书记、徐匡迪市长在黄浦江苏州河口水文监测站视察潮汐情况，黄菊书记问我黄浦江潮位情况，我打开观察窗，让领导看到黄浦江水位已经高过中山东一路上的汽车了。随即，我向领导建议，上海港向外发展迫在眉睫，外高桥港区和洋山深水港要建，长江口深水航道建设也要抓紧，因为洋山港建成有个时间差，不然我们要失掉持续发展机遇。深水航道是国家项目，洋山港是上海项目，这两大工程是联动的，货物流量越大，整个长江流域经济都能带起来。经过多年论证，国务院在 2002 年 3 月正式批准洋山深水港一期工程项目，同年 6 月，洋山深水港一期工程正式开工建设。

为了保证洋山深水港工程顺利开工，上海海事局做了大量前期工作。海事局是依法行使水上交通和施工安全监督管理的行政部门，属于交通部垂直领导机构，在全国水域设立了十多个直属海事局，管辖区域不完全按照行政界限划分，也有按水域功能划分的，洋山深水港一期工程建设在浙江省行政区内，但是从港口功能看，上海港、长江口海域和洋山港由上海海事局管理比较有利，经过两年多的争取和研究，交通部批准了由上海海事局管理洋山港和相关海域。

为了履行洋水港码头和东海大桥建设安全监管职责，上海海事局被批准组建洋山港海事处，当时小洋山上无处设点挂牌，我们就在洋山水域我局的海巡洋 21 号船上，邀请浙江舟山嵊泗县县长登船一同为洋山港海事处揭牌，从那时起洋山港设立了处级海事机构，洋山港水工建设开工得到了核准。

回想当时争取洋山港的管理实属不易，原来上海海事局也是应功能需要管理了浙江嵊泗马迹山、嘉兴陈山油轮码头和绿华山驳载锚地，这些地方与上海经济建设息息相关。上海市交通办也要求海事局配合，我在两年多时间里多次向交通部领导和相关司局反映情况，并鲜明地陈述了上海海事局的请求。黄镇东部长在去浙江省交换意见前，派洪善祥副部长在上海银河宾馆听取上海海事局对洋山港及附近水域管理划分的意见。我在带去的海图上，按照当时洋山深水港一期工程建设需要和将来港口建成后通航安全监管需求标出了现在的管辖水域，即金山航道上海侧水域的海事管理包括洋山港内归上海海事局，仅一条深水航槽至引水锚地也属上海管辖，随着港口功能的转化我们同意把马迹山和陈山码头交浙江海事局。上述意见在洋山港一期工程开工前率先取得批准，并发挥了重要的作用。

当时洋山深水港工程建设队伍已经开始云集洋山水域亟待开工，我做完盲肠炎手术刚拆线两天，就拿着批文迫不及待赶去杭州，在浙江海事局商议洋山港交接事宜，经坦诚交换意见，兄弟局应允立即交割，由此洋山深水港一期顺利开工了。

大、小洋山地属浙江舟山市嵊泗县。各个地区都有自己的发展规划，如果有不同的看法也是正常的。2001 年国家发改委原副主任张国宝到上海考察深水航道建设，我问他建设长江口深水航道和洋山深水港到底怎么办？他说国家有钱的话，两个都搞。他还提到国家宏观经济发展分工有别，洋山深水港、长江口深水航道是以集装箱船运输为主体，而装载 20 万吨以上的超大型船上海消化不了，因此浙江宁波北仑、舟山搞超大型船舶大宗码头建设。我的观点是明确分工、消除分歧，携起手来、共同前进。我们都知道他表述的是上头的意思，事实说明党中央、国务院高瞻远瞩，现在洋山深水港、长江口深水航道和宁波舟山港的建设都取得了举世瞩目的成就，也是我国改革开放的巨大成果之一。在此前提下，交通部指令上海海事局在洋山深水港和长江口深水航道的服务主体是集装箱运输船舶，至今在上海国际港务集团公司的配合下，管理有序，安全畅通，运营效率国际先进。

科学论证，为洋山水域提供安全保障

在建港可行性论证中，始终纠缠在洋山港的避风锚地选址上，这是港口建设规范的一道坎。我参加了多次讨论，我认为看待老问题要有新观念，现在大型船舶由于吃水深不太可能有全遮避的锚地，在洋山港外要看什么风向选什么锚地避风，现在大型船舶都可以抗十级风，一年中洋山海域没有多少十级以上大风，如有台风侵袭时船舶可以驶离大风区择地避风。这样，我就把论证的焦点绕了过去。十多年来的实践证实了这种方法是安全可行的。

东海大桥建设是洋山深水港建设工程的重要环节，国家计委召开洋山港建设工可论证会，我受命召集会议专家，包括中海集团总船长柴中航、大连海事大学航海学院院长夏国忠、中远集团海监主任陈正杰、上海港引水站原站长陈文忠，负责通航安全评审。东海大桥的走向和大桥通航孔的位置设定直接关系到通航安全和大桥的安全，论证会主要是讨论三个问题。

第一个问题是大桥的走向。我们认为大桥区海城是以东西向往复流为主，大桥走向与航道方向垂直交叉时船舶流压角小于5度为宜，所以大桥走向就选定了，并确定了大桥要带有波形弯曲。

打桩施工中的东海大桥

第二个问题是大桥主通航孔的船舶通航等级。这个争议在多次评审会上相持不下，南北航行船舶因海域水深和潮汐原因，5000吨以下船舶习惯走洋山西即里线航行，而万吨以下船舶都选择洋山东金山航道航行，但是评审会上有一方代表强烈提出万吨轮乘潮通过东海大桥的议案，这给32公里长的建桥规模提出了很大的难题。我们认真考虑了这个问题，经过海况研究和航线设计，并列举了历史记录，论证东海大桥主通孔设计通过条件为万吨以下船是安全可行的，也是合理的，同时也取得了有关方面的理解。

当然对于大桥众多非通航孔的桥墩设计我们提出了意见，原设计非通航孔防撞能力为200吨级小船，但是现实情况小船的等级也大有提升。后经商定东海大桥非通航孔抗撞能力改为300吨级船舶。日后我退职交代接班同志，大桥的安全隐患要从管理上弥补，上海海事局限定了主通航孔为5000吨级船舶通行，制定了相关安全通行规则，布设了必要的导航和警戒标志，加强VTS（船舶交通服务）监控，东海大桥水陆交通至今安全无恙。

第三个问题，也是中心议题，是洋山深水港的船舶进出港和靠离码头的通航安全论证，主要是航道水深和宽度，航道双向通航和交会以及船舶调头区的适用审核等。洋山深水港的航道和长江口深水航道设计都是以4000箱集装箱船吃水12.5米为代表船起步的，第一次论证由交通部原副部长林祖乙领衔中国航海学会专家论证了6000箱集装箱船的进出港通航安全。十多年来港口通航能力提高快，我也参加并主持了多次通航安全评审会，洋山港已经成为当今世界最大20000箱级集装箱船舶安全进出港的现代先进大港。

在论证评审过程中，专家们认同洋山港航道大部分水深条件优良，船舶航行与在狭水道航行受岸推情况不同，从理论分析和实际试通航，稳妥解决了通航船舶等级的提高和有条件下进出港船舶双向通航交会问题。

洋山港的原初步设计是一年270多天装卸工作日，我们认为如有VTS系统保驾护航不至于这么少，开港后洋山装卸也达到了300天左右，但是受海雾能见度的不良影响，洋山港装卸工作日不够稳定，时任上港集团董事长陈戌源提议在上海海事局和引水站配合下，运用VTS等高科技手段在航道能见度较低的情况下大型集装箱船安全进出港的研究，交通部原副部长徐祖远领导我们进行评审，专家们认为，论述科学结论可信，洋山港不同于上海港，在封闭的水域内，有VTS监控支持，可实施水上交通管制，遇到能见度较小仅几百米的情况也可谨慎驾驶进出港，这个突破大大提高了洋山深水港的经济效益和社会效益。

原先洋山深水港建设工程四期是没有的，洋山港水域东深西浅呈斜面，四期工程水域水深不到10米，本来颗珠山和小洋山是不连接的，原方案是筑堤连接，后来改建桥留下小洋山一侧唯一的流水通道，经多年涨落潮水冲刷，形成了又一个深水泊位，经通航的可行性论证，深山深水港四期工程顺利进行，现在世界最大的自动化集装箱装卸码头在洋山港。

洋山深水港还为LNG船码头找到了理想的深水泊位，上海洋山港液化天然气码头是上海及华东地区重要的集散传输中心，已建成16.5万立方米储气罐3座，年输转量约40亿立方米，每月进口3船液化天然气就够全上海使用，多余部分还可以按国家要求联网调配作贡献，液化天然气是易爆易燃危险品，以它的重要性和危险性，LNG液化天然气船进出洋山港成了当然“老大”。我们专家组依照国家规范和法规对LNG船进出港靠离液化天然气码头的通航安全操作进行严格评审，并且撰写成通航操作的范本，使洋山港焕发出又一光芒，建成了上海液化天然气装卸储输中心。

创新实践，以信息化管理为国际航运中心保驾护航

洋山港建设工程初期，建设单位雇用了数百条砂石料运输船，许多船并不符合海上作业条件，按建港指挥部要求，我选派了两位具有丰富小船整治经验的干部，他们帮助建设单位理顺安全管理体系，逐步组成适航适工的施工船队，初看起来方式方法土了一点，但是因地制宜办事起步快效果明显。

上海洋山港海事处指挥分中心

很快，上海最好最强的建港建桥队伍纷纷到位，一个超级水上工程在长江口外舟山水域展开，伴随而来的外海船舶安全管理和海事服务，对上海海事局既是挑战又是机遇。实际上，自改革开放以来，上海海事局不断改革、发展、创新，早已改变坐台登记、沿江巡检的传统管理模式，20世纪90年代起先后建成我国第一个国际先进水平的VTS长江口交通管制系统，AIS联网基站、巡逻船队高速大型化得到了全面改造。应上海国际航运中心建设需要，要有一个与之匹配的世界一流的海事管理力量，交通部加大了对上海海事局多方面的投入。现在海事管辖水域，有从闵行到吴淞口的黄浦江主干流、从浏河口到长江口的长江段水域，还有从启东到杭州湾金山航道的长江口外至舟山的海域。要把上海国际航运中心三大组成部分——洋山深水港、长江口深水航道和外高桥的水上交通安全管理拧在一起是个巨大工程，在交通部的领导下，在上海各相关部门的支持配合下，上海通航水域雷达站贯连全覆盖，AIS基站成网，组成大数据信息化遥测监控平台，海事工作人员不负使命，为国际航运中心的海事安全、为黄金水道和洋山港航运安全畅通作出的贡献是有目共睹的，但是与建成世界一流的国际航运中心还存在一定的差距，需要通过我们一代又一代人的不懈努力来实现……

政策创新与探索

口述前记

徐国毅，1962 年 6 月出生。曾任中国海事局副局长、浙江海事局局长等职。2009 年 6 月至 2015 年 12 月任上海海事局局长。2015 年 12 月起任上海组合港管委会办公室主任。

口述：徐国毅
采访：杭财宝、刘　捷、沈　洋
整理：沈　洋
时间：2017 年 4 月 17 日

我参加工作后一直在海事部门工作，2015 年底，组织上把我调到上海组合港管委会办公室工作。这两个部门是与上海国际航运中心建设有直接关联的管理机构，都在上海国际航运中心建设过程中发挥了非常重要的作用。结合自己的工作经历，我谈谈在创新航运服务环境方面所作的一些实践探索。

国际船舶登记制度创新的实践探索

中国国家海事管理部门是我国船舶注册登记的主管机构，因为任何从事国际或国内航运的船舶都必须进行船舶登记。船舶在哪个国家登记就悬挂哪个国家的国旗，接受那个国家关于船舶的法律法规的管理。由于从事国际航运的船舶航行于世界各地，有时为了船舶航行便利，避免受到因经济与政治因素影响而引起的歧视或封锁，有些船舶往往会悬挂第三国旗帜来提高航运效能。这在国际航运中是比较通行和方便的做法，我们称之为“方便旗”制度。国际上最初悬挂方便旗的船舶基本上都是在巴拿马、利比里亚进行船舶登记的。后来，有些国家和地区也通过推行方便旗政策吸引国际船舶注册登记，扩大征税来源。比如像蒙古国，完全是一个内陆国家，也建立了“方便旗”制度。我国香港特别行政区也是实行方便旗政策的地区。

新中国成立后，我国也有部分远洋船舶采取悬挂方便旗方式，这主要是为了冲破西方国家对我们实行的经济封锁，规避航行安全风险。随着我国国际地位的不断提升，这种局面已经得到彻底的改变。但在我国航运企业中还是存在着一定数量的方便旗船舶。

改革开放以来，我国的国际贸易发展迅速，极大地推动了海运运输的快速增长。中央把加快推进上海国际航运中心建设作为国家战略，就是为了进一步提升上海服务全国的龙头作用。2010 年上海港以 2907 万标准箱跃居全球集装箱吞吐量第一位，至今已连续七年保持世界第一大港地位。与此同时，我国的海运事业也得到快速发展，国内航运企业每年建造的各类船舶总量不断增加，成为世界航运大国。但随之也出现了一个令人匪夷所思的现象，近年来，在我国航运企业新造的各类中资船舶特别是大吨位、技术含量高的国际航行船舶中，有80%以上都选择在国（境）外登记注册，悬挂方便旗，形成了庞大的“中资外籍”船舶现象。据统计，目前，在中资国际航行船舶中悬挂五星红旗（“中资国籍”）的不到30%，尤其是在涉及铁矿石、石油、粮食等战略物资运输中，由“中资国籍”船舶承担运输的比例更低。我们知道，作为重要的海洋战略资源，国际船舶及其巨大的运输能力是一个国家维护国家安全和海洋权益的重要保障。一方面，船舶资源规模及其技术水平直接影响到一个国家参与全球海洋治理和维护国家利益的能力，也就是在制定国际海洋规则中的话语权；另一方面，一个国家拥有或管辖的商业船队，无论在和平时期还是在战争状态下，都是本国海上军事力量的重要补充和后备队，船舶登记也反映了对船舶控制权。因此，在我国一大批大吨位高科技现代化船舶中出现的“中资外籍”现象，既存在着潜在的战略安全风险，也造成大量税收的外流。

在国务院有关部委的大力支持下，交通部海事局开展了专题调查研究。当时我在海事局工作，具体组织并参与了我国船舶登记制度创新的探索实践。在调研过程中我们了解到，出现大量的“中资外籍”船舶现象的主要原因是船籍登记所在地税收政策环境对企业运营成本带来的影响。以一艘新建船舶登记为例，在国内申请船舶登记之前，安装在该船舶上的所有进口设备器件都必须缴纳关税；在完成船籍登记之后，所有经营活动必须依法纳税。这与选择方便旗船籍登记是完全不同的。按照企业的说法，在国内进行船舶登记就好比一艘新船在投入运营之前，就已经背上了税收包袱，在国际航运市场上与方便旗船舶不是在同一起跑线上，缺乏竞争力。

实际上并不是只有我们遇到了这个问题。为了既能够保持本国船舶规模和技术标准，又能够在一定程度上降低船舶运营成本，从20世纪80年代起，一些主要海运大国借鉴方便旗国的某些政策措施，开始实行第二船籍登记制度。这是一种介于现行船舶登记制度与方便旗国开放性船舶登记制度之间的新型船舶登记制度，目前，实行第二船籍制度的有英国、法国、挪威、丹麦、日本、德国、葡萄牙、西班牙、新西兰、巴西、意大利、荷兰等国家。

通过进一步深入研究，我们认识到第二船籍制度实际上是一种在方便旗国和本国实行双重船舶登记的制度，同一艘船舶同时具有两个国家（地区）的船籍登记，相当于具有“双重国籍”。但根据我国现行法律是不允许船舶拥有“双重国籍”的。为此，我们提出采用保税船舶或国际航行船舶的概念来替代船舶登记中产生的“双重国籍”问题。这样既可以通过保税方式暂缓征收船舶建造过程中的进口税收，又可以通过限定经营范围将这类船舶与现行的“中资国籍”船舶区别开来。说到底就是，国家给予的所有保税政策待遇只适用于国际航运市场，鼓励参与国际竞争，而不允许参与国内航运市场运营。

特案免税登记政策宣传手册

在财政部、工信部、国家发改委等相关部委的支持下，我们以特案免税的形式开展试点。经国务院批准，交通部于2007年6月发布《关于实施中资国际会议船舶特案免税登记政策的公告》，规定自2007年7月1日起至2009年6月30日止对中资国际航运船舶实施特案免税政策，在此期间申请办理由中资外籍转为中资国籍的船舶，如符合一定的船龄和技术条件等，免征进口关税和进口环节增值税。此后，国家又将中资方便旗船特案减免税政策的执行截止日期由2009年6月30日先后延长至2011年6月30日和2015年12月31日。尽管特案免税登记政策对“中资外籍”船舶回归国内是一项重大的优惠政策，但多年来的执行效果并不理想。两年前我们做过一个统计分析，2007年7月1日至2014年6月30日的七年间，财政部批准的申请办理特案免税登记船舶为174艘、235万载重吨，实际完成登记的船舶只有30艘、

44.97万载重吨。为什么会出现这种情况呢？经过委托第三方的调查分析，主要原因可以归纳为以下三个方面：

第一，政策设计层面存在不合理性。根据特案免税登记政策相关规定，只有在2005年12月31日以前已经在国（境）外登记政策入籍的船舶，才能享受特案免税登记优惠。这样就把目前最需要解决的近年来一大批新造大船、高技术等级船舶排除在优惠政策之外了。

第二，变更船舶国籍后企业和个人税负加重。根据特案免税登记政策规定，船舶改籍后可以免除进口关税和进口环节增值税，但是企业和船员由此必须按照国内企业税制承担企业和个人所得税等相关税负。

第三，融资环境约束的影响。国际航运业是资本密集型产业，企业的造船资金主要来自银行贷款。我国自1995年起实行企业贷款统一利率标准，取消了船舶贷款优惠利率政策，国内航运企业在选择海外金融机构为船舶融资贷款的同时，往往也会在合同中受到船舶登记注册入籍以及转让等方面的限制。

上海市委、市政府对我们的工作非常支持。杨雄市长当时分管交通工作，他对我说，上海在建设国际航运中心过程中，要靠现代港口集疏运和现代航运服务业双轮驱动，共同推进。现在上海在港口基础设施建设方面处于领先地位，最好在现代航运服务业中也能有一个亮点、一个凝聚点。他建议，在现代航运服务业方面以国际船舶登记为抓手来带动航运金融、海事仲裁、船舶管理、船员队伍建设等相关产业链的高度集聚。

在认真总结国际船舶特案免税登记工作基础上，我们按照国务院关于研究借鉴航运发达国家（地区）航运支持政策，提高我国航运企业的国际竞争力的要求，充分利用上海自由贸易试验区组建契机，组织开展了“洋山国际船籍港制度”研究。我们的基本思路有两条，一是按照境内关外原则，把我国航运企业目前悬挂方便旗的“中资外籍”船舶视作“保税船舶”，对这类不进入国内市场的国际航行船舶按保税船舶登记；二是充分发挥上海自由贸易试验区先行先试政策优势，在自贸试验区范围内先行开展“洋山国际船籍港”试点，进一步提升上海国际航运中心的凝聚效应。我们的探索实践得到了国家船籍登记和保税登记主管部门的认可，对5艘船舶按照保税船舶，以中国洋山港作为国际船籍港进行船舶登记试点。但由于这种做法与国家现行税收政策不符，所以就停了下来。

通过对国际船籍港的创新实践探索，我深刻地体会到，在上海国际航运中心建设过程中，对于现代化港口集疏运体系基础设施，也就是通常被称为“硬件”的项目来说，可以通过直观的物理形态进行衡量和评价，而对现代航运服务体系政策体制等软环境建设来说，是需要一个观念转变、制度创新的过程来推动的。

上海组合港工作的创新实践

1995年，我在上海市政府交通办规划处挂职，当时国航办还没有成立，上海国际航运中心前期规划工作主要由交通办规划处负责。这是我第一次直接参与上海国际航运中心建设工作。当时，上海面临的形势也非常严峻，一是国际地区环境。周边日本神户、韩国釜山、我国台湾地区高雄港与上海处于“四雄”并立状态，相互竞争激烈，都想成为东北亚地区的国际集装箱枢纽港。从港口基础设施条件来看，其他三个港口水深条件都在15米以上，明显处于优势地位，但上海具有广阔的腹地和雄厚的发展活力，关键是如何加快港口基础设施建设，进一步提高综合竞争能力。二是国内长三角区域环境。

2008年4月，长三角口岸船舶动态信息共享正式启动

中央要求上海发挥好“一个龙头、三个中心”功能，服务长三角和长江流域。与此同时，长三角周边地区也处于一个新的发展时期。特别是宁波港，港口水深条件比上海好，具有明显的后方优势。上海港也必须处理好与周边港口的竞争与合作关系。

相隔20年，2015年12月，我又回到了上海国际航运中心工作岗位，担任上海组合港办公室主任。上海组合港作为上海国际航运中心建设的一个重要机构，主要承担苏浙沪两省一市沿海沿江集装箱港口的统筹规划、协调发展职能。组合港办公室主任由交通部委派，我是第四任。曾经听到过一种说法，如果组合港最初就把两省一市沿江沿海集装箱码头企业整合为一个集团公司的话，现在就是世界上最大的港口集装箱企业了。但按照国际航运市场发展规律来看，这未必会是一个成功的实践。

到任后，我在几位前任工作的基础上，在上海组合港工作中作了几个方面新的实践探索。一是积极探索跨地区港口资源整合，提升长三角区域港口的组合竞争力。我们积极鼓励苏浙沪港口在完成内部港口资源整合的基础上，加大跨地区资源整合，以资本为纽带实行联合，实现合作共赢。二是积极探索推进多式联运，提高水水中转比例，推进绿色港口建设。现在上海港水水中转比例不到50%，要更高一些才好。国际转运，现在有几种方式：公水联运、水水联运和海铁联运，水水联运还分为江、河、海和干支线。我们积极支持港口企业相互合作，就像抛物线一样有一个最大值，争取实现江海直达、干支直达效益最大化。三是积极构建现代航运服务信息化平台。现代航运服务业有很大的一块是信息化的互联、互通、互享。上海航运交易所在这方面已经作了成功的探索，国际集装箱运价指数就是一个创新成果。

上海组合港已经走过了20年历程。在上海国际航运中心建设过程中，组建这样一个跨行政区域的港口管理机构，其本身就是一种创新实践的探索。虽然组合港不是一个经济实体，但通过发挥它统筹规划、宏观协调的管理职能，就会对上海国际航运中心建设起到保驾护航的作用。

船检“国家队”的使命责任

口述前记

宋秉章，1946 年 10 月出生。曾先后担任中华人民共和国船舶检验局上海分局验船师、高级验船师、分局办公室主任、副局长，中国船级社大阪分社、美洲分社高级主任验船师、总经理等职。1999 年 10 月至 2002 年 5 月任中国船级社副总工程师、副社长。2002 年 5 月至 2008 年 3 月任中国船级社上海分社总经理。

口述：宋秉章

采访：杭财宝、龚思文

整理：龚思文

日期：2017 年 12 月 25 日

我大学毕业后到中华人民共和国船舶检验局上海分局工作，从担任一名验船师到后来走上领导岗位，40 多年我一直没有离开过船舶检验这个行业。当时单位的名称是“中国船舶检验局”，现在名称是“中国船级社”，它可以说是我国船舶检验工作的“国家队”和“主力军”，通过独立、公正地开展船舶入级检验、法定检验等技术服务，为航运、造船、海上开发及相关的制造业提供支撑，也为我国建设“海洋强国”“交通强国”以及上海国际航运中心等重大战略助力。

“船舶大型化”加剧枢纽港竞争态势

1995 年 12 月 8 日，中央领导批示指出，把上海建成国际航运中心是开发浦东，使其成为远东经济中心，开发整个长江的关键。到了 2009 年 4 月，国务院下发《关于推进上海加快发展现代服务业和先进制造业建设国际金融中心和国际航运中心的意见》，明确了 2020 年基本建成国际航运中心的总体目标。经过方方面面 20 多年的努力，也得益于国家经济的快速发展，应该说上海国际航运中心的建设目标已基本实现了。

然而在 20 世纪 90 年代，大家对国际航运中心建设的认识还是很肤浅的。到底什么是国际航运中心呢？实际上并没有一个衡量国际航运中心的评价体系。通常人们讲伦敦、新加坡是国际航运中心，只不过也许是大家都“叫习惯”了，由于它们的吞吐量比较大、国际化程度比较高，就被称为国际航运中心。所以一开始大家认为，航运中心最关键的是吞吐量，重中之重是港口建设。

后来随着认识和理解逐渐深入，大家慢慢觉得，这当中还牵涉到一些“软环境”建设问题，比如金融环境、法律环境、服务环境，等等。早些年我们就在虹口区成立了“北外滩航运服务业发展专家委员会”，主要召集航运界和海事方面德高望重的人士商量，大家一起为上海的国际航运中心建设出谋划策。这个专家委员会由中国交通运输协会会长、交通运输部原部长钱永昌担任名誉主任；作为中国船级社上海分社的“一把手”，我也是委员会的成员之一，当时我就提出，船舶检验作为一种技术服务，也应当是国际航运中心建设中的一个要素，因为船舶和港口的发展始终是相互促进的。

正是从船舶检验实践中，我们很早就发现，随着高强度钢和大功率柴油机的广泛应用，以及大型集装箱船（万箱船）的设计能力不断提升，海运船舶集装箱化、集装箱船舶大型化的升级趋势逐渐明显。国际上，从第一代集装箱船（800至1000标准箱）发展到第六代集装箱船（4000至5000标准箱）用了大约40年的时间；而从第六代集装箱船发展到现在的第十代集装箱船（超过20000标准箱）仅用了10年时间。所以说国际集装箱船的发展速度远远超过了其他船型。因为集装箱船能在很大程度上降低运输成本和提高货运效率，满足船东对不断增大的载箱量的需求。

集装箱运输的竞争在全球范围内愈演愈烈，对港口适应性需求也日趋紧迫。当国家提出建设上海国际航运中心时，正好是国际航运市场上第六代集装箱船马上要投入运营的时候。也就是说，如果上海港不具备直接停靠满载吃水深度为12至13米的第六代集装箱船的能力，那么它就难以成为集装箱运输的枢纽港；航运这块“短板”，就会“拖”上海国际经济、金融、贸易中心建设的后腿。同时，在中国沿海的外围，北有韩国釜山、东有日本名古屋、南有新加坡，都已经在建设第六代的集装箱船专用码头，而且建设的水准和规模都很高。在1995年阪神大地震后，日本曾经设想经由上海开通日本到长江沿港的集装箱江海直达航线，这对我们构成了很大的挑战。单从这一方面来看，上海要成为集装箱运输干线的一端，而不是作为外面三个港口的支线港，就必须迅速具备大型集装箱船快装、快卸的能力，吸引更多的集装箱经由上海集散，而不是从中国各港口经由釜山、名古屋、新加坡再转向欧美。

现在回过来看，当年中央和上海市作出将深水港选址在洋山的这一决策是非常英明的，不仅需要气魄，更需要远见卓识。也正是得益于洋山深水港的建成，上海港在保持集装箱运输高速增长的同时，也促进了我国几大航运集团“船舶大型化”的步伐，所拥有的集装箱船载箱量正在被不断刷新，并且赶超国际先进水平。特别是在中远和中海合并成立中远海运集团以后，我国更是在集装箱运输上迈出了很大步伐。目前，中远海运集团已经在引领国际超大集装箱船的升级，21000 标准箱的超大型船舶正在建造中，我们也将会对它进行检验。根据目前了解到的情况，这艘型长 399.9 米的“海上巨无霸”，在装载性能、水动力性能的优化等方面下了很大的功夫，而且充分考虑了经济性和环保性。没过多久，达飞航运将要准备建造 22000 标准箱，而且是以清洁能源为主导的集装箱船；我们上海外高桥的船厂在积极争取拿到集装箱船的建造权。

进一步说，集装箱具备标准化的特点，这也为港口装卸运输的全自动、智能化提供了非常好的条件。就在前不久，新闻里就报道了，全球最大的全程自动化码头——洋山港四期码头开港了，全程自动化装卸，这样的规模和自动化程度，在世界上是领先的。与此同时，大量的国产装置在码头上得以使用，也对我们国产装备制造业的进步和发展起到了很大的推动作用。

“高技术服务”支撑航运强国建设战略

从专业技术的角度说，中国船级社上海分社主要对辖区内“高技术含量”“高附加值”船舶和海工装备执行检验，为上海地区船舶制造业、航运公司和海洋工程业主提供优质、专业和高效的检验和技术服务。同时，我们也为促进海上人身和财产的安全，防止水域（现在还包括空气环境的）污染服务。

中国船级社上海分社由于地处我国改革开放前沿、建设国际航运中心的东方大港——上海市，上海地区建造的超大型油轮、集装箱船和 LNG 运输船又集中和代表了当今行业内最高的设计研发和制造成果，所以上海分社也必须充分发挥好船级社系统内突击队、排头兵的作用，在相关技术标准的制定和执行等方面引领、助推整个行业的转型、升级、发展。

由于船舶建造技术日新月异，作为提供专业技术服务的船级社来说，需要不断满足的新要求、重点突破的新问题可谓层出不穷。但我们通过坚持不懈的努力，力争为我国船舶工业不断实现跨越式发展提供强大的推动力。从近两年的主要建造检验业绩看，2016 年，上海地区共完工船舶 13 艘，约 154.6 万总吨；在 2017 年，上海地区共完工船舶 25 艘，约 210 万总吨。其中比较有代表性的，包括总长 366 米的“14500TEU（即标准箱）集装箱船”，总长 299.9 米的“9400TEU 集装箱船”，总长 333 米的“31.8 万吨 VLCC 超大型油船”，采用全球领先技术、双燃料电力推进的“174000 立方米 LNG（即液化天然气）运输船”，总长 179.67 米的“28000 吨多用途重吊船”，总长 159.99 米的“22000 立方米半冷半压式液化气运输船”，等等；还有大家非常熟悉的、正在为我国科研事业持续作出新贡献的远望 7 号大型航天远洋测量船和“深海勇士”号 4500 米载人深潜器，这些都是在上海建造并完成检验的。这些“大国重器”在上海诞生，体现了上海发挥自身优势为服务国家战略所作出的努力，同时也必然为进一步提升上海国际航运中心的竞争力水平，添加强有力的砝码。

在这些建造检验的船舶当中，我想先着重讲讲“174000 立方米 LNG 运输船”。LNG 运输船与豪华邮轮都被称为船舶建造中“皇冠上的钻石”，处于最高等级（现在中船也在着手准备建造豪华邮轮，我们也有信心能很快实现）。“174000 立方米 LNG 运输船”有两种船型，构造上略有些区别，性能等各方面也不完全一样，但在技术运用方面都是国际上最先进的。它是全球

中国船级社上海分社工作人员在船厂现场工作

首次运用可根据液化仓蒸发量、可自动配备油气混烧技术、双燃料电力推进的大型液化气船。以前的A级船一般都是以柴油作为燃料的，虽然推动力比较大，但是如果燃烧不充分的话，对环境的污染也比较大。像这样双燃料电力推进的大型液化气船，它在各种工况、负荷下，可以灵活地搭配柴油与它蒸发出来气的用量，达到最佳的适配效果。燃料燃烧后产生的气体，原来蒸发出来排放到大气里去，就没有用了，现在它在蒸发后又能回过来用在自己船的动力上面，经济性和运营适配性自然是大大提升了。

不得不说，LNG船是非常难造的。它所采用的薄膜磨瓦钢内部只有0.3至0.5毫米，焊接起来非常困难，从事这项工作很考验技术和心理素质。每天来上班的专业技术操作人员，在进入这个工作场所前，工程负责人先要看人员的气色、情绪怎么样，如果一看上去就是“气呼呼”的，或者精力不充沛、情绪不稳定，对不起，该人员今天不能干这个活儿。因为万一有个很小的瑕疵，被检查出来以后，之后要返工的量，比做这道工序的时间要多十倍。一旦出现一个头发丝大小的瑕疵，里面零下163度的液化气出来了，钢板瞬间就脆掉了。当然，中间还有珍珠岩的“隔销”，像这样的技术中国都能掌握，而且只要有新的船型出现，中国马上就跟进。

以前集装箱船讲究的是速度要快，而且要准点，就跟飞机一样，叫你下午1时到，你不能2时到。随着环保和节能等各方面意识的提高，现在航运界觉得一味追求高速，经济效益就要差了；所以逐渐又在搞低速度、低能耗，但前提是效率要高、综合效益要好。就比如说“31.8万吨VLCC超大型油船”，它有一个很有特点的技术创新。以前的大型船舶，它的球艏都是“明”的，就像隆起的“鼻子”一样出现在水面之上。现在我们的船舶使用隐形球艏、尾部线型优化和推进系统附件，目的是让它能够减小运行阻力，从而获得更优的油耗性能。

另外，我们中国船级社在当初还叫中国船舶检验局的时候，就一直代表中国政府参与国际海事组织（IMO）中与航运有关的船舶标准的制定、修改等一系列工作。当时有很多人提出来说，伦敦之所以被称为国际航运中心，很大程度上就是因为国际海事组织的总部就在那里。我们曾经设想过，是不是可以把国际海事组织的总部移到上海来，甚至移到上海浦东陆家嘴来？好像有过一个机会，那是在2004年前后，设在伦敦的IMO总部传出消息说要搬迁，因为它原来的那幢楼太老了。因为我们在IMO有代表，得知这个消息后，就想试试看，能不能把IMO总部吸引过来。当时新加坡也想争取。后来因为许多城市都想“抢”，IMO总部就不肯搬了。

这件事情虽然最后没做成，但也给了我们一个很重要的启示：上海要想真正成为一个各方面功能都齐全的国际航运中心，至少应该在国际海事组织里有相当一部分的标准制定权，同时航运、海事相关的国际组织和机构也应该要落户上海，这样我们说话“分量”就不一样了。中国船级社是搞船舶标准的，以前我们做规划都是跟着人家国际上的标准走的；而现在，随着我们国家造船业的不断发展，在许多技术上我们是领先了。比如我们建造的深潜器，在国际上是潜水深度最深的，但是关于深潜器国际上还没有一个标准。如果说开发深潜器有最大的利益，那么各国都将参与进来搞这个东西，就一定要求深潜器有国际标准。谁来定这个标准呢？谁最有话语权呢？我想我们中国应该是当之无愧的。我们有这么好的环境，建造了这么多先进的船舶，如能把其中的技术、专利，在不断运用中转化为共同遵守的标准，必将形成具有重大国际影响力的公约。更何况，现在许多大型船舶的设计和建造都是

中国船级社在东海完成第三方建造检验的首个海工平台项目
——黄岩1-1中心平台和黄岩1-1井口平台

在上海开展的，这些标准的提炼最后也是在上海。既然我们有很多东西都是领先的，那么我们就应该注重把企业标准上升为国家标准，甚至上升为国际标准。如果在上海国际航运中心这个地块上，我们能不断地发布这样一些新标准、新规则，甚至把探讨、研究、制定这些标准和规则的国际组织和机构都逐步引导到上海来，加之我们现在的金融环境，还有法律环境不断在完善，那么我想，随着我们的主动权、话语权越来越强，上海的国际航运中心建设成果就非常完美了。

“新课题研究”提升服务支持能级

同研发和建设一线的部门和单位相比，我们船级社“露面”的机会看似不多，往往是在后面做一些实实在在的支持和服务工作。船舶建造等领域的新工艺、新技术，到了我们船级社这里，就要把它转化为一些技术要求、一些计算要求，还有包括一些材料的选用要求，等等。做好这些工作，科学研究是重要基础。其中，我们上海分社结合近几年“高技术含量、高附加值船舶”项目的实施，积极开展科学研究，承担或参与了一些重点课题，通过技术标准等一系列成果，为提升我国造船和航运业的技术能级提供智力支持。我来介绍一下其中的几个课题项目。

第一个项目是2014年至2017年，在工信部项目“液化天然气船用殷瓦合金和绝缘箱胶合板关键技术应用研究”中，中国船级社上海分社作为参研单位参与课题研究。绝缘箱胶合板是要用很高质量的木板做的，木板上还不能有“疤节”，因为它接触的是零下163度的低温，否则天然气不能液化，因此对材料选取和制作工艺的要求都非常高。我们完成了《LNG船用殷瓦合金检验指南》和《LNG船用绝缘箱胶合板检验指南》两本指南的编写，为LNG运输船核心材料国产化提供了技术标准。

第二个项目是我们目前正在积极参与的一个项目，是由沪东中华造船（集团）有限公司牵头申报的国家海洋局项目“低蒸发率LNG围护系统绝缘箱产业化建设”。这个项目和第一个项目有一定关联，也就是用“低蒸发率LNG围护系统绝缘箱”来替代之前提到的绝缘箱板，这在国际上也是领先的。项目如能成功申报并顺利完成，必然会让中国船级社在LNG运输船核心零部件产线检验和认证上获得更大话语权，进一步推进中国船级社在 LNG 运输船领域的技术进步。

第三个项目是 2014 年 3 月，上海市城乡建设和交通发展研究院委托我们中国船级社上海分社，就“LNG 燃料动力船推广应用配套措施和政策研究”课题相关内容开展研究。这个课题比较大，内容有好几项，包括国内 LNG 燃料动力技术的推广情况和分析、上海地区 LNG 燃料动力技术的推广情况和分析、航运业界对于促进 LNG 燃料动力船舶试点工作配套措施的需求，以及上海地区在促进 LNG 燃料动力技术的推广和使用过程中采取的相关规划政策和措施，等等。我想比较详细地讲一讲。

对于 LNG 燃料动力船这个领域的研究，长江流域沿线地区都非常重视，而且抓得比较紧。因为如果想要在长江推广“LNG 燃料动力船”的话，首先就会遇到一个船的动力模式要改造的问题，这不仅在技术上有一定难度，更是需要一大笔投资。与之相配套的是，长江沿线还必须要布置好给新动力船舶加气的专用设备，就好比是在城市里推广新能源汽车，必须要到处都有充电桩为它配套。这个工程量堪比建设高铁，是需要国家层面牵头建设的，不是一个城市、一个地区就可以搞起来的。而且，这一系列改造和配套建设工作要照着国际上“按标准做事”这条路子走：先要有标准，要对标准设置有一个系统性的考虑，满足要求才能做。所以我一直认为，造船、航运方面，必须要有适合我们中国国情的标准，这样才能推进行业乃至整个经济更快发展。

我们中国船级社上海分社在接受这个课题任务后，立刻与上海佳豪船舶工程设计有限公司组成课题组，通过大量收集资料、广泛走访调研和对比分析研究等方式，并且经过三次评审会，最终完成了“课题研究技术报告”及三份附件，达到了预期目标。我们围绕课题任务要求并结合开题评审会专家意见，拟定了调研计划、问卷表，选择 15 个有代表性的调研对象开展走访调研，编写了 15 份调研报告，汇总了国内外 LNG 船—站项目和相关法规资料汇总。其中，为了更好地阐述 LNG 水运应用推广工作中业界普遍关心的问题，我们共撰写了四个专题论述：一是《船用 LNG 燃料加注方式分类及在上海地区应用、布局规划的探讨》。我们结合国内外实践，对上海船用 LNG 燃料加注的实际需求及现有航道、码头、船舶、交通情况进行了研究分析，对在上海地区可采取的LNG加注方式及各种加注方式的适用范围、规划布局提出了初步设想和建议。二是《LNG燃料未来价格变动趋势分析及上海地区船用LNG燃料供应保障探讨》。我们对国际、国内天然气贸易定价方式、走势和规律开展研究，分析了上海当前的管道天然气的供应态势、价格形成机制及未来趋势，对领导决策可以起到很好的参谋作用。简单来讲，如果未来油气价格没能达到一定的数额，那么前期LNG改造的投入等都难以获得回报。虽然对能源价格问题的研究并不在我们船级社的业务范围内，但从服务国家大局的角度，我们还是主动承担了这项研究任务。三是《上海地区LNG水运应用实际需求及技术标准探讨》。这既是探讨，也是论证上海当前LNG水运应用的实际需求到底在哪里，并围绕渣土船LNG动力改造、浦江游船LNG改造以及与此有关的技术问题，提出解决方案。四是《LNG燃料动力船新造与改造方案选择实例和趋势》。我们结合LNG燃料动力船推广过程中改建和新建方案的实例，开展对比分析，并初步形成结论性意见。

LNG作为一种清洁能源，将来肯定是要在船上广泛使用的。我们国家有那么大的腹地与那么多数量的各类船舶，我觉得LNG这个制高点一定要被我们国家占领。我们和佳豪公司共同推进的这个研究项目，可以说是从工期的可行性到实用性，为下一步上海地区乃至更大范围内推广应用LNG燃料动力船提出了配套政策、措施建议，同时也提供了一套比较具体规范的参考资料，避免出现“无的放矢”的情况。

第四个项目是2015年3月，上海市交通港航科学技术委员会委托我们中国船级社上海分社，就“建立以上海港为中心长三角地区船舶控制区的研究”课题相关内容展开研究。我们借鉴了船舶排放国际标准，通过各种方式，同样经过三次评审会，历时8个月时间，最终完成了“课题研究技术报告”及附件“区域性和地方性政策情况举例”，并顺利通过验收结题。课题研究报告及附件的主要内容包括：长三角地区船舶排放特征及船舶排放控制区建立的必要性，国际、国内船舶大气污染物控制现状，建立长三角排放控制区可行性研究，长三角地区船舶排放控制区的范围及技术标准，长三角地区船舶排放控制实施政策初步建议等；其中许多建议已经在推进实施了，说明它很好地顺应了形势，具有很强的实践指导意义。

第五个项目名称是“服务国家战略，助力船舶岸电”。原先船舶在港口靠泊和装卸货物时的普遍做法是由船载柴油发电机组发电，为所有生活和港口作业设备提供动力，导致了氮氧化物（NO_x）、氧化硫（SO_x）、碳氧化物（CO_x）及固体颗粒物（PM）等污染物源源不断地向港口区域排放。与岸上发电厂相比，船舶上的发电机容量小得多，所以单位能耗高、效率低、污染大，既不经济，也不环保。船舶岸电系统是将港口内由国家电网提供的电能，通过泊位旁的专用供电接口向船舶提供岸电能源的区域减排解决方案，使船舶在靠港期间完全关闭船载燃油发电设备、使用岸基电源，从而彻底杜绝船舶向港口区域排放污染物。根据有关组织测算，如果所有船舶在我国港口靠泊期间关停船载燃油发电机而改用岸电的话，每年可在港口区域减少二氧化碳排放约千万吨，减少二氧化硫排放约十几万吨，减少氮氧化物排放约20万吨，约占全国二氧化碳、二氧化硫排放总量的1.36‰和5.4‰。虽然这两个比例看上去不大，但论总量，还是很大的，对于港口城市的影响是显而易见的。与此同时，使用码头岸基船舶供电系统技术，以港口电网供电代替传统的船舶自备柴油发电机供电，也能让船舶减少柴油机的排放，提高综合能源利用水平。可见，船舶靠港使用岸基供电，是一件“利国、利民、利船、利港”的大好事。所以现在船舶在停靠码头、装卸货物时，较之原来的普遍做法有了很大的改变。

但是，用港口电网供电替代柴油机发电也是要有标准的。原来的船舶上大多没有岸电装置，即便是自带接岸电装置，容量也都比较小。现在我们审核船舶的时候都会提出必须要有大容量的岸电装置，也就是电缆很粗、接头很大的那种；而且也不能等船造好开出去了以后再回过来弄，因为“初次投入”和“后来改装”是两回事。其实话说回来，装了岸电装置对他们自己和对大家都是有很大益处的。

除了前面提到的几个重点项目外，2015年12月，交通运输部发布了《关于印发珠三角、长三角、环渤海（京津冀）水域船舶排放控制区实施方案的通知》，通过设立船舶大气污染物排放控制区这样的形式，来控制我国船舶硫氧化物、氮氧化物和颗粒物的排放，改善我国沿海和沿河区域特别是港口城市的环境空气质量，为全面控制船舶大气污染奠定基础。其中，我们中国船级社也配合做了一些工作，主要是积极贯彻、落实交通运输部《关于推进长江经济带绿色航运发展的指导意见》并制定了工作计划；上海分社积极配合、协助上海市交通委大力推进上海市港口岸基供电设施的建设和安全运行，配合、协助上海组合港管理委员会大力推进长三角排放控制区港口岸电设施的建设和安全运行，等等。

回顾上海国际航运中心的建设历程是一件很令人愉快的事情，经过 20 多年的砥砺奋进，2017 年上海港的集装箱吞吐量应该可以达到 4000 万标准箱以上；这个吞吐量是国际上其他港口所无法比拟的。更令人感到兴奋的是，在这段建设历程中，我有幸能在中国船级社工作，经常得到交通部和上海市领导的支持，为上海国际航运中心建设贡献自己的力量。

气象保障上海港建设运营

口述前记

王雷，1938 年 4 月出生。1983 年 10 月任上海市气象局局长。1985 年 1 月至 1998 年 4 月任上海市气象局党组书记、局长。

口述：王　雷

采访：杨建勇、许　璇、范婷婷

整理：许　璇

时间：2017 年 5 月 11 日

1996 年 5 月，上海市委、市政府决定建立上海国际航运中心上海地区领导小组，领导小组下设办公室（简称国航办）。国航办成立后不久，国航办主任徐柏章和副主任顾刚专程造访上海市气象局，商请上海市气象局参加上海国际航运中心新港址的论证工作，并提供大小洋山岛和周边海域的气象资料，以及在港口建设和运营过程中提供气象保障服务等。上海市气象局由我出面接待国航办两位领导同志。我当即表示，上海市气象局为上海国际航运中心建设做好气象保障服务是应该的，责无旁贷，我们一定会把它作为一项重要任务，努力把工作做好。会见后，我和局领导班子通了气、作了研究，并将任务落实到我局有关单位。

上海市气象局为上海国际航运中心建设服务主要做了三个方面的工作：一是参与新港选址的论证工作。通过对洋山海域气候的分析，提出了“小洋山的气候条件对建立深水港是适宜的”的评价结论；二是从 1996 年港址论证开始就在小洋山岛上进行专项的气象观测，一年后新建常设的气象站，取得了洋山港的第一手气象资料，2006 年又在南汇区（后并入浦东新区）成立了上海海洋气象台，加强了海洋气象的业务和服务工作，为建港和港口运营直接提供可靠的气象保障服务；三是开展气象为现代航运服务的船舶气象导航、海上气象保险等业务。

“小洋山的气候条件对建立深水港是适宜的”

上海要建设成为国际航运中心，首要条件是需要一个深水港，可是在上海市域内的港区、码头都不符合条件，水深不够，改造扩建也解决不了问题。为此，1995 年 9 月，市委领导亲自深入长江口、杭州湾海域进行调研踏勘，提出了跳出长江口、在距离芦潮港约 30 公里的大、小洋山岛建设深水港的设想。

在大、小洋山岛建设深水港，是因为那里有深水岸线，离国际主航道又比较近，有利于远洋巨轮靠泊进出；并且离上海也近，造一座大桥，就可把洋山岛与大陆连接起来，便利货物运输。由此看来，在洋山岛建设上海国际航运中心的深水港是比较理想的，但是，大家对那里的水文气象条件是不是符合建港条件还不了解，需要进行论证评价。因为大、小洋山岛属于浙江省的管辖地，因此，上海有关部门曾先向浙江省的气象部门咨询过洋山岛是否适宜建设港口，答复是：大、小洋山岛及附近海区全年多大风、大雾天，夏天受台风侵袭，冬天又有寒潮影响，全年能作业的天数只有 200 多天，不宜建港口。这就引出了国航办主任到上海市气象局，商请市气象局对洋山岛及附近海区进行专项气象观测和调查，进一步分析评估洋山岛及附近海区的气象条件，为新港址论证提供依据。

1996 年，上海市气象局把参与深水港港址论证任务落实到下属的上海台风研究所（又名上海市气象科学研究所），上海台风研究所为此专门成立了课题小组，并由市气象局总工朱永禔研究员领衔，指导课题小组开展工作。由于小洋山岛上原来没有气象站，要获得气象资料就得自己进行专项气象观测。于是，1996 年先在小洋山岛上的度假村开始临时的气象观测，后又增加杨梅嘴和金鸡门观测点，三地同步进行气象观测。同时，选取北纬 30 度至 31 度 30 分，东经 120 度 20 分至 122 度 30 分范围内，5 个海岸带气象站（陈家镇、宝山、南汇、奉贤和乍浦气象站），3 个海岛气象站（嵊泗、大戢山和岱山气象站）和长江口外的引水船气象观测站，通过对这些站点的连续 5 年（1986 年至 1990 年）气象观测资料的分析研究，于 1996 年 12 月提交了《上海沿海地区与附近海区气象条件评价》（上海国际航运中心新港址论证分报告之五），得出初步的评价结论是：“小洋山的气候条件对建立深水港是适宜的。”

为了检验初步的评价结论和进一步论证小洋山建港的气象条件，1997 年，受国航办和港口建设设计单位交通部第三航务工程勘察设计院（以下简称三航院）的委托，继续在小洋山岛进行气象观测并选定地形影响较小、代表性较好的金鸡门，按国家气候基本站标准建立了气象观测站即小洋山气象站，自 1997 年 8 月 15 日开始业务化的气象观测。根据对小洋山气象站 1997 年 8 月 15 日至 1998 年 8 月 31 日气象观测资料的分析，并分析其与附近测站的相关关系，据此推演出小洋山的历史气象资料，对洋山海区的气候条件作出进一步的评价；于1998年10月提交了《上海国际航运中心洋山深水港建港气象条件评价》报告，评价结论是："虽然大风、大雨或暴雨和雷暴等强烈天气现象（包括台风和寒潮）对洋山海区有所影响，但海区的天气、气候条件对建立深水港和建港后的运营都是适宜的。"报告还对港区作业天数进行了合理的估算，估计港区全年受不利气象条件影响约20天，即港区全年可作业的天数约345天。

此后，随着气象观测资料的积累，逐年对小洋山及附近海区的气候资料进行年度和累年的气象条件分析研究，于1999年10月至2002年12月，每年提交一份《上海国际航运中心洋山深水港建港气象条件评价》报告。自1998年至2002年，连续5年的评价结论基本一致，进一步证明：洋山及附近海区的气象条件对建立洋山深水港和建港后的运营都是适宜的。港区的可作业天数，虽然因各年气候变异会略有不同，但5年中的变化也只在342天至345天/年之间。

经历了5年多的科学论证，上海国际航运中心深水港港址最终选定在大、小洋山岛。由上海台风研究所完成的《上海国际航运中心洋山深水港建港气象条件评价》系列报告，作为新港址论证的重要组成部分，为选定洋山深水港的决策提供了重要的气象科学依据。2002年6月，洋山深水港区一期工程开工建设；2005年5月25日，32.5公里的东海大桥实现贯通；2005年12月10日，上海国际航运中心洋山深水港区正式开港运营。十多年来，洋山深水港安全运营的实践检验也证明，气象评价结论"洋山及附近海区的气象条件对建立洋山深水港和建港后的运营都是适宜的"是正确的。

这里特别要说明的是，在《上海国际航运中心洋山深水港建港气象条件评价》报告中，对不利气象条件影响天数的估算，并不是直接按常规的灾害性天气日数来统计的。因为如据该报告（五）的分析，大风的持续时间只有少数过程可以达到24小时以上，而73.5%的大风持续时间在6个小时以内；雾的平均持续时间仅为3个小时左右；雷暴的持续时间在1个小时左右。显然，绝大多数灾害性天气影响港区作业的时间只有数小时，其余大部分时间港区仍可进行正常的作业。因此，对不利气象条件影响天数的估算，不是直接用气象上的灾害性天气日数来统计，而是根据灾害性天气持续特征和三航院提出的"延时叠加法"经过折算得出的，以该报告（五）为例，三航院提出的“延时叠加法”是将灾害性天气出现的总时数折算为天数，具体的折算方法为：灾害性天气出现时间不足 1 小时的为 0.1 天，2 至 3 小时为 0.125 天，3 至 6 小时为 0.25 天，6 至 12 小时为 0.5 天，12 至 24 小时为 1 天，大于 24 小时则以 6 小时范围内递增 0.25 天。这样，以 2002 年为例，影响洋山港区作业天数为大风 5.7 天，雾 5.7 天，雷暴 3.3 天，大雨及暴雨 7.2 天，总计为 22.9 天。剔除不利气象因子联合出现重复计算的约 2.0 天，由此得出不可作业的天数为 20.9 天，即 2002 年洋山深水港区不受气象条件影响可作业的天数约为 344 天。

渔家女与洋山港气象站共成长

早在 1996 年，为了获取论证深水港港址的第一手气象资料，上海台风研究所就派气象科技人员轮流到小洋山岛进行简易的气象观测和气象调查。

1997 年，经上海市深水港工程建设指挥部与上海市气象局协商确定，由上海台风研究所组织实施，在小洋山乡双北村的金鸡门，按国家基本气候站的标准，建立了小洋山气象站，并于同年 8 月 15 日正式开始业务化的地面气象观测。建站之初，聘请了上海市气象局刚退休的资深气象观测员从市区轮流到气象站值班进行气象观测，值班期间气象观测员则借住在气象站附近的渔民老沈家。当时，为了便于气象站 24 小时值班，急需培养一名当地的气象观测员，而上海市政府也号召要帮助小洋山岛的居民再就业，因此应老沈家的请求，气象站的老同志对老沈家的女儿沈其艳，进行了手把手的气象观测培训和跟班观测，沈其艳刻苦学习，很快掌握了气象观测业务技术，通过考核，沈其艳被破格录用为小洋山气象站的气象观测员。现在她已被任命为洋山港气象站站长。

2004 年，上海台风研究所把小洋山气象站搬迁到现在的站址——小城子山的山腰，7 月 1 日在新站址正式开始业务化的气象观测。气象站的搬迁工作是从 2 月开始的，要把乱石荒草的山岗平整为气象观测场，又要把气象仪器搬运上山、安装到位。而值班室和生活用房则是利用附近废弃的部队营房简单地改造而成。气象站只有三四名工作人员，他们为迁站付出了辛勤的劳动，他们的工作和生活条件都十分艰苦。

洋山港气象站

2005 年 10 月，小洋山气象站已积累了连续 8 年多的气象观测资料，这些观测资料十分重要，是做好洋山海区及上海、长江三角洲地区的天气预报、预警的基础数据。特别是小洋山气象站设立在洋山深水港区内，可以直接为深水港提供气象服务，为港区作业和航运安全保障起到其他气象站无法替代的作用。为此，上海市气象局向中国气象局报请将小洋山气象站纳入国家的气象综合观测体系，列为国家气象观测站一级站。同年 12 月，中国气象局监测网络司批复同意，将小洋山气象站确定“其站名为洋山港气象站，区站号为 58474”。从 1997 年到 2005 年，小洋山气象站一直由上海台风研究所管辖；2006 年洋山港气象站改属南汇区气象局管辖；2007 年洋山港气象站改属上海海洋气象台管辖至今。

洋山港气象站（小洋山气象站）的气象观测资料，是分析洋山深水港建港气象条件的主要数据，为在洋山能建深水港提供了充分的气象科学依据。洋山港气象站除了为港址论证作出了贡献外，还在做好基本业务工作的基础上，尽最大努力为港口建设和运营做好气象保障服务。每次风大了、起雾了，气象站都会在第一时间向港航单位，尤其是向洋山港引航站和深水港船务公司提供实时的气象观测数据，并根据上海海洋气象台的天气预报，向用户单位提出气象服务建议。在洋山公安交通指挥部需要根据天气情况决定是否要封闭东海大桥、是否要转移船只时，气象站会及时提供实时的天气情况和预报意见，以供公安交通指挥部决策时参考。

洋山港气象站为了不断提高服务水平，经常主动与用户单位联系，听取用户单位的意见和建议，畅通气象服务通道，坚持“靠前服务、跟进服务、无缝隙服务”的服务理念，尽可能地满足各港航单位对气象服务的要求，为洋山港的建设和运营提供有力的气象保障。因此得到了各港航单位充分的肯定和好评：洋山港引航站送来了“东海哨兵，气象精英”的锦旗；深水港船务公司送来了“精准预报，保驾护航”的锦旗；洋山公安分局送来了“无私奉献，气象哨兵”的锦旗；洋山同盛电力公司送来了“预报风云变幻，创新服务品牌”的锦旗……央视、浦东电视台、《中国气象报》等媒体也都报道了洋山港气象站的先进事迹。

洋山港气象站建在荒凉的小山岗上，周围没有人烟，工作和生活条件十分艰苦，业务和服务的任务又很繁重。但是，建站20年来有一批热爱气象、不畏艰难、敬业爱岗、认真严谨的同志，为了上海国际航运中心建设，先后来到小洋山岛，进行气象观测和为洋山深水港做气象保障服务工作，他们为洋山深水港的建设和运营作出了贡献。如洋山港气象站老站长林贤超，原是上海中心气象台的优秀气象观测员、先进工作者，刚退休不久，就被上海台风研究所聘请到小洋山气象站工作。他与全站同志一起，克服建站初期的各种困难，使气象观测顺利进行，保证了建港论证所需资料的取得。同时，林贤超还用心培养气象站的接班人沈其艳，亲自传、帮、带，使沈其艳很快掌握了气象观测业务技术，成为气象站的气象观测员。以后气象站开展为各港航单位的气象保障服务，林贤超又带头做好气象服务工作，得到用户单位好评。因此，他曾被洋山港指挥部评为先进个人，上榜表彰；2006年又被评为上海市气象局优秀共产党员。林贤超同志在洋山港气象站发挥余热近十年，为洋山深水港作出了贡献，也为洋山港气象站带了个好头。

沈其艳同志是现任的洋山港气象站站长，她原是小洋山岛土生土长的渔家姑娘，她在20岁以前对气象一无所知，直到1997年小洋山岛第一个气象观测场建成，气象观测员们借住在她家，才让她有机会了解什么是气象，并且爱上了气象。当时，气象站需要培养一名当地的气象观测员，她入选了，但要求她在三个月内考取上岗证，这就意味着她要熟记一本厚厚的《地面气象观测规范》，并且能够熟练操作。于是，她每天跑到观测场学习，在气象站老同志的帮助下，她掌握了气象观测的业务技术，也逐渐学会了识别 29 种云类和 34 种天气现象的目测项目。三个月后，经过上级部门的考核，她被破格录用为气象观测员。她说："林（贤超）老师认真、严谨的工作态度，至今一直影响着我。"

20 年来，沈其艳一直坚守在洋山港气象站，她经历过无数次狂风暴雨、电闪雷鸣的恶劣天气，她不分白天晚上，不畏烈日严寒，兢兢业业、认真负责地对待每一次气象观测，一丝不苟地记录每一个气象数据，获得"百班无错情"观测员的称号。每当恶劣天气观测后，她都会在第一时间将实测气象数据传送给港区有关单位，并根据上海海洋气象台的预报提供服务建议。

从 2003 年开始，小洋山居民动迁了，沈其艳一家搬到南汇区惠南镇，气象站也搬到现在的站址——小城子山上。那时，交通极其不便，东海大桥还没有开通，到气象站要乘船，上岸后还要走崎岖不平的上山小道。因为路途遥远、车船劳顿，所以气象站值班 10 天才能轮换一次，有时一待就是 15 天，甚至一个月。就在这样的工作环境下，沈其艳在怀孕临产前不久还坚持在工

上海海洋气象台洋山港气象站站长在记录气象数据

作岗位上。沈其艳把20年最美的青春都献给了洋山港气象站，她为洋山深水港的安全高效运营作出了突出的贡献，被誉为“海岛气象守望者”。2017年3月，沈其艳被上海市妇女联合会、上海市人力资源和社会保障局共同授予“上海市三八红旗手”荣誉称号。

海洋气象台提供海上气象安全保障

上海海洋气象台是中国气象局和上海市政府的部市合作项目。2006年，上海海洋气象台成立，与上海市南汇区气象局同属一个机构，两块牌子。2009年，经中国气象局同意，上海海洋气象台调整为上海市气象局的直属事业单位，独立设置，正式挂牌成立。原南汇区气象局的气象业务、服务、探测以及社会管理职责由浦东新区气象局承担。上海海洋气象台于2013年5月正式迁入浦东新区临港新城海基六路36号新址办公。

按照中国气象局的规定：“上海海洋气象台承担责任海域的各类海洋天气预报和公益性气象服务职能，为上海区域内的海洋气象台、海洋气象站、沿海气象台（站）提供天气预报指导产品。”其主要任务是为主要责任海区的经济建设提供专业气象服务，特别是为在建的洋山深水港工程及其今后深水港的运营提供海上气象安全保障。具体的，就是要制作、发布从山东南部至浙江南部，离海岸线300公里内沿海海面的天气预报；制作、发布精细化的上海预报责任海域逐三小时的天气、风浪预报，提供港口和航道精细化的气象服务；为政府部门和涉海单位提供决策支持预报；为上海国际航运中心建设及运营管理提供气象服务；为近海航运、工程作业、远洋航远提供气象服务；等等。

上海海洋气象台现已建成了长三角海域海洋气象观测网，有海岛气象站24个，浮标/船标站10个，船舶站5个，声学测波站8个，潮位站4个。洋山港气象站是上海海洋气象台直属的气象站。并已建成了监测预报预警服务系统，对沿海大风、海雾等灾害性天气和海况进行监测、预报预警，为上海港口、交通运输、海洋工程、近海及远洋等各类海上活动提供有力的气象保障。

此外，上海海洋气象台已初步建成了影响预报和风险预警业务体系，船舶风险指数主要包含谐摇指数、浅滩效应指数、陡度指数和涌浪占比指数4个指数，分别描述了波浪对船舶影响的不同方面，可较为综合地指导船舶安全地行驶和系泊，为靠港及海上船舶提供更精细化的影响预报和预警服务。初步建立了传真图制作和发布系统，通过传真图服务平台，可以将海洋气象预报信息及时发送给上海沿海的船舶。

上海海洋气象台成立十年来，促进了我国海洋气象事业的发展，为上海国际航运中心建设、为洋山深水港运营海上安全气象保障作出了应有的贡献。

市场化的气象为现代航运业服务

海洋气象服务主要是公益性服务，服务产品多是普适性的，但是市场对海洋气象服务产品的需求却是多样的，需要更有针对性的、更精细化的服务产品。国外早就有市场运作的海洋气象服务公司，例如对船舶的海洋气象导航、航运气象保险的公司等。

按市场运作进行定制的海洋气象服务，由于需要跨行业的合作，技术难度也比较高，因此在我国起步比较晚。近几年，上海市气象局会同有关单位共同进行了这方面的探索。2016年1月，由上海华云实业公司、华风气象传媒集团有限责任公司、北京盛安国际保险经纪有限公司和大连港航科技有限公司4家公司联合成立了优尼迈特气象科技（上海）有限公司；这是一家立足于船舶气象导航业务，着手海上气象保险业务和海上安全与应急管理，同时针对远洋渔业市场服务的有限责任公司。

市场运作的气象为现代航运业服务，虽然刚刚起步，但是前景是广阔的，一定能为上海国际航运中心的发展作出更大的贡献。

第二编

突破长江口，挺进外高桥

突破长江口通航"瓶颈"，打开上海港通向现代世界大港的大门

口述前记

翁孟勇，1955 年 7 月出生。先后在交通部上海航道局、中国港湾建设总公司驻墨西哥办事处工作。1996 年 1 月至 2000 年 4 月任交通部上海航道局局长、中国港湾（集团）总公司上海航道局局长。2000 年 4 月至 2006 年 11 月任交通部副部长、党组成员。2006 年 11 月至 2008 年 3 月任交通部党组副书记、副部长。2008 年 3 月至 2015 年 10 月任交通运输部党组副书记、副部长。2018 年 3 月起任十三届全国人大常委会委员。

口述：翁孟勇
采访：张　林、杨建勇、张　励
整理：张　励
时间：2018年6月26日

建设上海国际航运中心，是20世纪90年代中期，党中央、国务院站在我国改革开放全局高度作出的重大战略决策，而且随着时间的推移，越来越显示出这一战略决策的重要价值和全局意义。我作为过来人参与其中一部分的工作，感到很光荣。在建设上海国际航运中心过程中，长江口深水航道治理工程与洋山港，是两大基础性支柱。它们的关系是接续关系，互为依存，长江口深水航道治理工程在前，洋山港在后。长江口深水航道治理工程的实施，首先得益的是上海和上海港，其次才是整个长江黄金水道的建设。它使得上海港拥有长江以内深水港区，在洋山港建成之前没有从国际航运中心的激烈竞争中被边缘化，确保了上海港在国际大港中的地位。

对于长江口深水航道治理工程，我参与的比较多是因为，工程在研究过程中，我在交通部上海航道局工作。工程实施后，我调到交通部工作，在交通部和交通运输部我分管的工作前后变动很大，唯独长江口深水航道治理这项工作没有变过，一直到工程交工验收，都由我分管。

亟待摆脱困境的上海港

上海国际航运中心建设与上海的进一步开放，与上海在长三角地区、长江流域的“龙头”地位是有着密切联系的，这是中央对上海发展的定位，是对上海在全局发展中寄予的厚望。从时间点上来看，也是如此。20世纪80年代，中央决定开放上海等14个沿海港口城市，作为发挥沿海大中港口城市优势、扩大对外开放的一项重大举措。到了90年代，党中央、国务院于1990年作出开发开放浦东的重要决策。邓小平同志不是有一段话嘛：“我们说上海开发晚了，要努力干啊……上海人聪明，素质好，如果当时就确定在上海也设经济特区，现在就不是这个样子。十四个沿海开放城市有上海，但那是一般化的。浦东如果像深圳经济特区那样，早几年开发就好了。开发浦东，这个影响就大了，不只是浦东的问题，是关系上海发展的问题，是利用上海这个基地发展长江三角洲和长江流域的问题。”1992 年，党的十四大提出了把上海建成“一个龙头、三个中心”的国家战略，后来又进一步确立了建设国际经济、金融、贸易、航运“四个中心”。在“四个中心”中，国际航运中心的基础条件最好，因为在历史上，上海就是国际大港，是以港兴城的。

20 世纪 30 年代，远东地区最大的港口，不是香港，也不是新加坡，而是上海。这得益于那时上海的经济、商贸和港口条件，那时的远洋船舶 5000 至 6000 吨的都是大船了，上海港 6 米的水深条件，再加上潮差，完全可以接纳国际上的班轮。那时上海的码头不是像今天这样在外高桥、罗泾一带，而是都集聚在黄浦江，船只都是从长江进入吴淞口到黄浦江。黄浦江里的码头主要也不是在军工路，差不多都在北外滩附近，甚至在董家渡、南码头一带。当时的城市布局、港口布局都与那个时候的航运条件有关系。新中国成立以后，帝国主义的封锁，加上我们自己的一些原因，影响了上海港的发展。

到了真正改革开放的时候，我们才发现上海港遇到一个很尴尬的情况，就是上海港衰弱了，港口吞吐能力不足，压港严重，与亚太地区重要港口的差距也拉大了。

那时影响上海港最大的问题是长江口的“拦门沙”。像长江这样的巨型河口几乎都有这样一个问题，上游的泥沙下来遇到海潮的顶推，形成一个淤积带，俗称“拦门沙”，对通航影响很大。虽然上海航道局常年负责疏浚维护，通过疏浚的方法，航道水深也只能维持在 7 米，2.5 万吨级的船舶需要候潮，乘高潮才能进入长江口。一天两次高潮位的时候，就看到大型船舶浩浩荡荡地排着队进来。当时国际上代表性的三代、四代集装箱船都接纳不了，不要说五代、六代集装箱船了。这种危机冲击着上海。上海要成为国际大港，首先要能够接纳国际上主体代表性的集装箱船型，如果不具备这个条件，国际航运中心无从谈起。

打破长江口“不可治”的传统观点

为了解决长江口“拦门沙”问题，改善上海的港口条件，从事泥沙运动、河势控制、航道整治的专家，在交通部组织下，从 1958 年开始研究这一课题，其中包括著名的水利海岸工程学家，河海大学创始人、校长严恺，著名的河流泥沙专家、南京水利科学研究所的窦国仁，华东师范大学的陈吉余等专家学者，他们开展了大规模的现场观测，积累了许多宝贵数据，也做了一些试验。

国家真正重视长江口整治工作是在“八五”期间。1992年，国家计委将“长江口拦门沙航道演变规律与深水航道整治方案研究”列入国家“八五”科技攻关项目。开始是邹家华副总理，后来是吴邦国副总理亲自抓这件事。交通部由郑光迪副部长主抓这项工作。她在上海主持召开了多次会议，上海方面参加的是夏克强副市长，江苏也有位分管副省长，还有水利部的负责同志，上海航道局作为交通部所属单位也参加了。上海航道局局长马正平同志、总工程师王谷谦同志为这项目的前期研究也倾注了心血。我只是1996年初，在接任上海航道局局长后才参与了部分工作。项目组组长由我国著名的水利专家钱正英同志和严恺同志担任，我印象深刻的是每当这个重大科研项目遇到争论时，最关键时候站出来力排众议的都是钱老。

“八五”攻关取得了突破性进展，得出两个主要结论，简单说：一是长江口这样的大型河口工程可治。长江口口门最宽处有90公里，真是茫茫大海、海天一色。巨型河口整治工程条件十分复杂，有径流上游的来沙来水，有滩潮交换，河势流态、泥沙运动情况十分复杂，原来认为是不可治的。20世纪70年代后期，当时我还只是上海航道局的一名中层干部，局里开展了长江口三沙治理试验工程。我们组织了几千个民工，采用编织的柴排护底抛石坝等中国最古老的方法，共花了几千万元人民币，护滩固沙。结果发现，我们抛下去的这些柴排，一个汛期、一次台风以后都被冲走了，吹得稀里哗啦，以至于一部分同志“谈治色变”，这给我的印象很深。但这次研究通过大量观测数据分析，通过数学模型和物理模型试验的比对，得出的结论是可治。

二是长江口治理可以从下往上治、局部先治。过去河口整治还有一个很重要的理论长期困扰着河口治理专家，就是历来河道整治工程都是由上往下治，因为变动因素是上流的来水来沙，首先要把上面控制住，才能治下面，上面不动动下面，是行不通的。正因如此，多少年来专家认为长江口整治免谈，应该先从上游河道整治开始。但上游就复杂啦，牵动面太广，根本无从下手。通过研究，专家认为，从多年积累的水文资料看，长江口河段现阶段正处在相对稳定期，具备了先治的条件，如果是处在非常活跃的变动期就不具备先治条件了，所以是可以先期启动治理。

实现“治理长江口，打通拦门沙”的夙愿

就这样，经过国务院研究批准，长江口深水航道治理工程，作为国家的重大工程，也是新中国成立以来最大的航道治理工程上马了。长江口深水航道治理工程定下来以后，交通部成立了一个专门机构——长江口航道建设有限公司来具体负责项目实施，这就是长江口航道管理局的前身。并从系统内外抽调了一批专家骨干，成立精干的专班。时任总经理张华麟同志就是由上海航道局第一副局长调任的。交通部还做了一件事。长江口深水航道治理工程与以往工程最大的不同就是，这个工程是动态的，是随时在变化的，研究得出结论、方法、数据都需要在工程实施中验证。时任交通部部长黄镇东同志决定在上海建立一个大型物理模型试验场，作为工程的科研支撑。当时这项工程交由上海航道局实施。为显示对这项工作的重视，由我来担任模型指挥部的总指挥，亲自来抓，一年的时间就在三甲港建了长江口深水航道科学试验中心，规模是当时亚洲最大的。20 世纪 90 年代，一亿元也算是一大笔钱了，由于完全进国家项目有困难，交通部是从自有资金里拿出来的，可见交通部和黄镇东同志是非常支持的。后来实践证明，建试验中心的决定是十分正确的，对工程顺利实施发挥了积极作用。

当时为了慎重起见，对工程建设提出了“一次规划、分期建设、分期见效”的方针，分三期实施，一期设计通航水深要达到 8.5 米，二期是 10 米，三期达到 12.5 米，底宽 350 至 400 米，这样可以满足三代、四代集装箱船全天候进出长江口，五代、六代集装箱船和 10 万吨级散货船及油轮乘潮进出长江口的需要。

1998 年 1 月 27 日，长江口深水航道治理工程在上海正式启动。国务院副总理吴邦国、上海市市长徐匡迪和交通部部长黄镇东等领导同志出席了仪式。长江口治理工程的实施充满了挑战和困难，最大的体会是不确定因素太多，专家搞模型只回答了可治，但到底怎么治、治出来的效果怎么样，众说

长江口深水航道治理二期工程中，工人们不畏艰险正在安装半圆体沉箱

纷纭。工程开始时提出“束水攻沙”，通过归顺水流、稳定分流比以后加大流速，自然地把沙冲出去，航道就可以加深了，但真正实施以后才发现这么大的河口，即便归顺到一个水道，“束水攻沙”的效果也非常有限，当然这样做的作用是把边界条件稳定下来。还有，关于“拦门沙”的形成原因，原来认为是径流的来沙加上海水的顶托，这基本上是对的。但沙源是上游来的，还是周边滩潮掀起的，各自比重又是多少，其实并不清楚，也很难量化。所以，工程采用“整治 + 疏浚”相结合的方案，整治工程主要是在北槽建设分流口及双导堤加长丁坝群的整治建筑物，达到导流、挡沙、减淤的目的，为深水航道开挖和维护创造良好的条件；同时采用疏浚手段，实现航道的成槽及维护。最终是要靠疏浚，但如果没有整治工程，疏浚工程的量是不可控的。

在工程建设过程中，克服了许多难以想象的困难。特别是一期、二期工程遇到的技术难题更多、困难更大。2000 年 3 月，长江口航道治理一期工程完工，交通部刚宣布通航，不料 5 次台风接踵而至，仅仅半年时间，航道普遍淤积，水深又从 8.5 米下降到 7.3 米。那段时间，设在横沙岛的长江口深水航道工程建设指挥部 24 小时连轴转，终于在 2001 年元旦，把水深恢复到了

8米。二期工程开工后，为了尽可能降低成本，在建设航道导堤前，工程设计没有选择打深桩，而是采用了新型的空心重力式结构——半圆体沉箱。第一批做了16个沉箱，每个长20米、重千余吨，一字排开安装在了二期施工段。当年冬天，第一场寒潮大风过后，沉箱没了，大堤被腰斩得支离破碎。但工程建设者没有气馁，经过无数个不眠之夜，终于设计出了加固海底地基的“空心方块”。

到了三期的时候就相对顺利多了，这是因为三期的重点是疏浚、导堤工程。同时，这也和我们国家科技水平的提升有关，之前我们的定位技术没有像现在这么发达，大海上定位主要靠六分仪，后来有了卫星定位，但GPS的精度不够，存在五六米的误差，在茫茫大海里施工，而且是分段施工相互衔接起来的，失之毫厘差之千里，要是接不起来怎么办。后来通过建设若干差分台，调高它的精度，最后调高到厘米级。当然，在三期工程初期也遇到了航道回淤规律改变，淤积严重且分布集中，致使实现12.5米航道水深的目标遇到严峻挑战等重大技术难题。在交通运输部的大力支持和直接领导下，组织科研、设计和施工单位开展技术攻关，及时对设计方案作了重大调整，最终成功地解决了这些重大技术难题，经受住了长江口一次次台风巨浪的考验，实现了航道治理目标，并确保了工程质量优良。

2006年9月，长江口深水航道治理三期工程举行开工典礼

实现经济社会效益的巨大收获

长江口深水航道治理工程历时13年，于2011年5月通过国家竣工验收。整项工程共完成建设各类整治建筑物堤坝总长约170公里，疏浚工程量超过3亿立方米。按每一方土纵向堆放，疏浚土总方量可以围绕地球8圈。如此巨大规模的水运工程不仅在我国历史上是空前的，在世界上也是罕见的。

通过治理工程，长江口通航水深从7米提高到12.5米，最直接的影响是大大提高了航道的通过能力，改善了船舶安全航行的条件，提高了大型船舶的营运水平，为长江口及长江货物运输量的迅速增长提供了保证。深水航道开通前，5万吨级以上船舶几乎无法进出长江口航道，开通后，平均每天超过13艘次；开通前，吃水大于10米的船舶平均每天不到1艘次，开通后，平均达到了30艘次。

但长江口深水航道治理工程更重要的功绩，首先是推动了上海国际航运中心建设。我觉得，对上海国际航运中心建设起决定性作用的有两大基础条件，第一是长江口治理工程，第二是洋山港的建设，这是上海国际航运中心建设的基石，奠定了上海港由传统的河口港变成真正意义上的海港，变成一个深水港。而且这两者之间有接续关系，谁也离不开谁。不是说集中精力搞洋山港就行了，洋山港真正启动是在2002年，2005年一期建成形成规模。而长江口深水航道治理工程是2001年就开始形成规模，达到8.5米的水深，就是这个接续使得上海港没有从国际大港的行列中被开除出去。那个时候如果有一两年的落伍，就永远落伍了，没有一个港口会等你的。而且，我国加入世贸组织、我们国家外向型经济出现井喷式发展也正是在这个节点。对于这一点，我们交通人可以自豪地说我们没有拖国家后腿，我们把这个过程接续好了。这是党中央、国务院正确领导，上海市委、市政果断决策推动，江苏省、交通部等的支持，没有这几股力量，上海港就不是今天的上海港。

其次是带动长江沿线，把整个长江经济带“黄金水道”作用的发挥又提升了一个数量级。随着12.5米深水航道向上延伸，对于充分发挥上海的“龙头”作用，通过长江黄金水道形成向长江三角洲及长江中上游地区强大的辐射能力；对于实现长江水运网络与国际海上运输网络的“深水”对接，南京以下“河港变海港”，长江中上游“江海联运”能力大幅提升，更好发挥长江黄金水道在长江经济带综合交通运输体系中的主骨架作用起到了积极作用。上海港及江苏沿江港口的货物吞吐量迅速增长，通过长江口的货运量由2000年的2.2亿吨，增加到2012年的10.2亿吨，年均增长率在27%以上。上海港的货物吞吐量由2000年的2亿吨，增长到2012年的7.36亿吨；集装箱吞吐量由2000年的561.2万标准箱，剧增到2012年的3253.9万标准箱，集装箱吞吐量已稳居世界第一。同期，上海国际航运中心的北翼——江苏沿江港口的吞吐量显著增长，催生了南京、镇江、苏州、南通、江阴、泰州这6个亿吨级大港。

第三是促进了我国水工技术、装备的进步和队伍能力的提升。通过长江口深水航道治理工程这样重大工程的实践，我们的装备发生了革命性的变化。原先我们大量采购20世纪70年代日本大规模建设港口以后剩下的装备，后来感到不够用，就由自己建造。我们在长江口治理工程中运用的许多大型机具都是原创的、独一无二的。通过这个工程，我们形成了特有的、世界领先的一整套大型河口航道治理的先进技术和机具装备。据统计，长江口深水航道治理工程的技术创新达74项，其中原始创新49项。工程获2005年国家优质工程唯一的金质奖、2006年度中国航海学会科学技术特等奖和2007年国家科技进步一等奖。这些技术上的重大突破，在后来我们国家进行的重大海口工程，包括洋山港、黄骅港外航道、杭州湾大桥、港珠澳大桥和南海工程中得到推广应用。建设长江口深水航道治理工程，也是为了练队伍。过去我们主要做疏浚，大的河口航道整治从来没做过，通过调动精兵强将参与这项工程，优秀的工程建设队伍成长起来，他们的身影出现在了一个又一个重大工程中，这也是国家级重大意义。

长江口航道整治谱新篇

口述前记

张华麟，1943 年 1 月出生。1987 年 11 月至 1996 年 1 月任交通部第三航务工程局副局长。1996 年 2 月至 1997 年 12 月任交通部上海航道局副局长。1998 年 1 月至 2005 年 6 月任长江口航道建设有限公司总经理。2005 年 6 月至 2009 年 4 月任交通部长江口航道管理局局长。

口述：张华麟
采访：杨建勇、范婷婷、沈　洋
整理：沈　洋
时间：2017 年 3 月 23 日

整治长江口，打通拦门沙，是我们中国几代人的夙愿。孙中山曾经提出建设“东方大港”的愿望。新中国成立后，从 1958 年开始，对长江口进行了大量的观测与研究。但由于当时经济技术条件的限制，一直未能实施长江口整治。到 1990 年，中央作出开发开放浦东的重要决定，1995 年，中央提出建设上海国际航运中心，长江口整治才得以实施。

前期准备

我是河海大学毕业的，对于我们的老校长严恺来说，整治长江口，打通拦门沙，是他一生的心愿。在工程的实施阶段，严校长曾经多次来到工程现场。我对他说：“严校长，我是您的学生，来完成老师您的心愿。”因为长江口不打通，对长江航运的影响是很大的。国家对长江口治理花了很多心血。从 1958 年开始，严恺就带领着大批科研人员进行现场水文观测与研究。到了 60 年代，国家成立了长江口治理专业委员会来研究这个事情，先后成立过长江口整治领导小组、长江口整治委员会和长江口整治局，但都停留在研究阶段。长江口的概念，专家认为是从江阴开始算起。我们狭义地认为，从徐六泾往下，长江口被崇明岛分为北支和南支，南支再往下被长兴岛与横沙岛分为北港和南港，北港再往下分为南槽和北槽，这样长江口就形成“三级分汊、四口入海”。长江口航道的问题在哪里呢？各个入海口都存在拦门沙，在拦门沙的上游与下游，水深都很好，有 10 米左右。拦门沙的顶端只有 5 至 6 米深。长江上游来沙，每年有几亿吨，会影响长江口的冲淤变化。长江口入海航道原先是走北槽，后来由于扁担沙航道的变化，开始往南槽航道走。从 70 年代开始，航道治理就用挖泥船疏浚，保持在 7 米的水深，这样的话，大船可以乘潮进来。后来，随着宝钢建设、浦东开发开放，社会需求加速了长江口治理的研究，以满足国民经济发展的需要。从 90 年代开始，交通部把打通拦门沙列入国家“八五”科技攻关项目。1993年，这个项目有了一些成果，完成了一些鉴定。1994年，由上海市、江苏省和交通部向国家计委报了项目建议书，进行了工程可行性研究。在长江口工程建设的前夜，我加入了这个项目。工程可行性研究之后，要实施项目，首先，交通部、水利部、上海市、江苏省成立了一个领导小组，领导小组下面有一个专家顾问组，再成立一个实体筹备组，由交通部、上海市、江苏省三方的人组成，我担任组长。筹备组成立后，我对筹备组人员说，我们专心做好这些事，以我们最大的努力把事情做好。

迎难而上

长江口航道治理工程规模浩大，国务院要求我们一次规划、分期实施、分期见效。一期水深到8.5米，二期水深到10米，三期水深到12.5米。整个工程投资150亿元，一期工程投资32亿元，需要成立一个公司来负责该项目，一期资金由交通部、上海、江苏三方按照4∶2∶1比例出资，成立长江口航道建设有限公司，实行董事会领导下的总经理负责制，公司董事长分别由交通部、上海、江苏的领导担任，董事会成员也由三方政府人员组成。董事会下成立经理班子，也由交通部、上海、江苏三方派人担任。公司成立时，我就跟董事会提出，董事会可以由各方代表组成，讨论重大问题，有股权，有发言权。经理班子三方都可以派，派来代表以后，跟原来单位“一刀两断”。团队总的原则是精干，技术上要过硬，能决策，能组织，能为参战队伍服务。公司一开始是28个人，后来增加到32个人。当时管理的指导思想，一是通过各种办法，能把全国最好的科研、设计、施工队伍集中起来，参与这个项目；二是整个工程严格按照国家制度实行项目责任制、招标投标制、工程监理制、合同管理制。公司业务一开始由交通部代管，后来变成央企，由国资委管，国资委李荣融主任说我们不像企业，我说这是中央定的。后来改成了长江口航道管理局，成为事业单位。管理方面，通过招标投标，把全国航务工程系统中最好的队伍都吸引过来了，包括一航局、三航局、四航局、天津航道局、上海航道局、广州航道局、一航院、三航院、四航院。同济大学帮我们做了管理系统，信息传递得很快，而且不容易作弊。管理上还是很到位的。当时是全国的队伍都来做这个工程，我们考虑到外地队伍与上海队伍还是有差别的，所以，在市里的支持下，我们在横沙搞了一块基地，面积有50万平方米，生产预制构件，满足了工程各阶段对预制构件的需求。后勤与科研都做得比较好。工程最大的问题是石料，当时估计工程的石料是1000万方。在交通部和浙江方面的支持下，我们选了一个孤岛——小黄龙岛，自己开采。管理方面，利用社会力量为我们服务。科研方面的主体设计单位——南科院、航道院研究了几十年，我们不能抛弃他们，所以没有采用招投标的方式。面对地形条件复杂、水文条件不好、工期要求紧等问题，当时我们采取了几个办法来应对。比如，用土工布来铺底，当时恰逢纺织业转型，纺织工人大量下岗，我们正好需要土工布，所以就跟上海纺织局和江苏纺织厅联系，我们把指标提出来，他们下面的纺织厂，就按照这个标准做。土工布是在船上铺的，上面压东西，先卷起来，随后船移动过去。

长江口项目难度很大，一是自然条件复杂，这个项目虽然在理论上有一定的基础，但是大自然不是那么听话的，我们一边在动，它一边也在变化，所以我们只能一点点来做。20世纪90年代我们到长江口附近作业，自然条件很恶劣，我们都很害怕风浪。一年只有100多天能工作。二是黄浦江的土质很软，是软基，但是它上面有一层沙，如果一艘船沉在河滩上，它周边的江水的流速就会加快，把旁边的沙套住，船就沉下去了，我们曾经在施工堤上挖出来一艘船。三是强度大，在几年内要完成修筑近150公里的堤。面对这些困难，我们坚持实事求是与创新精神，在工程实施过程中实行动态管理，我们把这样的工程称为“活的工程”，一边实施、一边观测，再作调整。在整个施工过程中，我们分了几个阶段。堤岸一共有140多公里，我们分了几个口，同时进行。在整个过程中，每一项决策都要做模型试验，一种是物理模型试验，一种是数学模型试验。每一步都是通过观察与分析资料来精心进行的。在工程技术上，如何解决“护底”问题？在流动的沙滩上，我们采用铺设土工布的方法来保护工程建筑物的安全。在解决“护底”问题上，我们采用设计竞赛、招标投标的方式。在做设计时，堤用什么结构，当时想了很多办法。一开始我们开新闻发布会的时候，外国记者就问，堤的地基处理不处理？不处理的话，会不会垮掉？我们说不处理，因为我们分析了一下，国家的建筑设计是有规定的，建筑物的等级决定了它的抗震要求，当时我们没有

2002 年 9 月，长江口深水航道治理一期工程举行竣工验收会议

选最高的抗震等级，这个堤做好以后，即使有沉降，也不会怎样，但整个投资就可能省了很多，所以我们没做最高等级的抗震。在结构上，我们用了半圆体、袋装砂堤心斜坡堤与空心方块的结构。这些东西怎么在现场做？我们设计制造了专用的船舶，称之为铺排船、整平船、抛石船、定位船，并且衍生了一套与之相适应的工艺流程，做到了结构创新、工艺先进，为此，长江口航道治理工艺获得国家科技进步奖。

长江口治理工程后来遇到了不少问题，一是在一期与二期工程之间停了两年时间；二是二期工程中遇到了土壤软化的问题；三是三期工程中遇到了回淤量大幅度增加的困难。面对这些问题，我们通过多方专家论证、现场研究、设计方案调整、施工工艺不断完善，都予以克服，最终完成了整个治理工程。一期工程结束以后，针对一期工程碰到的问题，我们组织了全国的专家进行了 5 次专项论证；在 5 次专项论证的基础上，进行了综合论证，解决了一期工程中发生的问题，对二期工程的实施，提出了更完善的方案，使二期工程顺利开工，并取得了较好的效果。对于粘土软化问题，以前我们从来没有遇到过，发生问题后，我们请了国内外有关专家，共同分析原因，提出对策，采取了一定的加固措施，使问题得以解决。在三期工程中，挖泥的回淤量骤增，对此我们进行了数学与物理模型的试验，对其形成的原因进行了分析，根据分析结果对整个建筑物进行了完善，最终顺利完成。

比较难的是三期挖泥，货运量太大了，这跟我们在技术上分段有关。从一期结束到二期开始，停了整整两年，这是争论的两年，也就是说，一期搞了，二期还要不要搞下去？当时请了很多专家，做了很多的论证工作。二期做得非常顺利，完成之后，水深 10 米的活淤量跟预测的活淤量完全一致。经过稳定期之后，开始建设三期。三期的挖淤量实在太大，超出我们的估计，大概有一亿吨。当时我们都很紧张，这一挖就挖了三年。后来我们对此进行了一些修正。从二期工程开始，我们就开始注意造地了。这项工程对南京以下的港口环境影响很大，所以后来江苏方面与部里决定，把 12.5 米水深延长到南京。目前至南京的一期工程已经完工了，到南通已经通了。总体来说，对航运效益的促进作用是比较好的，原来需要乘潮的，现在不需要乘潮了；原先到宝钢需要在舟山减载以后才能进来，现在不需要了。整个工程投资大概 150 多亿元，一期、二期工程是有结余的，三期工程因为围淤量大，所以超了。总体投资跟原先估计的 150 亿元差不多。工程做好之后，经济效益与

长江口深水航道治理二期工程建设过程中，大圆筒构件开展沉放试验

社会效益都是好的。

我们设计了一套管理制度，例如，石料就由一个人管，这个人不但管石料，还管土工、管水泥，各个施工单位报计划，要用什么规格的石料，然后根据计划开采石料。我们招标的时候，价格都给到施工单位，施工单位拿一吨，我就按照这个标准扣钱。所有的施工单位都到码头去装船，装船之后，施工单位签字，石料运到施工现场，抛下去了。然后把临况单、签字单拿到我这里来，三方核验。所有的合同交付都严格按照招标文件。我们订合同，合同的附件就是招标文件。除非有特殊情况，就按照招标文件实施。这样一来，我们跟施工单位相处得很愉快。

全面告捷

长江口航道通了以后，上海港务局外高桥港区从三期、四期、五期到六期，能够一直发展下去。当时有争论，上海市政府担心搞了长江口航道工程，对洋山深水港会不会有影响。实际上现在这两个地方都很好，外高桥已经进行到六期了。现在正在研究南槽怎么开发，怎样加大水深。市里也很支持这个项目。

此外，长江口治理工程的资金到位情况非常好，所以供应商情愿价格低一些。在施工过程中，我们每一位员工都有电脑，施工过程中的所有信息必须进电脑，每天的挖泥量，当天就可以看到。为了保证质量，长江口治理工程的关键技术、关键节点以及关键材料，全都由公司决策，现在看来，实施效果还是比较好的。

长江口深水航道治理工程功在当代，利在千秋，我只是像工匠一样地做这项工程。我认为，这项工程，做还是不做，不是我的事，但做得好还是做得不好，是我的事。让我感到无比欣慰的是，在历经了长达 13 年的殚精竭虑、呕心沥血的工作之后，我终于在退休之前看到了“打开长江口”工程的全面告捷。

鏖战长江口

口述前记

宗源远，1952年2月出生。曾任芜湖长江轮船公司政治部副主任、副总经理、党委副书记、党委书记等职。1998年至2000年任中港第三航务工程设计院党委书记。2000年9月至2006年10月任交通部上海航道局局长。2006年10月至2012年5月任中交上海航道局有限公司党委书记、董事长。

口述：宗源远
采访：杭财宝、刘　捷
整理：刘　捷
时间：2017 年 4 月 13 日

我是 2000 年 9 月 25 日到上海航道局报到的，接替上调到交通部任副部长的翁孟勇同志，任局长。上海航道局的历史非常悠久，前身是 1905 年成立的“浚浦工程总局”，到 2017 年已经是 112 周年了。我们上海航道局原来主要负责华东地区五省一市的航道、航标、岸线、港区管理等工作，属于政企合一的性质；与北方的天津航道局，南方的广州航道局，并称三大航道局。不管是央企也好，还是在上海这个行业里的一个大企业也好，上海航道局既然入驻上海，那它必须要为国家、为上海经济的发展做好服务工作。因此，我来到航道局的这十几年中，上海航道局确确实实为上海国际航运中心建设贡献良多。比如，外高桥三期、四期、五期、六期，罗泾码头，包括浦东机场跑道二期、三期陆域形成，等等。上海航道局围绕国际航运中心建设的国家战略开展的这些工作，都做得非常优秀，都是超前、保质保量完成任务，得到了多方鼓励和褒奖。而其中，真正在国内外独树一帜的，我认为是上海航道局主要承担的四项任务：第一就是长江口 12.5 米的深水航道治理，全长 100 多公里，解决了“拦门沙”的问题；第二就是洋山深水港建设；第三就是当年上海市委的“一号工程”——青草沙水库；第四就是目前仍在建的横沙疏浚土造陆工程，推进了这么多年，形成 106 平方公里陆域，最终结成果实。接下来，我着重讲一讲长江口航道整治和洋山深水港的建设。

突发状况，引来“各位部长”召集

首先，我讲一讲“拦门沙”的问题，也就是为什么要对长江口进行航道整治。长江口这个地方构形很独特，自徐六泾以下，平面上呈喇叭形。窄口端徐六泾处江面宽度 5.8 公里，宽口端为口门的苏北启东嘴至上海南汇嘴，这里的江面宽度 90 公里。从徐六泾至口门全长 160 公里。长江水流丰沛，每年都携带数亿吨泥沙滚滚东来。而外海强劲的潮流则逆向而上，塑造了“三级分汊、四口入海”的地貌格局和“拦门沙”浅滩。浅滩水深仅有 6 米，大型船舶无法进出，极大地制约了长江黄金水道功能的发挥。由于“长三角”在我国整个经济格局中的重要地位，治理长江口深水航道，不仅关系到上海国际航运中心的建设，还直接影响到“以浦东开发开放为龙头，带动长江三角洲和整个长江流域经济的新飞跃”战略目标的实现。国际上，19 世纪中期以后，国际航运事业蓬勃发展，船舶吨位和吃水迅速增加，河口“拦门沙”造成的水深不足成为影响各国航运事业发展的重要因素。于是，各国都投入巨大的财力物力治理“拦门沙”。我国的长江口航道治理，其规模可被称为世界之最，也是一个被论证了近半个世纪的工程。美国人来了、日本人来了、荷兰人来了，但他们都摇摇头走了。最后，还是得靠我们中国人自己。

自 1958 年以来，我国一大批专家学者从不同的专业角度对长江口进行了系统、长期的联合研究，取得了丰硕成果。终于，在 1998 年 1 月 27 日这一天，长江口深水航道治理一期工程正式开工，它拉开了“打开长江口”跨世纪宏伟水运工程的序幕。我是 2000 年 9 月 25 日从三航设计院调到这里，任上海航道局局长的。我来的时候，长江口一期工程刚刚在 7 月 19 日由交通部洪善祥副部长宣布竣工，实现 8.5 米水深航道全线贯通。我报到以后，10 月 1 日就到长江口去了，用了一天时间分别到几艘疏浚船上了解船机、施工等情况。

10 月 3 日，我接到一个紧急电话，说是长江口有一艘海轮搁浅了。搁浅之后，一测水深，只有 7.3 米！我刚才说了，7 月已经宣布实现 8.5 米水深全线贯通了，现在进来的船舶都是按照 8.5 米水深来配载的。长江口航道治理因为是交通部主抓的工程，影响非常大，部里面也很着急。我刚调来一个多星期就遇到这个紧急情况，说实话，压力很大。接下来的三个多月里，我受到了 10 人次的交通部部级领导召集。

10 月 8 日，交通部召开紧急会议，召集海事部门、长江口管理局、上海航道局等主要领导到北京开会。我记得当时是胡希捷副部长、翁孟勇副部长主持的会议，他们主要是对长江口航道的问题作一个了解，以期寻找对策。因为当时实测了以后，长江口航道已经淤积得很厉害，实际上航道水深只有 7 米，就是在“拦门沙”那一段，所以船搁浅是必然的。为什么这里会有这么多泥沙，原因太复杂了。当时一些专家学者乐观地认为，这个地方的回淤量不大，全年在 1200 万方左右。可能管理局在此之前，根据这个意见配备了 4 艘 4500 方、1 艘 6500 方舱容挖泥船。航道局当时只有 10 艘挖泥船，那个时候最大的有两艘 6500 方，其他都是 4500 方的船。只要有 4 艘船在现场施工就足够了，还有 1 艘船就可维修了，5 保 4。后来那次一回淤，一测，这个量是远远大于 1200 万方，便想要增加挖泥船。但是没办法，已经租给委内瑞拉 2 艘、巴西 1 艘、新加坡 1 艘，都在外面，而且签了国际合同，一动就违约，违约就重罚，远水解不了近渴啊。所以，当时两位副部长召集紧急会议时，我们就希望能整合其他兄弟公司的力量，自己再努力一下，重点攻坚，争取把淤泥挖出来。后来定了一个方案，但效果不是很明显。

到了 11 月 3 日，又开了第二次紧急会议。这次会议林祖乙、胡希捷、翁孟勇三位副部长参加，我又被叫到交通部去开会。一个月下来，航道没有大的起色，我当时真的压力很大，其实全局上下已经做了很多努力，想了不少办法，如最快时间改造一艘高压冲水整平船等。虽然那个时候在往枯水期靠近，而且由于三峡截流，泥沙下泄量已经较往年大大减少了，但回淤量仍然很大，确实是一下子没办法扭转这个局面。这次会上，我们还是表态，2 个月下决心完成 8.5 米水深。结果，2 个月过去了，8.5 米水深还是没实现。

这件事据说惊动了总理！朱镕基总理在国务院第五十五次常务会议上，就长江口航道整治的问题直接问交通部部长黄镇东："长江口航道整治，是成功还是不成功？"黄镇东部长讲是成功的。"那成功的话，为什么水深出不来？"朱总理又追问。这是黄镇东部长在 2001 年 3 月 8 日召开的交通部部长办公会议上传达的原话，可见交通部的压力非常大。这次部长会议，又是点了我的名去参加，当时还有上海海事局局长王志一、长江口航道局局长张华麟也一起参加。会前，交通部办公厅把王志一、张华麟的位子摆在了黄部长的正对面，我的位子是摆在侧面。黄镇东部长进来后，四位副部长和部委办局的领导也一起进来了。黄镇东部长还没坐下来，就问："上海航道局的宗局长来了没有？"办公厅的人说来了，在侧边。黄镇东部长就说把他的席卡拿到中间来。这我就知道了，今天的部长办公会议就是为了研究长江口的事情。坐下来以后，我也蛮紧张的，心理压力非常大，感觉头抬不起来。从 10 月 3 日搁浅到 3 月 8 日，8.5 米水深还没有实现。这次会议就像三堂会审，聚焦点就在上海航道局。会议开始后，黄镇东部长讲了一些背景、工程的重要性，特别是把朱镕基总理的开会精神传达了一下，然后大家就发表了一下意见和建议。后来黄镇东部长就问：“老宗，你说说看，对长江口航道整治，有没有决心，有没有信心？”我当时就讲，“我们有信心也有决心，尽快地实现8.5米的通航水深”。“你有决心、有信心，那你有没有什么对策？”

我说：“有！”

三招“锦囊妙计”，终于突围成功

什么对策？我就讲上海航道局从10月3日搁浅到现在，我们做了哪些事，以及现在正在做什么事，然后我提出三个对策和举措：

第一，修船。我们当时的船机设备，经历了一期基建到维护疏浚，失修问题非常严重。按照惯例，挖泥船6000小时要小修，9000小时要中修，超过10000小时要大修了。我上船看了一下记录，都已经13700小时了，都停不下来修理。你说它能挖什么？肯定挖水了。所以我就提出希望能给一个月时间，集中把船机设备好好维修一遍。这是当务之急，否则的话，就是继续让其施工，也没有效果。同时，也希望部里的领导能够动用国内目前的装备，支持一下上海航道局，费用我们来承担。实际上，外面力量的支持，部里确实动脑筋，也调了几艘船，但是解不了这个“渴”，一是因为小，二是因为这些船的设备也不怎么好。中国的这些疏浚船都有几十年了，没有什么新船，大都没有高压冲水的。长江口是以粉细沙为主体（俗称叫铁板沙），挖铁板沙一定要像我们消防车的高压水泵一样冲，把泥沙打翻了以后结合耙子耙，再用舱内泵吸到船舱里来。如果没有高压冲水装置的，挖铁板沙是很困难的。

第二，改造船。我们过去有两艘边抛船，在日本造的，6500方，造好后边抛架就一直没动过。我到船上去看了一下，装机马力功率都不小，但是它的挖泥效果不好，而且掉头很困难，船身要200多米长，最后听了很多专家的意见，一起来研究这个事，结合修理把船改造一下：船上的边抛架将近30年没用过一次，而且重量在2500多吨，就把它拆下来；有两个井耙占用的仓容量为2500方，在航行当中井耙是镂空的，阻力增加得很大，船体的流线形不太好，我们就把井耙拆出来，又做了4个泥门，增加了2500方的舱容量，改成9000方疏浚船了，航速也提高了2至3节。当时局里争论也很大，我说你们不要争，当务之急是想方设法能够针对长江口提高船机能力。这个举措应该说非常见效，挖泥能力、航速等都大大提高。另外，拿出来的井耙、主机泵都是新的，我们和708所联手，完成用货船改耙吸挖泥船这一创举。当时的散货船运营大都亏损，不少船都在卖。在几十艘货船中，我们选中了巴西建造的27000吨的散货船。我当时就对黄镇东部长讲，部里要支持我，黄镇东部长听进去了。我记得第一艘船是270万美元买进来的，就用边抛船的井耙和泵装上去，把货船改造成了12000方耙吸挖泥船。一个是改造边抛船，一个是货改耙，从根本上解决长江口的航道整治问题。另外，2000年10月23日，我们和荷兰人签约，贷款建造一艘造价高达7200万欧元的疏浚船，取名“新海龙”，12000方。中国人讲究数字吉利，后来我们和荷兰人谈判，就加了888方，12888方。这艘船建造要两年多时间，远水解不了近渴，但也是我们对未来长江口航道整治长治久安的一条对策。这艘新船在航道局历史上是绝无仅有的，这么大的一个投入，当时也是有争议的，我讲不要争论，没有退路啦。从实践上说，没有好的装备，是解决不了长江口航道整治问题的，长江口是立局之本、生存之基、发展之源。搞不好长江口航道，你生存的机会都没有。

第三，调船。当时我们在新加坡、委内瑞拉、巴西等国家的船，要调回来都很棘手。委内瑞拉当时国家内乱，船被海警扣了，根本动不了。巴西当时参与的工程，是他们总统抓的，是要去剪彩的，完成节点，要到七八月了。我当时就和黄镇东部长讲，我也是部里培养的干部，在这个时候，国家利益高于一切。委内瑞拉那边一直在交涉，即使把船调出来，到上海，一天不停也要50多天。后来，这些船机设备从委内瑞拉调出来真的是惊心动魄，和打仗一样。因为时差有12个小时，我是在晚上将近12时，通知我们工程部下调令。当时局里也有不同意见，船调回来损失会很严重。那个时候就没办法顾及企业的损失了，还是国家利益高于一切。

就是在这些方面，我讲了3个举措和对策。黄镇东部长听了以后，觉得把想得到的都想到了，又让部里的总工程师都发表一下意见。部里两个老总都比较体谅，特别是邹觉新总工程师，他讲：“我搞了一辈子长江口航道，宗局长刚才讲的几个对策和举措，我认为是可行的。尤其是当务之急，这些船不能再拖了，要给一个宽松的环境，我的意见是4个月。给4个月时间，能

洋山深水港作业中的耙吸挖泥船“新海龙”

够实现。”因为他是老专家，又是部里长期搞长江口航道研究的，所以这三个举措在会上就基本肯定下来了，能够推动起来了。我们回来以后，心里也感到有能动性了，有4个月时间让我们把设备整修改造。那个阶段，我也是全力以赴聚焦在这件事上，委内瑞拉的船调回来后马上改造，也改成9000方，拿出井耙后，再去买二手船，再改造成13000方的耙吸挖泥船。第一条船“新海象”改造最快是10个月，第二条“新海鲸”最快是6个月。两艘就增加了25000方，再加上两艘9000方，设备的舱容量一下子就上去了。到2001年6月，我们就把长江口航道恢复到了8.5米水深。

趁热打铁，让“水下长城”延伸下去

6月实现通航水深后，我们就和长江口航道管理局一起为通航的保证率——力保85%、争取90%而努力。所谓85%的保航率，就是一年85%的通航能力要维持在8.5米水深。从我们航道局来说，为了上海国际航运中心建设的国家战略，在进行全局动员和安排的时候，都是以通航水深100%保证的目标来推进的。2001年12月，国家计委批复了《长江口深水航道治理工程二期工程可行性研究报告》，实际上真正航道疏浚开工的时间大概是在2004年1月，才开始进行二期施工。因为这个过程当中，我们保持了8.5米水深100%的通航率18个月，保证各方面管理、机制都运转得成熟、有序。

二期开工，就是由8.5米水深到10米水深。那时，韩正同志已经担任上海市市长了，杨雄同志是副市长，分管这块工作。当时上海港的集装箱吞吐量想突破500万箱，要求在施工过程当中能多用0.5米水深。杨雄副市长为了贯彻这个事情，是非常认真的，基本上每个月都要对航道水深的问题召集一次会议。我们当时的压力是很大的，在基建过程中要用9米水深不是一个小事情。但是，航道局肯定要全力以赴响应上海市委、市政府的要求，响应上海国际航运中心建设的要求。我们想方设法增加施工能力，很快把8.5米的航道增深到9米，给上海港多用了一年多时间的9米水深。为此，杨雄副市长很体谅航道局，让港务局从其他经费中拨了4000多万元经费。我们也很感激，一个是作出了贡献，一个也是体现了我们航道局的价值。所以，10米水深航道是一鼓作气挖的，提前完成了任务。二期工程是2005年10月31日竣工的，从2004年1月1日开工，一共用了22个月，工程量是5900万方，维护量是6586万方，实际上就是1.2亿的方量。这个事情，应该讲是打了一个漂亮仗，交通部以及上海市委、市政府不止一次对我们进行了肯定和表彰。10米水深基建结束后，洋山深水港一期也在差不多时间启动了，这样就对接起来了。

接下来的三期工程，是在2006年批复启动的。因为前期工作都比较顺，所以批得比较早。三期的疏浚工程是2006年9月开工的，直到2010年3月4日完工，前后三年多，整个工程量是2.1849亿方。三期工程也碰到了硬骨头，过程中遇到了很多困难。我们航道局确实是根据长江口航道管理局的要求，在能力上配足了，但是在回淤量的认识上双方有差异。我们认为“拦门沙”的那个地方有两三千万方的回淤量，长江口管理局认为只有1000多万方，相差蛮大的。而且那个地方都是最难挖的铁板沙，当时我们的主力船都放在那个位置施工。本来根据二期进度，一亿多方量要花一年多时间，现在这么大的投入，三期应该两三年差不多了。但是后来就是久攻不下，而且回淤正好碰上台风等恶劣天气，又出现了一期工程中8.5米到7米水深的过程。所以，12.5米水深一直挖不出来。不过有了一期的经验和教训，对三期久攻不下，坦率地讲，我脑子里面还是很清楚的，就是能力还是跟不上。

三期久攻不下，我们建议在施工机制上作出一个调整。当时长江口航道管理局的张华麟局长退休了，冯俊任局长。我和冯俊交流得蛮多，我讲三期为什么久攻不下，主要是回淤量太大，航道局根据合同方量还多挖了4700万方，总共挖了2.7亿的方量，水深仍然下不去，导致工程费用连买油都买不起了。像“新海龙”这样的挖泥船一天要用50多吨油，就是“油老虎”，你这边给的费用全部买油了仍然不够。冯俊局长说那怎么办，我说现在要发挥疏浚企业的积极性，拉锯战、疲劳战的情况要杜绝，我们可以考虑计件工资。挖一方算一方，不要再用合同框死，前面有争论都不说，集中火力攻下山头，大家合力把12.5米水深拿下。后来大家都在研究，我们也拿出方案、拿出对策，包括新造的船就像下饺子一样，“新海虎”“新海凤”“新海马”“新海牛”，都是10000多方的现代化挖泥船，就为了长江口三期全力以赴。那个阶段，广州文冲船厂我都不知道去了多少次，就为了抢一个星期的时间、抢10天的时间，增加有生力量。后来就是开了这个口子，按计件算量，就把社会力量、有生力量调动起来，我们也给船厂奖金，船厂再接力提前把船给造出来。终于在2010年3月4日，挖到了12.5米水深。试运营了半年时间，2010年下半年宣布验收。那么短的时间里就把12.5米水深攻克了。这在世界疏浚史上也是前无古人的创举了。

可以说，长江口整个航道整治的过程，真的是惊心动魄。我作为当时航道局长江口航道疏浚指挥部的指挥长，目睹这些事情的过程，感到确实是非常了不起。12.5米水深通航了以后，这么多年下来，基本上保证了100%的保航率，让上海市，特别是外高桥港区的港口受益匪浅。从国家战略看，短期内完成了从7米水深到12.5米水深的世纪工程，我们航道人感到非常自豪，也让国外同行刮目相看。上海航道局为什么后来能打开局面、快速发展，是和这么大的一个世纪工程分不开的。

未雨绸缪，早早就和洋山港结下了“缘分”

讲完长江口，再说说我与洋山港的“缘分”。我以前是在芜湖长江轮船公司工作的，1998年4月8日交通部调我到三航设计院当党委书记。因为我原来是搞航运、搞企业的，而三航设计院是搞设计的，来了嘛首先就是要学习。三航设计院当时承担着洋山港的前期研究，对这样的重大战略性工程不仅是学习，还要跟踪，还要推动。

我记得时任上海市副市长的韩正同志计划“五一”假期之后，到三航设计院来了解洋山港前期的研究情况。我一听，觉得这是个大事情，三航设计院一定要做好前期准备工作。虽然我不是搞业务的，但做党务工作有这个敏感性。记得韩正副市长有一句话，问三航设计院是从事什么的，感觉意思当中就表达了“有没有这个能力”。这句话分量很重，他就是想来进行考察。后来，我就了解有没有过去所做工程设计的案例，一了解下来，既没有画册又没有介绍材料，韩正副市长来了以后完全只能口头上说明。

有一次，我去档案室查材料，看到一两张图片，我就问档案室的负责同志，这种图片还有没有。他说找一找可能还有一些。我说你赶快给我找，什么宁波港、上海港设计的码头图纸、照片啊，后来一找就找了20多张出来。我说你赶快再给我找，他问干什么用啊，我说韩正同志过了“五一”要来，我们一定要让他来了一目了然，让他知道三航院过去有这么个历史轨迹，搞了这么多壮观的大码头设计。后来，他们就翻箱倒柜地找，最后找了几十张图片出来。当时我也不知道院里谁会弄这些东西，就打电话给我原单位芜湖长江轮船公司，让他们从宣传处调了3位同志和30多块展板来帮三航院，用“五一”假期把图片按照单元分类做成展板，全部在会议室里布置好。过了“五一”，韩正同志来了，我们就用展板为他做了全面介绍。介绍后，他知道了三航院有这么一个设计码头的历史过程，对三航院就有了更多认识。那天调研时，韩正同志就作了指示，就洋山工程的战略意义讲了一番话，很鼓舞人。当时我们作为一个基层的设计院，看到上海市委、市政府对洋山工程重大意义的认识，看到上海市委、市政府对洋山工程的决心，应该说对三航院是个历史机遇，应该全力以赴重视和推动这项工作。我因为全面参与了这个事情，洋山深水港也深深地在心里面扎了根。

后来到了航道局，除了刚才讲的长江口航道整治惊心动魄的过程，同时把洋山港的事情也扎下了根。来了以后我做了几件事情，大家起初还不是很理解。一是中心组学习拉到洋山。在2001年4月一次中心组学习时，我与胡永桢书记商量，这次学习我们到洋山实地考察，了解洋山的情况和市委、市政府今后的想法。我让王宣，当时三航设计院的副总工程师、现在同盛集团副总裁一起来参加。局里安排一条交通船从芦潮港上船，把我们航道局100多名中层以上干部的中心组学习拉到了大、小洋山。航行中，大家开玩笑讲，宗局长你带我们来旅游啊。船到现场，我让王宣把设计院对未来洋山深水港建设蓝图的情况介绍一下，我强调了让大家增强感性认识，了解洋山的水域地貌情况，未来这个地方将是千军万马的场景。我想，如果没有这个现场考察和思想动员，大家就不会聚焦于建设上海国际航运中心、建设洋山深水港的重大战略意义，心里的发条都上不紧。二是买了一条客运船。当时中海集团的客轮——从上海跑大连的7500吨的“长松轮”，用了12年就报废了。为什么？没有客源了。那个船报废后，中海就把它拉到芜湖荻港船厂——中海的修理厂，准备到那里去拆。我一听到这个事情，赶快赶到中海，找到他们的领导，然后就把这条船买下来。买下来后，我就让芜湖公司派了两辆拖轮把它拉回来，拖到我们的外高桥码头靠着，把它恢复并作了适当改造。当时，不少人好奇局里为什么买一条客船。我讲，这条船今后要派大用场的，因为它可以抗八九级风的。当时这些事都是私底下做的，因为长江口的整治还没完成，压力很大，不敢再讲洋山的事情，一讲矛盾就很大。实际上，我就是在为洋山港工程做前期准备，这条客运船后来就变成了洋山港工程的指挥船，成了项目总部和施工人员住宿、物料配送的多功能船，洋山一期工程结束后，被上海市政府命名为“功臣船”。三是成立了“秘密小组”，统筹研究洋山施工工艺、船机需求、寻找沙源等，当时做这些事都是不能公开的。

又好又快，多亏了这支“精锐部队”

2001年下半年，洋山深水港工程成立了指挥部，我也经常去参与研究、参加会议，对这个事情一步步明朗起来了。后来，指挥部就商量能不能让我们航道局提早进去，因为只有我们先把陆域形成做起来，其他工程才能陆续推进；我们做不起来，其他就是空中楼阁了。这样商量下来，2002年4月26日，我们上海航道局进驻小洋山一期工程。这个事情当时没有宣布，都是秘密进场。

一期工程的故事还是蛮多的。我们之前已经带人去考察过，做了一年多的前期施工设计和船机改造、沙源的充足准备，形成了初步的对策、方案，不打无准备之仗。4 月 28 日，我们铺了第一张软体排。铺得很成功，三四百米，铺得很长。什么是软体排？它又叫砂肋软体排。打个比方，你站在沙滩上，海水一冲脚就会往下陷。怎么才能不陷？首先要把这个砂底护住，水冲上以后隔开，砂不会往下陷。护住以后，水冲刷，砂不动。这就是砂肋软体排的功效。我们航道局在洋山港建设过程中有三大革命性创举，其中之一就是砂肋软体排的深水围堤。专家对这个工艺的争论也是十分激烈，长江口管理局的范老总开会研讨时，就非常激动，说绝对不行、绝对不可能："交通部的规范，3 米水深可以做这种工艺，超过 3 米不行。长江口没超过 3 米，做了这个砂肋软体排，洋山平均水深是 22 米，用这种工艺行不行？不行！"后来，指挥部的领导认为，这么大的一个工程，必须要有敢吃螃蟹的勇气，就决定做试验，建试验堤。

针对试验堤工程，我们航道局提出了很多方案对策，主要是解决堤的稳定性问题。从小洋山到镬盖塘，1370 米，要连起来，做 1000 多米的袋装砂堤，300 多米的抛石堤，拿来做试验，看看哪段的效果好。当时，大家普遍的意见是抛石堤，觉得袋装砂堤风险太大。实际上那个时候，我们做袋装砂堤已经有对策了，叫"堤保砂，砂护堤"。什么意思？就是堤做了层高，我们的砂就给它抛起来。砂体和堤体在抛和做的时候有个相对称，使得砂支撑了这个堤，增加稳定性，堤又护了砂不给冲走。随着这个堤慢慢架高，抛石堤这一段在施工过程中出现了塌方！塌方就要抢险了。抛石堤一塌方，搞得大家都很紧张。而相比之下，1000 多米的袋装砂堤却纹丝不动。通过这个试验堤，深水港指挥部就确定了后续围堰的实施工艺都采用袋装砂堤。

我们参与的小洋山一期工程，让世界都为之惊叹。荷兰、比利时这两个国家有世界四大疏浚公司：波斯卡利斯（Boskalis）、德米（DEME）、杨德努（Jan De Nul）和万奥德（Van Oord），他们都来看过小洋山一期工程。我们作为同行，都热情接待他们，他们就不屑一顾地讲，你们上海航道局不可能做成这样一个大工程。当时我们的装备各方面和他们比，确实有不小的差距。一年后，六大疏浚挖泥船同时作业、吹抛结合，袋装砂堤的实施工艺也做出来了，他们一看傻眼了。因为这个工程的施工难度是非常大的，龙口的涨潮落潮，水始终是快速流动的。我们 100 多米长的疏浚船，都是从三航局打好

洋山港的陆域形成施工

的 2 个桩 300 米的间距中，进进出出。船体稍微控制不好，对潮水掌握不好，都要撞上桩的。就是在这样的艰苦条件下，3000 多万方的砂在平均－22 米（最深处为－39 米）的砂体上吹成了＋7 米的陆域形成。做成这个事情确实是非常激动，没有这个基础，怎么可能在小洋山做集装箱码头堆场，一切基础都是围海造堤。所以当时市领导都给予了我们很高的评价。韩正市长在一次洋山的现场会，说过这么一段话，对我们是很大的激励。他说："我们的工程之所以能够这么快、这么好地推进，是因为我们选择了像上海航道局这样的中央企业的精锐部队……"

后来紧接着，洋山的二期、三期围海造堤、陆域形成，就是 2005 年开港以后叫中港区的这块地方，给了我们 4 年时间，近一亿的方量，要把陆域做出来。相较于一期从小洋山到镬盖塘来说，这一块虽然更长，有两三公里，但流速没那么快，施工的条件要好一点。那个时候航道局的能力大大增强了，铺排施工多点同时推进，2007 年 6 月 30 日就全面完成了中港区的陆域形成，提前两年完工，上海市委、市政府和指挥部领导给予高度肯定和表彰，这也是上海航道局以实际行动支援上海国际航运中心建设。

洋山的陆域形成在中国的围海造地史上，具有举足轻重的地位，为上海航道局打开了进行离岛工程的创举。后来的唐山曹妃甸、南海岛礁建设等工程，无一不是受到洋山港的启迪。所以，洋山工程不仅仅是工程本身的重要性和意义，洋山工程的技术、工艺研究、装备发展，都对上海航道局的发展意义重大。后来，我们对洋山工程归纳总结了“五个一”，即做一项工程、树一座丰碑、交一方朋友、拓一片市场、育一批人才的企业文化。就是通过这样的重大工程，培养了一批人才，现在局领导班子里好几个副局长都是从洋山工程中培养出来。我刚来上海航道局的时候营业额9亿元，离任的时候已经涨了十几倍了。

一个长江口航道治理工程，一个洋山工程，对上海航道局的发展来讲，真的是抓住了机遇。

三管齐下全面推进上海国际航运中心建设

口述前记

钱云龙，1939 年 11 月出生。曾任交通部上海航道局党委书记，政协上海市第九届委员会常委、环境和城市建设委员会（人口资源环境建设委员会）主任等职。1991 年 3 月至 2001 年 4 月任中共上海市交通工作委员会书记。1993 年至 2000 年兼任上海市人民政府交通办公室主任。1996 年 5 月任国际航运中心上海地区领导小组副组长。

口述：钱云龙
采访：杨建勇、范婷婷、许　璇
整理：许　璇
时间：2017 年 4 月 13 日

20 世纪 90 年代的十年间，我在上海市政府交通办公室工作，亲历了上海国际航运中心建设前期阶段的工作历程。我深刻地体会到，上海国际航运中心建设之所以能够取得今天的重大成就，离不开党中央的英明决策，离不开上海市委、市政府的坚定决心，离不开各级职能部门的共同努力。

党中央英明决策建设上海国际航运中心

1992 年 10 月，我作为党的十四大代表，聆听了江泽民同志所作的十四大报告。在这次会议上，党中央作出了“以上海浦东开发开放为龙头，进一步开放长江沿岸城市，尽快把上海建成国际经济、金融、贸易中心之一，带动长江三角洲和整个长江流域地区经济的飞跃”的战略部署。随后，党中央、国务院又提出了建设上海国际航运中心的宏伟目标。1995 年 12 月，时任国务院总理李鹏指出，把上海建成国际航运中心是开发浦东，使其成为远东经济中心以及开发整个长江的关键。1996 年 1 月，李鹏总理到上海主持召开加快建设上海国际航运中心专题会议，再次强调如果没有国际航运中心，上海建设“一个龙头、三个中心”将是难以想象的。

那么为什么在党的十四大的时候没有提出将上海建成国际航运中心呢？我理解因为当时上海港的硬件条件还不具备，长江来水夹带而下的大量泥沙在长江口遇海水后凝聚沉降，形成一道拦门沙，上海长江口航道水深只有 7 米，只有 1 万吨的船能进来，也就是装几百个集装箱规模的船；吃水深度超过 7 米的大吨位货船必须候潮才能进出长江航道。而此时，世界集装箱运输船舶已发展到第五代及第六代，尤其是装载 6600 标准箱以上的第六代集装箱船要求进港航道和靠泊码头必须要有 15 米以上水深。

当时国际竞争非常激烈，我国的香港、周边的新加坡，集装箱吞吐量已经超过 1000 万箱；韩国的釜山、光阳，日本的横滨，我国台湾的高雄等港口，都在进行激烈竞争，力争成为东北亚的航运中心。因为谁能早日建成枢纽港、成为航运中心，谁就取得了这一区域航运市场的主导权。货物从这里集中再出去，可以获得很大的利润。在国际竞争国际枢纽港的竞争中，如果失去了这个机遇不能成为中心，将会很吃亏。上海位于中国海岸线的中段，又处于长江出海口，上海港一旦发展成为国际航运中心，不仅沿海省市的进出口运输有了自己的航运枢纽港，而且长江流域各省市的集装箱可以依托长江航线降低运输成本，并通过上海港源源不断地向外输出。从这个意义上看，上海深水港的建设，不仅是上海的战略选择，更是关系到如何带动长江流域经济带乃至全国经济发展的大战略。

上海建设国际航运中心也具有相当大的可行性。从上海的经济规模和经济实力看，无论是经济、商业，还是贸易等各个方面都极具优势，再加上上

洋山港区一期、二期全景

海位于长江入海口，这是个特殊而又得天独厚的地理位置。

党中央当时将上海建成国际航运中心的决心很大。1996年1月，国务院总理李鹏在上海召开专题会议，明确提出建设上海国际航运中心的主要任务。1996年11月，李鹏来上海考察时又重申要加快建设上海国际航运中心。中央将上海建成国际特大城市的定位非常正确，如果没有中央的决策，没有社会主义制度集中力量办大事的优越性，恐怕工作就比较难做。按照当时我们的预测，到2020年上海的集装箱箱量是2000万标准箱，而现在集装箱量就已经达到3700万标准箱了。集装箱发展的速度大大超出了我们的预期。现在长江口整治好了，外高桥码头建成，洋山深水港建设到这个程度，让人非常欢欣鼓舞。

上海市委、市政府决心坚定全力推进

上海市委、市政府决心很大，完全跟中央保持一致，克服重重困难，坚持前瞻性坚韧性操作性有机统一，全力以赴推进上海国际航运中心建设。

1992年12月，中国共产党上海市第六次代表大会举行，会议确定了90年代上海新的十大工程，其中上海深水港工程排在第一位。虽然还没有选定具体地址，但是市委领导当年就在考虑国际航运中心深水港建设了。因为上海建设“一个龙头、三个中心”，必定要以建设国际航运中心为基础，只是当时限于上海水深条件不够缺乏建设深水港的条件。市委、市政府站在加快浦东改革开放，当好“一个龙头、三个中心”高度，超前谋划深水港规划布局，咬定目标不放松。有这样的决心后，这些年来一步一步走下来，也就顺理成章。

1995年8月，黄菊同志带领上海市委、市政府相关部门领导乘船环岛视察大小洋山，我也参加了，在船上听取了有关部门对长江口和杭州湾口水文气象资料的分析汇报。通过对长江口、崇明外海、衢黄岛、大小洋山岛几个备选地的综合比较，考虑到航道深度、涌浪、码头幅地和陆桥联结等各方面因素，大家都比较倾向于在大、小洋山岛建港。1996年1月，李鹏总理在上海召开会议后，同年5月10日，上海市委、市政府决定成立国际航运中心上海地区领导小组，下设国际航运中心办公室（简称国航办），启动洋山深水港建设的可行性研究。当时我作为领导小组的副组长之一参与到国际航运中心的建设中来。大、小洋山我也去过很多次，跟徐匡迪市长及交通部相关领导都去过，这是一个非常重大的决策。

上海要推进洋山深水港项目，是一项事关各方的重大工程，也涉及方方面面的关系。当时，交通部、上海市、江苏省已启动长江口深水航道治理工程，同时，浙江省的宁波市又正在加快东方大港——北仑港的建设。因此，启动洋山深水港建设，就意味着在长三角范围内与航运有关的几个重大项目将同时推进。

李鹏总理在上海视察的时候，提到过建立组合港。组合港的概念，就是江苏发挥江苏的优势，浙江发挥浙江的优势，上海发挥上海的优势，港口深水港深用、浅水港浅用，力求发挥周边港口的最大潜能。1997 年 9 月，国务院批复成立上海组合港。上海组合港以上海为中心，浙江和江苏为两翼，在不改变原有地域和行政隶属关系的前提下，对相应港口的集装箱码头泊位进行组合。

宁波的北仑港，就港口条件而言，是个天然的港口，水深在 20 米以上，而且码头基本上是现成的，码头淤积也不大。但是从建立国际航运中心所需要的条件综合考虑下来，还是上海更加适合。建立国际航运中心，上海有九个有利条件：一是发达的航运市场；二是强大的经济腹地；三是充沛的物流，即集装箱货源；四是众多的航线与进出船舶；五是齐全的港口设施，如码头、货栈等；六是通畅的集疏运条件；七是完善的服务与管理体系；八是深水航道；九是科技、人才力量。

1996 年成立国航办的时候，外界也有些说法，但是上海的决心很大。像香港、新加坡成立航运中心，并没有挂块牌子成立航运中心。而上海市领导决定把上海定位为国际航运中心，而且确定这样的架构，实际上是向世界宣布中国的决心，向全国宣布上海的决心，同时也告诉上海的干部我们今后怎样围绕这个中心去做工作，这个定位也是非常有远见有魄力的。

在航空港建设中，同样也体现了上海市委、市政府的眼光。当时有一种意见是在现在的虹桥机场对面，造一个现代化的新的机场，建造场地是预留好的。造好后再把旧的机场废掉，原地再重新造一个新的机场，这样就有两个现代化的机场。铁路、公路、地铁，都在两个机场之间，形成这样一个架

浦东机场夜景

势。但上海市委当时排除阻力，果断决策在浦东新造一个机场，这体现了长远目光。邓小平同志提出浦东开发开放为龙头，浦东把陆家嘴建起来后，市里的考虑是，将来深水港如果定位在那个地方，再把浦东的外高桥码头建设好，芦潮港发展起来，再建设一个浦东机场，可以与陆家嘴遥相呼应，上海海事大学、上海海洋大学，包括航海博物馆都集中在那里，把整个浦东地区带起来，浦东的龙头作用可以更好地发挥。中央也同意了上海的这个规划。

交通办转变职能抓好落实

上海要建设国际航运中心，就需要各部门通力合作。交通办首先就要转变职能，把工作重心放到航运中心建设上来。我在市交通办工作了十年，在这十年中，围绕上海国际航运中心建设，市交通办行政职能作了一个很大的转变，从原来的协调机构，转变成为一个政府的决策机构。

上海当初成立交通办的初衷是什么呢？过去码头不行，水深也不行，不少船来了之后，没有码头停靠；而且装卸条件也不行，装卸速度太慢。船一靠上去，很长时间都下不来，导致后面的船都压在港外，我们是用美金租的船，一条船压一天，要付几万美元，那么多船压在这个地方受不了，所以国务院感到这样不行，认为上海要成立交通办，把这些疏港的条件弄好，船尽量不要压。从当时情况来看，20 世纪 80 年代这也是需要的，但是到了 90 年代，上海从“一个龙头、三个中心”到要建成“四个中心”，成为国际航运中心，在这个大的前提下，交通办的工作要跳出原有框架，像压船这种问题都是企业之间的事情，涉及企业自身的经济效益。

交通办的一切工作都要围绕上海国际航运中心建设。我们开始采取一门式服务，此前一个船进进出出，货单要经过好多地方敲章，几个章一敲，两天时间过去了。一门式服务可以大大提高工作效率，有关政府职能部门都集中在一个地方办公，在同一办公场所就可以将一张单子需要的所有章敲完，这就是后来航交所的前身。我们还开始施行无纸贸易，单子转来转去很麻烦，且效率低，无纸贸易通过电脑进行流转。在国际集装箱的多式联运中，如何把海港、空港，包括铁路、陆上汽车、内河运输等进行联网，也是我们重点关注的，已经在探索当中作一些尝试。还有我们想把口岸系统单位凝聚起来，将各方力量凝在一起，围绕上海国际航运中心建设，使得我们工作开展得更加顺利一些。我们做了很多诸如此类零零散散的工作，都是我们应该做的事情。

在传达党的十四大精神时，我就跟我们的干部说，上海将来一定要建设国际航运中心，中央在十四大没有提出国际航运中心，是因为条件不成熟，一旦我们有了条件，这个旗帜一定是要举起来的，所以我们交通办从今天开始，就要为国际航运中心建设做准备，积极开展课题研究，做好政策储备和资料积累。到 1996 年中央明确提出上海建设国际航运中心后，这项工作就更加紧迫了。我们组织开展国际国内考察学习，认真研究伦敦、新加坡、香港、鹿特丹等国际港口的各种先进管理理念与政策，也包括管理方面的情况，最终形成了若干专项研究课题成果，其中《上海综合交通发展战略研究》，获得了上海重大决策的一等奖。

其实，我们当时做的这些工作后来就演变成国际航运中心的两个体系了。口岸环境、多式联运、无纸化等，就是现代航运服务业体系；内河集装箱运输体系、一环十射、内河航道整治，实际上就是现代港口集疏运体系。国际航运中心建设主要是这两个体系建设，很多事情当时都在做，后面进行了一些归纳和梳理。

对于当时建深水港与长江口整治之争，放在当时当地的背景下是完全可以理解的。当时的条件下，长江口整治和建设洋山深水港两个项目，大家担心国家哪有那么多钱同时上马，担心洋山上去，长江口下马；或是长江口上去，洋山下马。换作是今天的话，这就不是问题了，国家经济实力雄厚，不要说两个项目，多少个大项目都可一起开工建设。当时上海的财政还是相当困难，正在建设的地铁 1 号线也是勒紧裤腰带，从其他地方省下钱来建设。当时真的无法想象上海地铁会建到如今的 600 多公里。听说当时国务院让姚依林副总理到上海来，看看上海到底有什么困难和问题。当时是副市长倪天增汇报的，他汇报的时候都流泪了，说作为分管上海城市建设的副市长，我手里没有钱，什么都解决不了。如今今非昔比了，长江口整治三期都已经完成了，水深达到了 12.5 米，10 万吨船舶可以直达南京。

我还有一个体会，从战略角度考虑问题不能完全算经济账。比如说深水港的选址，再比如说航空港建设，办大事是要从全局的视野、长远的目光去综合考虑。当然经济评估也是很重要的，做个科学的评估，最终得出科学的可供决策参考的结论。

亲历上海港从江河走向深海

口述前记

刘桂林，1945 年 10 月出生。曾任张华浜作业区主任，政协上海市第十届委员会人口资源环境建设委员会副主任等职。1983 年 9 月至 1986 年 1 月任交通部上海港务管理局副局长。1986 年 1 月至 1997 年 9 月任上海港务局副局长。1997 年 8 月至 2000 年 4 月任上海市人民政府交通办公室副主任。2000 年 4 月至 2003 年 4 月任上海市城市交通管理局局长。

口述：刘桂林
采访：杨建勇、张　励、白璇煜
整理：白璇煜
时间：2018 年 3 月 12 日

我高中毕业后进上海港务局上港九区工作，也叫张华浜码头。当过装卸工人、装卸组长、装卸队长、装卸区主任，逐步走上领导岗位。后来又到上海海运学院（现上海海事大学）干部专修班学习了两年半。当时上海港务局归交通部管理，1986 年港口下放到地方，上海市就参加到上海港的发展中来了。在这个过程中，我见证了上海港一步一步从江河走向深海的历史。

关键是要提高港口生产机械化水平

1983 年，我担任上海港务局副局长。当时港务局是政企合一体制，既是从事港口装卸生产的国有企业，又是交通部领导下的港口行政机构。除了承担港口生产经营业务之外，还代管航道局、三航局、港机厂、上海外轮代理公司等单位，同时作为行政机构还代表政府履行港口行政管理职能。1986 年，国家对沿海港口进行体制改革，上海港务局由原来交通部直属领导体制调整为交通部和上海市双重领导、以地方为主的双重管理，依然保持政企合一的体制模式。

20 世纪 70 年代上海港传统的装卸作业方式

担任副局长后，我主要负责港口的生产经营。当时港口的生产方式还比较落后，机械化程度不高，大部分还是人机混合作业，经常发生安全事故。我刚到局里 3 个月就发生 3 起死亡事故，面对严峻的安全生产形势，我的压力很大。为此，经局里研究，决定成立一个工作组，重点研究解决安全生产问题。当时，上港四区木材装卸事故发生率相对比较高，我们工作组就以上港四区为重点开展调查研究，寻找突破口。

我当时提出的口号，一是科学攻关，二是加强安全生产制度管理，三是加强职工内部培训，四是政治工作要做到现场去。工作组班子有党委宣传部的人，有技术部门的人，有生产业务部门的人，还有安全监督部门的人。经过调查研究、现场分析，我们发现，传统木材装卸吊装过程还是依靠人工用钢丝绳穿过一根一根原木，然后再把钢丝绳挂到起重机吊钩上这种人机混合的装卸方式，非常容易引发安全事故。要减少木材装卸安全事故，关键是要做到在装卸生产过程中人机能够完全分离。我们从职工群众当中广泛听取革新创新好的建议，又安排局科研所到现场开展技术攻关，经过六个月的努力，试制出专门用于木材装卸的木材抓斗，基本解决了问题。

当时，包起帆在上港四区当工具管理员，也积极参与试制木材抓斗的技术攻关。他从圆珠笔的使用原理中得到启发，在木材抓斗自动脱钩装置中参照这个原理取得了比较理想的使用效果。当时局科研所试制的抓斗也投入了使用，与包起帆搞出来的相比较各有特色。当时在现场就搞了一个实验对比。通过实验，发现包起帆的东西更实用，工作效率也比较高。评价结果是包起帆的研究方案比局科研所的好，最后就决定启用包起帆的木材抓斗方案。包起帆的“抓斗大王”就是这么来的。

木材抓斗试制成功后，在实际生产过程中遇到的阻力非常大，一部分同志主要是担心用抓斗直接抓在木头上会把木材表层树皮抓坏，对木材质量有影响。还有一个问题是在运输环节，当时进口的大型原木都是先要集中到黄浦江里扎排的，然后通过水路拖带运输。负责扎排的工人提出反对意见，我们就组织自己的工人学习扎排，原来那些扎排工人一看，自己饭碗保不住了，就说还是我们来吧，毕竟他们的经验还是比较丰富，这样他们又回来工作了。我们启用了新技术，冲破了资金、材料、制造能力等困难，使木材抓斗批量生产，木材装卸的安全性取得重大突破。木材公司后来对木材抓破点皮的事情也松口了。

我们大力支持包起帆的工作。当时，包起帆设计出来的抓斗要进行生产，大概需要一吨左右的钢材等加工材料，有同志提出因为事先没有列入采购计划，不能保证材料供应。我知道后就对他们领导说：“什么叫计划？计划是人定的，只要生产需要就可以追加。”当时整个社会的思想还不够解放，我也是承担了一定的风险。后来又发生了一场比较大的风波。木材抓斗投入生产之后在市里得奖了。局科研所认为木材抓斗最早是他们研制出来的。当时，局科研所有设计图纸等完整的技术资料，但是包起帆没有。包起帆就自己画草稿，再小修小改。但经过实验对比，包起帆的研究成果更好。我当时作为分管局长，也做了局科研所的工作，我说一切要从实际出发，要实事求是。最后经工作组研究决定，这个研究成果属于包起帆。

木材装卸实行抓斗生产新技术新工艺之后，上海港的生产事故大幅度降低。上海港在木材装卸安全方面所取得的成果，也是对全国港口木材装卸的一个巨大贡献。同时，对推广全港安全生产也有很大的作用，生产管理进一步精细化。

改革开放拓展上海港新的发展空间

1986年，在天津港试点基础上，国务院决定上海港实行中央与地方政府双重管理、以地方政府管理为主的港口管理体制。原来由上海港务局代管的如三航局、航道局、上海港机厂等交通部所属单位也划出去了。港务监督主要履行水上安全监管职能，下放后行政管理职能从港务局划出，单独成立海上安全监督局。当时，我担任上海港改革领导小组的副组长，负责机构改革的具体操作。当时改革中也出现了很多情况。比如港监分家时，有些同志总想给自己多留一些东西，少分些出去。我分管安全生产，深深地认识到港监的重要性。港监既代表了国家的形象，又对整个港口的水域安全负有重大的责任。所以，我认为原来属于港监名下的资产和设备都应该给他们，尽管当时还不像现在有比较明晰的产权制度，资产分割比较方便，我还是强调，女儿出嫁还给个嫁妆，港监以前是我们的下属单位，改革后是一个正局级的单位，是跟我们平起平坐的兄弟单位。上海港和上海海上安全监督局，现在叫海事局，我们的关系一直非常密切，这为全国树立了榜样。我感觉，作为领导，既要站在自己的立场想，又要换位思考，要有这样的境界和高度，很多事情都可以处理得很好。

随着上海港的发展，出现了一些问题，主要是泊位不足、现代化机械缺乏致使码头压港严重。当时黄浦江两岸没有集装箱专用码头，装卸集装箱用的是土办法——两台门吊，两位司机，左右开弓，速度、方向必须“神同步”，吊起再放下，难度与效率可想而知。当年上港十区曾开会反思，装卸相同数量的集装箱，日本码头仅用 4 名工人干 12 小时，而我们要 12 名工人干 72 小时。1978 年至 1982 年间，上海港每天在港的外贸船舶达 250 余条，港口装卸作业能力却不足 40 条，一到晚上，大量待泊船上的灯光将吴淞口外连成一座海上城市，压船所造成的经济损失相当于每 3 分钟把 1 两黄金往水里扔。但码头改造缺少资金，如何打破僵局呢？

改革开放后，上海港正式开始和香港和记黄埔公司开展集装箱码头合作。和记黄埔公司在香港的 HIT 码头，是当时香港最大的集装箱码头。如果与和记黄埔公司能够成功合作，那么既能够带动上海港口集装箱运输快速发展，也能够带动更多的海外（境外）资本到内地来投资。我是分管生产业务的副局长，按照分工，应该是其他领导负责与和记黄埔的合作谈判。但局党政领导班子研究后决定，由我来担任合作谈判工作小组组长。我当时感觉压力很大。特别是上海市委主要领导亲自打电话给我，提醒我一定要解放思想，如果项目谈不成就是思想不解放。这给了我很大的压力，我认识到，在当时那种国际环境下，与和记黄埔的合作，政治意义要大于经济意义，这个项目的合作成功可以起到我国对外开放的示范效应。

谈判从 1990 年开始。对方香港小组有五六个人，就一个中国香港人，其他都是美国人、英国人、新西兰人，谈判的首席是马德富，集团的执行总裁。这一批人都是很厉害的，还有法律顾问。我们这边就是以我为组长，有财务处、计划处的人员。没想到第一次谈判的时候，在外宾接待室，大家寒暄几句，然后对方就从包里拿出来一打合同文本，一半中文，一半英文。这时我建议：今天时间比较晚了，大家先互相认识一下。等我们看了文本之后，再开始正式商谈。当天晚上，我整整看了一个晚上，边看边想，边想边看，心里百感交集。那些文本像条约一样，比如，他们的义务是什么，上海港要保证做到什么；要求我们保证做到的有一百条，而他们的义务只有两三条。在这些要求我们保证做到的内容中，最核心的就是，上海港今后再也不能和其他企业商谈集装箱码头的合作问题。换句话就是说，他们对上海港集装箱码头具有绝对控制权，今后上海港集装箱码头的发展完全由他们说了算。如果是这样的话，必然会对上海港未来发展带来很多复杂的问题。第二天，我就对对方说："你们的文本我看了一夜，这里面有很多东西我们是没有办法接受的。"我就把文本往旁边的抽屉一丢，对方看傻了。我对他们说："我们是合作伙伴，合作伙伴是要相互协商，共同讨论，达成一致利益后写进文本。现在这样你们写好条款，拿来就叫我签字，这样不行。"当时，我考虑市委主要领导对我的提醒是要求我站在改革开放的全局来思考问题，并不是要求我做无原则的迁就。如果上海港按照他们的合同文本签字画押的话，非但不能起到改革开放的示范作用，相反会给外界造成负面影响。我争的不仅仅是上海港的权益和利益，而且是我国改革开放的态度和原则。最后，经过商量，双方各出几个人，组成一个文本起草小组，对合同文本进行重新谈判，涉及重大原则问题时，进行专题讨论。

双方的谈判从 1990 年一直谈到 1992 年，到 1992 年才签约。和记黄埔坚持至少要占股 51%，这个我们绝对不让。最后还是谈到各占 50%，谁也不让谁控制。除了控股权之外，还有另一个谈判难点，对方要求上海港不能和其他公司合作。一轮轮谈判谈不通，当时我的压力很大。最后我们作了一些让步，同意他们在老港区的范围控制 92%的业务量，8%我们自己做。

1992 年，上海港和和记黄埔合资成立集装箱码头公司之后，对方的资金就进来了。我们利用这些资金改建码头设施，购置集装箱装卸设备。因为当时国内还不能生产港口集装箱装卸设备，大部分是从日本、德国等国家进口。我们提前订购设备，资金一到位，先进行码头改造，等设备运回来，立刻就可以用了。上海港的集装箱吞吐量一下子从几十万箱增长到 1996 年、1997 年的 200 多万箱。

我们在跟和记黄埔合作之后，对方提出不单要做集装箱码头业务，还要做货代船代，我们尽可能给予配合。在合作的过程中，我们遇到许多难题，最大的难题就是当时的 3 个装卸区改建成集装箱码头之后，有许多装卸工人要下岗。我是装卸工人出身，很理解装卸工人，他们没有专业技术，下岗后很难找到合适的就业岗位。我们就把 3 家公司从集装箱码头业务中分流出来的人员组建成一个集装箱综合发展公司，在军工路对面，就是现在新江湾城的北面，买了 400 亩地，组建了 4 家合资公司，专门搞集装箱装箱拆箱业务。上港物流最早就是从这里起步发展起来的。随着业务的扩大，我们又合作组建了20多家合资公司，既解决了老港区职工的安置问题，稳定了队伍，同时为上海港集装箱发展拓展货源开辟了新的思路。

开发上海港集装箱计算机信息管理系统

在整个集装箱运输过程中，集装箱码头既是贸易货物的交接点和箱货集散地，也是运输信息的汇集点。集装箱业务信息的交换在口岸范围内，是以港口为中心进行的。除集装箱码头外，还有船舶代理、货运代理、理货、堆场、储运公司及政府监管部门等，各自执行着相应职能。

当时，我们做集装箱的时候，一年集装箱有20多万箱，箱子怎么控制，用几号、里面装什么货、到哪个国家去、目的港是什么，都是用T卡进行管理的。墙上挂了很多板，T卡挂在墙上，要找这个箱子就要到T卡上面找。这是最老的办法，一年做几十万箱还可以应对，随着集装箱业务发展到几百万箱规模，再使用T卡模式管理几乎是不可能的。所以，我们就开始研究开发上海港港航EDI系统。

EDI（电子数据交换）技术是不同计算机系统之间的数据联接，促使贸易无纸化。我国集装箱运输EDI技术的研究应用是从20世纪80年代开始的。当时，交通部组织完成了“集装箱运输工业性试验”项目和“国际集装箱多式联运工业性试验推广”项目，为集装箱运输单证及其流转程序的规范化和标准化奠定了基础，使我国国际集装箱运输的运行模式进一步与国际接轨。

从集装箱码头生产操作的流程看，必须在船舶到港前至船舶离港后与船公司之间完成到港航的所有信息处理。在船舶到港前接受船公司发送的船期预报、确报、集装箱仓单、船舶积载图、危险品清单、冷藏箱清单、中转箱清单等信息，以便制订并实施靠泊计划和卸船计划；在制订出口装船计划前接受船公司发送的预配清单、预配船图、中转箱清单、危险品清单及海关联检放行信息等；在船舶离港前向船公司发送船舶在港实际装卸箱信息等。此外，作为公正的第三方的外轮理货公司还须及时将理货报告提交船公司（或其代理）。所有以上信息的传输和处理都必须在规定时间内准确无误地完成。如果某一细小环节受阻，都将引起船舶在港非作业等待时间增加，从而影响运输效率。与传统的传真方式相比，EDI实现了不同计算机系统之间的数据交换，能够更好地胜任这项工作。它不仅提高了报文传递速度，节约了大量纸张，而且降低了信息传递差错率，提高了口岸的工作效率。

港口要面向不同船公司、不同航线上的许多集装箱船舶。每一艘集装箱船可能在多个港口挂靠。大型船公司一般在很多港口设有代理，需要一个服务于船公司自身且贯穿很多港口的 EDI 系统。即使是在同一口岸范围内，同一发货人也有可能与不同的码头公司发生联系。事实上，集装箱运输信息交换的各主体之间是门到门的联系。因此，从整体上看，集装箱运输 EDI 信息交换，绝不能仅局限于一个口岸范围内。建立一个能提供增值服务的港口集装箱运输 EDI 中心网络，进而与全国集装箱运输 EDI 系统、国际公用数据网络及本地区其他专业数据网互联，是我国集装箱港口提高信息集成化、进一步与国际接轨的有效途径。这样，既有利于本行业 EDI 技术、标准及协议的统一，发挥整体规模效益，也有利于增强港口集装箱业务拓展的凝聚力。

最早其他港口还没有集装箱的时候，围绕国际集装箱的发展，上海港就成立了一个领导小组，我负责协调，针对集装箱研究单证系统。从纸面的变成电子的，形成了上海一套完整的和国际接轨的集装箱单证系统。我们成立了一个专家小组，专门对集装箱 EDI 系统进行攻关。这个系统涉及的部门很多，我协调各方做工作。那时候我上午开完会之后，下午就带着小组的人盯着港航系统的攻关项目，特别是软件系统操作人员的培训和各家单位的联络工作。这个港航系统做得非常成功。

1998 年，我国集装箱运输 EDI 示范工程建成并正式运行。该工程建成了分别以中远公司和上海、天津、青岛、宁波四港为中心的、彼此互联的 5 个 EDI 系统，实现了中远 EDI 网络通过 GEIS 网络与国际公用数据网络的互联。更具意义的是，工程建立了既符合我国国情，又与国际接轨的集装箱运输 EDI 标准体系，形成了 EDI 和 EDP（Electronic Data Process）有机结合的"应用报文系统"，制定了集装箱运输 EDI 管理办法，建立了集装箱运输 EDI 报文运作的安全机制。

上海港终于从江河走向深海

与香港和记黄埔合作时，上海港集装箱码头主要还是以停靠第三、第四代集装箱为主。随着集装箱船舶大型化发展，第四代、第五代、第六代集装箱船舶的吃水都在 12.5 米以上，上海港航道水深不足的矛盾就越来越突出了。当时，新建码头没有条件，大船来了怎么办？我们就试着采用船舶原地掉头的办法，来解决大船乘潮进出港问题。海事局非常支持，每当大型集装箱船进港时，黄浦江实行江面封航，4 条拖轮形成“十”字，协助大船原地打转。尽管如此，仍然无法满足船舶进出港的需要，同时由于长时间封航造成大量其他船舶无法进出，代价很大。于是上海港又想出一个被称为“疯子做的方案”——倒屁股进港！集装箱班轮到港后先在吴淞口候潮，等水位达到高潮后，用拖轮协助倒航进港，到达张华浜码头泊位时正好是平潮期靠上码头，等完成装卸作业后，马上利用下一个高潮水位乘潮开船。采用这个办法可以避免船舶封航掉头所带来的问题。当时，上海港引航站站长陈文忠做了大量计算机模拟实验，证明方案可行。1997 年 9 月，第四代超大型集装箱轮“聪河”号倒航 5 海里靠泊张华浜，开创中国港口引航史先例。

但这些方法无法从根本上解决当时上海港的水深不足问题，于是，就提出了上海港未来的发展计划，涉及金山、外高桥、洋山等几个备选方案。金

外高桥二期

山方案经过两年的实验，花了6000万元挖了一段深水航道，结果当年一个台风刮过后，航道全都平了，说明金山航道是不适合这个方案的。当时，一些专家提出了很多方案，华东师大有位水利专家提出在长江口横沙岛这个地方建设深水港，说老实话，如果是现在这个技术水平倒是可以建，但在当时的技术条件下不行。所以，这个方案也被否决了。黄菊同志对洋山深水港的建设，可以说是功不可没。他当时就定下来，走出去，到舟山外海去寻找深水港口。

洋山深水港选址定下来之后，就要考虑建设的问题了，主要是建设成本问题。当时上海港务局不敢投资，因为成本实在太高了。在外高桥造一个泊位只要7亿元人民币就够了，这个成本在当时已经很高了，但在洋山造一个泊位需要20亿元人民币。还要建设通往洋山深水港的大桥等各类配套基础设施，港务局没有那么多钱。后来，洋山深水港及其配套设施的建设资金是由上海市政府统筹解决的。

洋山深水港建成后，还有一些问题需要解决，比如行政隶属、利益分配等问题。市委、市政府从上海国际航运中心大局出发，在洋山港区行政隶属关系、利益分配与税收等相关问题上与浙江省进行了充分沟通，得到了圆满解决。洋山深水港所在地区属于浙江省嵊泗县，原来是以渔业为主，洋山港区建成之后，嵊泗县就变成了全国最富裕的县之一。

洋山深水港的建成，为上海国际航运中心建设打下了坚实的基础，也进一步带动了长三角地区和长江流域地区经济的快速发展。如果那时候不建洋山深水港，上海的国际航运中心肯定没有今天这个局面。事实证明，当时中央的决策和上海的选择是正确的。

上海港：中国港口的领跑者

口述前记

许培星，1949 年 9 月出生。曾任上海市公安局交通警察总队党委书记、总队长，市公安局副局长，市公用事业管理局党委副书记、副局长，市城市交通管理局党委副书记、副局长，政协上海市第十一届委员会经济委员会常务副主任、主任等职。2001 年 4 月至 2003 年 1 月任上海市建设和管理委员会副主任。2003 年 1 月至 2008 年 10 月任上海市港口管理局党组书记、局长。2005 年 11 月至 2009 年 1 月任上海洋山保税港区管理委员会副主任。2009 年 6 月至今，任上海市水上旅游促进中心理事长。

口述：许培星
采访：杭财宝、刘　捷、沈　洋
整理：沈　洋
时间：2017 年 4 月 24 日

对于中国众多的沿海港口来说，上海港是一个出色的领跑者。2016 年，上海港完成货物吞吐量 7.02 亿吨，完成集装箱吞吐量 3713 万标准箱，同比增长 3.5%，自 2010 年以来连续七年保持世界第一，站在中国与全球港口的制高点上。20 年来，上海港在发展过程中面对的不仅是鲜花和掌声，更有行进在上海国际航运中心建设征程中的挑战。作为上海港可持续发展的“软实力”，深化港口行政管理体制改革是促进上海国际航运中心建设的体制保障。

政企分开——港口管理体制改革的重中之重

新中国成立以后，我国沿海港口长期实行的由中央政府直接领导的政企合一的管理体制。以上海港为例，上海港务局既是一个组织港口生产经营活动的企业单位，同时又是履行港口行政管理职能的政府机构。港口的规划建设、生产调度、劳动工资、干部任免等都由交通部直接管理。1984 年国家对沿海港口及长江干线港口管理体制进行了重大改革，当时除了秦皇岛港作为国家能源枢纽港仍保持由中央直接管理外，其余沿海港口全部实行由中央与地方政府双重领导、以地方政府为主的管理体制。2001 年 11 月，国务院办公厅下发了《国务院办公厅转发交通部等部门关于深化中央直属和双重领导港口管理体制改革意见的通知》，决定将包括中央直属的秦皇岛港和其他由中央与地方政府双重领导的港口全部下放地方管理。根据文件精神，深化港口管理体制改革的主要任务有两项：一是完成港口下放，原则上由港口所在城市人民政府履行港口行政管理职能；需要由省级人民政府管理的，由省级人民政府按照“一港一政”原则自行确定管理形式。二是实行政企分开，明确港口企业不再承担行政管理职能，并按照建立现代企业制度的要求，进一步深化企业内部改革，成为自主经营、自负盈亏的法人实体。其中港口下放工作要求在 2002 年 3 月底之前完成。

交通部对港口管理体制改革非常重视，国务院办公厅文件是2001年11月23日下发的，时隔不久交通部就在2002年1月4日下发了《关于贯彻实施港口管理体制深化改革工作意见和建议的函》，提出港口管理体制改革的具体意见和建议，并在3月连续派出由部、司两级领导带队的调研组、检查组到上海开展调查研究，检查落实情况。

上海市委、市政府坚决贯彻落实中央精神，成立了市港口体制改革领导小组，由时任副市长韩正任组长，成员包括市委组织部，以及市建委、计委、财政局、体改办、国资办、法制办、编办、国航办、港务局等部门领导，领导小组下设办公室，由市建设党委、市建委负责，积极稳妥地推进港口管理体制改革工作。领导小组及办公室先后多次召开会议重点协调港口下放相关事宜，确保按时完成港口下放交接任务；同时结合上海实际，认真研究政企分开职能界定等有关问题。

当时我在市建委任副主任。2002年4月上旬韩正副市长主持召开港口管理体制改革专题会议，会议明确市建委、市计委和上海港务局是本市港口体制改革的工作责任单位，由市计委副主任蒋应时和我总牵头，市政府各有关部门积极予以配合，在当年7月提出改革方案报市政府。

韩正副市长在会上强调，市委、市政府对于港口管理体制改革方案的总体要求是要根据将上海建成“四个中心”的目标进行功能定位，按照有利于推进东北亚国际航运中心建设、有利于加快洋山深水港区的建设和发展、有利于推动上海港口的结构调整和布局调整、有利于保持平稳过渡和稳定发展的原则，积极推进上海港口管理体制改革。坚持彻底的政企分开，不搞过渡，坚持“一港一政”的大城市、大港口、大口岸的设计模式，坚持在政企分开的基础上，设计一整套与大港口相适应、符合国际惯例的企业组织模式。系统开展调查研究，深入分析研究国内、国际的港政管理机制和港口管理模式，借鉴国内外的先进经验，同时研究制定和争取进一步支持和支撑上海港口发展的政策。

我长期从事陆上交通管理工作，港口管理对我来说是一个全新的领域。为了尽快形成改革方案，市政府有关部门组成港口体制改革考察团，分两批先后赴厦门、深圳和新加坡、我国香港进行学习考察。我边考察，边学习，边思考。我觉得提出港口管理体制改革方案必须回答好的两个核心问题，一是如何科学合理地界定与划分政企职能？二是港口应该维持独家经营现状还是组建多家企业形成竞争格局？这是制定上海港口管理体制改革方案核心要素，也是深化港口管理体制改革的重中之重。

先谈第一个问题，如何科学合理地界定与划分政企职能。20世纪90年代以前，新加坡一直实行政企合一的港口管理体制。1996年，新加坡港口实行政企分开，组建隶属于国家交通部的“海事与港口局”作为港口行政管理机构统一行使港口规划、口岸管理、港务监督、航运监管等行政管理职责，将原新加坡港务局生产经营部门改组成“新加坡港务集团”承担港口生产经营业务。新加坡港口管理体制改革的做法对我们很有启发，在与新加坡交通部部长助理陈庆麟、新加坡港务集团公司主席杨林丰会谈中谈到如何科学合理界定与划分政企职能时，他们都反复谈到政府的职责主要是从事规划控制、组织协调和市场监管，为港口企业创造宽松的政策环境和发展环境；而企业则必须面向市场，自主经营。当时我们认为这个问题还是比较容易解决的，只要依据法律法规等相关规定，把属于政府管理职能部分从企业中剥离出来就行了，但在实际操作中难度非常大。这是因为长期以来港务局都是一个政企合一的独立系统，实行政企分开不仅需要面对思想观念方面的认识问题，而且更需要面对港口经营方面的实际利益问题。以港口船舶引航为例。按照我国现行法规，外籍船舶进入我国水域实行强制引航制度，也就是说外籍船舶要进入我国港口进行装卸作业，必须听从引航员指挥停靠到指定码头。由此可见，引航员对外籍船舶实行引航的过程，虽然是港口生产作业的一个重要环节，但毕竟是代表国家依法行使的主权行为，必须纳入政府行政管理职能范围。可能是因为这个问题过于敏感了，在当时国务院下发的深化港口管理体制改革文件中是这样表述的，鉴于目前引航机构与港口企业分离的条件尚未成熟，为平稳过渡，引航机构尚未与港口企业分离的港口可暂维持现状，过渡期为三年。可见从改革之初开始，引航管理体制就是一个改革的难题。

第二个问题，政企分开之后，港口是维持独家经营现状还是组建多家企业以形成相互竞争格局。相对于第一个问题，在这个问题上各方面意见比较容易集中。在考察中我们了解到新加坡港口生产业务是由新加坡港务集团独家经营的。香港港口生产业务是由和记黄埔、现代货柜、中远和亚洲货柜4

2003 年 4 月，上海国际港务（集团）有限公司揭牌成立

家码头企业共同经营的。当时，新加坡和香港是位居世界第一、第二位的国际航运中心，虽然两个港口的经营模式不同，但在竞争激烈的国际航运市场中他们同样都保持着全球领先的港口效率，这对我们也是很有启发的。我一路看、一路听、一路在想，港口的竞争动力究竟来自哪些因素？是保持具有一定规模的独家经营状态有利于集中力量参与国际竞争呢还是形成多家竞争格局有利于提升企业内生动力呢？对于这个问题当时虽有不同看法，但有一点是大家比较一致的，如果把上海港放到参与东北亚地区和国际航运市场竞争环境下来思考问题的话，那么我们应该组建一个比现在的港口生产集团规模更大的市场运营主体，而不是分散它的能力。十多年来上海港的发展实践证明，当时形成的共识是正确的。

经过大量调查研究、广泛听取意见，我们在 2002 年 6 月下旬完成了上海港口管理体制改革初步方案编制工作，8 月下旬，市政府常务会议原则通过改革方案。

2003 年 1 月 3 日，上海市委、市政府下发《关于上海港口体制改革有关问题的批复》，决定建立上海市港口管理局，作为市政府负责港口和航运管理的职能部门，同时挂国航办的牌子。按照“一港一政”，实现上海内外港口、港航的统一管理的原则，调整归并港口管理职能，将由市城交局承担的水路运输管理、内河航道和内河港口管理及相关工作职能划转市港口管理局。按照“政事分开”的原则，调整理顺行政管理事业单位，将原港务局、市城交局及国航办下属的7个行政事业单位合并重组为4个行政事业单位。按照“政企分开”的原则，原上海港务局整体改制为上海国际港务（集团）有限公司（简称上港集团），为企业经济实体。

2003年1月27日，上海市港口管理局和上港集团分别挂牌成立。上海市委、市政府决定，任命我为上海市港口管理局局长，党组书记。

创新实践——跨地区实施港口行政管理

上海市港口管理局成立与洋山深水港区一期工程开工建设前后不到半年时间，按照工程建设进度，一期工程项目将在2005年底前后完工。为确保洋山深水港区一期工程建成运营后的港政、航政管理顺利运行，在洋山深水港区探索和建立跨地区港口行政管理体制就成为我们建局后的一项重要工作。

1996年1月，国务院在上海召开加快建设上海国际航运中心专题会议。上海国际航运中心建设的核心问题是建设吃水在15米以上的集装箱深水枢纽港。多年来，东北亚地区港口之间围绕国际集装箱枢纽港的竞争十分激烈，而上海港最大的制约就是缺乏深水岸线资源。经过六年反复比较论证，2002年4月，国家计委正式下发《关于审批上海国际航运中心洋山深水港区一期工程可行性研究报告的请示》。

洋山深水港区一期工程位于浙江省嵊泗县崎岖列岛小洋山地区，距离上海南汇芦潮港约32公里，是距离上海和长江口最近并具备15米水深建港条件的最佳海域。在中央和浙江省的大力支持下，洋山深水港区一期工程于2002年6月开工建设，2005年12月建成投产。

根据上海市和浙江省人民政府签署的《上海市、浙江省联合建设洋山深水港区合作协议》，洋山深水港区一期工程项目是由两地国有企业出资共同投资建设的，也就是说投资主体是明确的。那么洋山深水港区建成之后的行政管理主体如何确定呢？当时，在这个问题上各方面意见分歧较大，归纳起来大致可以分为三种意见。第一种意见认为，中央关于深化港口管理体制改革文件明确提出港口原则上由所在城市人民政府管理，洋山深水港区应该实行属地管理；第二种意见认为，洋山深水港区虽位于浙江辖区，但作为上海港集装箱深水港区的重要组成部分应该纳入上海港口统一管理；第三种意见认为，既然投资主体是合作经营，在港口行政管理上也可以实行共同管理。

在中央政府大力支持下，在上海市和浙江省人民政府充分协商的基础上，国家计委在532号文件中指出，洋山深水港区虽位于浙江省辖区，但考虑其港政、航政和口岸管理应有利于上海国际航运中心集装箱运输发展的需要，有利于我国参与国际航运市场竞争的战略全局，有利于充分利用和发挥上海在国际经济、环境金融、城市功能、港口管理等方面的综合优势，明确将洋山深水港区的港政、航政和口岸一并纳入上海市政府管辖范围，由上海市统一管理。

具体问题远远超出预想范围。在现行法律框架下，政府行政管理职能都是以地域为边界的。虽然文件明确了洋山深水港区港政、航政和口岸一并纳入上海市政府管理范围，但是遇到类似在港区范围内发生的治安、环保、安全等属地化管理方面的问题，究竟应当如何处理呢？对此两地存在较大的意见分歧，如果不能予以及时解决，势必成为洋山开港运营的最大障碍。为此，我们依据国家计委文件精神，在与交通部有关司局进行多次沟通、与浙江港航管理部门进行反复协商基础上，研究和制定了洋山管理架构方案，并最终得到了交通部的认可和浙江方面的同意，2005年12月，由上海市港口管理

洋山深水港区三期工程

局正式颁布了《上海洋山深水港区港政航政管理办法》，作为上海市政府行使洋山深水港区的港政和航政管理权的重要依据。《管理办法》明确，由上海市港口管理局负责洋山深水港区港政和航政的行政管理工作；并在洋山深水港区设立上海市港口管理局洋山深水港区管理办公室，对洋山深水港区进行日常管理。由此，实现了我国沿海港口跨地受权行使港航行政管理的重大突破，为洋山港区顺利开港和运营提供了体制保障。

在对洋山深水港区行使港政、航政行政管理职能，确保港区正常运行的同时，我们把切实做好大小洋山乃至嵊泗、舟山地区群众出行交通保障工作作为一项重要工作。由于地理位置因素，长期以来包括大小洋山在内的嵊泗县及舟山地区居民出行主要依靠水上客运方式。洋山深水港区一期工程特别是东海大桥建成通车后，水陆联运逐渐成为周边地区群众出行的主要方式，先从各个海岛上乘船到达小洋山，然后换乘陆上客运车辆通过东海大桥直达上海。我们先后通过新建小洋山客运码头、扩建芦潮港客运码头以及合理组织东海大桥通行方式，在确保群众出行与港口作业安全的基础上，尽可能提高连岛交通通行效率与服务质量，努力使跨地区港口行政管理体制真正成为沟通两地民心的制度保障。

积极探索——国际航运发展综合试验区

2005 年 12 月洋山深水港区一期工程建成完工并投入试运行；2006 年 12 月洋山深水港区二期工程建成完工投入试运行；时隔两年，2008 年 12 月洋山深水港区三期（包括一阶段和二阶段）工程全部建成投入试运行。洋山深水港区集装箱码头建设工程项目创造了中国港口发展历史上的奇迹，也成为世界瞩目的奇迹。

在洋山深水港区一期工程建成投产之后，我就开始思考着这样一个问题，我们的港口基础设施硬件上去了，是不是就意味着上海港的国际竞争能力就自然而然地得到提升了呢？作为港口管理部门，我们的工作重点应当落在哪里呢？通过对全球国际航运中心发展历史和国际航运市场发展现状的研究分析，我们认识到，港口基础设施固然是港口发展的重要基础，与此同时建设符合国际惯例的便捷高效的口岸环境、实行公开公平合理的港口收费机制以及构建自由贸易港区是提升港口国际竞争能力的重要条件，而这些重要条件应该是由政府部门提供的。说到底，港口竞争的本质是体制机制的创新，政府的职责就是推进管理体制机制的创新。

洋山深水港一期建成投产后，我们领导班子就统一思想认识，逐步把工作重心放到国际航运中心软环境建设上来。从2006年开始我们就组织力量围绕上海港口发展软环境建设、现代国际航运服务业发展、港口管理体制机制创新、上海港未来发展方向及自由港政策等问题开展了课题研究。2007年7月，时任上海市委书记习近平同志在调研时指出，上海国际航运中心建设不仅要加快港口等硬件建设，更要重视软环境建设。推进国际航运中心建设，既要抓好洋山港建设和运营，使上海成为全球集装箱吞吐量最大的港口，更要着力完善航运发展的软环境，提高港口的服务功能。要着力建设航运服务集聚区，发挥资源优势和区位优势，加快航运金融、咨询、经纪、保险等要素市场的集聚，使航运服务业企业成群、产业成链、要素成市。我们认真学习了习近平同志的讲话精神，并结合一年多来的工作实践开展了专题讨论，通过学习讨论认识到习近平同志明确指出了上海国际航运中心建设目标方向和任务，我们必须提高站位，深化研究。为此，在2008年2月，我们向市政府提出建议，邀请中央政策研究室调研组来沪就加快推进上海国际航运中心建设和洋山深水港规划建设等问题开展专题调研。同年3月2日，在洋山深水港发展调研会上，中央政策研究室经济局李连仲局长、白津夫副局长在发言中表示，非常赞同上海同志提出的“凡是国际航运中心必须是自由贸易区、自由港”的观点，并提出在洋山深水港区建设“国家级的国际航运综合试验区”的建议。后来听说中央政策研究室此次调研成果很受中央领导重视。在此前后，时任中共中央总书记胡锦涛同志、时任国务院总理温家宝同志先后视察了洋山深水港区，对加快上海国际航运中心建设作出了重要指示。我们就充分利用这样一段历史机遇，在中央党校有关专家的指导下，比较系统地开展了自由贸易区的政策体制研究，并形成了专题研究报告，得到了国家有关部门的认可。2009年3月25日，国务院常务会议原则通过《国务院关于推进上海加快发展现代服务业和先进制造业建设国际金融中心和国际航运中心的意见》，并于4月14日以国发〔2009〕19号文下发。其中明确了上海国际航运中心建设的总体目标、主要任务和措施，提出了探索建立国际航运综合试验区，实施中资船舶“方便旗”特案减免税政策、启运港退税政策以及创新海关特殊监管区域管理制度等一系列政策创新实践探索，为上海国际航运中心过渡到自由贸易试验区积累了经验。2013 年 9 月，经国务院批准，中国（上海）自由贸易试验区正式成立，其涵盖区域范围更大、政策创新程度更高，成为我国改革开放的又一个新的里程碑。

吴淞口国际邮轮港与宝山产业转型

口述前记

汪泓，1961 年 4 月出生。曾任上海工程技术大学校长助理、管理学院院长，上海工程技术大学副校长，上海市总工会副主席，上海邮轮经济研究中心主任、教授，上海工程技术大学校长等职。2011 年 10 月任中共宝山区委副书记、区人民政府代理区长。2012 年 1 月任中共宝山区委副书记，区政府党组书记、区长。2013 年 7 月至今，任中共宝山区委书记。

口述：汪　泓
采访：张　林、谢黎萍、张东苏、杨建勇、张　励
整理：张　励
时间：2020 年 6 月 10 日

作为上海国际航运中心建设的重要板块之一，上海的邮轮经济近年来经历了从无到有的创造性发展，尤其是吴淞口国际邮轮港三年登顶亚洲第一、五年问鼎全球前四，带动中国成为全球第二大邮轮客源市场。我是 2011 年 9 月来到宝山任职的，恰逢同年 10 月吴淞口国际邮轮港开港运营，可以说是作为参与者亲身经历了宝山区在吴淞口国际邮轮港成功运营的基础上，依托母港优势、区位优势、先发优势、政策优势，聚焦邮轮全产业链发展，率先建立较为完善的邮轮产业发展体系，对全国邮轮经济发展起到重要示范引领作用，积极引领邮轮产业向价值链高端发展，打响邮轮领域上海“四大品牌”的全过程。

统一思想，把发展邮轮产业作为地区产业转型的重要抓手

宝山区地处长江、黄浦江、东吴淞江三江交汇处，是上海联系长三角和长江流域的重要门户，也是面向“一带一路”的桥头堡。但人们对于宝山的第一印象还是宝钢，1978 年 12 月，在邓小平等中央领导的关心下，上海宝山钢铁总厂在上海长江口畔打下第一根桩，宝山由此成为上海一个重要的生产基地。但经过改革开放以来的发展，宝山如何发挥依江而伴、依水而兴的优势，推动产业结构的进一步调整，是宝山区委、区政府正在思考的问题。

2007 年，时任上海市委书记习近平同志来到宝山调研时就指出，宝山如果把滨江资源开发出来，对宝山今后的发展是不可限量的，他特别提出了“长江和黄浦江的滨江岸线是宝山新一轮发展的重要空间”的重要判断。以此为契机，在上海市委、市政府的关心支持下，宝山与长航集团一拍即合，于 2008 年 12 月开始兴建吴淞口国际邮轮港。

但在吴淞口国际邮轮港建设初期，还是存在一定争议的。我记得，上海市民最早接触邮轮是 2006 年，第一艘停靠北外滩的邮轮是歌诗达的“爱兰歌

娜”号，那时有1000人上船参观，新奇的体验给大家留下了深刻的印象。此后，上海将发展邮轮经济作为人民追求美好生活的体现方式，首先在虹口北外滩建设了邮轮码头上海港国际客运中心。当邮轮经济处在3万吨级到7万吨级的发展阶段时，北外滩是一个非常好的邮轮母港所在地，因为它面对陆家嘴，展现在游客面前的是一幅改革开放的景象和外滩的美丽画卷。但随着大船时代的到来，从10万吨级走到现在将近18万吨级，豪华邮轮受杨浦大桥桥高的限制无法进入北外滩，是否需要在投入使用不久的上海港国际客运中心之外再建新的邮轮码头，会否对其产生冲击和影响；新的邮轮码头建好之后经济效益如何，能否收回成本；加之吴淞口船只密度高，特别是小船多，每天有2000多艘次频繁来往等一系列问题，许多人都心存疑虑。

面对质疑，宝山区委、区政府坚信邮轮旅游作为一种新兴的、高品质的旅游业态，具有很大发展潜力。它是上海国际航运中心打造的一个核心板块，尤其是在我国进入中等收入阶段以后，旅游越来越成为社会的刚性需求，如何把人们对美好生活的向往激发出来，邮轮作为一种新的休闲旅游方式，便提供了一种途径。全球邮轮旅游经久不衰，中国邮轮旅游产业空间巨大。建设吴淞口国际邮轮港，可以与北外滩的上海港国际客运中心形成错落有致的组合模式，共同推动上海邮轮经济的发展。

我们的想法得到了交通部和上海市委、市政府的大力支持。在邮轮港选址论证过程中，上海市交通委和宝山区政府邀请交通部原部长、远洋轮老船长钱永昌专门来到现场，乘坐快艇察看海域的水文、地质和潮起潮涌情况，最后判断把生产型码头改变成邮轮码头是具有可靠性和可行性的，2008年底吴淞口国际邮轮港顺利开工建设。在2011年10月吴淞口国际邮轮港正式开港运营后，历届市委、市政府领导继续给予很多指导和支持，为宝山邮轮经济发展助推。2012年上海旅游节开幕式在吴淞口国际邮轮港举行，同时举行上海的“中国邮轮旅游发展实验区”揭牌仪式。时任上海市委书记俞正声亲自出席揭牌仪式，时任国家旅游局局长邵琪伟和上海市委副书记、市长韩正共同为设在上海的“中国邮轮旅游发展实验区”揭牌；分管这项工作的赵雯副市长为了首个实验区落户宝山，亲自带队，和我们一起到北京汇报、争取。之后，韩正书记、杨雄市长多次听取宝山邮轮产业发展的汇报，帮助宝山邮轮港从单船停靠到双船同靠，再到具备四船同靠能力。李强书记不仅要求宝

2011 年 10 月，吴淞口国际邮轮港举行开港仪式

山“要对标世界一流邮轮母港标准，更加积极作为，努力打响邮轮领域上海品牌”，而且帮助宝山争取到了首个“中国邮轮旅游发展示范区”的金字招牌。在 2019 Seatrade 亚太邮轮大会上，李强书记亲自出席，为中国邮轮旅游发展示范区揭牌。

宝山邮轮的发展也是上海市发改委、交通委、文旅局、口岸办、海关、海事、边检等相关部门和口岸单位大力支持和帮助的结果；是历届区委、区政府领导统一思想，一张蓝图绘到底，一棒接一棒持续推进的结果，吕民元书记、斯福民书记为邮轮港建设、滨江岸线开发打下坚实的基础；还凝聚了宝山广大干部群众的辛勤汗水，邮轮港公司董事长王友农心系邮轮，全身心投入邮轮事业，疫情防控期间，他 100 多个日日夜夜，始终站在邮轮港抗疫第一线，4 月 27 日因劳累过度，突发脑溢血，现在仍未脱离危险。

如今，宝山区已经明确“迈向更富魅力的国际邮轮之城，形成千亿规模邮轮产业集群”的战略定位，“邮轮”成为宝山城市整体转型的重要标识，邮轮经济成为宝山推动产业转型升级和城市功能提升的特色产业、主攻方向和重要抓手，带动宝山由传统的以钢铁为主的工业区形态向现代化、国际化的邮轮之城转变。

从无到有，吴淞口国际邮轮港实现井喷式发展

吴淞口国际邮轮港是我们发展邮轮经济的起点和支撑。李强书记提出，从无到有、“无中生有”、变不可能为可能是激动人心的创造。从2008年开始，宝山“十年谋一港”，尤其是2011年吴淞口国际邮轮母港正式开港以来，我们有幸共同见证了吴淞口国际邮轮港跻身全球前四、亚洲第一，成为中国邮轮门户，累计接靠国际邮轮2300余艘次，出入境游客突破1300万人次，创造了世界邮轮史上的“上海传奇”，也是继洋山深水港之后上海国际航运中心建设史上缔造的又一个新的传奇。目前，吴淞口国际邮轮港在全国15家邮轮港中独占鳌头，游客量占据全国半壁江山。

吴淞口国际邮轮港之所以能在较短时期内实现井喷式发展、爆发性增长，首先源于我们不断强化基础设施建设，使其具备“四船同靠”能力。我们宝山区政府与长航集团合作，成立邮轮港集团公司，运用地方政府资金和企业贷款，投资10亿元建设邮轮港一期。2011年邮轮港一期建成开港，引领中国邮轮进入“大船时代”。为满足高速增长的中国邮轮市场发展需求，我们又投资10亿元完成了后续工程，外加近10亿元完善周边配套，由此将岸线长度从770米延长到1600米，平台面积由6.7万平方米增加到14.7万平方米，航站楼面积由2.5万平方米增加到8万平方米，形成具备四船同靠、年接靠国际邮轮800至1000艘次，年接待游客量600万人次的运营能力，建成世界最大邮轮变频岸电系统和亚洲首套邮轮岸电系统，建设全球第一个邮轮港海事交管中心，跻身世界级邮轮母港行列。

其次在于我们不断强化国际邮轮合作，集聚大型新型邮轮。占据全球82％市场份额的五大邮轮公司——嘉年华集团、皇家加勒比邮轮、诺唯真、地中海邮轮、云顶都比较看好中国、看好上海，旗下邮轮先后选择在上海吴淞口国际邮轮港开启亚洲首航。邮轮吨位越来越大，2012年至2016年吴淞口国际邮轮港靠泊邮轮平均吨位在10万吨左右，2017年11.3万吨，2018年12.5万吨，2019年为14.7万吨；船龄也越来越短，2012年至2016年靠泊邮轮平均船龄约为13年，2017年为10.91年，2018年为9.71年，2019年为4.43年，推动中国进入“大船时代”“新船时代”，开启国际邮轮经济中国

时代。

我们还不断强化邮轮制度创新，不断优化营商环境。积极配合推动国家、上海市政府及相关部门出台邮轮经济专项政策，为邮轮经济发展提供坚强支持。首创邮轮旅游合同示范文本，发布全国首个邮轮旅游经营规范。在交通部的指导下，首创邮轮船票制度得到国家相关部委的认可并在全国推广实施。之前由于对邮轮乘客、旅行社和邮轮公司三方的责任关系不够明确，使得三方争议和纠纷不断，为此由上海市交通委牵头，边检、海关、海事、旅游部门密切合作，针对这一问题专门开展研究，提出方案并反复优化，最后形成船票制度，通过船票这一最简版的合约，固化邮轮乘客、旅行社与邮轮公司之间的法律关系。实行船票制度之后，配合上海首创的邮轮通关条码的推行，大大提升了口岸的通关效率，吴淞口国际邮轮港每位乘客的通关时间从 30 秒缩短到 3 秒，通关速度达到全球领先水平；同时还增加了信息透明度，乘客信息提前 72 小时全部进入系统，使得公安、口岸、港口、邮轮公司和旅行社提前掌握船票销售和乘客情况。首创中国邮轮综合保险。在邮轮港运营初期，受到台风、大雾等气候因素影响，以及旅行社分销渠道中的一些不规范行为，多次发生游客滞船事件，加之邮轮具有规模大、聚集性强的特点，一旦发生滞船事件，少则影响几千人，多的甚至要影响一两万人，地区维稳工作压力很大。于是上海市交通委等相关部门研究推出了中国邮轮综合保险，动员所有邮轮公司加入，遇到问题就由保险公司按照事前约定进行赔付，有效地化解了游客滞船所带来的问题。创新实施 144 小时过境免签政策和国际邮轮旅游团 15 天入境免签政策；专门设立服务邮轮港的口岸型海关，自主研发首个旅客自助申报终端。推出全国首个邮轮检疫监管综合性检查方案。在交通部的大力支持下，交通委会同海事局和长江口航道局，开展邮轮与集装箱等船舶大船交会研究，巧妙且智慧地利用航道边坡实施大船双向通航，海事部门首创邮轮“五优先”政策，使邮轮准点率和安全率实现“双 100%”。

此外，我们也在不断推进邮轮经济和产业研究，强化邮轮文化培育，打造国际合作平台。利用旅游节庆活动的载体，商旅文体联动，传播邮轮文化，丰富宝山邮轮新城形象和内涵。带领上海工程技术大学的邮轮专业和学科团队，组建了产学研一体的上海国际邮轮经济研究中心，中心已经成为国内外业界广泛认同的邮轮智库的重要平台（联合上海市人民政府发展研究中心发布上海市人民政府决策咨询研究邮轮经济专项课题，研究内容涵盖邮轮产业政策环境、邮轮旅游市场、邮轮港口规划与管理、邮轮船票模式创新、邮轮旅游信息化系统建设、豪华邮轮修造、邮轮旅游消费者权益保障、全球邮轮航线分布特征、邮轮市场低价治理、邮轮文化培育及传播、邮轮运营安全保障立法、邮轮船供体系、邮轮通关政策等多方领域）。自 2014 年起主持编写了中国首套《中国邮轮产业发展报告》（邮轮绿皮书，中英文版），并在每年的亚太邮轮大会和世界邮轮大会上发布。设立邮轮经济指数研究专项组，发布中国和亚洲邮轮经济景气指数；联合韩国国际邮轮研究院主办的国际英文期刊 *Cruise Industry Review*；主导和参与了“中国邮轮旅游发展实验区”“中国旅游标准化示范区”建设，“中国邮轮母港企业标准”制定，“上海邮轮旅游服务标准化体系”制定，“中国邮轮旅游发展示范区建设创建及验收标准”制定，首创全国邮轮港口服务标准《邮轮港服务规范》并在全国施行；发起成立“国际邮轮研究机构联盟”及“国际邮轮人才教育联盟”。主办中国邮轮经济高峰论坛、亚太邮轮经济 50 人高峰论坛，集聚了邮轮行业顶级专家和学者，为中国邮轮经济的高质量、有速度、有序的发展提供了有力支持，推动亚洲邮轮港口及城市联系更加紧密，互利合作迈向新高度，得到世界邮轮

吴淞口国际邮轮港全景

协会和中国邮轮协会的高度评价；发起设立亚太邮轮港口服务标准联盟、亚洲邮轮港口协会、上海邮轮供应协会。搭建邮轮产业研究的国际平台，与海贸集团、亚洲邮轮协会、亚洲邮轮港口协会，与美国佛罗里达国际大学、澳大利亚格里菲斯大学商学院及旅游研究院、皇家加勒比邮轮公司、歌诗达邮轮公司等世界知名邮轮公司等的交流合作，促进邮轮产业的高质量、高水平发展。我们还连续六年举办全国乃至国际上首个以邮轮为主题的专题旅游节——上海邮轮旅游节，从2019年起升级为“上海邮轮文化旅游节”，把红色文化、海派文化、江南文化与邮轮经济有机融合起来，把上海服务、上海制造、上海购物、上海文化与邮轮经济紧密结合起来；我们率先开展的“邮轮文化中国行”活动还获得国家文旅部的“点赞”。

拓展上下游产业链，打造中国邮轮实验区和示范区

2012年，为积极推动中国邮轮旅游市场发展，探索符合中国特色的邮轮旅游发展模式，国家旅游局批准在上海设立中国首个邮轮旅游发展实验区。按照实验区建设要求，宝山着力在港口运营、市场培育、产业发展、政策创新及合作平台等方面大力推进20余项工作举措，在先行先试、探索经验上取得丰硕成果。

2019年9月30日，文化和旅游部正式批复同意在上海设立中国首个邮轮旅游发展示范区，要求宝山“充分发挥中国邮轮旅游发展示范区的优势，推动邮轮产业政策创新，引领中国邮轮经济高质量发展，增强服务国家战略发展能力，打造邮轮经济高质量发展的全国样板，为各地提供可复制可推广的经验”。为此，从运营到产业，从政策扶持到市场培育，我们把创新的基因深深植入宝山邮轮经济发展，积极拓展上下游产业链，引领中国邮轮产业向高质量发展迈进。

在产业链上游，我们与顶级造船集团合作，打造邮轮设计制造配套产业集群。大型邮轮与航空母舰、大型液化天然气船（LNG船）是全球公认的造船业皇冠上的三颗明珠，目前我国已经具备设计建造航空母舰和大型LNG船能力，但大型邮轮是唯一尚未攻克的高技术船舶产品。亚洲到目前为止也没有成功的案例，日本试过放弃了，韩国试过也失败了。我国对此是志在必得，

将其作为“中国制造 2025”的重点项目。2018 年 11 月，中船集团与嘉年华集团、芬坎蒂尼集团在首届中国国际进口博览会期间正式签订 2+4 艘 13.5 万总吨大型邮轮合同和 2 艘在营邮轮购买协议。2019 年 10 月，我国首艘国产大型邮轮正式开工点火钢板切割，标志着邮轮建造实质性启动。我们宝山也全面深化与中船集团的合作，推动上海国际邮轮产业园规划建设。承担国家大型邮轮创新工程的中船邮轮科技发展有限公司和专注豪华邮轮和高端船舶装饰工程的中船集艾邮轮科技发展（上海）有限公司落户宝山，以及专注邮轮设计研发的兆祥邮轮科技集团落户宝山；中船集艾邮轮科技公司邮轮配套产品测试认证及研发中心、邮轮模块化整体舱室研发中心和邮轮内装技术人才培训中心的“三个中心”正式落户宝山。随着邮轮建造配套企业集群的成立，宝山逐步形成大型邮轮配套与服务保障能力，努力打造成为国家邮轮核心技术研究和产业化服务基地，为国产大型邮轮建造探索建立中国本土供应配套体系。

在产业链中游，吸引邮轮企业落户，打造“邮轮总部经济”。高水平的邮轮经济发展需要推动全球各类相关企业的集聚，形成产业集群，进而构筑完善的邮轮全产业链体系。我们在上海市发改委、交通委、商务委、文旅局等各部门的支持下，率先出台支持邮轮经济发展的“35 条”，每年拿出 1 亿多元引进和落地一批邮轮相关企业，目前宝山集聚各类邮轮船舶服务、港口运营、邮轮船供、旅游服务、邮轮研发设计等各类邮轮企业近 200 家。嘉年华歌诗达邮轮公司、地中海邮轮公司已在宝山设立运营公司，地中海邮轮宝山公司获得上海跨国地区总部认定，中船邮轮运营总部中船嘉年华（上海）邮轮有限公司落户宝山，计划到 2050 年发展成为拥有 35 艘邮轮的中国最大本土邮轮运营企业。

在产业链下游，放大邮轮服务品牌效应，强化辐射带动。我们设立了吴淞口国际邮轮港口岸出境免税店，其 530 平方米经营面积在近两年年营业额均达到 1.2 亿元左右，接下来还准备将免税店的面积扩展到 2000 平方米左右。在上海市交通委、文旅局、商务委、海关、边检的支持下，营业面积达 1700 平方米的国内首个邮轮港进境免税店也于第二届进博会期间正式开业，成为上海消费经济新亮点。此外，我们积极推动邮轮船供产业发展，邮轮船供总量超过 3.5 亿元，成立上海邮轮供应协会，加快推进亚洲邮轮物资分拨中心建设。推动邮轮服务延伸，包括从机场、高铁直通邮轮港“邮轮直通车”服务、“从家门到舱门”的“行前管家”服务、邮轮保险、邮轮便捷通关条形码、邮轮领队、962060服务热线等，在全国打响了“吴淞口邮轮服务品牌”。

化危为机，推动邮轮经济取得更大作为

不可否认，这次新冠肺炎疫情可能是邮轮发展史上影响时间最长、涉及面最广、损失最惨重的一次危机。中国疫情虽然得到了有效的控制，但是随着疫情在全球的扩散，疫情对全球邮轮业的影响还远没有结束。目前全球邮轮航线全部停航，经济损失难以估算。在美国上市的三家邮轮公司总市值蒸发超过500亿美元，对邮轮经济发展造成巨大冲击。

面对冲击，我们一定要坚定信心，疫情对邮轮行业的影响是阶段性的，不会改变中国以及全球邮轮旅游长期向好的发展趋势。邮轮旅游具有适宜消费购物、适合家庭出行、适合商务团建的特性，决定其发展市场的前景是广阔的。根据相关研究报告显示，即便邮轮市场遭受了冲击，但消费者，尤其是邮轮市场成熟地区的消费者，对于邮轮旅游的信心依然坚挺，面对原先预定的邮轮行程被取消，多达76%的人选择了未来旅行的积分，而不是要求退全款。随着邮轮卫生防疫体系水平的提升，未来邮轮行业依然大有可为，上海和宝山邮轮发展空间依然广阔。上海背靠长江，面向太平洋，发展邮轮经济从区位上来讲具有得天独厚的优势。更重要的是，上海地处中国经济最发达的长三角地区，背靠着拥有2.2亿人口的长三角地区，人均收入水平全国领先，他们对邮轮的理解正从交通工具式的向休闲娱乐式的转变，从一味追求低价向享受生活、讲求性价比转变，这可以说是我们邮轮发展的一个巨大的潜在市场。

在全球邮轮行业重新洗牌的背景下，我们作为刚刚加入的新兴力量，要发挥好在应对疫情等突发情况中展现的制度优势，发挥好我们总体资产较轻、调整发展方向灵活性强的后发优势，更好在全球邮轮行业发展中争取更高地位，取得更好成绩。针对新冠肺炎疫情的影响，我们在国家有关部委和上海市委、市政府的支持下，不仅创造了邮轮港口“零输入、零输出、零感染”的抗疫典范，按照“一船一方案、一船一标准”的要求，成功接回在海上漂

泊数个多月的“海洋量子”号和“海洋光谱”号上的753名中国籍船员，彰显了大国担当；而且为做好邮轮复航前的准备工作，上海国际邮轮经济研究中心积极探索形成邮轮业安全防疫的中国标准。根据国家疫情防控工作的总体要求，我们会同上海市交通委制定《上海国际邮轮新冠肺炎疫情防控工作指引》，配合市文旅局起草《上海市邮轮旅游疫情防控工作指南》，落实属地责任升级《吴淞口国际邮轮港突发重大公共卫生事件应急处置预案》，结合国际邮轮运营管理的特点，按照“强化源头管控、压实主体责任、实施闭环管理、完善联动机制”的原则，从旅客、船员的健康管理，邮轮港口、邮轮公司的防控措施，属地政府和管理部门的职责分工等方面，初步构建了上海国际邮轮及母港新冠肺炎疫情综合防疫体系。吴淞口国际邮轮港提供的模板，现在已经成为上海的标准，接下来我们希望它能成为防范新冠疫情的“中国标准”、应对突发情况的“中国标准”，乃至世界航运业通航中的参照标准，获得更多的行业话语权。

我们更要把发展邮轮经济、培育邮轮文化作为海派文化新的组成部分，展现上海多姿多彩旅游产品的一个方面，作为推动长三角区域联动，满足人们追求幸福生活的新的生活方式。一是推进邮轮旅游振兴。积极推动上海邮轮母港复航，制定复航方案，重点围绕各界关注的邮轮疫情防控问题，形成整体方案，取得各方支持。开展以“信心、安心、称心、暖心、欢心”为主题的邮轮市场振兴计划，整合资源搭建上海世界著名旅游城市的宣传营销平台，助力邮轮旅游企业有节奏地开展线上线下宣传推广活动，全方位推介上海邮轮旅游品牌。积极推动复制实施中资方便旗邮轮无目的地航线试点政策。二是提升邮轮旅游品质。深化与世界主要邮轮公司合作，推动“海洋奇迹”号等全球最新最好及独具特色的主题邮轮来上海运营。全面实施中国邮轮旅游发展示范区形象提升工程，推动港口和城区景观一体化发展，提升景区景点、餐饮住宿、购物娱乐等场所多语种服务水平，打造A级景区。放大“144小时”和“15天”邮轮免签政策效应，推动邮轮旅游和全域旅游协同发展，开发一批适应入境邮轮游客需求的旅游线路、目的地、旅游演艺及特色商品，实现邮轮旅游与上海优质旅游资源联动。三是提高港口运营能力。完善邮轮港口基础设施，将邮轮港纳入全市综合交通规划体系，建设国际邮轮客运交通枢纽。推进“东方之睛”改造，拓展商业空间，优化提升邮轮口岸通关效率。全面推行“无摩擦进港计划”，结合邮轮船票，建立标准化登船流程体系。四是促进邮轮发展开放合作。持续办好邮轮大会，在邮轮行业发展中发出更大声音。疫情冲击后，一些优质的大型邮轮运营商的抗风险能力进一步强化，为邮轮运营打下坚实的基础。宝山集聚了全球顶级的邮轮公司，2019年主办的亚太邮轮大会，更是吸引了全球邮轮行业“大佬”。我们要更多在与邮轮行业利益相关方，尤其是运营商之间的协同合作中发挥作用，在加快筹建上海邮轮协会基础上，努力与邮轮行业龙头企业一起，推动搭建全球邮轮行业的公共平台，整体提升邮轮行业应对疫情等重大突发情况的能力，稳步整合购票、结算、供应、物流等要素功能，共同全面引导邮轮行业健康发展。

邮轮是宝山最富魅力的特色名片，更是上海国际航运中心建设的核心板块。面对疫情，我们依然坚守初心、牢记使命。我们将更加紧密地团结在以习近平同志为核心的党中央周围，在上海市委、市政府的坚强领导下，持续推进中国邮轮旅游发展示范区建设，持续打造千亿规模邮轮经济全产业链，奋力迈向更富魅力的国际邮轮之城，为上海全面建成国际航运中心建设作出新的贡献！

港区功能转化与上海邮轮产业的兴起

口述前记

王迟，1951年3月出生。曾任上海港高阳港务公司经理办公室主任、工会主席、副经理，上海港客运总公司总经理等职。2000年1月至2003年3月先后任上海港务局老港区开发办公室主任、常务副主任。2003年3月至2011年3月任上海港国际客运中心开发有限公司副总经理。2008年10月至2014年3月任中国港口协会邮轮分会会长。

口述：王　迟
采访：杨建勇、刘明兴、范婷婷
整理：刘明兴
时间：2017年11月14日

我从1968年（当时只有17岁）进入上海港工作到2011年退休，加在一起总共是43年。在这43年时间里我一直都在这个叫北外滩的地方工作，从码头工人做起，最后参加了北外滩的改造。所以说我对北外滩以及十六铺码头的南外滩特别熟悉。从邮轮码头的规划、建设一直到经营，我都经历了。邮轮产业的发展与上海老港区产业的调整和国际航运中心建设是密不可分的。

客运产业萎缩，客流逐年减少

上海港国际客运中心所在地被称为北外滩，是上海最早的码头。新中国成立后这里变成上海港务局的两个装卸作业区，一个叫上港三区，主要做内贸件杂货；还有一个叫上港五区，主要做外贸件杂货，所以上港五区码头上停靠的外轮相对比较多。当年外轮不像现在这么普遍，主要是来自日本、欧洲的几个国家。上港五区承担了上海市外贸进出口量的三分之一，这在当年是相当了不得的，地位非常重要。这个老码头有过一个非常繁荣的时期，在20世纪80年代末到90年代初，它的吞吐量、生产效益都非常高，职工有3000多人。

当年的装卸生产都是靠人力操作的，不像现在集装箱码头都可以无人操作全自动化了。比如，当时有一艘新加坡外贸船停靠在我们上港五区码头，装卸工人上船作业先要从上面的甲板，通过直行的梯子一直爬到船舱舱底，要爬53档阶梯。人爬下去之后，然后货物就通过船上吊车吊下去，再通过人力一件件搬运到船舱里面堆放，完全都是人工的。出口件杂货包括四川来的涪陵榨菜，还有各种五金、日用品、钢材、农药化肥、生铁等，吃的、用的，什么都有，都是靠人工往里面装的，没有一点机械化。装货是这样，卸货也是这样，先靠人力往外搬。只有人力搬不动的纸浆，有一个小吊车把它夹出来，放到船舱舱口位置，通过吊车吊上去。传统的港口装卸作业过程中完全是靠人力完成的。当年有个规定：装卸工不能随随便便地调到二线，要保持装卸工队伍的稳定，除非有工伤、有疾病，且检查确认了，经过人事部门批准才能调动工作。这个调动，公司人事科是没有权力批的，一定要报到上海港务局人事处批准。

这两个装卸作业区除了货物装卸功能之外还是客运码头，上港三区里面是公平路客运码头，上港五区里面是外虹桥国际客运码头。随着黄浦江货物装卸功能的逐步衰退，港务局对黄浦江客运码头功能进行了整合，成立了上海港客运总公司。1997 年我被调到客运总公司担任总经理。总公司下面有 3 个客运码头：第一个是比较有名的十六铺客运码头，客船的主要航线是长江，到重庆、武汉、南京等地，我们叫大班轮。第二个是公平路客运码头，这个码头主要承担沿海的客运，到天津、大连、青岛、温州、广州等地。第三个是外虹桥国际客运站，主要停靠国际班轮航线，也经常有国际邮轮停靠，当年有一些国际邮轮，但是不像现在是始发港邮轮，主要是一些来自日本、中国香港等地的访问港邮轮。这个国际客运站条件非常简陋。

在国内航空铁路公路交通不发达的时候，水路客运因为低成本，就占了很大的份额。20 世纪 90 年代中期，在全盛时期上海港国内客运航线达 21 条，每年的客流量达到 1200 万人次。当时有一个笑话，客运公司的老总，最怕的就是过年，过年前后几天都要躲起来，因为人家买不到票要问你拿票。整个上海以水路为主的客运体系到什么时候开始没有的呢？ 2005 年十六铺码头全部炸掉，这个时候水路客运基本停了，所有长江的大班轮航线、沿海航线都停了。原来上海有一家客运公司，还有一家长江航运公司。公路、铁路发展起来后，这些船都停运了。因为走水路速度太慢了，没有优势。

现在全上海仅剩的一条航线就是上海到普陀山的航线，因为上海人有一个传统，喜欢到普陀山去进香，上海到普陀山很近，一个晚上就到了，水路比较便宜，还少了一个晚上的旅馆住宿费，不过客流量已经微不足道了。

港区功能转化，国客中心上马

以前有一句老话叫“以港兴城”，没有上海港口的发展就没有上海城市的今天。现在上海在外面海岛建港，也是上海繁荣的重要标志。以前有一个说法叫“货到两头去，人到当中来”。我们这段码头在黄浦江陆家嘴拐弯处，是上海最好的黄金地段，原来的港口开埠就在这个地方。上港集团的主业是搞运输，但是当时集装箱运输量是做不到现在三四千万箱的。当时在上港集团，有一次我陪领导去考察，他们都认为从长远来看，这个地方已经没有发展的空间了，因为港口的岸线是不可再生的。城市发展到了一定的阶段，它的支柱产业都会发生质的变化。旧式产业的衰微，使得老港区的功能转化势在必行。根据上海市政府的规划，南浦大桥和杨浦大桥两桥之间的老港区要退出生产进行功能转换，还江于民。港区转换功能是件大事情。两桥之间共涉及上海港务局 11 家企业，土地总面积 1.42 平方公里，近 1.8 万名职工，还有将近 12 公里的岸线。根据市里统一规划，上海港务局积极配合，专门成立了一个上海港务局老港区开发办公室，负责港区功能转换方面的工作。2000 年，我又被调到这个办公室当主任，参与了这方面的工作。

之后，上海港务局委托当时的上海立信会计高等专科学校对两桥之间属于自己的土地做了一个评估。评估结论是总的土地价值 25 亿元人民币，土地上的构筑物包括仓库、办公楼、更衣室、所有的机械设备，这些不动产的构筑物价值 12.5 亿元人民币，两者相加 37.5 亿元人民币，评估结论得到市政府的确认。当时上海市成立了申江公司，也叫黄浦江开发办，专门负责黄浦江两岸和老港区的开发置换。2003 年 3 月 27 日，上海港务局与申江公司进行了老港区土地的交接工作。我和财务处徐良嘉代表上海港务局将 43 张土地权证（原来称为土地地契）移交给申江公司。我认为这个是上海港非常重大的一个转折点。从 2003 年开始一直到 2011 年，用了将近 8 年的时间，两桥之间 11 家公司全部撤走了原有的港口装卸生产设备，一万多名职工被分流安排。这样，两桥之间开发的基础工作完成了。黄浦江今天之所以有滨江 45 公里的岸线，上海港务集团是作出贡献的。如果没有这些沿江码头装卸功能的转移，怎么会有今天的两岸滨江步道呢？在两桥之间老港区转换的过程中，我作为当时的一个负责人感受很深，这里是我很熟悉地方，原来属于劳动密集型产业的装卸码头，通过建设一步一步变成今天的样子。

上海市政府瞄准了国际邮轮产业的发展趋势，把原来上港五区的码头岸线规划成国际邮轮客运中心建设用地。这样在交接工作完成后，我就被调到了国际邮轮客运中心，开始在原来的老土地上进行一番新的建设事业，也正式与现代邮轮行业结缘。

国际邮轮客运码头的建设规划，前后经过多次招标。第一轮招标是 3 家公司参加，华东设计院、香港冯庆延建筑设计事务所等做了 3 个方案。当时韩正副市长分管我们单位，向他汇报后我们调整了思路。第二轮招标是 4 家单位，全部都是境外的，有日本的日建公司、加拿大的卡洛斯公司、美国的 gusser 公司，还有一家也是美国公司。4 家公司提供了 9 个方案，模型全部放好。记得那天比较晚了，韩正副市长在陆海祜、陈戍源等港务局领导的陪同下一起过来看方案。看了以后，韩正副市长说："进行专家评审吧。"后面就搞了专家评审，中标的是加拿大的卡洛斯公司。它设计的模型是一朵白玉兰，之后我们就把这个模型搬到市政府 200 号。后来徐匡迪等市领导也来看这个模型，都认为这个模型很漂亮，类似于迪拜海上的建筑，有着超艺术的想象。当然，这栋白玉兰造型的楼也有问题，它中间是胖的，上下是瘦的，专家评审时有人提出高宽比和扭曲度等方面的问题。

2004 年 1 月 3 日，国际邮轮客运中心正式开工，2008 年正式启用。国际邮轮客运中心的容积率是 1.6，地上建筑总面积 16 万平方米，地下建筑面积 24 万平方米，共 40 万平方米，上面留出了大量的空间作为北外滩滨江绿地。客运站属于地下建筑，共三层，每层近 2 万平方米，总共近 6 万平方米。交

上海港国际客运中心

通换乘不是在马路上而是在地下一层，避免了马路的拥堵。换乘之后旅客进入客运站，再上船。

在国客中心这个项目中，在上港五区从外虹桥到公平路码头岸线不到 1.1 公里，除了新外滩花园，其他绿地基本上都是连通的。上港集团让出了这些地块配合市里搞邮轮产业，市政府把外高桥岸线置换给我们建设集装箱码头，走出了港口功能转换和城市发展的新路子。

瞄准国际标准，发展邮轮产业

从参与国际客运中心建设开始，我就正式与国际邮轮行业结缘了。从 21 世纪初直到现在，我还在担任中港协邮轮分会的顾问。外虹桥国际码头有关国际邮轮的记录最早的是清朝载沣，他曾在此坐国际邮轮出国。近代以来，上海很多来往全球各地的国际邮轮都是停靠在这里的。现在国际客运中心和吴淞码头都是一级口岸，设立“一关两检”，可以停靠境内外邮轮，如果不是国家批准的一级口岸，码头是不能停靠外轮的，只能停靠国内的船。所以说，外虹桥国际码头是近代一直延续到现在的都能停靠国际轮船的码头。

2003 年我开始接触丽星邮轮公司的几个老板，当年我从澳大利亚坐丽星邮轮公司“处女星”号到吉隆坡，同行的还有当时的虹口区区长等人，当时我们就和丽星达成合作意向。2005 年国庆节，丽星邮轮公司的“狮子星”（lionstar）号曾进港停靠。应该说最早要来我们这边开办邮轮业务的就是丽星公司。紧接着又来了一艘船，走了一个航次。丽星本来准备在上海发香港航线，在这个航次走了一次后就夭折了，为什么呢？丽星公司从上海到香港航线运营的是开口航线，只有上海到香港，船票要 5000 多元，然后要买飞机票从香港回来。在 21 世纪初 5000 元不是小数目，因为航线产品缺乏呼应，所以就经营不下去了。

2005 年底，嘉年华集团亚洲总部主席兼首席执行官、歌诗达邮轮集团公司主席福斯基先生等来上海，到我们这里参观了模型，当时我们还在建设中。我和他说我们这里有一个邮轮码头，但是要两年后才能投入使用。当时他拜访了上海市政府分管旅游的副秘书长，表示他们的船明年就要来。所以后来就做方案，要弄临时客运站。我提议暂时选择公平路的一个 3000 多平方米

2009 年 3 月，豪华邮轮同时停靠上海港国际客运中心码头

暂不开放停车功能的地下车库改做国际邮轮的临时客运站。之后，我们就花了两个月的时间，把这个临时客运站赶在国际邮轮计划抵达日期之前完工了。这项工作也得到了上海市政府和“一关两检”部门的支持与配合。

2006 年 7 月 2 日，意大利歌诗达邮轮公司的“爱兰歌娜”号从上海港国际客运中心启航了，这是中国现代史上第一艘真正意义上的始发港国际邮轮。所以在 2008 年国际客运中心正式启用前，这个临时客运站成为了国际邮轮的停靠地，一直到 2008 年才取消。

国际客运中心这个码头有个问题，由于杨浦大桥净空高度和航道宽度的双重限制，超大型的船舶进不来，8 万吨级以上的豪华邮轮不能停靠国客中心码头。由于受客观条件限制，今后这个地方停靠的邮轮肯定会越来越少，但是不管怎么样，北外滩的开发和建设，北外滩国际邮轮中心的建设在上海整个黄浦江两岸的开发当中，还是留下了浓墨重彩的一笔。

为了发展邮轮产业，上海市决定在长江口再造一个码头以满足大型国际邮轮停靠的需求。宝山区政府就在吴淞炮台湾地区规划立项建造了 16 万吨级的国际邮轮码头和相关设施，以此来提高上海港接待大型国际邮轮的能力。2010 年 6 月 28 日，吴淞口国际邮轮码头投入使用。这个新的国际邮轮码头现在已经是中国沿海十大国际邮轮码头之一，而且是唯一一个能够赚钱的。客运能够赚钱相当不容易呀！它的收入来源主要有这几方面：第一，码头的靠泊收入。一艘 13 万吨的邮轮载客量在 3000 至 4000 人，停靠码头一次，码头收入是 50 万元人民币。如果每年客运停靠 500 艘次，码头收入就是 2.5 亿元。第二，游客在通过游客中心的时候有一个免税商店，他们在里面购物也是一块大的收入。第三，旅行社的收入也是重要来源之一。

国际邮轮是一个休闲旅游产品。乘坐国际邮轮时，游客大部分时间都在船上，船就是一个酒店，是供大家活动的地方，是一个休闲娱乐的场所。国际邮轮有两种业态，一种是始发港邮轮，比如从上海出发到日本再回来，从上海出发到韩国再回来。另一种是访问港邮轮，全球走的船到上海来停停，到大连来停停，到南边停停，船停在码头可以停一天，也可以停两天，游客可以下来游玩，也可以到周边城市游玩，这些就是访问港邮轮。中国的国际邮轮产业发展时间很短，只有十几年时间，但是它发展势头之迅猛是令国际邮轮公司刮目相看的。现在的发展速度每年以30%至50%比例在递增。2006年时全国邮轮始发港只有上海一个，上海国际邮轮进出人数是3万；到2016年底，全国国际邮轮进出人次是439万，增长了大约150倍。中国现在是一个国际邮轮消费国，说得坦率一点就是国际邮轮游客的输出国，因为我们的人口比较多，而且现在中国老百姓的生活水平在日益提高。

国际邮轮产业的发展与其上游链密切相关。国际邮轮的上游链主要指以下三个方面：

首先是国际邮轮的资本即造船的钱。造一艘1万吨排水量的邮轮，造价在8000万美元左右，一艘10万吨的国际邮轮造价就是8亿美元。国际邮轮公司是大资本聚集的地方，全球最大的国际邮轮公司嘉年华，它下面有8个子公司，拥有80多艘国际邮轮。上游链当中最重要的就是国际邮轮资本，怎么能够使国际邮轮资本在这个产业链中得到充分运用，就是把船舶的融资、租赁业务也要用在邮轮上。

其次是国际邮轮的设计与建造。国际邮轮船舶设计不仅是船体、动力等基本内容的设计，还包括少至数百个客房、多则几千个客房酒店的设计。前者强调安全性，遵循以人为对象的海上安全运行规范；后者则是围绕为人的服务，形成在茫茫大海中独立运营的生活体系。目前中国的高等学校虽然有船舶设计的专业课程，也培养了大批这方面的专业人才，但是国际邮轮船舶设计却是空白的。即使现在的中国造船业拥有全球最大的船坞和建造超大型货轮的现代化设备和设施，能够拿到建造国际邮轮的订单，但鉴于国际邮轮船舶设计的缺失，不得不在核心技术方面求教西方。此外，进入中国的境外邮轮每年的航修还只能安排在新加坡或者日本，因为我国的造船企业虽然拥有较好的硬件条件，但是缺乏国际邮轮维修的专业技术人员以及相应的材料和配件。

最后是国际邮轮的经营和管理。国际邮轮是以人为主体的特殊海上航运形式，其航运和经营的要求及标准远远高于货轮。目前，初尝国际邮轮航运的 3 家中国资本的企业，已经碰到了高级邮轮航运管理人才缺失的问题。这也是携程网不得不将其 2015 年购进的“天海世纪”号邮轮交由美国皇家加勒比国际邮轮公司进行管理的原因。国际邮轮高级航运管理人才不是一般的海乘人员，其应该在专业教育体系的培养下，经过一段时间的实践而造就。另外，国际邮轮经济学和统计学是一个集海上航运、酒店管理及社会物化因素于一体的经济体系，更需要在实践中累积知识和经验。这方面也是中国国际邮轮产业的发展短板。

这三个方面我们中国还很薄弱甚至是空白的，但是现在有些方面已经开始起步了。2015 年习近平主席访问英国时，见证了一个合同的签订，嘉年华委托中船集团（CICC）在外高桥造船厂建造两艘 15 万吨邮轮，交货期限是 2022 年，总投资 26 亿英镑。这就说明，中国的船厂已经正式接外国邮轮建造的大订单了。

全世界有 4 家建造国际邮轮特别有名的企业：意大利芬坎蒂尼造船集团、德国迈尔船厂、法国大西洋船厂和芬兰阿克尔造船厂。意大利芬坎蒂尼的总设计师说：这艘船放在上海造，他们公司派两个团队过来，一个是设计团队，一个是监工团队。一艘船有两个部分，一个是动力部分，一个是酒店部分。一位中国船厂的总工程师曾对我说：“有些国内船厂的电脑设计系统还不能容纳一艘邮轮的全部图纸。”可想其有多庞大。芬坎蒂尼派了一个设计团队来了以后，分解造船图纸，落实施工图，就是工人拿着图纸知道钉子要敲在哪里，应该多少尺寸，因为前面的那些都是概念。另一个监工团队，因为有技术施工，需要配合设计的。该总设计师说过，同样一艘船在中国造比在欧洲造成本要高 10%，为什么呢？很多材料必须从欧美运过来，多了物流成本、关税。外国公司愿意把国际邮轮放在中国建造就是看上了中国巨大的市场。国际邮轮上游链这个部分我们开始起步了，但是与国外的差距还是很大的。我们要占领国际邮轮这个产业的高地，没有上游链这部分，我们永远只是消费国、输出国。

所以说，中国的国际邮轮产业还有很长的路要走。我们只有认清不足、找准目标，才能使得上海乃至中国的国际邮轮产业有所作为。我曾经提出过未来国际邮轮产业发展的一些想法：

第一，卧薪尝胆把国际邮轮产业上游链的基础建立起来。针对中国在国际邮轮产业上游链上存在的问题，我认为应该系统规划并逐步实践中国资本进入国际邮轮市场的运作，初期可以充分利用现有西方国际邮轮界多年运营的成熟经验，再对日后经营市场进行评估，政府相关部门可以会同专业机构，通过调研形成一个指导意见，以防在中国资本进入国际邮轮市场之后，出现先天不足、后天乏力的状况。

此外，尽快在高等学校船舶设计专业中增加国际邮轮设计课程是关系到今后中国国际邮轮产业发展的一项十分重要的基础工作。国内大型造船厂的设计团队则应该在初步参与建造国际邮轮的同时，通过国际交流向欧洲船厂选派设计人员学习，尽快掌握国际邮轮设计的要点，为近期可能陆续拿到的国际邮轮订单做好技术准备。

中国造船工业完全具备建造国际邮轮的能力。中国在船舶本身建造和维修的技术水平方面已经世界领先。至于国际邮轮酒店装修方面，近年来中国酒店装修的技术也已经达到了国际水平，只是国际邮轮酒店装修材料选用和施工技术方面与岸上酒店的要求有些不一样。为此，造船厂这方面的短板完全可以由国内的装修工程企业来弥补。建议造船厂可以根据国际邮轮设计的要求，采用招标的方式，挑选国内有着良好业绩的装修企业来承担这方面的工作。

培养和造就一支国际邮轮航运高级管理人员和邮轮高级船员的队伍，是打造中国国际邮轮船队的重要基础。建议在现有高等学校的航运专业中增加邮轮航运管理课程，有计划地系统培养国际邮轮高级管理人员和高级船员专业人才。具体课程的设置可以与设在英国伦敦的“海贸”（Seatrade）合作。该组织目前是全球较有权威的邮轮机构，其经常开办邮轮专业的培训班，能够组织有丰富国际邮轮运营经验的各大国际邮轮公司高管和各大院校的教师担任教师。

第二，加强访问港的研究和发展。我们现在是国际邮轮输出国，沿岸城市在国际邮轮经济上没有得到什么份额。上海人到宝山坐船去日本，回来就回家了，这就只有交通费的支出，其他都没有。江苏人到上海坐邮轮出国，因为国内城市间交通发展了，他可能不在上海留宿，估计也不会在上海消费什么东西，要买东西会到国外去买。所以，在国际邮轮的发展上，访问港的发展和建设十分必要，不要一味地看重始发港，要努力地让外国人在中国消费，而且我也认为除了上海，中国还有一些其他港口有条件成为访问港。

第三，注重邮轮文化的研究和培养。国际邮轮分 4 个档次，最低档是平价邮轮，第二档是大众邮轮，目前在中国走的 15 艘船都是这两个档次的；第三档是高端邮轮，最高档的是奢华邮轮。不管是什么档次的国际邮轮都会涉及邮轮文化。邮轮文化有两个比较重要的方面：一是让游客快乐。就是让游客上船后感到愉悦，这个行程是物有所值很开心。怎么开心呢？邮轮上配备了不同层次不同年龄段人群所需要的娱乐享受的服务。二是让人有尊严的感觉。邮轮有两种形式，一种是像挪威邮轮 NCL 那样的自由风格邮轮，还有一种形式是比较传统的。在西方，国际邮轮经典的航线是 7 天，游客上船后会有两个船长晚宴（captain party），要求男士一律穿正装，女士一律是晚礼服，大家就一起在船上享受美食、享受服务。男士正装、女士礼服穿上后，感觉就会完全不一样，人对自己举止的要求会随着着装的变化而提高，这种场面会让人感到有尊严。虽然部分游客有时也会有一些不文明的行为或者举止，但是邮轮这个产业的发展，也会增进我们的文明意识。所以我说，培养邮轮文化也是我们邮轮发展的方向。

"天人合一"造就上海振华领先世界之路

口述前记

管彤贤，1933 年 3 月出生。历任交通部水运司工厂处副处长、中港总公司船机处处长等职。1992 年至 2009 年任上海振华港口机械股份有限公司［上海振华重工（集团）股份有限公司］董事、总经理、总裁。

口述：管彤贤
采访：徐建刚、谢黎萍、杨建勇、张　励、龚思文
整理：龚思文
时间：2019 年 8 月 6 日、2020 年 4 月 9 日

1955 年我从北京工业学院（现北京理工大学）毕业后，分配到交通部做技术员。1957 年，我被错划成“右派”，之后先在农村待了十年，又在工厂待了十年。中共十一届三中全会后，我获得平反，回到交通部工作，担任交通部水运司工厂处副处长，后来又担任中港总公司船机处处长。1992 年春，邓小平同志视察南方并发表了著名的南方谈话。就在这一年，已经 59 岁的我选择创业成立振华港机。

幸运的是，振华“立足上海、服务全国、走向世界”的梦想成了现实。公司最初的注册资金只有区区 100 万美元，15 年后公司资金达到 8 亿美元，翻了 800 倍；2018 年，公司实现营业收入 218.12 亿元人民币，利润总额 5.37 亿元，已经连续 20 多年保持岸桥产品全球市场占有率第一。最初成立的时候，振华只有十多名职工；到现在已经发展到数万人，拥有目前世界上规模最大、能力最强的一支大型港口机械制造队伍。对此，我最深的感悟是“天人合一”——振华既赶上了中国改革开放和参与经济全球化的大环境、大气候，又凭借自身的不懈努力，从默默无闻到蓬勃发展，走上了领先世界之路。

顺应天时，乘势而起

我在交通部工作期间，因为工作关系，对国内和国际上的港口机械制造企业及其产品一直都很熟悉。1992 年，我 59 岁，在中港总公司船机处处长岗位上任职，再过一年就可以退休了。我这个人不喜欢“名”，也不想出名，但我一直想做事——从年轻时求学所受的教育到在工作岗位上接受的培养和锻炼，都对我产生了很深的影响，我一直觉得应该为国家多作贡献，应该在所从事的行业和领域做更多实实在在的事情。而且，在邓小平南方谈话后，大家都在集中精力把生产力搞上去，没人再谈年龄了，也没人找我说“您该退休了”，没人讲这话。于是，我请求组织把我调到上海，创办一家新企业。组

织上同意了我的申请。由当时中国港湾集团公司（后与中国路桥集团公司合并成为中国交通建设集团有限公司，简称中交集团）出资 50 万美元，上海港机厂又以一块地皮作价 50 万美元，成立了注册资金 100 万美元的上海振华港口机械制造厂（ZPMC），由我担任公司总经理；又从上海港机厂分拨给我十多名职工。就这样，在位于浦东白莲泾地区（今浦东南路 3470 号）的简陋办公室里，寓意“振兴中华”的上海振华港口机械制造厂“开张”了。说实话，刚开始的时候，振华是既缺钱又缺人才，更无资历业绩。振华的成长，在自身克难奋进的同时，离不开“天在造就”——大环境、大气候为我们的成长创造了许多准备条件。

从 1978 年 12 月召开党的十一届三中全会，我国走上改革开放的伟大历程后，1992 年邓小平同志发表南方谈话是一个重要标志，为我国的对外开放开启了蓬勃发展的崭新篇章。开放的一个很重要标志就是对外贸易。外贸是衡量一个国家经济发展水平的重要标志。当时世界上最发达的国家，像美国、日本、德国、英国，等等，要看经济的发达程度，主要就是看外贸。就在邓小平同志南方谈话之后，在我国长三角、珠三角、环渤海以及其他地区纷纷建立起以对外贸易为主的功能区域，进一步促进我国外贸飞速发展，而集装箱吞吐量就是外贸发展水平的集中体现。早在 1992 年，上海的集装箱吞吐量只有 40 万箱；到了今天，这个数字已经超过了 4000 万箱。从这个意义上讲，以重型港口机械为主打产品的振华成立于 1992 年春天，可谓是“应运而生”。

还有一个重要的“大气候”，就是 2001 年中国加入世界贸易组织（WTO）。1989 年国际上发生了很重要的事件——“柏林墙倒塌”，意味着“冷战”即将结束；原来国际上“平行”的两个市场，慢慢变成了一个“全球市场”。若干年后，原来的“关税与贸易总协定”也被新的“世界贸易组织”取而代之。世贸组织倡导互惠、透明度、市场准入、促进公平竞争、经济发展、非歧视性等原则，目的是建立一个完整的、更具活力的和永久性的多边贸易体制；中国加入世贸组织意味着可以享受最惠国待遇；一系列贸易壁垒，包括关税和非关税壁垒等许多对我们不利的限制，也将逐步减少。这有利于我们中国企业在更加平等的条件下发展对外贸易、参与国际市场竞争。

纵观世界各国，对外贸易和经济全球化都离不开交通运输和港口建设，而集装箱的出现，极大地改变了全球交通和港口行业的面貌。虽然在刚被发明出来的时候，集装箱这个“怪物”并不被人们看好，但到了今天，谁要是不搞集装箱，谁就没办法搞外贸！谁也不会否认，作为20世纪最重大的发明之一，集装箱拥有“标准化的标尺、装卸效率高、可全天候作业”等“十大优点”。全球各大港口为争取集装箱大船的停靠，纷纷扩充码头、深挖航道，大量添置高效的集装箱机械。在这之后，随着“船舶大型化”趋势愈演愈烈，以及“超巴拿马集装箱船”的不断投入使用，要求港口的集装箱机械也要随之“大型化”甚至“巨型化”，从而满足港口和船舶更新换代的需求。这样一来，超大型港口机械便出现了巨大的市场需求。

正是在市场需求推动下，世界上出现了30多家生产集装箱机械的企业，包括德国的克虏伯、MAN，美国的帕山科，英国的莫里斯，比利时的马尼托瓦克，日本的三菱、三井、住友、石川岛，韩国的三星、现代、斗山，等等，“群雄逐鹿、各显身手”，各自占据着世界市场的一定份额。令人痛心的是，当年由于中国缺乏重型港口机械制造企业，即便是我们自己的企业和港口，购买的也不是我们中国的产品。我们振华港机做集装箱机械这块业务，等于是把自己推上了世界港口机械发展的“风口浪尖”。

既然生逢其时，自然是“初生牛犊不怕虎”，振华在与全球制造业巨头的竞争中历练、成长。1992年诞生之年，振华就把第一份竞标书递进了加拿大温哥华港，成功地获得了第一份海外订单。我们就像制作一件工艺品一样精细化制造这“第一单”港口机械，为此我们所花费的代价、投入的精力可谓巨大。说实话，“第一单”并没有为振华带来多少利润，但这毕竟是我们在没有任何国际市场业绩的背景下，开启了参与国际竞争的新篇章。让我们倍感欣慰的是，“第一单”还没完工，温哥华港又追加了“第二单”，这让我们对产品出口海外进一步增加了信心。

紧接着，我们把目标瞄准当时全球外贸最发达、最大的集装箱机械市场——美国。美国市场对港口机械的标准近乎严苛，令全世界的重工企业都视为畏途。然而，当美国迈阿密港派人到温哥华港“一探究竟”后，竟然同我们签订了合同——一次性采购4台巴拿马型岸桥。这时我们才注意到，在经济全球化背景下，国际市场上其实还是有一个相对“公平”的原则存在的——只要你产品好，就会有人要，正所谓“产品就是活广告”。在进军美国市场的道路上，温哥华港就成了振华的“活广告”。订单随即纷至沓来。1998

年，美国发起 6 次港口机械国际招标，振华“独中五元”。2000 年，在高手林立的欧洲市场，我们凭借全自动化港机，进入世界起重机发源地——德国，在汉堡和不来梅的码头上，屹立起振华的产品。德国的一些议员因为不满德国港口竟然不使用德国设备而采用中国设备还闹到了议会，最后也是不了了之。20、21 世纪之交，我们的产品已经进入了遍布全球五大洲约 28 个国家和地区的 70 余个码头，在世界范围内形成了巨人影响力。

2002 年，时任中共中央政治局常委、国家副主席胡锦涛同志访问美国，在旧金山时正巧目睹了我们振华的运输船运载着 4 台振华的岸桥通过金门大桥，“庞然大物过金门”引起旧金山市民围观，赞叹声此起彼伏。当晚，旧金山市市长在晚宴上致辞：“感谢胡副主席为我们送来了中国的集装箱岸桥。”胡锦涛同志在担任中共中央总书记、国家主席、中央军委主席期间，一直关注并多次在讲话中称赞振华。在 2006 年 6 月视察上海时，胡锦涛同志专程来到我们公司调研，就提升企业的自主创新能力对我们提出了殷切期望。

2004 年，全球最大航运公司马士基与我们签下连续 3 年大单；就在同一

2002 年，“振华 1 号”运载 4 台奥克兰岸桥通过美国旧金山海湾大桥

年，振华在新加坡港、韩国釜山港实现了“零的突破”，还一举夺得全球港机金额最大的阿联酋迪拜港订单。2008年，振华创造了年生产300台岸桥、600台场桥这一全球同行均无法企及的世界纪录，并且占据了全球70%以上的市场份额，从强手如林的世界重型机械制造行业中异军突起，当之无愧地成为世界上最大最强的重型港口机械制造企业。“振华”这一“中国制造”“上海品牌”遍布全世界各大集装箱港口。

顺应天时、应运而生，抓住市场、乘势而起。良好的大环境、大气候，推动着我们振华在成立之初立下的豪言壮志——“世界上凡是有集装箱作业的港口，就要有振华港机的产品”——一步步迈向现实。

剑走偏锋，技压群雄

广阔的全球市场和巨大的市场需求为全世界所共同拥有，为何只有上海振华能“一枝独秀”？在保证质量、高技术的同时，不得不提到的是我们振华自己的“独门武器”。

全球各大港口机械制造企业面临的同一个难题，就是准时交货。大型港口机械供应的客户大多数是新码头。投资方建设码头，需要做两件事情：一件事是要找船运公司，因为货物和集装箱在船运公司手上，把船运公司拉来了，货物和集装箱就来了，港口的吞吐量和经济效益就上去了；另一件事就是要找港口机械制造企业，购置集装箱起重机进行装卸。这些起重机要是去早了，码头还没准备好，没办法安置装卸；要是去晚了，船运公司的货运来了，一看没有起重机，它扭头就走，找别的码头去了。所以准时交货非常重要。

然而，要实现准时交货却很困难，因为这涉及很多方面的问题——除了需要提前完成工程建设并确保产品质量之外，还需要综合考虑长途运输困难、现场安装条件严酷以及各国各地验收规范不同等种种问题。1996年，日本的三井重工公司向美国长滩供应6台岸桥，就因为电气布线不符合美国标准而被要求返工；又因被强制要求返工导致延期交货，赔款3000万美元。这样一来，等于是“买卖白做”了。三井是享誉全世界的知名重型机械企业，就连他们在美国也“挨罚”了，这样的教训太深刻了。振华着眼于进军全球市场，在保质保量完成产品制造的前提下，一定要积极克服和解决运输、安装和验收等方面因素可能造成的不利影响，全力确保准时交货，极力避免“挨罚”情况出现。

当年全球市场上可供集装箱起重机整机运输的企业，唯有荷兰Dockwise公司一家。我们亲历其服务后，发现它不仅价格贵（比如，我们运到温哥华的第一台岸桥运费要价90万美元，第二台马上涨到130万美元）、不保证按时到货，而且整机到达后还要马上交付（否则罚款）。这些令人不愉快的“卡脖子”经历促使我意识到：振华若要真正打开世界市场，必须要有自己的整机运输船！有人质疑说：“你是做起重机的，搞什么船？”可我意识到，我要是不弄船，我就没有运输工具，没有运输工具就难以准时交货，不能准时交货我们振华就肯定没有前景，不如先干了再说。于是我们先花了200万美元买进一条装煤炭的旧船，然后组织技术人员去国外学习请教，回来后切割组装、实施改造。在力排众议并克服重重困难后，我们建成了自己的整机运输船队，最多时共有6万至10万吨级整机运输船28艘。事实证明，这是一项“剑走偏锋”的“奇招”，使我们得以把重型机械以整机形态送货到用户码头上。到目前为止，全世界还没有第二家港机企业拥有自己的船队。日本三菱公司也曾找我们帮忙运输了10台重型机械。

除了拥有自己的船队之外，我们振华员工克服严寒酷暑、恶劣天气影响开展作业的能力和毅力也令世人为之敬佩。比如，我们当年在香港最繁忙的码头不间断作业时，天空正下着瓢泼大雨，然而被淋透的工人们却一刻不停，连续48小时，一气呵成地完成了“将两台旧的起重机换下，再将两台新起重机从整机运输船移上码头，最后通上电投入生产”的整个过程，令香港客户由衷佩服。不仅如此，我们还主动邀请客户所在国家和地区的监管部门派员来我们这儿开展检验，以便及时作出整改；确保设备运到他们那边后，接电即可投产，不需要返工。这样一来，“准时交货”的“旷世难题”在我们振华这里得到了有效解决。

说到整机运输，我从心底里感谢上海这座城市对我们振华的大力支持。众所周知，振华的诞生地是上海，但我们最初是把基地设在江苏省江阴市的长江沿岸。在我们逐渐打开世界市场的时候，江面上陆续建起的长江大桥桥面高度不够，使我们大型集装箱桥吊的整机运输遇到了阻碍。正当一筹莫展之时，我们再一次将目光聚焦上海，寻找振华新征程的启航地。

那时的上海，建设国际航运中心的战略构想已经形成。由交通部牵头有关地区和单位实施的长江口深水航道治理一期工程已接近完工；二期和三期工程也在规划并将陆续启动实施，长江入海口水深不足、大船无法出入的困境将得到极大缓解；洋山深水港论证工作也正在深入开展，一期工程可行性研究报告即将形成，一直以来上海缺乏深水良港问题的解决指日可待。从今天来看，当初两大举措的同时推进，成了决定上海国际航运中心地位的关键之招！经过长江口航道治理，主航道通航水深从 7 米增加到 12.5 米，航运经济效益大大提升；洋山深水港更是成为上海港集装箱年吞吐量先后突破 2000 万、3000 万、4000 万标准箱的主力工程。与此同时，上海也在发展现代航运服务业方面努力探索，近年来已相继成立了海事仲裁院、国际航运仲裁院等机构，这很有必要。对于建设上海国际航运中心来说，除拥有“硬实力”外，法治保障良好的“软环境”也是不可或缺的。

2000 年，在交通部和上海市的支持下，在上海长兴岛的南部沿江地带，划出了 300 多万平方米的地方给我们建长兴基地，其中岸线长度达 4.65 公里。通江达海的优越位置、价值连城的“黄金岸线”，使我们陆续添置的整机运输船有岸可停泊，一批批巨型港口机械可以整机形态出海运往各大洲。从此，振华在通向世界的征程中迈上了“快车道”。

在此基础上，我们沿着岸线建起可承重 2000 吨的超重型车间，并在车间旁建起承重码头，极大地缩短了产品在基地内的运送距离，大大压缩了生产周期、提高了生产效率。要知道，港口机械设备不仅自重可达数千吨，它的每个部件重量也都在百吨以上。国外的重型机械企业由于大都位于内陆地区，怎样实现万吨级钢结构运输成了他们的难题。能在水边“安营扎寨”，对他们来说是可遇而不可求的优越区位条件。此外，我们还采取了用大型浮吊在承

振华重工长兴生产基地全景

重码头上安装岸边集装箱起重机的做法，实现“高空作业低空做”，这比在陆地上安装机械要快好几倍，我们振华的产能在世界上也达到了同行无法企及的水平。

振华新基地落户长兴岛至今，上海各届市委、市政府领导都非常支持我们振华在上海的建设和发展。其中，2007 年 9 月，时任上海市委书记习近平同志在长兴岛调研，第一站就来到我们振华港机。他称赞振华港机等装备制造业代表了上海水平、中国水平，是优势产业、名牌产品；指出市委、市政府将一如既往地关心重型装备业的发展，支持企业不断优化产业结构，壮大和提升优势产业。2013 年 7 月，中共中央总书记、国家主席、中央军委主席习近平同志在冒雨视察武汉新港阳逻集装箱港区时，还特意问起岸桥设备是不是上海振华建造的，可见他对振华印象之深。俞正声同志在担任中共中央政治局委员、上海市委书记期间专门听取了我们振华的工作汇报，对我们企业的发展一直很关心、一直很支持。2018 年 6 月，中共中央政治局委员、上海市委书记李强同志专程来振华调研，对振华人不懈努力、艰苦创业给予了充分肯定。上海市有关委办局，包括原经委、外资委、商委（现为商务委）、建设交通委，等等，都对振华的建设发展提供了大量帮助，一直在为振华在上海落地生根、发展壮大创造最有利的环境。

从这个意义上说，我们振华不仅顺应了天时，也占得了地利——能在上海这一国际航运中心城市诞生、成长并走向世界，是我们振华莫大的荣幸。

人尽其才，独树一帜

我一直坚信，任何成功都是“天人合一”的结果——无论再好的大气候、再优越的环境条件，想要事业有成离不开“人”的努力。1992 年初成立的振

华，从白手起家、一无所有，经历了由小到大、由弱到强，到现在成为行业魁首，同样依靠我们自身在质量标准、技术创新、公司管理和人才支撑等方面的“独树一帜”。下面我就来讲讲这几个方面的“依靠力量”。

第一，依靠过硬的质量标准。

集装箱机械属于耐用工业品，一用就是几十年，所以第一要求就是质量可靠。我们在这方面下了很大功夫。集装箱起重机设计和制造国际标准的英文文本，堆起来足足有两三米高，但我们的管理人员与工程技术人员在短时间内就能吃透20多种国际标准，并落实到每一位员工、每一道工序、每一个部件。在制订设计方案和工艺流程时，我们不惜重金聘请业内专家来讲解；在制造过程中，我们不仅主动要求客户派出监理，甚至自己花钱聘请外国监理来“找碴儿”。我们的产品终身保用，售后服务都是免费的。在我的理念中，除非产品没做好，否则需要售后服务做什么？

而且我注意到外国客户有一个特点：第一次他买你的产品，如果用下来没有大问题，第二次他还买你的；反过来说，你想要打破他的“传统”或“习惯”，也是不容易的。有一次我们在加拿大的产品出了点问题，我头一天要求集齐工具配件，第二天带队包机飞到加拿大，第三天就在现场解决了问题，令加拿大港务部门很是佩服。2006年，振华第1000台港机下线——这台极具纪念价值的机器，温哥华港很早就向我们预订了；我们也讲义气，倒贴了300万美元，仍按1992年的价格卖给他们，虽然它已经比第一台港机要先进得多。对方乐坏了，不仅再添5张订单，更是逢人就替振华做宣传、打广告。日本、韩国原来一直标榜“必用国货”，新加坡也不肯要我们的设备，而现在这些国家许多港口都在使用我们的产品，还是因为质量好。我们在中国台湾地区的项目也做得很成功——自从振华的设备进入中国台湾地区后，他们就很少再买外国港机设备了。客户从不了解我们到主动找着我们要买货，说明过硬的质量标准就是最好的“通行证”。

第二，依靠不断技术创新。

说到技术创新，那是振华最引以为豪的。我们首创一次吊运两个40英尺集装箱的起重机新技术，使得装卸效率提高50%以上，被称为“21世纪起重机更新换代产品”。我们首创全自动化双小车集装箱起重机，成功化解了“卸船要高、装车要矮”的矛盾。我们首创应用超级电容的轮胎式集装箱起重机，达到降耗30%、降噪、消除黑烟的环保效果。我们首创高效环保智能型立体集装箱码头装卸系统，被称为集装箱装卸史的一场革命……在振华的技术创新历程中，“中国创造”令世界为之惊叹的例子数不胜数。

全世界绝大多数的码头，不是在建在海湾里就是建在河口内。比如，德国汉堡的港口在易北河上，易北河河口就有桥；美国纽约的哈德逊河上，也是一座桥接着一座桥。可是集装箱起重机都是二三十层楼高的“钢铁巨兽”呀，怎么能运输进来呢？其他公司基本都做不到。但我们振华就有一项“特技”，在运输过程中把机械暂时“变矮”，这也成了我们自己的“独门武器”。

2011年，历时5年建设，飞架在旧金山与奥克兰之间的新海湾大桥交付使用。这是世界桥梁史上难度最高、跨度最大的单塔自锚抗震悬索钢桥，桥身全部4.5万吨钢结构的承建方就是我们振华。我们拿到这个项目真是很不容易，连美国都震惊了——“世界上最难做的桥”怎么可以给中国做呢？旧金山这个地方还是一个地震带；建造的这座桥需要防止8级地震。为了做这个项目，我们建立了两个高25米的重型车间，相当于8层楼高。但美国人到最后总结讲，幸亏这个项目是给了振华。

在“每年至少诞生一项世界第一”背后，振华有一套稳定的研发投入机制作为支撑和保障：我们不仅建立了自己的技术中心，还与同济大学工程学院、上海材料所等建立了长期合作关系；公司董事会每年以产值的3%作科技开发基金。可别小看这3%，这意味着我们每年在开发基金上至少要投入3亿至4亿元！

2005年，上海振华港机“新一代港口集装箱起重机关键技术研发与应用”项目荣获国家科技进步一等奖。在2006年1月举行的全国科技大会上，时任中共中央总书记胡锦涛同志亲自为我们振华颁发这个奖项。后来我们还陆续获得其他奖项。曾经担任上海市市长的徐匡迪同志一直对我们振华印象很深。2008年3月，时任全国政协副主席、中国工程院院长徐匡迪同志在接受《科学时报》采访时还特别提到，上海振华港机的大型港口机械设备等产品的技术已达到世界先进水平，成为国民经济的重要基础和国家实力的象征。我们不管获得了多少肯定、取得了多大的进步，都不会去搞什么仪式或庆祝活动——做了很多事情但不去“炫耀”，这也是我们振华的一个特点，这就跟我们从来不做广告、我们的产品就是我们的“广告”是一样的道理。

我本人在退休后还担任过同济大学客座教授，虽然已经到了耄耋之年，但仍然坚持每天来到“产学研三结合工作室”，同研究生一起研讨、攻克振华新产品中的难题。时至今日，创新仍在带给我无尽的乐趣。

第三，依靠严格的公司制管理。

我们振华是中交集团旗下的控股公司，从企业性质上看属于国有企业。然而，从管理模式和运作方式上讲，我们企业实行全员劳动合同制，没有“大锅饭”“铁饭碗”“铁交椅”。从决策机制上说，我这个总经理负责决定公司的一切大事，事事由我拍板负责。对企业来说，要是决策没有效率，你就拿不到项目、赚不到钱。在核心业务上，振华实现了从设计、配套、制造、安装、调试、运输到售后服务，统一指挥、不断调整，以满足合同要求。作为公司“一把手”，我没有秘书，大大小小文件都是我亲自起草。我任总经理期间也没有专职司机。公司副总经理以及党组织、团组织和工会组织负责人都不脱产，每个人都要兼任部门经理，而且每个月都要向我汇报资金使用等情况。所有的高管，包括我本人在内，既没有公司股份，也不拿高工资、高奖金。既然是领导，就必须身先士卒、先忧后乐。因为公司效益好，我们职工的工资福利在全上海是名列前茅的。

第四，靠人才队伍支撑。

港口机械是一个劳动、资本、技术“三密集”的行业。但如果没有人才支撑，很难取得发展。好在企业本身就是一个大学校——企业打造出产品的同时，人才也涌现出来了。实际上振华有很多员工，学历并不高，但是在实践中练就了过硬的本领。比如说，刚才提到我们振华独有的 20 多艘整机运输船，就是靠我们振华员工的智慧，自己改建的。

我用人向来不拘一格——“蓝领”“白领”都能成为我的得力干将。“蓝领”工人们来自五湖四海。我们从生产大型产品特点出发，全面实行以“吨”为基础的项目承包制——项目负责人一律按产出的“吨”付酬；“蓝领”工人也一律按付出计酬，鼓励“多干多得”；公司重点抓数量核查、质量检查，显著提高了工人的生产积极性。2006 年，时任中共中央政治局常委、全国人大常委会委员长吴邦国同志来振华港机考察时，我就着重向他介绍了振华在“不拘一格用人才”方面的创新突破。我们还为“蓝领”工人们建了家属宿舍，添置了沐浴房、洗衣房等生活服务设施。公司还引进了电影放映，与上海市区影院同步播放新片，看一场电影只要 1 元钱（后改为免费）。与此同时，我要求“蓝领”工人们也必须学英语，并且立下规定：只要通过内部考试，直接涨工资。当年造美国新海湾大桥对电焊工人的需求量是 2000 人，但根据当地法律，电焊工人只有通过美国焊接协会的技术认证才能获得施工资质。于是，我们振华大批能吃苦、技术精湛又懂英语的电焊工人就有了“用武之地”，甚至在施工现场还能与美方工作人员实现无障碍交流。

“白领”则包括技术人员和管理人员，一律采用聘用制。“白领”人数少，但公司的福利和奖励，大多向“白领”倾斜。我担任总经理期间，每年公司都会以重金奖励科技创新成果；后来又增设“振华功臣”荣誉称号，为获得者颁发百万元大奖。公司为他们提供高额的大病就医担保，为他们解决购房、买车等问题提供长期无息贷款，还定期组织春游、秋游、观看文艺演出。公司主要干部都看过世界“三大男高音”表演。我还把近 400 年来最好芭蕾舞、音乐剧的碟片买来送给职工，并要求他们认真阅读文学历史著作，让大家知道什么是“阳春白雪”。

当然，“厚爱”和“严管”必须结合起来。振华成立之初，我就立下“五不准”规定：不准吸烟、不准搞“第二职业”、不准酗酒、不准赌博、不准搞“第三者”。“家和万事兴”——要是职工在家里一天到晚吵架、闹矛盾，你说他在单位能干好工作吗？我就是从这种最朴素的观点出发来管理队伍的。

我们在今天回顾历史，就会发现有很多事情，回头看才能看得更清楚。振华近 30 年的发展历程，同中国改革开放、参与经济全球化的伟大历程，同上海建设国际航运中心的重大历程，同我们自身坚持不懈的努力都是密不可分的。能将这些重要历程认真记录下来、严格保存下来，这是非常了不起的事业。我记得在 21 世纪初的时候，上海昆剧团排演过一部大型历史剧——《班昭》，其中有一段唱词说得好：“最难耐的是寂寞，最难抛的是荣华。从来学问欺富贵，真文章在孤灯下。”无论是做事业，还是做学问，都要真正静下心来才能做好；只有以史为镜，不断积累经验和总结教训，我们的各项事业才能更好地向前发展。

打造高等级内河航运网

口述前记

干观德，1947 年 7 月出生。1986 年至 1993 年任上海市内河航务管理处副处长、处长。1993 年 4 月至 1996 年 1 月任上海市交通运输局党委副书记。1996 年 1 月至 2000 年 4 月任上海市人民政府交通办公室副主任。2000 年 4 月至 2005 年 10 月任上海市城市交通管理局副局长。

口述：干观德
采访：张　励、刘明兴
整理：刘明兴
时间：2018 年 2 月 6 日

1978 年 4 月，上海市内河航运公司和上海市内河航运管理处合并组建上海市内河航运局，隶属于上海市交通运输局，负责上海内河航道整治规划、航政管理、客货运输等。我 1968 年开始工作就是到上海内河航运公司报到的。1985 年初，我成为了上海市内河航运局主持工作的副局长。1986 年 8 月，上海撤销了内河航运局，成立上海市内河航务管理处，隶属于上海市交通运输局，负责上海内河交通安全、港口航道、客货运输、管理工作，同年 10 月启用公章，正式对外办公。我参加了上海市内河航务管理处的筹备工作，是该处第一任主持工作的副处长。工作期间，我见证了上海内河从辉煌到发展缓慢再到转型的不断变化过程，应该说为上海国际航运中心服务是内河航运的发展目标。

内河航运的地位与瓶颈问题

20 世纪 80 年代，上海港船舶运力比较紧张，水上疏港任务也十分繁重。一直到 90 年代初，内河航运因其运量大、污染少、能耗低，成为了上海货物运输的重要方式之一，在上海国民经济和城市建设中占据重要地位。当时货物运输主要有海运、铁路、公路和内河四种运输方式，内河的运输量占了 22％左右。大约是 1990 年，内河运量就达到一亿吨，海港也是一亿吨。上海内河航道的通航里程占全国的 5％，但完成的货运量占全国的 20％。不过，那个时候我们的内河航道大部分处于自然状态，很少花钱去建设，关键是那时没有钱去办这个事情。所以我们用占全国 5％的通航里程，完成了占全国 20％的运量，这是很不容易的。

那个时候内河最繁华的是黄浦江上游，平均一分钟有三艘船进出。苏州河也很繁忙，每年的运量大概是 1500 万吨。80 年代末 90 年代初煤炭供应紧张，当时上海焦化厂、吴泾发电厂等都在黄浦江上游，大轮又开不进黄浦江上游，煤炭从大轮上卸下来后必须通过内河航运尽快地送到厂里，以保证上海市民的用煤、用电。当时道路比较狭小，而且一辆卡车的运量也远比不上一艘船的运量。上海又是水网地带，郊区的很多生活、生产资料也依靠内河航运。因此，内河航运在上海国民经济发展中起到很重要的作用。

虽然上海内河航运业有着辉煌的过去，也仍在发挥着重要的作用，但是到20世纪90年代后期，随着城市经济社会的发展，其存在的问题和制约的瓶颈不断显现。比如内河航道建设严重滞后，这种滞后主要表现在与长三角内河航道网对接程度不高。由于上海内河航道等级低，难以与苏、浙内河水系在航道等级上形成对接，与发达国家的航道等级更是相差甚远。随着内河船舶吨位增大，上海现有内河航道设施难以承受大吨位、高密度的航运需求，客观上限制了上海内河航运的集约化经营。此外，内河航运投融资机制不够健全，长期以来内河航道一直是依赖于水利建设工程项目得以维护和建设，政府很少拨专款修建航道工程。正是因为航道建设长期投入不足，从而积累起来的矛盾致使上海内河航运的潜在优势难以发挥。

“一环十射”布局集疏运的“毛细血管”

在党中央、国务院1990年宣布开发开放浦东后，对内河航道的重视程度不断加强，有了上海市内河航务管理处这个专门的管理机构，来搞这些方面的规划、建设。上海市组织了专家，对内河行业进行全面的梳理，完成了《1991—2020年上海市航运规划报告》。这是第一次进行内河规划，报告内容也纳入了国家交通部的长江水系总体规划。1995年，随着上海国际航运中心建设的提出，内河航运的立意就更高了，原来只是简单货物运输，服务于上海市国民经济发展的需要，这时就得站在“四个中心”建设的高度来考虑问题了。1996年上海市交通运输体制再次进行了改革，撤销了交通运输局，内河航运的行政管理归入了市政府的交通办公室即交通办。原来是交通办下设交通运输局，交通运输局下设上海内河航务管理处。现在把交通运输局撤销了，交通办直接领导航务管理处，而且把原先内河航务管理处的名称也改了，去掉了“内河”两字。航务管理处名称的变更正好适应形势变化的需要，因为那时不仅仅是内河了，长江、黄浦江跟沿海都要更进一步地联系起来，范

上海市内河水运发展领导小组召开第一次会议

围更广了。接着根据国际航运中心建设的需要，上海开展了新一轮的内河航道的规划建设的修订工作。“一环十射”高等级内河航道网，在这时候就已经有了雏形。第一轮长江水系的规划里面，并没有明确提出“一环十射”，但是实际上“一环九射”已经有了。1998 年，在浦东的那边再加了一条变成了“一环十射”。“一环”即黄浦江—大浦线—赵家沟—蕰藻浜—油墩港—黄浦江；“十射”是指杭申线、太浦河、苏申外港线、苏申内港线、罗蕰河、川杨河、大芦线、金汇港、龙泉港、平申线，其中黄浦江、赵家沟、大芦线、大浦线、苏申外港线、太浦河和杭申线航道已列为国家水运主通道。

“一环十射”高等级内河航道网的规划建设与上海整个城市的发展密切相关，在“三个纳入”中不断实现跃升。第一是纳入城市总体规划。《上海市城市总体规划（1999 年—2020 年）》把“一环十射”纳入总体框架，明确从传统的运输发展成为三个等级，配合上海国际航运中心建设，提高内河航道集疏运配套能力，重点发展集装箱运输，适应上海城市功能和产业结构调整，优化内河航道以及内河港区的布局。第二是纳入市社会国民经济的发展规划。上海市“十五”规划里面也有很大一块内容是内河航道。“规划”进一步提出加大内河航道整治力度，提高内河航道等级，建成以“一环十射”300吨级以上内河干线航道为骨干的内河航道网，沟通连接上海国际航运中心与其腹地的内河集装箱运输网络，配套建设专业化集约化的内河港区，使其成为水水、水陆联运枢纽，更好地支持国际航运中心建设。第三是纳入上海交通白皮书。2000年上海率先在全国发布了一个交通白皮书，内容也涉及内河航运包括“一环十射”航道整治的规划等，明确提出给予政策的支持，加强集疏运通道的建设。

“一环十射”的建设是分段搞的。浦西和浦东的内河“一环”建设工作，在第一轮的规划里面就已经勾画出来，开始在建设了。那时是20世纪80年代末期，时任交通部部长钱运昌正好在上海检查安全工作，我们就请他看看内河航道，我们说上海内河航道太拥挤了，希望部里给予支持。因此，我们第一个项目内河一环浦西部分油墩港工程在1988年就开始立项了，其就是在土地上挖出来一条人工河。当时是交通部跟上海市各出资一半，总投资达4800万元，国家计委也共同推进了这项目。因为资金的问题，这个项目搞了

整治后的赵家沟

好几年，到 90 年代建设完成。浦西这一环通过黄浦江、油墩港、蕰藻浜等连接浦东部分，蕰藻浜于 90 年代初期也开始建设了。当时提出“一环十射”的时候，实际上半环已经基本形成了。

之后，浦东部分赵家沟、大芦线、苏申外港线、太浦河和杭申线也是分段建设。由于涉及许多复杂的问题，浦东部分需要改造桥梁，现在工程还在进行中。比如桥梁承重是 100 吨，它的标高就是 3 米，如果现在要把标高提高到 5 米，桥梁就得拆除，而现在要拆除一座桥梁是很困难的事情，交通会瘫痪，不拆除桥梁新建的话，就根本没有办法解决问题。航道的拓宽也涉及桥梁，桥梁的净空高度要抬高。许多时候上海内河航道整治都晚于公路建设，公路桥造好后要再进行改造是很有难度的，桥都是有一个坡度的，每提高一米，引桥就要增加 30 多米，这对周边的道路环境等都带来新的影响。之前桥梁公路与航道还分属不同的部门管辖，这对改造也产生一定难度。内河航道有了统一的规划以后，市里对桥梁监管很严格，新建桥梁必须服从航道需要。

内河的改造投资蛮大的，以前是交通部跟上海各承担一半，改造的时候政府直接拨款，像 20 世纪 90 年代初期的蕰藻浜整治就是市政府拨一笔钱用于工程建设。现在则以久事公司为主，以股份制的形式进行市场化运作。

内河航运的“四化”发展目标

1998 年编制的《上海内河航运发展规划》中提出的建设“一环十射”高等级内河航道网和“航道景观化、码头集约化、船舶标准化、管理信息化”的内河航运发展目标。2002 年 1 月 1 日《上海市内河航道管理条例》正式施行，这是上海市第一部关于内河航道管理的地方性法规，可以说是在落实“四化”的发展目标。该条例明确要求内河航道及航道设施建设、养护工程的设计和施工，应当符合内河通航标准和内河航道建设的技术规范，兼顾防洪排涝和环境保护的要求，保证施工质量。

航道景观化是针对航道本身及岸边十多米的保护范围的。之前航道很多是原始状态，河坡都是斜坡，提出景观化后要求进行整治，用石头砌起河岸使之变成直的，并在岸边种上绿植。现在因为环保问题，对航道景观化的问题特别重视。“绿水青山就是金山银山”，这个理念逐步传播。航运的功能既要保留好，环境也要建设好。

码头集约化要求上海内河港口与上海深水港相衔接，与上海市产业布局相衔接，调整和整治现有码头形成集约化、专业化内河港区。内河边上好多码头，集约化后就把这些散的码头并起来，减少土地占用。集中后要求也可以提高，原来都没有什么消防设施，现在集中后就必须跟上。还有原来很多地方是自己用发电机在发电的，现在可以集中供电了。公共设施逐步配置，公共管理可以提高，能够更加保证航道畅通。

船舶标准化涉及两个方面：一是集装箱化，二是一定范围的长宽高度。船舶宽一点的话重心就降低一点，但是太宽的话航道又不行，得适应各种航道的。桥梁都有固定的高度，船舶的标高高了以后，桥梁要造得很高，桥梁太高的话成本会上升，也会影响安全，因此船舶标准化以后要求与航道相适应、与桥梁相适应，比如装50只箱子、30只箱子、20只箱子的船都搞成各自统一的长宽高度，不影响桥梁，航道也能够通得过。当然还有对船用柴油机的要求，船上生活垃圾、油污要集中处理，有专门船去搜集。以前船舶各式各样，像挂桨机、小船都有，既有油污，又有噪声污染，扰民严重。最典型的是淀浦河。淀浦河连着淀山湖，以前是100吨级的主要航道，港区也很多，响声特别大，居民感到不舒服。规定了船舶标准化后，我们会同苏浙两省，共同来协调这些工作，希望他们那边不符合规定的船不要进入上海，而从上海本身来说，内河航运的落后船舶越来越少，因此到1997年上海就基本淘汰落后船舶。

管理信息化就是要发挥信息系统综合的整体效用，向信息化要效率，以信息化促发展，从管理信息化到信息化管理，实现管理一体化、业务规范化、数据标准化、资源共享化。这与车辆的管理类似，信息化后可以更快知晓水域情况和船舶情况，进行必要的调度和协调。信息化进行得比较早，因为这涉及与岸上的联系，还有船舶通行期间水闸之类的问题，都得提早联系沟通。

内河航运的“四化”目标实际上不单单是针对航道的，它还涉及港口布局规划、行业发展规划等。上海内河港口的分布，以前很分散，企业大概上万家，它们程度不一，有的有登记，有的没有登记；有的比较规范，有的很不规范。不规范的企业，船靠岸用一块跳板就上来了，这对航道影响很大，船横着一停，其他船就不能通过了。还有一些小的堆场，就设在农村的航道边上，就这样经营着，各种配套设施都没有。在努力实现“四化”后，港口与航道布局需要考虑的问题就多了。比如工业区建设，内河船舶是需要进去的，航道的规划、港区的布置，都需要考虑工厂的布局问题；还有就是要考虑到货物的进出量，要考虑哪些航道比较适合造港区，这就要求建在比较宽阔的地方，拐弯的地方是不适合的；还应该根据吞吐量的多少来划定码头岸线。港区布局与经济发展是相适应的，全是根据工业布局来考量的。工业发展了就产生运量，这就需要港口来中转。因为货物都是从陆上到水上、水上到陆上，这中间的接口就是港区。港区在水陆两头都要具备便利的疏运条件，不仅要有通航条件，而且距离生成货源的地方最近。

上海内河航运的发展兴旺，同上海整个城市的发展密切相关，内河航运对城市发展的作用不能忽视。当年浦东机场的建设，大部分的建设材料约三四千万吨是通过内河航道来运输的。当时的川杨河航道上船只密密麻麻，人们开玩笑说甚至不用桥就可以走到对岸。河道拥堵是常有的事，最长堵到17公里，根本没有办法走，环卫部门要运送垃圾也没有办法。后来与环卫部门协调，白天和晚上分别操作，否则垃圾都运不出去。应该说内河航道发挥了很大的作用，如果没有内河，上海所要求的城市三年大变样是变不出来的。解放以前上海内河航运是以苏州河为主，解放以后变成以黄浦江为主，改革开放以后长江地位凸显。现在要搞现代化，参与国际竞争，深水港地位日益重要，可以说现在没有洋山深水港也就没有上海国际航运中心。

通过这几年的不断建设，虽然比起公路来内河航道受重视程度还是有一些差距，但是其发挥的作用却不可低估。现在，内河航运被视为上海国际航运中心集疏运体系建设的重要组成部分。从这一方面去考量就会发现其运量现在并没有减少，而集装箱的运输又逐步上去了，水水中转的量越大，则陆上的压力就越小。我相信随着上海内河高等级航运网的建成，内河航运在上海国际航运中心集疏运体系中将起到越来越重要的作用。

第三编 建设洋山港，缔造新传奇

奋斗与情怀：建设洋山深水港的日日夜夜

口述前记

沈骏，1954年6月出生。历任上海市卢湾区副区长，徐汇区委常委、副区长，徐汇区委副书记、代区长、区长等职。2003年3月至2008年1月任上海市政府副秘书长，2004年11月兼任市深水港工程建设指挥部党组书记、常务副总指挥，上海临港新城管委会第一副主任。2008年1月至2013年1月任上海市副市长，市深水港工程建设指挥部党组书记、常务副总指挥，上海虹桥商务区管委会主任。

口述：沈　骏
采访：张　林、杨建勇、张　励、刘明兴
整理：刘明兴
时间：2020 年 5 月 18 日

从 2003 年初至 2013 年初，我先后担任上海市政府副秘书长、副市长，并从 2004 年 11 月起兼任上海市深水港工程建设指挥部党组书记、常务副总指挥。在市委、市政府领导下，我在自己的职业生涯中能成为一名上海国际航运中心（洋山深水港）建设的组织者、参与者和见证者是十分荣幸的。这是一种历史使命，是一种时代机遇，是一种责任担当，更是一种承先启后的接力赛跑。

2020 年是洋山深水港开港运营 15 周年。过往奋战岁月的情景历历在目，着实让人心潮澎湃、感慨万千。现结合个人的实践说一些粗浅的认识和体会。

上海国际航运中心建设的重大意义

经济的全球化，推动着世界航运市场迅速走向一体化、网络化。航运效率、航运成本和航运价格的竞争，推动着航运船舶大型化、智能化的升级换代。世界范围内抢占航运制高点，争夺或巩固航运中心地位的市场竞争日趋激烈。在我国不断深化改革、扩大开放，对外贸易快速发展的大背景下，在我国东部特别是长江三角洲地区，经济繁荣、产业发达，货物集散能力提升、区域辐射影响渐远的大趋势下，如果没有一个与国际经济中心、贸易中心和金融中心相匹配、相关联、相对应的国际航运中心，必然在国际市场竞争中处于被动地位。当时我们主要的竞争对手是韩国釜山等港口，许多箱量都到那里中转。我们没这个条件，只有外高桥一地却又受到水深影响，潮涨潮落，不是全天候都可以作业的，而且那个时候长江口深水航道治理工程也没有完成。

因此，建设上海国际航运中心及标志性工程洋山深水港是党中央、国务院立足于国家发展全局，积极融入全球经济一体化，在国际经济中增强国家综合竞争力，充分体现高瞻远瞩的战略谋划；是推进我国进一步全方位改革开放的战略决策；是集中力量办大事，彰显中国特色社会主义制度优势的战略布局；是要求上海继浦东开发开放后，进一步当好改革开放排头兵、创新发展先行者的战略举措；也是把上海并行建设成为国际经济、贸易、金融中心极具深远意义的战略考量。

洋山深水港区建设是上海国际航运中心的核心工程、骨干工程。洋山深水港区从一期工程投入运营起，就在硬件设施方面彻底改写上海没有 15 米以上深水航道和深水码头、泊位的历史，第五、第六代甚至以后更新代的集装箱船都可以全天候满载进港作业，提升和完善了上海港的航运枢纽功能地位。

2005 年 6 月国务院正式批复设立洋山保税港区后，上海市政府迅速启动洋山保税港区建设。设立洋山保税港区是全国首例，是集当时国内保税区、出口加工区、保税物流园区三方面功能特点和政策优势于一体的，是体现改革开放先行先试又一突破性的新举措。洋山深水港区与洋山保税港区两者相辅相成、互为依托，产生了硬件、软件集成而发挥出巨大现实效应，大大提升了航运基础设施的能级和进出口货物贸易的开放度和便捷性，而且扭转了我国与周边国家和地区港口竞争的政策劣势，显著增强了上海国际航运中心的集聚辐射和国际中转功能。

2005 年 11 月，召开洋山保税港区验收工作会议

肩负党中央给上海提供条件、提升能力去承担起代表国家参与国际航运市场竞争的重任，洋山深水港北港区一至四期工程建成开港运营及洋山保税港区全面运作，标志着上海国际航运中心建设取得了重大突破，积极主动参与了国际分工和国际竞争。上海港 2019 年集装箱吞吐量为 4330.3 万标准箱（其中洋山港集装箱吞吐量 1980.8 万标准箱，超过 2005 年当年上海港集装箱 1808.4 万标准箱的吞吐总量），已连续十年位列世界第一，创造和夯实了更为有利的条件和基础，跨越式地提前确立了上海作为东北亚乃至全球国际航运中心的地位，推进我国由航运大国加快步伐迈向航运强国，其影响重大、意义深远。

洋山深水港建设体现市委、市政府坚强领导和支持

2001 年 7 月，上海市委、市政府决定建立由市有关部门和属地区等参加的深水港工程建设指挥部，时任副市长的韩正同志兼任总指挥，并设立指挥部党组，下辖三个分指挥部。

为了解决投融资主体问题，2002 年 4 月成立作为建设方的上海同盛投资（集团）有限公司。同盛公司是上海市级国有投资控股公司，是洋山深水港投资、开发、建设的主体（指挥部与其合署运作和管理）。同盛公司成立起始给予 50 亿元资本金，以后上港集团整体上市时，在国有股权中划转 19% 由同盛公司持有，约 36 亿元，先后给予资本金共计 86 亿元。除此外，2007 年又明确在上港集团上交给国有股所分红利中每年拿出 5 亿元给同盛公司，定期为 5 年。这样就大大减轻同盛公司借贷压力和回贷能力。

上海从 2002 年起连续十年把洋山深水港建设列为全市重大工程之首，在人、财、物等方面资源作出倾斜。

在土地供应方面，市政府设立了专项，如芦潮港辅助区土地采用划拨政策，对规划区域内已有企业等单位占有的土地，实施按原收购价 + 利息 + 适当利润进行带有政府行政性质的回购。充足的土地供应保障加上优惠政策，推动工程顺利进行。

与此同时，市委、市政府不断充实加强指挥部干部力量，大力培养选用优秀年轻干部，按需选派精干、负责的专业管理、技术监理人员，保障工程

建设准确规范、按时有序和优质安全地进行。

整个建设过程，始终明确要求以党中央在不同阶段开展各个党内集中教育活动的安排为抓手，着力抓好指挥部领导干部、共产党员和全体参战人员的队伍建设，先后提出了："让人民高兴，让党放心""建优质工程，创优美环境，育优秀人才""着眼百年大计，建设世纪精品""工程优质，干部优秀"等工作要求和工作目标。

2005 年 6 月和 12 月，上海市委、市政府先后在洋山深水港建设现场召开座谈和交流会。在指挥部初提的基础上，全面、完整、准确地提出了以"不辱使命的奉献精神、艰苦创业的拼搏精神、求真务实的科学精神、争创一流的进取精神、团结协作的大局精神"为内容的"洋山精神"。进一步在全市宣传、学习和弘扬"洋山精神"，不仅对洋山深水港后续工程建设和管理形成了重大而积极的推动力量，而且在往后几年搞好上海世博会一系列工程建设都产生了巨大而深刻的影响。

时任市长韩正和分管副市长杨雄等市领导经常到建设施工现场调研，了解研究情况。定目标，提要求，抓落实，及时协调解决不同建设阶段中出现的关键问题。尤其是身为洋山深水港工程建设总指挥的韩正同志，经常亲自出面，拍板解决工程中的重大问题。每年的"小年夜"，韩正同志与市分管领导会一起在风浪中踏上小洋山岛，与建设者们一起吃顿年夜饭。

充分依托联合协调推进机制

洋山深水港工程是一项巨大而复杂的工程，参与的部门和人员很多，涉及沪浙两省市和市区两级协调统一问题。怎样凝聚力量、化解矛盾，共同推动工程建设顺利进行是十分关键的。

为此，我们建立起有权威、强有力和高效率的作战指挥机构。各建设、施工、配套单位按照指挥部统一部署指挥、统一布置安排、统一协调推进、统一督查落实。自始至终要求各相关单位明确任务、明确节点、明确目标，在着眼百年大计、瞄准世纪精品、依靠科技创新、建设世界大港的指导思想下，团结协作，互相配合，比、学、赶、帮、超，真正使建设的每个项目、每道工序重质不马虎，安全不出事，赶前不拖后。

市里各部门和所在区对上级的决策和要求在思想上高度统一，在行动上主动作为，在利益舍弃上顾全大局，基本上都不存在原则性分歧和重大利益冲突。协调解决的是对接口径、前后顺序、交叉磨合、并行互动、提前介入等审核报批、资金配比和工程衔接等问题。

建设过程中，我们竭尽全力并主动频繁进京，向国家发改委、国土部、交通部、建设部、水利部、海关总署、海洋局等各有关部门汇报，取得支持并指导开展前期规划、项目审批、沪浙协同、港政航政管辖、海域使用范围和检查验收及规范运营等重大事项，为工程建设和建后运营管理顺利进行提供必不可少的重要保障。

沪浙双方建立三个层次的协调协商工作小组。面对特殊的投资建设主体与属地区域现状，从国家发展战略高度互相来思考问题、研究问题、分析问题、解决问题。主动并不计其数地分别与浙方的省、市、县三级多沟通、多交流，坦诚相见，坦率办事，惠顾彼此，惠及百姓，用创造性的工作思路和务实办法，始终坚持大团结、大联合、大协作的方针，签订了一系列协议、合同和备忘录，真正实现了开拓创新、互惠互利、合作双赢、共同发展的目标。

建立和完善指挥部的工作例会、专题协调会、现场办公会和定期走访沟通等机制，积极妥善地处理好指挥部与分指挥部、市政府有关委办局、各施工总承包单位以及临港新城管委会和南汇区政府的关系，协调、整合和利用好各方资源。坚持深入实际、深入第一线考察了解情况。根据每个时段的工作重点，确定调研课题，实施科技攻关，将调研、测试成果结论运用到实际工作中去。我和指挥部其他负责同志每周至少到工程建设现场调查研究三次，及时解决工程建设中遇到的各种各类问题，推进工程高质安全、快速有序地建设。工程建设的前期，因为没有桥，我们都是坐船到岛上的，汹涌的海浪使船不断颠簸摇晃，许多同志呕吐晕船严重，但大家都克服困难坚持了下来。

除此之外，我们还做到“三个坚持”。一是坚持开拓创新。在建设中突出“开创性、坚韧性、操作性”的工作要求及有机统一，突破重点，化解难点，占领制高点，不断推进上海国际航运中心建设的顺利进行。立足洋山深水港这一海上特大型工程建设的新实践，善于抓住机遇，大胆探索，敢于领先一步，同时又注重工作方法，务求工作实效。在遇到困难、遇到风险的时候，不退缩、不气馁、不停步，讲究科学、遵循规律，在奋力拼搏中不断创新前进。二是坚持统筹兼顾。从政治性、战略性的高度，来思考谋划和统筹安排各项建设和运营工作，为市领导当好帮手，出好主意，抓好落实。在指挥洋山深水港工程建设中坚持工作思路和工作方案的可行性、操作性，注重科学处理质量、安全、进度和投资的关系，注重统筹日常工作与长远发展、当前工程与后续规划的关系，把握工作节奏，分阶段、有重点地推进各项工作落实到位。三是坚持求真务实。努力运用马克思主义的认识论和方法论，不断提升观察问题、认识问题、研究问题、解决问题的科学水平。认真抓好指挥部“知、议、决、行、督”运行机制的落实，着重实践运作，保持督办力度，务求工作实效。在洋山深水港这样一个世纪大工程的建设中，充分体现说实话、办实事、鼓实劲、讲实效的要求，随时掌握现场实情，全面调动一切积极因素。从市里各部门各单位之间到跨省市的地区之间，既坚持讲原则，又注意灵活配合，最终讲究办事效果。只有这样，才能真正形成整体合力，释放和集聚工作正能量，保质保量按时按期和安全有效地实现各个不同阶段的工作目标。

“政治路线确定之后，干部就是决定的因素。”党员领导干部始终注意尊重和运用客观规律、牢固树立科学发展的观念，站在筹划、建设、管理的运作一线，从宏观到微观，从长远到眼前，从原则到具体，从决策到落实，都体现出了一种高效率、高水平的组织和指挥能力。洋山深水港是跨行政区域、跨陆海地域、陆桥岛联动开发建设的一项很特殊的重大工程，能不能建设？怎样建设？建成后能否安全地高质量、高效益地运行？这些都是世人所瞩目的。在建设中不断动员和带领全体参战人员思想更解放，敢于和善于冲破一切不利于建设发展的条框观念的束缚，消除因循守旧、按部就班的惯性思维，在遵循客观规律的前提下，用科学的观念吸收一切有利于建设和管理一流重大工程的先进理念、体制和经验，创新实践，超越自我，通过坚持不懈的努力，使洋山深水港真正发挥其标志性、基础性、功能性的骨干作用，也让这项重大工程的建设和管理水平，向社会、向世界充分显现和展示中国共产党的先进性和中国共产党高水平的执政能力。

深刻往事萦绕心头

参与洋山深水港工程建设的那几年工作经历和感慨，深深地嵌入我的脑海，成为令人难忘的美好回忆。下面谈谈几件印象深刻的往事。

一是中央领导亲临现场视察令人深受感动。党中央高度重视和十分关心上海国际航运中心及洋山深水港建设。其间，时任中共中央总书记、全国人大常委会委员长、国务院总理、全国政协主席、中央政治局常委、国务院副总理、国务委员等，以及老一辈中央领导都先后到现场视察洋山深水港的建设和运营情况，给予了高度的评价、充分的肯定，并对做好后续建设和管理作出重要指示。这对一项建设工程来说是绝无仅有的，对于指挥部和全体建设、管理、施工人员更是无比的鼓舞和极大的鼓励，对实现所确定的施工建设和运营管理的总目标信心倍增。当年参加接待许多中央领导同志的情景，至今记忆犹新，倍受鼓舞。

二是工程建设成就使人感到十分自豪。作为洋山深水港建设的重大配套呼应工程，2005 年 3 月开始筹建中国航海博物馆，2010 年 7 月 5 日正式开馆。这是经国务院批准的首个以“中国”冠名的航海博物馆，充分展示我们国家从古至今航海变化的发展史，成为青少年爱国主义的教育基地。

2005 年 4 月，指挥部初步提炼和总结出在实践中逐步培育形成的由共产

东海大桥主通航孔斜拉桥合龙

党员引领、全体建设者共创的洋山深水港工程建设的“洋山精神”，这是重大工程建设软实力的体现和精神文明的产物。“洋山精神”是上海城市精神的重要诠释，也是上海城市精神在建设施工领域的具体展现。

2005 年 5 月 25 日东海大桥合龙贯通是洋山深水港建设重大结点。东海大桥是我国第一座外海跨海大桥，它跨越杭州湾北部海域，连接上海浦东新区（当时的南汇区）芦潮港镇与浙江嵊泗的小洋山岛，全长约 32.5 公里，按双向六车道高速公路标准设计，桥面宽 31.5 米，设计行车速度 80 公里 / 小时，设计基准期为 100 年，总投资 108 亿元。大桥创造出我国造桥史上多项新纪录和几十项技术专利，是为洋山深水港唯一配套的桥面通道，桥箱铺设通电、通水、通信管线的“大动脉”工程。

2005 年 6 月国务院正式批复设立洋山保税港区，这是全国第一个保税港区，是具有改革开放引领意义的大手笔。保税港区的设立使国外货物入港区保税；货物出港区进入国内销售按货物进口的有关规定办理报关手续，并按货物实际状态征税；国内货物入港区视同出口，实行退税；港区内企业之间的货物交易不征增值税和消费税等。有了这些条件和之后若干年的实践及效果，才有与时俱进逐步发展设立自由贸易港区和目前最新设立的也是我国唯一的洋山特殊综合保税区。

洋山深水港四期是全球最大的单体全自动化码头，是综合自动化程度最高、国内唯一一个使用“中国芯”的全自动化码头。从规划研究、技术论证一直到它的建成投产，标志着上海港依靠科技创新，在智能化运营模式和技术应用上实现了革命性的跨越升级和重大突破，与传统的集装箱码头相比，其最大特点是实现了码头装卸、水平运输、堆场装卸环节的全过程智能化、无人化的操作。这是港口行业发展带有根本性、前瞻性的变革，既为自动化码头建设提交了国际性的首例范本，更为上海港保持集装箱吞吐能力世界第一的地位，为我国全速跨入世界航运强国的行列，提供了潜力巨大的全新动力。

洋山港 LNG 项目的专用码头和储罐的规划建设分为三期。2005 年 7 月一期开工，建设 16.5 万立方米储罐三座，年供气 40 亿立方米，约占上海全市供气量的 50%。经过多年的艰苦奋战，2009 年 10 月，码头迎来当时最大吨位液化天然气船停靠，标志着洋山深水港液化天然气码头一期工程建成并正式投产运营。随着后续工程的再建设，对上海调整能源结构、加大能源储备、保障城市运行、保护大气环境、实现绿色发展、满足生产生活需求都具有不可低估的长远而又深刻的影响。

三是自然灾害造成的困难让人经受考验。2005年夏天，台风“麦莎”来袭。从8月5日傍晚到7日凌晨，上海市受“麦莎”严重影响，它风雨强度之大、影响范围之广、移动速度之慢、持续时间之长，是十分罕见的。市区最大风力8至10级，长江口区和沿江沿海最大风力达10至12级，东海大桥、洋山港海域最大风力达12级以上。全市普遍出现了暴雨和大暴雨，洋山深水港正在建设的施工区域出现未曾见过的特大暴雨，降雨量近300毫米。“麦莎”台风对上海各方面均造成了较大损失。全市灾前转移安置共16万人，受灾人数约为133万人，死亡7人，受伤149人，共倒塌房屋1.55万间。由于指挥部与市防汛指挥部和市气象部门时刻保持信息畅通，及时果断采取措施、提前下达命令，对施工现场各类设施设备抗风加固捆绑、卧倒安放到位，动用几百辆车将近两万名建设施工人员迅速撤离到上海陆地场馆内，因此没有造成人员伤亡和房屋倒塌。台风过后即刻恢复了生产建设，没有因此影响施工进度和质量，经受住了一次大的考验。

四是值得庆贺的日子永载史册。2005年12月10日上午，洋山深水港区开港暨洋山保税港区启用仪式隆重举行。由党中央、国务院亲手绘制的宏伟蓝图，历经几百上千名院士、专家、学者和业界人士十多年科学规划、勘探、论证和设计，通过几万名建设者四年多艰辛卓越的拼搏施工，一期工程首战告捷。长期以来，谋划长江沿线各港口与东海之中洋山港之间的往返，江海联运、水水中转的梦想得以实现。从此起始，洋山深水港逐步开辟了几乎覆盖世界各国主要港口的往返航线。这是上海国际航运中心建设史上具有划时代意义的大工程，也是跨步走向航运强国具有里程碑式的新标杆。

上海国际航运中心（洋山深水港）建设有今天的辉煌成就，充分体现着党领导的中国特色社会主义制度的优越性，详尽记载着所有参战员工倾注的心血、智慧和夜以继日的艰辛奋斗史，深深蕴含着全体会战人员对宏伟壮丽的东方大港那种魂牵梦绕、难以割舍的家国情怀。

当前正处在改革、开放和发展的新阶段，坚信在习近平新时代中国特色社会主义思想指引下，我们再接再厉，砥砺前行，一定能为实现“两个一百年”的奋斗目标，进而实现中华民族伟大复兴的中国梦不断作出新贡献！

东海大桥是中国桥梁建设的里程碑

口述前记

黄融，1960 年 7 月出生。曾先后担任上海市第一市政工程公司副经理兼上海市第一市政工程公司浦东公司经理，上海市市政局局长助理、副局长（其间挂职担任静安区区长助理），上海闵行联合发展有限公司总经理等职。2002 年 3 月至 2005 年 12 月，任上海市深水港工程建设指挥部党组成员兼大桥分指挥部指挥，上海同盛大桥建设有限公司董事长、党委书记、总经理。2004 年 12 月起，兼任上海长江隧桥工程建设指挥部副总指挥、上海长江隧桥建设发展有限公司总经理（2005 年 11 月卸任上海长江隧桥建设发展有限公司总经理）。2005 年 11 月任上海市市政工程管理局党委书记、局长。2008 年 2 月任上海市建设和交通委员会主任。2013 年 2 月至今任上海市人民政府副秘书长。

口述：黄　融
采访：杭财宝、张　励、刘明兴
整理：刘明兴
时间：2019 年 7 月 25 日

2002 年 3 月，我被任命为上海市深水港工程大桥分指挥部指挥，开始与上海国际航运中心建设结缘。东海大桥是洋山深水港区与陆域沟通的唯一陆路通道，它的建成与否直接关系到港区能否按时开港。因此，那三年多的建设时光是在巨大的压力下度过的。不过，压力背后是我们对创造新历史的期待。经过全体建设者的共同努力，我们保质保量按时完成了大桥建设，为洋山港一期工程建设完成并顺利开港创造了条件。东海大桥是我国第一次在外海建桥的成功尝试，填补了我国跨海大桥建设的许多空白，成为了我国桥梁建设史上的一座里程碑。

洋山工程谋突破

上海是一座港口城市，近现代城市的发展是与港口的发展相伴随的，可以说是以港兴城。改革开放以来，随着上海经济社会的发展，整个城市发展过程与港口的关系越来越紧密，港口逐渐成为城市提升功能的抓手，越来越受到重视。

洋山深水港或者说国际港口城市建设的酝酿是几届上海市委、市政府深思远虑的结果，据我所知，江泽民同志在上海主持工作的时候就已经在酝酿这个事情。由于上海地域条件的限制，上海的港口始终受制于吃水深度，我们在建成洋山港之前，主要是在长江口边上和黄浦江沿岸建造港口，所以我们上海港的吞吐量尽管在全国处于领先，集装箱吞吐量却只有 200 多万箱，与国际上其他大港差距很大。随着国家改革开放的不断深化、长江三角洲经济的快速发展，集装箱的生产量越来越大，对上海港的吞吐能力要求也随之提高。再加上上海这座城市是港口城市，也需要通过港口的不断发展来推动城市发展。所以中央对上海的定位从“三个中心”变成“四个中心”，增加了航运中心。根据市委、市政府的发展目标，这“四个中心”当中最初能够建成和实现的是航运中心，而深水港建设则是航运中心建设的基础。

在选址时，由黄菊同志主持的市委、市政府跳出黄浦江，跳出长江，从全国的角度来看，选址在洋山。洋山这个地方的建港条件是非常好的，随着我们选址工作和技术储备的不断深入，我们的很多建港论证不断深化，立项取得了成功。这个工程也创造了上海解放以来工程建设的几个“最”：一是酝酿时间最长，准备最充分，历届市委市政府都在酝酿，在开工之前我们花了六年时间进行建港论证、建桥论证；二是规模最大，整个一期工程投资当时概算是 143 亿元；三是所涉及的内容也最多。一期工程主要包括三大块，一块是港口建设，一块是陆域到码头的东海大桥建设，还有一块是陆域的配套港城建设。

这项工程也是上海市委、市政府完全按照国家基建程序进行立项、开工、建设的。2002 年 6 月，国家发展计划委员会（国家发改委）上报国务院总理办公会议批准同意开工，我们是 6 月得到批准书以后举行开工仪式的。同时在洋山港的建设过程中，我们按照中央和有关部委的精神要求，由上海和浙江联合进行建设，我们是大团结、大联合，跨两个省市进行国家战略工程建设。这个工程也得到了中央领导和有关部委的高度重视。在项目前期论证过程中，我们请了大约 100 位两院院士共同进行研究，仅研究所用的资料大概可以装一个集装箱。在研究过程中，全国各大专院校和研究机构积极参与。工程在建设过程中也贯彻了中央和上海市委的指示精神，打“中华牌”，用“国家队”，工程设计、施工、监理等都委托给国内权威的单位，所以开工以后，洋山和南汇芦潮港地区云集了几万名来自全国各地的建设大军。

东海大桥被比喻为“一根扁担挑两头”，是洋山港一期工程的重要组成部分，是洋山深水港区最重要的配套工程，它要解决的是陆域到洋山港岛上的陆路通道问题，是洋山深水港区水、电、通信供应的生命线。工程得到了历届市委、市政府主要领导的高度关注，韩正同志亲自担任市深水港工程建设指挥部总指挥，从机构组建、人员配备、队伍调遣、资金落实以及各个方面的调配，无所不及。黄菊同志两次来建设工地视察，2003 年春节专程来大桥现场视察，2005 年 12 月 10 日洋山港开港，黄菊同志亲赴现场主持开港仪式。国家发改委、交通部、浙江省、上海市在 2003 年 7 月建完的一段大桥桥面上召开工程建设推进会议，时任浙江省委书记习近平同志也亲自到会。所以说工程在推进过程中，中央和地方领导非常关注，给予了大量的支持。

跨海大桥现真身

东海大桥由于港址选在长江口外面，也就是东海的外海位置上（崎岖列岛），因此是一个外海跨海大桥。我们国家在东海大桥之前建设过不少名为跨海大桥实为海湾大桥的桥梁，从海湾和跨海的名称就可以知道，湾里和湾外所处环境的恶劣程度是不一样的。东海大桥要碰到风、浪、流、潮的影响，上海人说的刮西北风或者台风来临，是最先在东海感受到的。东海大桥的施工受自然条件的影响较大，可作业天数比较少，客观上说，建桥条件是比较差的。再加上我们国家在建设跨海大桥上缺乏经验和设计标准，设备也不能满足要求，所以在跨海大桥的建设上，我们可以说是第一个吃螃蟹的人。

除了受自然条件影响导致施工环境不同外，我认为跨海大桥和海湾大桥、江河大桥的差异还在于：一是建桥的理念，二是建桥的技术标准和技术规范。举一个例子，关于东海大桥建设经费问题。最早的设计稿预估是20亿元，我接手这个大桥工程的时候，概算变成40亿元，工可批准的时候是70多亿元，到桥全部建完决算的时候是105亿元。这说明设计人员在设计这座桥的时候是按照江河大桥的设计规范和设计标准去设计的，这就导致经费的巨大落差。还有就是关于大桥使用寿命问题。东海大桥建设之前，我们国家内陆桥梁的寿命标准是50年，跨海大桥的投资那么大，所以我们提出把跨海大桥的寿命标准提到100年。我们当时提出这个标准的时候，交通部有些专家不大认同这一点。有两个原因促使我们提出100年的标准，其一就是上海的外白渡桥。我在市政局工作时看到英国人给了一个证明说外白渡桥已经到100年了，他们已经不负责任了。可见那个时候桥的标准就已经是100年了，我们现在再建桥怎么可能更低呢？其二是跨海大桥施工难度很大、投资很大，怎么可能50年以后拆掉重建而不争取使用寿命100年呢？100年的使用寿命不是一个简单的概念，不是随便讲100年就是100年了，这是要通过技术和质量标准来保证的。如果桥要达到100年的使用标准，所用的施工材料就要满足100年的标准。

东海大桥所处的位置是长江口、东海、杭州湾口三者交汇的外海海域，受到波浪、潮流和风的恶劣海况影响。最大的浪高达到13米，潮差5米多，流速3米多。在这样一个外海情况下，造桥的常规工艺和设备没有用武之地，必须要创新开拓能适应这样恶劣海况的工艺和能抵抗这样风浪条件的施工设备，这样才能建好东海大桥。从建设条件看，根据我们前期测算，我们每年可作业的天数不到180天，因此，我们怎样去跟大海抢时间，这是工程建设从安全性、合理性上首先要考虑的问题。

因为处于外海，对我们的施工设备和设计方案造成很大的挑战，需要用全新的东西去实施。我们过去建桥很多，江河里面、海湾里面，国外也有类似的大桥，但东海大桥这样大的规模不仅在国内属首次，在国际上也是首次。在方案论证的时候，首先长度宽度可以确定，但是具体结构形式争论很大，通过反复论证，最终确定采用整体化和大型化的建设理念。因为我们可以跟天斗，可以跟地斗，但是很难和海斗。只有从有限的时间里面挤出我们的工期，最大限度地把海上作业转化为陆上施工，尽量减少海上作业时间，这等于从大海抢回了施工时间，还需要化零为整，走大型化建设道路。通过工艺上的改进和技术上的创新，用预制、海上大型平台等很多手段延长海上作业时间。我们从方案和设备两个方面尽可能化解海上风险，把海上工作放到陆地上做。举个例子，我们当时招投标的时候，有些单位提出用“火烧连营”的方法，用铁链子把小船连起来抗风险。这表明大家海上施工经验的缺乏，我们对海洋的认识极少，对海洋风险毫无评估。很多施工单位都是“旱鸭子”，不懂水上施工，中国港湾建设集团虽然搞水上施工，但是没有搞过真正的外海海上施工，对海上施工的经验也很少，比如打桩船抗风浪的能力有多大，怎么适应现场恶劣环境的需要，他们也没有考虑到。当时中港集团先是用“打桩7号”“打桩8号”（吨位较小）打桩，但打不下去，后来改为“打桩10号”“打桩15号”（吨位较大），还是打不下去，这里有很多原因，如与当初为了节省造价选用的大管桩自身混凝土的特性，以及船的吨位和船的抗浪性能等都有关系，所以打坏很多。2002年6月开工到当年11月底，半年时间只打了315根，而按照原定进度，到2003年底要完成4000根的任务。通过技术分析，把混凝土大管桩改为钢管桩，这样抗击能力较强，不易损坏；但桩锤大小也是问题，怎么把1.5米钢管桩打到六七十米深也成为难题，后来把锤子从8吨改到15吨，船也基本都是“打10”“打15”。这说明一开始认识不足，但通过很短时间摸索最终把问题解决了。另外，打桩的时候需要准确定位，那时还没有北斗系统，我们只能用美国的GPS。当时美国在不断调整GPS参数。我们平时打一根桩要同时抓住7颗卫星，2颗卫星用于确定高程，3颗卫星定轴线，还有2颗卫星是校核。如果不能同时抓到7颗卫星信号，这根桩是打不下去的。美国调整GPS参数我们是不知道的，我们得从其他地方拿到参数，拿到后还要修正。参数一调整，我们还得计算，计算完后才能打桩。天气不好，不能同时抓到7颗卫星信号就不能打。通过一系列的摸索和研究，我们找到了解决办法，打桩进度逐渐加快，2003年1月打了131根，6月打了645根，之后每个月都在增长，4000根的任务终于在9月28日提前完成了。

还有，在海上搭施工平台也经历了一个逐步摸索的过程，开始是先打桩再把它焊起来连起来，人像鸟一样停在钢管桩上面艰难施工；后来进步了，在主通航孔建设时，先在工场内把施工平台加工好，然后运到现场再安装成大平台，设备都在上面，人员休息也在上面，把海上的许多风险化解掉。这都是通过大量运用陆上的预制来缩短在海上的施工时间，长度为60米、70

建造中的东海大桥

米，重达1800吨、2100吨甚至2300吨的箱梁，都是在工场预制好，然后运到现场的。这些工艺，后来全部为杭州湾大桥所采用，所以造这座桥不容易，其中有很多创造性的工艺是可以为后人和其他工程提供借鉴的。

技术创新树榜样

为了实现大桥建设安全、质量优良、结构耐久的目标，我们在设计理念和施工技术上进行了创新，形成了四个方面的关键技术：

第一，外海超长桥梁精确测量定位技术。在茫茫大海的风浪颠簸中，为了解决海上斜桩施打的快速准确定位以及非闭合条件下外海超长距离高程精确传递的难题，创新性地建立了大地水准面的计算方法和实时数据处理系统，综合运用地面及海洋重力、DTM数据、最新地球重力场模型和GPS实测数据等资料，实现了海上斜桩施打的动态全自动精确定位，斜桩定位偏差仅为10至15厘米，桥线偏差仅为2厘米。

第二，整体化、大型化的施工技术。为了最大限度地规避海上作业风险，有效抵御风浪对工程建设的影响，采用整体化、大型化的设计理念和施工技术，将海上作业转化为陆上预制、整体运输、整体安装。达到了争取海上作业时间、减少海上施工工序、规避施工风险的目标。这项关键技术主要体现在四个方面：一是导管架和钢套箱平台建造技术。研发了整体式空间导管架和蜂窝式钢套箱，将传统的在海上打入单桩再连成整体平台的施工方法，转变为工厂整体制作导管架和蜂窝式钢套箱的整体施工方法。将主塔施工的三个阶段十多道工序有机地整合在一个施工平台上，创造了主塔承台8300方混凝土48小时海上连续浇注完成的新纪录，主塔承台尺寸偏差小于3厘米，钻孔桩偏差小于2厘米。二是混凝土承台套箱施工技术。为了抵抗波浪力和船撞力，非通航孔桥墩全部采用直径1.5米的斜钢管桩。全桥700多个桥墩分布在30多公里的桥线上，点多线长。为此，我们采用了工厂预制混凝土套箱、海上整体安装的方法，形成了海上连续施工的作业面，这种方法具有抗风浪能力强、安装快速准确的优点。三是外海超大型整体箱梁预制安装技术。研发了利用整体式液压伸缩模板和高密性混凝土进行大型箱梁整体浇注的技术，同时采用整体养护、整体滑移的新技术，将箱梁由现浇施工转化为整体预制、整体运输、整体安装，在国内开创性地研发了重量超2000吨、跨度达70米的大型箱梁整体制作技术。四是大跨度钢—混凝土箱形结合梁斜拉桥建造技术。研发了开口钢箱与混凝土桥面板在工厂整体制作、在海上整体安装的结构形式与施工工艺，提高了斜拉桥结构的整体抗风和抗扭性能。这种斜拉桥的结构形式属国内首创。

第三，外海桥梁综合防腐技术。东海海域海水盐度大、腐蚀性强，通过对混凝土、钢材等结构防氯离子渗透和腐蚀机理的研究，建立了结构腐蚀计算模型，预测了在不同环境下的腐蚀速率，针对结构不同的腐蚀环境，综合运用不同的防腐技术。钢管桩采用牺牲阳极保护和预留钢板腐蚀厚度，并开发了浑水环境阳极块湿法焊接技术。混凝土结构采用提高密实度、加大钢筋保护层、控制裂缝宽度等技术，并编制了系列结构防腐技术标准。钢结构采用重防腐涂层、预留钢板腐蚀厚度和内部除湿等技术。此外，采用浇注式沥青和SMA组合的双层结构，解决了沥青桥面易受重载和水渗透破坏的难题。东海大桥工程系列防腐技术的研发，是我国首次在桥梁工程中围绕满足百年使用寿命进行的全面实践。通过综合集成可靠性、经济性突出的防腐技术，加强使用阶段的监测与养护，循序渐进，确保大桥的使用寿命。

第四，外海超大型桥梁的基础性研究与技术。为了给东海大桥工程建设提供强有力的理论支撑，我们在工程启动前和过程中进行了大量的基础性理论研究。通过对场地地震条件的研究和结构抗震的模型试验，提出了“小震不坏，中震可修，大震不倒”的设计理念和系列保障措施，初步掌握了外海超长桥梁的抗震技术。通过物模试验，提出了斜群桩效应系数、圆形高桩承台波浪力计算方法，有效分析了水动力对桥墩结构可靠度的影响。通过风洞试验，对外海大跨度斜拉桥的抗风性能进行研究，利用检修车轨道改变结构气动模态，解决了结构颤振稳定性难题。为确保桥梁运行阶段的防撞安全，研发了专用于集装箱车道的刚柔并济的防撞护栏技术，有效防止集卡掉入大海；通过对海上非通航孔防撞管理的研究，形成了制定通航规则、划定警戒区域、建立责任机制这三道防线，规范航行行为，达到桥梁防撞的目的。

建设经历成财富

东海大桥工程的建设，标志着我国的桥梁建设从江河走向海洋，进入了一个全新未知的领域。工程立项之初，我国尚不具备完整的跨海大桥建设的技术规范和标准，无论是建设单位、设计单位还是施工单位，都缺乏海上工程建设的经验，这给东海大桥的建设带来很多困难。

我们怎么来组织施工建设单位呢？首先是找国内最可靠的队伍、最强的设备。当时国内建桥能力最强的就是铁道部大桥工程局，那是苏联帮我们组建起来的。海上能力最强的就是现在的中交一航局、二航局、三航局、四航局，还有建工集团、航道局等，这些单位的队伍都排在全国前列。与此同时，还得寻找最强的设备。我把中交一航局、二航局、三航局等的有关设备都了解了一遍，当时国内能够在海上作业的打桩船只有6条。我跟中国港湾建设集团董事长谈，提出的一条就是不招标，活儿可以直接给他们，条件就是必须把国内最强的6条船都弄来。这是韩正同志授权给我的，理由就是国内没有比他们实力更强的了。他们也是说话算数，签合同的时候没有像现在讨价还价那么厉害，他们把成本公布，大家讨论定一个都能接受的价格。

其次是找最合适的施工监理。我当时就到武汉的中铁大桥勘测设计院，恳求他们承担大桥的审计审查和施工监理，并点名方秦汉院士来担任总监。方秦汉是大桥工程局的一位资深总工，是全国钢结构桥梁的权威，当时已经70多岁。方院士知道这件事情后对我说，他年纪大了，也不可能放弃手边的其他工作。我说你只要两三个月来一次就可以了，但是必须派一位你最信任的执行总监坐镇。大桥设计院后来满足了我的要求，他们派到我们现场的有100多人。

再次是对施工单位都有明确要求。当时国内的海上浮吊只能起吊2000吨，而且这种浮吊是靠在岸边作业的，到远海去则无法适应。我们从丹麦咨询公司处了解到荷兰的“天鹅”号浮吊可以起吊7000吨，我们就要求大桥设计院按照他们的方案设计建造了一个“小天鹅”号专用架梁起重船。因为当时投标的时候我就要求，谁中标都要与造船厂签订这一方面的合同。所以那些参加东海大桥的施工企业，本着为国家争光、做行业领先的目标，不惜工本，不惜代价，他们没有的设备，都承诺中标前把这些合同签下。此外，我还要求任何施工单位进来，都必须有一个副局长坐镇现场担任指挥。

最后是转变自身定位，全程参与各个环节。当时虽然选了最好的队伍，但是还是欠缺这一方面的经验和能力的。为了保证这座大桥顺利建成，尽管我们是业主和甲方，我们指挥部还是全部转换定位，把自己当成总承包商。整个大桥的施工方案是我们先拿出来的，之后和施工单位一起完善。定位转变使得我们设计也管，施工也管，变成我们自己在造这座桥。为了做好这件事，我们找到了丹麦科威国际工程咨询公司（COWI）作为咨询顾问。这家国际咨询公司组建了一个团队入驻我们指挥部。当时大桥建设没有标准，要先制定标准，他们就可以告诉我们欧洲和国际上最先进的标准是什么。碰到问题时，他们也会告诉我们国际上解决这类问题的技术方案，供我们参考。

回首那三年多的艰苦历程，我感到这既是一个舞台，也是一个锻炼机会。虽然我担任大桥建设的指挥，但是整个大桥建设都体现着集体智慧。我们是一个精干、团结的集体，东海大桥的建设者，从设计、施工到监理，都是一个整体。这段经历既是一个很好的锻炼机会，也是一个积累。对我们每个人来说也是人生中的一个重要积淀，我们每个人都有所付出、有所积累，对我们今后的工作以及人生的成长过程，留下了深刻印迹。我们姜允肃副指挥在东海大桥建设过程中获得很多荣誉，我们每一个同志都把他的荣誉看成我们集体的荣誉。工程圆满完成，并且在国家科技进步奖评审中也取得了成果，其中不但有物质财富的丰收，也获得了精神上的成功。

东海大桥

建成东海大桥，功劳第一要归功于中央、上海市委以及各个部委对工程的关心、支持和帮助。第二要归功于参加东海大桥建设的每一个人所付出的努力。有很多人因吃不了苦而离开了，留下的人都是精华，为上海国际航运中心建设作出了努力。第三要归功于全国和全市人民的支持，在整个洋山港的建设过程中，由于媒体的成功宣传，后来上海市委、市政府总结出洋山的五种精神，这实际上是人民对我们所作努力的肯定，也是城市精神的反映和写照。

参与东海大桥建设，对我个人来说是一种经历，而拥有这种经历就拥有了宝贵的财富。

交通人的洋山情结

口述前记

朱永光，1945 年 6 月出生。1973 起先后任职于交通部水运司、海洋局、运输司，担任副处长、处长，总调室副主任，1992 年至 1998 年担任交通部运输司、水运司副司长。1996 年至 1998 年 8 月在上海市挂职，担任上海市政府国航办党组成员、副主任，上海航运交易所理事会副理事长，上海组合港管委会办公室主任。1998 年 8 月至 2007 年 4 月担任交通部新闻发言人、体改法规司司长。

口述：朱永光

采访：杨建勇、张　励、许　璇、朱　昊

整理：许　璇

时间：2018 年 7 月 10 日

1996 年 1 月，我跟随黄镇东部长陪同李鹏总理，先后到南通、苏州、杭州、宁波进行调研。1 月 16 日来到上海，李鹏总理主持召开专题会议，研究加快建设上海国际航运中心的有关问题。会议指出：从全局看，建设上海国际航运中心既是我国经济发展的需要，也是国际政治斗争和经济竞争的要求，意义重大。会议明确了近期六项工作，包括成立上海航运交易所、建立组合港、组织新港址比选等。

这六项工作是我们部里几位同志一起讨论提出的建议，被国务院采纳写入文件，并且要落实，其中四项工作是我主办的，一是建立航交所，二是筹建组合港，三是参与新港址的选择，四是在宁波开启宁波至美东集箱班轮航线，其他两项工作是我们部里其他部门主办的。

建立我国唯一一家国家级航运交易所

20 世纪 90 年代初期，我在交通部分管生产运输，与上海的港航系统具有直接的工作关系。当时国内航运市场刚刚改革开放，整个运输市场比较混乱，部里委托我在国内建立航运交易所。1994 年，我带领一个考察团去伦敦考察波罗的海交易所，当时在国内建设航交所首选的目标地是大连，所以考察团里有大连市的分管副秘书长、交通局长、港口局长、税务局长等；上海是备选地，所以上海市交办有一位处长一起去考察。考察回来后，1995 年，我花了半年时间在大连推进航交所建设，但进展不大。

1996 年初，我向黄镇东部长建议在上海筹建航交所。后来部里决定由上海市和交通部共同组建航运交易所，以上海市为主，专业业务方面由交通部负责，体制归上海。为了协调好上海、浙江、江苏三方面的关系，部里决定派我作为挂职干部到上海任职。1996 年八九月，我正式从交通部来上海挂职，任国航办副主任，与徐柏章、李諴、顾刚组成了国航办的班子。1998 年 8 月，部里因机构改革调整把我调回去。我回部里报到后，因为上海新的航交所国际航运服务中心还没完工，所以我又返回上海工作了一段时间。

在上海航运交易所筹建过程中，我最大的感受就是特别顺利。在上海办事很方便，无论是跟市里、区里还是相关委办，配合都很顺畅，部里调人过来也很顺利。财政资金方面，上海市全力以赴，部里只出了50万元的开办费，其他的都是上海负责。交通部主要负责向国务院申请制定航运交易规则，因为航运交易所是国家行为、政府行为，所以后来航运交易规则是由国务院批准、交通部发布。航交所在提出筹建的当年，也就是1996年11月28日就宣告成立。航交所开业前一天，11月27日李鹏总理在国务院有关部委和上海、江苏、浙江主要负责人陪同下，亲临上海航运交易所视察，并委托黄镇东部长于11月28日为上海航交所鸣锣开业。

上海航运交易所是经国务院批准，由交通部和上海市人民政府共同组建的我国唯一一家国家级航运交易所，是我国政府为了培育和发展中国航运市场，配合上海国际航运中心建设所采取的重大举措。航交所的建立意义重大，它是我们建设国际航运中心的标志，航运中心就拥有了市场交易，当时虽然电子商务开始逐步形成，但对我们来说，还是作为一种常规交易的形式出现。

1996年11月，上海航运交易所开业

所以航交所刚刚开张的时候，工作人员还穿着红马褂。开张之后，我们觉得情况不对，随着电子商务的发展，面对面的交易行为已经不多了，几乎都是无纸交易，所以场面比较冷清。在这种形势下，我与航交所总裁许立荣，以及李誠理事长商量，一致认为要转变航交所思路，把航交所变成一个航运服务的平台。要建成一个平台，之前选定的航交所地址面积就不够了。我们三个都看中了公平路的客运站，现在已经拆掉了。客运站面积很大，但它是沿海客运站，建成后由于沿海客运量萎缩，就闲置了。当时上海港还没下放，黄镇东部长来上海时亲自协调，将客运站改造为上海航交所的主体——上海国际航运服务中心，把上海港大通关的模式引进到航交所。同时，因为航交所是不以营利为目的的事业单位，要维持它的运营，不能仅靠国家投入。客运站候船大厅一半无偿提供给海关使用，上海当时有好几个口岸的海关，只要在航交所海关办的事情，在全上海范围内全部通行，全年 365 天、全天 24 小时不间断作业；另外一半的候船大厅则用于经营，把一层改为两层，租给了船代、货代、船公司等，凡是与航运有关的公司都可以进来，交租金即可使用，收来的租金用于“养活”这个平台，提供服务。

上海航交所的建立是上海国际航运中心的重要标志，开业后陆续展开了一系列航运服务业务，为航运市场提供国际、国内航运信息；创办了《航运交易公报》期刊，正式向国内外公开发行；与上海海事大学共同创办和发布了“中国出口集装箱运价指数”，这个指数的发布成为与“波罗的海干散货运价指数”“国际油轮运价指数”并列的国际航运市场运价晴雨表。以上海国际航运服务中心为平台创建了上海口岸大通关模式，为港口、船公司、货主、船贷代理等提供方便、快捷的通关服务，同时为全国口岸开展大通关服务提供了实践经验。上海航运交易所成立后开展了一系列与航运业务相关的科研和论坛。上海航运交易所的建立是建设上海国际航运中心起步阶段的重要工作。

发挥阶段性作用的上海组合港

我经历的第二件事是组建上海组合港。当时位于军工路的上海港集装箱码头有限公司是跟香港李嘉诚的和记黄埔合作组建的沪港合资公司。1989 年政治风波后，中国面临的国际形势不太好，因而把这个公司作为打破僵局的一个项目。和记黄埔提了很多苛刻的条件，我们都接受了。第一个条件是对等的控股权，双方各50%，按以前的惯例，我方要占主导地位，他们提出不能以上海港务局为主；第二个条件是该合资公司对上海港集装箱业务有92%的经营控制权；第三个条件是今后上海港建新集装箱码头要以和记黄埔为主，不能由上海港务局自建或是另请其他的合作伙伴。如果按这几个条件的规定，我们要建外高桥港区也好、建新港址也好，都要通过和记黄埔。怎么办呢？我们考虑到要从国家层面来把握。国务院专题会议明确要建设以上海为中心、苏浙为两翼的上海国际航运中心，从这个角度来看问题，上海组合港不仅包括外高桥港区，还要再加上宁波、南通、南京、张家港等苏浙两省的沿海港口的集装箱码头，都要作为上海组合港的资产。这样，我们就把外高桥港区从上海港务局划分出来了。国务院作出这个决定后，马上由交通部、上海市、浙江省、江苏省共同成立上海组合港管理委员会，下设办公室。1997年，上海组合港挂牌仪式在陆家嘴上海港务大厦的裙房举行，吴邦国副总理在国务院有关部委和上海市、江苏省、浙江省有关领导的陪同下，亲自为上海组合港管委会揭牌；同时任命我为上海组合港办公室主任。

没多久，和记黄埔就来找我。我说外高桥港区跟上海港务局没关系，上海港务局归上海管，外高桥港区归上海组合港管，要合作跟我方重新谈，与以前的合作没关系。他们也明白是怎么回事，因为我们有国务院批复的文件。在管理关系方面外高桥归组合港管，但在生产业务方面仍归上海港务局管，就是这么一个微妙的关系。上海组合港挂牌后，我认为组建上海组合港的主要任务就完成了。成立上海组合港的目的就是为了理顺类似上海港与和记黄埔之间的这种带有不平等性质的合资条款，只要达到这个目的，即外高桥自己能够建港口，不受之前合作条款的限制，就完成了使命。和记黄埔也来投资外高桥港区，我们就按照新的政策来谈合资。所以说，上海组合港在上海国际航运中心建设中就是一个阶段性的工作，打破了当时的局面，在后来建设上海国际航运中心过程中，也发挥了一些区域协调作用。

论证洋山新港址

我在上海工作期间参与比较多的是深水港址的选址。在当时的历史条件下，对深水港的选址问题，大家站在各自的角度，有不同的看法，这很正常。当时党中央、国务院领导，以及上海市委、市政府领导，决策很有前瞻性。如果当时领导同志的思想观念没有那么超前的话，上海港发展不到今天的程度。

我在交通部水运司工作时间比较长，思想相对来讲也比较解放，当时我们有一个基本的观点，就是国际集装箱运输不同于其他的运输方式。我们水上运输有几百年的历史，逐步发展到件杂货运输，再发展到集装箱运输、旅客运输，这几种运输方式中，集装箱运输是独特的。过去的运输方式，主要以港口为核心，货物围绕港口转，人也围绕港口转。而港口能力不足，短板在港口，所以港口在无形中成为运输链中的核心。集装箱运输恰恰相反，国际集装箱运输是以船为核心的，而不是以港口为核心，港口是为船服务的。因此，如何满足船公司对集装箱运输的需求，是一个港口能否成为枢纽的一个关键。国际集装箱运输航线较长，纵横交错，以远东来讲，既有太平洋航线，又有欧洲航线，还有大洋洲航线、东非航线等，这些航线能不能形成交结点或者重要结点，是能否成为枢纽港的关键。所谓交结点就是船舶的挂靠点，重要结点就是很多船公司都要选择的结点，即中心。

当时的上海港，长江口水深 7.5 米，候潮 9 米，后来虽然长江口的整治工程被列入计划，水深 8.5 米、10 米、12.5 米的计划也都有了，技术上论证都没问题。但上海市领导和我都认为，12.5 米是不能满足需要的。集装箱运输链的核心是船公司，降低全程物流成本、快捷完成货物交接、增强船公司的竞争力成为航运企业优先考虑的因素，而船舶大型化是实现上述目标的最为有效的措施。特别是进入 20 世纪 90 年代中后期，国际集装箱的大型化加速。从第一代集装箱船到第二代、第三代，发展都很缓慢，但到了第五代集装箱船之后，船舶的大型化发展加速，第五代到第六代只用了不到两年时间，当时没有预料到现在会发展到两万箱。当时也有同志认为第六代集装箱船刚刚出来，怎么能成为集装箱运输的核心呢？很多同志认为，船舶的始发港不用装满载，中间去其他港口加载。我当时提出，集装箱运输不同于其他运输，它不存在始发港的问题。它的航线是一个周期循环。它到每一个港口，都需要满载进，卸掉一些货物，再装一部分本港的货物继续前进到下一个港口。在整个循环链中间，它的需求是航线中的任意一个港口必须满足船舶满载全天候通过，当时 6000 箱船吃水深度已经达到 14.5 米。虽然并不是每一个航次必须装到满载，但船公司有这个需求，港口就必须满足，如果满足不了，船公司就可以不选择你作为母港。当时在远东地区，有四个港口在竞争中心，分别是韩国的釜山和光阳，日本的神户和大阪——我们称之为阪神地区，我国的台湾高雄，以及上海。其他几个港口的条件都比上海好，自然水深条件都大大超过我们，我们的优势是市场比它们大。虽然我们有中国广阔的进出口市场，但是如果水深达不到条件，别人就会选择釜山、神户，我们虽然量很大，但永远是个喂给港，是个支线港。

1994 年、1995 年，上海市委、市政府领导同志开始提出了跳出长江口。当时也有同志提出利用长江口深水航道建成后横沙岛形成的大坝堤作为港址，但那是猴年马月的事，解决不了问题。我在上海工作了两年，也不同程度地参与了这项工作。我跟市领导一起坐小艇到最原始的洋山上去看过好几次，上海市的主要观点是，洋山是建设上海国际航运中心深水港的最佳港址，我完全赞同这个观点。1998 年，我调回北京后就不再分管这方面工作，也没怎么过问。直到 1999 年 10 月，我突然接到国家计委的通知，根据国务院领导同志的批示，对洋山深水港的港址选择召开专家论证会，请两个国外的咨询公司进行咨询；同时国内组建两个专家组，一个宏观经济专家组，主要论证有没有必要建，另一个技术专家组，主要讲从技术上认证可不可能建。当时国家计委邀请我作为宏观经济专家组的专家成员。当时交通部就我一个人，我感到压力比较大，因为我是专家组唯一在职的司局长，又不分管这方面工作，我表示难以胜任，最后部里还是批准我过来了。在专家论证会上，共有十多名专家，分别来自国家计委、国家咨询公司、国务院发展中心及有关院所等，上海市是韩正副市长参加会议，国航办作为列席代表列席会议，我们部里也派了列席代表。大家在会议上讨论的结论是：上海国际航运中心的建设必须要有一个深水港，深水港的水深条件必须达到 15 米以上，大、小洋山就目前来看是最佳港址，最具备建设上海深水港的条件。当然它也有不利的问题，一是涉及行政区划，它隶属浙江省；二是大洋山还有一块平地，而小洋山就那么几个山头，其他什么都没有，所以在这种情况下，工程实施后能不能保住当时的自然水深，确实从技术上面也有一些看法。

我在会上作为专家发言提出以下观点：第一，船舶的大型化是国际集装箱运输发展的必然趋势，实践证明，集装箱船舶近两年来从第五代到第六代，仅仅用了两年时间，第六代集装箱船型必将成为主力船型。第二，上海港集装箱正经历超常规的发展，按目前发展最保守的预测，2005 年上海港集装箱吞吐量预计达到 1450 万箱。当年上海港集装箱的年吞吐量才 300 万箱，国家计委和交通部组织编写上海港集装箱运输发展的中长期计划，提出到 2005 年上海港集装箱吞吐量将发展到 750 万箱，我并不同意这个观点，我提的是到 2005 年达到 1450 万箱的预测方案。很多人不赞同我这个提法，认为我太冒进了，基本上超出中长期计划中提出的一倍。我说这是最保守的估计。实际上 2004 年就达到了 1450 万箱，到 2005 年达到 1500 多万箱。而当上海港超常规发展到 1450 万箱的时候，如果没有新码头上海港是无法承担的，当时外高桥加上老港的吞吐能力到 2005 年只能到 1500 万箱，所以 2005 年必须要有新的码头产生，新的码头产生在什么地方？洋山。这是我们结论中比较重要的第二条。第三，长江口深水航道整治和洋山深水港建设，是上海国际航运中心重要的组成部分，两者缺一不可，这两件事是要并进的。因为洋山港服务的面就是集装箱，服务于国际集装箱运输主力船舶，当时第六代集装箱船已面世，即将取代第五代船成为国际航线主力船型。长江口不仅服务集装箱还要服务其他货种，所以 12.5 米深水航道建设和深水港建设是相辅相成的。特别是在洋山还没建成之前，外高桥要想发挥能力主要依靠长江口深水航道整治。第四，要充分利用宁波港，它是上海国际航运中心“以上海为中心、苏浙为两翼”中的一翼，上海港和长江口加快建设的同时，宁波港也要得到充分利用，这是整个长三角的关系。实践证明，这是正确的。最后，我补充说明了集装箱运输不同于其他运输形式的观点。

会后顾刚跟我说：与会专家认为你的发言是理论结合实际的。这与我一直从事集装箱相关工作有很大关系，我在部总调度室工作的时候，见证了从中国第一个集装箱班轮的诞生——1978 年 9 月 26 日上海远洋运输公司开辟上海至澳大利亚平乡城的中国第一条集装箱班轮，到 20 世纪 90 年代全国集装箱运输的大发展。后来经过技术专家组的论证，认为洋山具备建设深水港的条件，我们宏观经济组的论证结论是建设洋山深水港十分必要而且十分迫切，当时提出 2005 年必须完成一期工程 300 万箱的生产能力，以后要按照每年 300 万箱的递增速度，2010 年使上海港的生产能力达到 3000 万箱。

会上还讨论了东海大桥上不上铁路的问题，当时我的意见是不能上铁路，一是因为上铁路成本太高，这个大桥是上海市政府出的钱，国家没出一分钱，如果当时建成公铁两用桥，成本还要翻番；二是我们铁路运输的国际集装箱集疏运比重很小，当时全国的平均数还不到2%，即便现在多一点，也只是4%至5%，为了这点小小的比重修铁路上岛不划算；三是洋山面积小，就几个小山头，修铁路上岛的话还要建调车厂。后来经中央领导同志批示，洋山港于2002年开工。在参加完这次论证会后，我基本上没有再参与这项工作了。

洋山未来更美好

2005年洋山港投产的时候，上海市政府把我们这些专家请回来参加开工典礼，我不是作为交通部的代表，而是作为专家代表，感到很欣慰。从我个人的职业生涯来讲，我有一个习惯，一般从一个部门离开后就不再回去了。但对洋山，我有一种情结。洋山建成后，我一共去过四次，最近一次是上个月，我以私人身份来上海游玩，还专门去参观了洋山四期自动化码头。现在

洋山深水港

小洋山有两个点是保留下来的，一个是姐妹石作为景点保留，呈现的就是它最初的样子，这是个很有意义的石头，当时专家上岛的时候没有地方看图纸，就把图纸铺在姐妹石上面，我们就围着石头看三航院的设计图纸；另一个保留下来的是小乌龟岛，当时大桥下来有个小岛，形状像一个小乌龟，四期建了以后，有点不太像了。

洋山港能够发展到今天，上海港能够发展到世界集装箱港第一的地位，与中央的决策、上海市领导的决心是分不开的。现在看来，当时决定把洋山作为上海深水港的港址，是非常正确的。上海市的上上下下、各个部门，大家的观点一致：国际航运中心是“四个中心”的基础，没有国际航运中心，就不可能建成经济、金融、贸易中心；各级交通部门，对洋山深水港也付出了辛勤的努力。当时论证的时候，国航办的徐柏章、李諴、顾刚几位老同志是下了很多功夫的，特别是徐柏章，他之前是区委书记，原来并不熟悉交通，他能那么投入，很不容易。三航设计院的同志、上海海事大学的技术专家们，还有一些科研院所水工方面的专家，倾注了很大精力。到建设阶段，上海市拿出了相当大的魄力，洋山港的建设没有要国家一分钱。东海大桥由市政府拿钱，而且当时考虑到运输成本，决定东海大桥建成后对集装箱卡车免收通行费，这个决定是很英明的。32 公里的大桥如果按照高速公路收费，物流成本又会增加很多。刚开始投产的时候，是负债经营的，当时码头的规模还没形成，为了不增加货主的负担，都由港口集团吞下来，那时确实很艰难，咬咬牙挺下来了。当然这里还涉及浙江省。当时中央决定了之后，交通部在协调管理体制时做了很多的工作，把洋山港口集中管理权交给上海，行政管理权、海事管理权交给上海，这个工作难度也很大；上海市也在移民问题、税收问题、补偿问题上都作了较大让步；浙江省更是从大局出发，这才有了洋山港的今天。

作为一个交通人，在上海工作两年多，积极参与了这些工作，只能说发挥了一点点作用，这也是我交通职业生涯中一段很值得回味的经历。

难忘的洋山深水港建设岁月

口述前记

徐柏章，1943 年 10 月出生。曾任上海市黄浦区委副书记，普陀区委常委、副区长、代区长，普陀区委副书记、区长，政协上海市第十届委员会人口资源环境建设委员会副主任等职。1996 年 5 月至 2003 年 2 月任上海国际航运中心上海地区领导小组办公室党组书记、主任，兼任上海市深水港工程建设指挥部副总指挥等职。

口述：徐柏章
采访：杨建勇、沈　洋、范婷婷
整理：范婷婷
时间：2016 年 12 月 30 日、2017 年 1 月 17 日

1994 年上半年，国务院领导来上海考察时指出，上海要加快国际航运中心建设。从航运中心与三个中心的关系来看，航运是基础。如果上海不能成为航运中心，那么金融中心、贸易中心建设就要受影响，经济中心就站不住脚，党的十四大提出的把上海建成“一个龙头、三个中心”目标就会落空。

上海市委、市政府高度重视国际航运中心建设，把集装箱深水港规划建设作为一项重大项目。时任市委书记黄菊同志反复强调，深水港建设是关系到上海能否成为国际航运中心之一的关键问题，而能否成为国际航运中心之一又是上海能否成为“一个龙头、三个中心”的关键。1995 年 8 月，黄菊同志亲自赴舟山海域调研踏勘，提出了上海要跳出长江口，在大、小洋山海域建设深水港的设想，并在市委常委会上形成共识。

听了黄菊同志的讲话后，我觉得深水港建设是一项非常具有挑战性的工作。当时我在普陀区担任区长，年底区县班子调整时，我向有关领导提出了参与深水港建设的愿望。1996 年初，市政府组建上海海港建设筹备组，任命市政府副秘书长吴祥明同志为组长，我和时任市政府交通办副主任李誠同志为副组长，主要负责深水港建设前期工作。由此，我开始投身上海国际航运中心建设“十年磨一剑”的职业生涯。

新岗位　新使命

1996 年 1 月中旬，时任国务院总理李鹏在上海主持召开专题会议，研究加快建设上海国际航运中心的有关问题。交通部、国家计委等中央相关部委及苏浙沪两省一市领导分别作了发言。从当时情况来看，各方面在推进上海国际航运中心建设特别是深水港建设等具体工程项目问题上还存在着不同意见。李鹏总理认真听取了大家的发言并作了重要讲话，指出把上海建成国际航运中心是实现上海国际经济、金融、贸易三个中心的重要保证；是开发

浦东使其成为远东经济中心，开发整个长江的关键。当前，我国周边的一些国家和地区，在建设国际航运中心方面与我国形成竞争态势，从全局看，建设上海国际航运中心既是我国经济发展的需要，也是国际政治斗争和经济竞争的要求，意义重大。希望浙江、江苏和上海以及交通部齐心协力，密切合作，尽快建成上海国际航运中心。会议明确了近期需要抓紧落实的六项工作：（1）组建上海组合港；（2）成立上海航运交易所；（3）开通宁波至美国东海岸国际集装箱班轮航线；（4）推进上海港外高桥港区一期改造和新建二期集装箱码头等一批集装箱码头建设；（5）组织开展上海国际航运中心新港址论证；（6）继续深化长江口深水航道治理工程可行性研究。

在国务院专题会议之前，夏克强副市长召集我们工作小组开了一次会，传达了市委、市政府关于加快上海国际航运中心建设“三管齐下”的工作考虑。所谓“三管齐下”，一是抓紧外高桥一期集装箱码头改建工程和二期集装箱码头工程建设，二是积极支持交通部开展长江口深水航道治理工程，三是抓紧开展上海国际航运中心洋山深水港新港址选址论证。听了会议传达之后，我体会到市委、市政府的工作思路与国务院专题会议确定的工作任务是一致的。

5月中旬，上海市委、市政府决定成立上海国际航运中心上海地区领导小组，加强对上海港口和航运建设的统一领导，由夏克强副市长担任组长。领导小组下设办公室，承担领导小组的日常工作，具体负责上海国际航运中心建设的有关工作，任命我为领导小组办公室主任，李諴和顾刚同志为副主任。李諴和顾刚是科班出身，在港航方面有丰富的经验。我们这个机构的全称叫上海国际航运中心上海地区领导小组办公室，简称国航办，正局级行政机构。

当时夏副市长正在北京中央党校学习，他要求我们认真学习领会李鹏总理在专题会议上的讲话精神，把会议部署的几项工作按轻重缓急认真梳理一下，抓紧提出上海的贯彻意见。夏副市长反复提醒我们，会议确定的各项工作都与上海有关，国航办作为上海国际航运中心建设的专门机构，一定要主动跨前一步把工作抓起来。根据夏副市长指示，我们认真梳理了一下，把组建上海组合港、组建上海航运交易所、协调推进外高桥集装箱码头改建和新建工程项目、协调推进长江口深水航道工程项目建设等列为当前重点推进工作，同时积极开展洋山深水港的前期调研和基础准备工作。

新机构，新任务，新使命，新挑战。我们正在做一项前无古人的开创性工作，凡事开头难。既然市委、市政府把这副担子交给我们，就是有再大的困难也要把工作做好。只有无怨无悔，埋头苦干才是正道。我为我们国航办设定了今后工作的基调：一是上海国际航运中心建设必须要以上海为主导，由上海来牵头；二是要用我们的实际工作证明，洋山深水港建设是正确的、合理的、唯一的。按照这一工作思路，我们迅速制定了新机构的工作职责，一方面使工作有所遵循，另一方面也是避免了与有关部门因职责不明确而扯皮。尽管我们的工作开始逐步走上轨道，但我总有一种预感，在洋山建设深水港过程中必定好事多磨，一路坎坷。

组建上海组合港

国航办开门做的第一项大的工作是组建上海组合港。这是国务院领导根据浙江提出的充分依托宁波港深水资源，组建上海—宁波—舟山组合港，加快推进上海国际航运中心建设的建议，在专题会议上确定的六项工作中的一项。

国务院领导对组建上海组合港工作非常重视，上海市委、市政府领导也有明确要求。在起步阶段我们的主要工作是推进上海港外高桥港区与宁波港北仑港区各 900 米集装箱码头岸线的先行组合。但在工作的推进过程中，上海和浙江都碰到了一个共同的问题，即组合港的合作模式与主体问题。上海港经国务院批准已于 1993 年 8 月与香港和记黄埔公司组建了沪港合资上海集装箱码头有限公司（简称 SCT）。根据公司章程约定，企业是市场经营和合作主体，并具有业务发展的合作优先权。宁波港北仑港区的 900 米集装箱码头岸线也已分别与香港九龙仓公司和中远太平洋公司签订了合资意向协议，同样遇到对外合作经营主体的问题。我们把遇到的问题及时向交通部作了汇报。交通部领导非常重视，多次召开会议，分析研究。大家一致认为，从当时的实际情况来看，浙江的问题比较容易解决，因为宁波港北仑码头项目合作尚属意向协议阶段，可以进一步协商沟通。相比较而言，上海的问题比较复杂一些。我们通过深入调查研究，结合上海港口实际情况，对组建上海组合港提出了一些具体建议。从未来上海组合港所要承担的职能和地位来讲，它应该是一个跨行政区域的综合协调机构，对两省一市集装箱港口发展具有一定的协调与管理职能。上海组合港采取行政管理机构合作模式。在这方面交通部做了许多沟通协调工作，经国务院领导同意，最后，把上海组合港定位为由交通部与两省一市组成的地区港口行政管理机构。

大的方向确定之后，我们按照交通部要求开始组织起草上海组合港筹建方案。相对来说，上海在这方面还是具有一定的优势。在深入研究、广泛听取意见基础上，形成了方案初稿。我们又把初稿分送相关部门征求意见，大家对有关组合港的范围、组合方式、工作职责和经费来源等提出了许多很好的修改意见。最后形成一个方案讨论稿文本送交通部。

经过一年多时间的努力，1997 年 7 月 21 日，上海组合港筹备组会议在上海召开。会议确认了组合港筹备组成员的名单和组合港管理委员会办公室组建方案，研究了办公地点、开办费等事项，要求两省一市在 8 月 10 日前按照国务院批准的组合港范围，提出首期入围组合港的港口名单。

1997 年 9 月 18 日，国务院下达了《关于同意上海组合港组建方案的批复》，明确上海组合港范围包括上海、江苏和浙江沿海沿江已建集装箱泊位及规划建设集装箱泊位的深水岸线，涵盖上海港外高桥港区、宁波北仑港区、南京港、镇江港、张家港、南通港等集装箱港区。该批复同时明确，上海组合港是由交通部领导，上海市、浙江省、江苏省参加的跨地区的港口集装箱码头行政管理机构，负责对组合港范围内深水岸线集装箱泊位的规划、建设和发展进行综合平衡和协调，不代替现有港口管理当局的职责。上海组合港管理委员会正副主任分别由交通部和苏浙沪两省一市相关领导担任。管理委员会下设办公室负责日常工作，工作人员由交通部和两省一市选派，办公室设在上海，主任由交通部委派。水运司朱永光副司长是组合港办公室第一任主任，我们两人就责无旁贷地担负起筹备工作了。在筹备过程中，朱永光主任建议，上海组合港是个协调机构，办公地点既不能太显眼也不能太偏僻。我们商量之后，向市政府提出了选择浦东陆家嘴丰和路 1 号港务大厦作为组合港管理委员会办公地点，并由上海承担开办经费的建议，得到市政府批准。

1997 年 9 月 29 日，“上海组合港管理委员会”在上海正式挂牌成立。国务院及江苏、浙江省和上海市的领导，有关部门和港航单位代表 300 多人出席仪式。吴邦国副总理为“上海组合港管理委员会”揭牌并讲话。李鹏总理专门为上海组合港题词——“发挥综合优势，建好上海组合港”。20 多年来，上海组合港在上海国际航运中心建设中发挥了独特的作用。

筹建上海航运交易所

在中国，航运交易所是个新生事物。交通部原来设想在上海、广州、武汉、天津和大连等多个城市建立航运交易所，上海航交所是第一个也是唯一的一个。上海市交通办在交通部指导下已经着手开展上海航运交易所的筹建工作，国航办成立后，根据市领导指示，相关工作由国航办接手。

上海航运交易所筹建处设在东大名路 485 号，由上海远洋公司许立荣同志负责筹建工作，许立荣同志后来担任上海航运交易所第一任总裁。1996 年 5 月 28 日，上海市政府在宣布成立国航办的同一天，根据国务院的批复精神正式批复同意建立上海航运交易所，同时明确把上海航运交易所筹建工作移交到国航办。我到交通部去过两次，就管理法规和开张事宜进行请示汇报。交通部也多次来上海，协调开业及运营等有关方面的问题。

在上海航运交易所筹建过程中，交通部先后出台了一些政策和措施，主要包括建立会员制、限制场外交易、实行运价报备制度、船舶买卖场内交易制度等，这些政策措施为航运交易所的顺利开业运作创造了条件。

1996 年 9 月 18 日经国务院批准、交通部发布了《上海航运交易所管理规定》，明确上海航运交易所是由交通部和上海市共同举办和管理的国家级航运交易市场，是上海建设有中国特色大市场体系的一个组成部分，是上海建设国际航运中心的基础性配套机构。国务院法制办公室还专门为上海航运交易所制订了管理规则，要求在上海口岸从事与国际集装箱运输相关的港口、船舶和货物代理业务都集中到航运交易所交易。当然随着市场经济环境逐步完善，这种过度依赖行政手段的航运交易模式被逐渐淡化，上海航运交易所在以后的发展过程中实现了新的创新跨越，这是后话。

因为经国务院批准颁发的《上海航运交易所管理规定》自 1996 年 10 月 3 日起正式实施，所以市政府要求上海航运交易所必须在 9 月底前开业。但交通部认为有不少程序性工作难以在 9 月底前完成，希望把开业时间延至 11

月。10月31日，我与李諴、许立荣同志一起去北京向交通部汇报协商航运交易所开业等有关事宜，最终把上海航运交易所正式开业日期确定为1996年11月28日。

根据交通部提供的上海航运交易所开业仪式安排，李鹏总理将在11月28日出席上海航交所开业仪式，亲自为上海航运交易所鸣锣开市，后因有其他活动安排临时作了调整。11月27日李鹏总理、吴邦国副总理在黄菊书记、徐匡迪市长陪同下视察上海航运交易所，并为上海航运交易所题词。李鹏总理的题词是“规范航运交易，繁荣航运事业”。吴邦国副总理的题词是“规范航运市场，为建设上海国际航运中心服务”。11月28日，交通部、上海市人民政府举行上海航运交易所开业典礼。交通部部长黄镇东为上海航运交易所鸣锣开市，上海市委书记黄菊、市长徐匡迪分别发来贺信贺词。

上海航运交易所开业第一天，有60多家船东和货主、货代企业参加了交易活动，成交煤炭、玉米、木材、化肥和机械设备等各类货物11万多吨和30个集装箱，市场价格平稳。

上海航运交易所开业是对我们国航办组织协调能力的一种考验和检验。上海航运交易所成功开业，中外反响良好，交通部和上海市的领导都很满意，我们国航办这块金字招牌也就这样亮出去了。

参与长江口深水航道治理工程

上海市委、市政府对长江口深水航道治理工程一直是持积极支持的态度。1994年6月，上海和交通部共同向国务院提交了《关于长江口深水航道治理工程前期工作有关问题的报告》。1995年11月，又联合提出长江口航道治理工程申请立项报告，并明确表示同意分担工程项目建设资金。当然，我们也希望在洋山深水港选址项目方面能够得到交通部的大力支持。

1996年上半年，国务院同意长江口深水航道一期工程上马。上海给予积极配合，选派市国航办副主任担任项目工程筹备组副组长。记得当时有一件比较紧急的事情，交通部为配合长江口治理工程，决定在浦东地区选址建设长江口科学研究试验中心，为长江口航道治理工程建立物理模型。但在选址和用地方面遇到一些问题。得知这一情况后，我立即报告市领导并以国航办名义主动与浦东新区沟通协调，在市、区两级领导的支持下，很快解决了选址用地和项目建设，为长江口深水航道治理工程建设争得了宝贵的时间。这说明加快建设上海国际航运中心建设已经成为全市上下的共识。

长江口航道治理是采取双导堤"束水攻沙"方案，通过"导流、减淤、挡沙"，再辅以疏浚工程，在十年内使长江口航道分期达到8.5米、10米、12.5米水深。但当时对工程项目持不同意见的人不少，反对者甚众，遇到的困难和阻力也很大。在交通部的强力推动下，长江口深水航道治理工程前期工作进展很快。1997年下半年，国家计委批准一期工程可行性报告。项目启动后，上海市一直按时拨付承诺的分担建设资金。应长江口航道建设公司要求，国航办牵头协调上海市的港政、市政、水利和规划等部门分别解决了浦东外高桥合流污水治理工程竹园二级污水处理厂规划用地和横沙岛的两块土地作为工程施工基地，满足了工程年内开工的需要。随后，又主动协调帮助长江口航道建设公司在市中心的人民广场附近购买了办公用房。因为上海是长江口航道治理公司的股东，我本人也是公司董事会成员，这些工作也是我们应该做的。

长江口深水航道治理工程经过十年努力，已经达到治理标准。这是值得庆贺的事情。治理工程对上海港发展、对上海国际航运中心建设和长江口下游港口发展起到了积极的推动作用。

组织开展洋山深水港选址论证

洋山深水港论证和建设前期工作是个复杂过程。从1996年8月交通部根据国务院专题会议精神下达《上海国际航运中心新港址论证工作大纲》到2002年3月国务院第56次总理办公会议审议通过洋山深水港区一期工程可行性研究报告和开工报告，前后整整花费了六年半时间。其间所经历的论证工作时间之长，参与研究的国内外专家学者人数之众，涉及的部门、地区范围之广，耗费研究经费之巨，都是上海历史上前所未有的，恐怕在我国港口发展建设史上也是无出其右的。值得自豪的是，洋山深水港无论是前期选址论证水平还是后期工程项目建设质量，乃至当今码头运营效率，都当之无愧地代表了我国水运工程和桥梁工程界的一流水平，也是我终生难忘的人生

2001 年 12 月，召开上海国际航运中心洋山深水港区一期工程可行性研究报告评估会议

经历。

洋山深水港论证工作大致可以划分为四个阶段。

第一阶段主要是立足国家利益和国际竞争，严密组织新港址论证阶段。上海的选址论证工作由国航办牵头。我们根据市委、市政府关于“三管齐下”的总体考虑，按照《上海国际航运中心新港址论证工作大纲》要求，委托交通部三航院为主设计单位，分列了建设目标、战略定位、发展模式、实施步骤及相关政策法规等 11 个专题开展了基础研究工作。委托上海气象局、国家海洋局东海分局在洋山海域实地进行了两次大规模的同步水文泥沙测验和气象观测、地形测量、地质勘探等外业工作，开展了波浪、潮流、泥沙、气象、地质、海床演变、模型试验等多学科综合研究。我们还在国家海洋局的帮助下，利用航测的机会在崎岖列岛海域拍摄了一些照片，从中选用了 6 幅大、小洋山现状照片作为洋山深水港区论证的重要资料，在许多重要场合和文件上被多次应用后，成为洋山深水港的经典形象照片，取得良好效果。

1997 年 3 月，我们完成了洋山新港址论证报告编制工作，报上海市政府审议后于当年 11 月正式上报交通部。通过这一阶段的论证，我们回答了当时分歧比较集中的四个基本认识问题：即关于上海国际航运中心新港址必须具备的水深条件、洋山深水港区的建港条件、作业天数、港区与上海地区的连接及陆域配套等问题。

第二阶段主要是立足长远发展和满足近期需求，开展港区总体布局规划和一期工程预可行性研究，为国内外专家评审创造条件。论证报告上报之后，从 1997 年 11 月开始，我们又用了整整一年时间组织开展了上百个专题研究论证工作，按照基本建设要求补齐了各种基础资料，从工程技术、建设资金等多方面为洋山深水港工程项目建设做好了充分准备。随着研究工作的不断深入，我们对洋山深水港选址论证的信心也在不断增强，但来自各方面的分歧意见也日益明显。

根据《上海国际航运中心新港址论证工作大纲》规定，交通部应于 1997 年底之前完成对苏浙沪三地上报的新港址论证报告的专家评审，并提出综合审查意见报国务院审批，但实际的评审时间延迟到 1998 年 9 月中旬。据了解，除了上海的洋山深水港方案之外，浙江上报的是宁波—舟山—上海方案；江苏上报的是太仓—上海—宁波—舟山方案。交通部专家评审推荐“中心两翼型”方案，其中“中心”是上海的浦东外高桥和五号沟，“两翼”是宁波、舟山和太仓。专家认为洋山港址虽具有一定优越性，但投资巨大，是全新港址，不宜仓促上马，建议抓紧前期工作，作为远期开发后备港址。洋山深水港新选址方案被彻底否决了。得到这个信息之后，我们立即向相关专家做了咨询了解。有的专家表示并不是反对上海建设洋山深水港，而是认为上海港在 2020 年前，没有必要建设具有 15 米水深的深水港区，通过长江口深水航道治理工程，水深达到 12.5 米就可满足需求。也有专家认为在洋山建港是重复建设，劳民伤财，气象环境不佳，全年作业天数只有 270 天。个别专家担心外国船公司不会来靠泊洋山港。实际上专家提出的这些问题，我们在前期研究过程中都已经作过研究了。核心问题是应当如何判断国际航运市场对船舶大型化需求的发展趋势。

我们通过中船 708 所承担的《集装箱船大型化与国际集装箱枢纽港建设》课题研究，从技术角度分析了大型集装箱船舶结构吃水与航道水深之间的相关性；从经济角度分析了船舶吨位规模与运输成本之间的相关性；从目前国际航运市场船舶大型化发展趋势分析对集装箱枢纽港航道水深的相关性，结论是上海国际航运中心国际集装箱枢纽港的航道和泊位的建设标准，应该充分考虑到船舶大型化发展需求，以达到15米水深为宜。同时，我们又通过国家权威性机构对洋山地区实际作业天数进行测算，结论是洋山地区全年平均可作业天数在340天以上。针对洋山深水港建成后外国船公司不愿意停靠的担心，我们对14家国外船集装箱班轮公司进行了抽样调查，其中有13家船公司表达的倾向性意见是支持洋山深水港。十多年来洋山深水港的运营实践，就是对我们前期研究结论的最好证明。

尽管我们在洋山深水港新港址论证方面做了大量的前期工作，但在交通部组织的专家评审中并未把洋山新港址列入推荐方案上报国务院。为了澄清部分专家对洋山深水港选址问题的误解，我们分别向交通部和国家计委报送了相关材料。与此同时，我们在1998年底编制完成了洋山深水港区总体布局规划、一期工程预可行性研究报告和跨海大桥工程预可行性研究报告。

1999年3月中旬，受国家计委委托中咨公司在北京召开上海国际航运中心深水港第一次论证会。会议在两个关键问题上达成一致意见：一是上海国际航运中心的中心港应该建在上海；二是国际航运中心深水枢纽港应当具有15米水深。但会后不久，中咨公司又不断要求我们提供投资分析、吞吐量预测、可作业天数等相关资料，我们预感可能遇到阻力了。果然，5月中旬，中咨公司又召开第二次论证会。后来听说，第二次论证会专家分歧意见比较大，中咨公司建议国家计委进一步组织论证决策。

1999年8月，上海市计委正式向国家计委编报了洋山一期工程项目建议书。同年10月中下旬，国家计委在沪主持召开了两次上海国际航运中心洋山深水港专家论证会议，第一次论证会议是宏观经济专题，会议认为建设洋山深水港非常必要，也是十分紧迫的，从实现我国经济发展战略全局和国际竞争需要考虑，工程建设宜早不宜迟，宜快不宜慢，需要早下决心，早作决策。第二次论证会议是技术经济专题。会议的结论是，根据洋山港的自然条件，建设15米水深集装箱港区，技术上是可行的。此后，国家计委还通过国际招标，分别邀请荷兰港口咨询公司和美国路易斯·伯杰公司对洋山深水港建设工程项目进行咨询评估，其基本意见是，上海需要能够接纳第六代集装箱船舶的深水港，否则，近期服务上海的集装箱船舶仍将保持半载状态，滞缓损失会很大，长远看上海就不会成为地区性枢纽港。洋山深水港区建设在经济、技术方面是可行的。

第三阶段，突出重点，抓住关键，精益求精完成港区和大桥一期工程可行性研究。围绕项目可行性方面的一些重要技术经济问题，如港区总平面布置和一期工程建设方案、大桥建设方案、环境影响评价、投融资方案等，委托有关科研设计单位进行了十多项深化、细化、优化的专题研究。召开了多次专家咨询会议，做了大量评审优化、完善工作。并多次听取浙江省市县的意见，先后修改了 11 稿。在国务院批准立项后，于 2001 年 10 月正式向国家计委报送了累计 200 多万字的一期工程和大桥工程可行性研究报告。

第四阶段，抓紧开工前的各项准备工作。协调确定了大桥通航标准，把通航净空高度和通航等级分别定为 40 米、5000 吨级。组织开展了环境影响评价和风险分析研究，确保了中咨公司对工程可行性评估工作的顺利进行。

洋山深水港前期规划论证工作历时六年半。我们付出了大量的时间、人力和物力，付出了忘我的劳动和汗水，经历了在斗争中前进和发展的曲折过程。曾经有领导提醒过我，一项工程能否成功固然有许多因素，其中起关键作用的主要有三个因素，即人的因素、经济因素和技术因素。回顾洋山深水港项目论证过程，也确实如此。

自国家计委组织的两次专家论证会议论证意见和国外两家专业机构项目咨询评估结论出来以后，人的因素开始发挥作用了。相关部门和地区出于部门或地区利益考虑，采取通过一些老领导、老专家向中央领导写信的方式，提出各种问题和理由，明确表示对洋山深水港建设持不同意见。说实话，信中所提出的这些问题在我们的新港址论证报告和国内外专家评审中都已经有了明确的结论。尽管如此，这些信还是造成了一定的影响，听说中央有领导明确表态，洋山深水港工程项目暂时不予考虑。

在沉重的工作和心理压力下，我们国航办两位副主任都累得病倒了。我也是累得痔疮、瘘管、带状疱疹、面瘫等病接踵而至，后来又查出患了肠癌。尽管如此，但我们没有退缩，继续为上海国际航运中心建设奔走呼叫。

我首先找到李国豪院士，他是洋山深水港论证方案的专家组组长。我向李院士汇报了这几年来我们的工作情况以及我们目前所遇到的困难。李院士听了之后明确表示，应该把我们所做的工作和国内外专家对洋山深水港工程项目的评审意见实事求是地向中央领导反映。2000 年 9 月，在李院士的牵头下，15 位院士和专家联名上书中央领导，建议加快推进上海国际航运中心建设，尽快启动洋山深水港工程项目。信件是我派专人送到上海市政府驻京办事处，但送去之后一直没有音讯。无奈之下，我又拜访了汪道涵老市长，汪老亲自约请李国豪院士，并详细听取李院士的情况介绍，最后商定由李院士以个人名义再给中央领导写一封信。2000 年 10 月下旬，在一次活动中李院士当面向中央领导谈及此事，得到高度重视。2000 年 11 月 3 日，江泽民总书记作出重要批示，要求从国家整体利益出发，统筹考虑，通力协作，认真比选，科学决策，力求决策正确，经得起历史考验。此后，洋山深水港项目进入了快车道。2001 年 3 月，国家计委发文通知上海抓紧开展工程可行性研究工作，并就有关技术经济问题及生态环境的影响等进行深入论证，编制项目可行性研究报告，报国家计委审批。同年 10 月，上海市向国家计委正式报送《上海国际航运中心大、小洋山深水港区一期工程可行性研究报告》。2002 年 3 月 13 日，国务院第 56 次总理办公会议审议通过洋山深水港区一期工程可行性研究报告和开工报告。2002 年 6 月，洋山深水港区一期工程开工建设，经过三年半的艰苦建设，于 2005 年 12 月建成完工投入试运行。上海国际航运中心建设取得了阶段性成果。

运营中的洋山深水港一期码头

洋山深水港前期选址论证用了六年半，一期工程建设用了三年半，加在一起一共用了十年时间。2015 年 2 月，时任上海市委书记韩正在庆祝洋山开港十周年大会上，把这十年历程比喻为“十年磨一剑”。他强调，在洋山深水港建设中形成的“洋山精神”是上海城市精神的重要诠释，这就是不辱使命的奉献精神、艰苦创业的拼搏精神、求真务实的科学精神、争创一流的进取精神、团结协作的大局精神。这是对所有洋山深水港工程参与者的最高褒奖。

曾经有同志对我说，你们这些做洋山深水港前期工作的同志默默无闻地坚持了这么多年，凝聚国内外各方面力量，翻越一道道坎，最后终于完满完成了任务，真是不容易。我觉得，其实，授命就是信任，作为一个共产党员，当上海市委、市政府把这份责任交给你的时候，你一定会去全力拼搏完成任务的。令人欣慰的是，十多年来，洋山深水港不负众望取得了辉煌成绩，历史已经证明了它的价值。作为洋山深水港工程建设的一名参与者，我感到无比自豪！

洋山工程成就职业生涯的辉煌

口述前记

归墨，1946 年 1 月出生。1997 年 8 月至 2002 年 3 月任上海港务局副局长。2002 年 3 月至 2009 年 3 月任上海同盛投资（集团）有限公司副总裁，其间曾兼任上海深水港工程建设指挥部成员、港口分指挥部指挥，洋山同盛港口建设有限公司党委书记、董事长等职。

口述：归　墨
采访：张　励、刘明兴
整理：刘明兴
时间：2017 年 4 月 27 日

洋山深水港是我国第一次在外海岛屿上建设的超大型港口。建设洋山深水港既是国家重点战略工程也是上海国际航运中心的核心工程。自 1996 年至 2002 年，深水港前期论证长达六年之久。这一时期我作为港务专家，是论证的专家组成员之一。56 岁时，我又被任命为港口分指挥部指挥，成为一名真正的洋山建设者。

审时度势上马洋山

我于 1968 年大学毕业，分配在交通部三航局工作，参与了许多港区工程建设。1979 年，调到上海港务局，正式与上海港结缘，开始比较多地从事港区基本建设的管理工作。这期间，我目睹了上海市历任领导对上海港的关心与重视。

江泽民同志任上海市市长后不久，就已经预见到集装箱运输在经济发展中的巨大潜力，十分重视这方面的工作。1985 年末的一天，他要去视察集装箱专用码头建设，不要负责同志比如局长来介绍情况，想要现场的工程师来讲讲。当时交通部争取到一笔世界银行贷款，提供给上海、天津、广州，支持把部分老港区改造成集装箱专用码头，我刚好是现场项目主管。夏克强同志就让我去接待江泽民同志。他顶着风雨踏上工地，察看码头改造现场和安达路转运站设施，又向我仔细询问了工程进展和世行贷款使用情况，嘱咐我要兢兢业业把上海第一批集装箱专用码头建设好。六年后，江泽民同志又一次来到外高桥建港工地视察，我作为工程负责人作了详细介绍，江泽民同志对上海集装箱专用泊位的发展前景大为振奋。

朱镕基同志主政上海时外高桥开始大开发，他在一次会上下令："港务局，给你们 28 个月时间，完成外高桥一期工程，如果到时拿不下来，唯你们是问！"我们理解这个话的含义，主要就是通过外高桥一期的建设，能够为浦东开发开放提供一个窗口。当时在浦东没有一个正规的万吨级码头，所以外高桥一期工程是牵涉到浦东开发开放的关键。

实际上，在20世纪最后十年，为了配合浦东开发开放，中央和上海市在港口方面做了三件事情。

第一，快速推进外高桥集装箱码头的建设，在一期完工后，加快二期、三期、四期工程的上马。这是顾及眼前的利益，使得每年200多万标准箱的需求能够得到一定程度的缓解，但是不能根本解决问题。我当年有幸作为上海港务局副局长抓这个事情，一直抓到外高桥四期，跟马士基合作的合同都是我跟他们谈判的。

第二，交通部和上海市政府一起合作主持了长江口深水航道治理工程。这是为了解决通海航道水深严重不足的问题，改善上海港的通航条件，提升上海港通过大船的能力。航道治理第三期工程完成后，水深从原来的7.5米变成了12.5米，这样很多船不必乘潮就可以进来，上海港甩箱的现象得以改善。什么叫甩箱呢？就是假设一艘船可以在上海港载800箱，但是装满了船舶吃水就深了，出海航道最浅的地方通不过，所以得扔下50箱或者100箱让下一个航班的船再来装。航道增深以后，整个长江航道集疏运能力得到了提升。

第三，规划新的深水港区。上海港原来的码头都在黄浦江，基本只能满足5000吨需求，最多10000吨。后来港区建设从黄浦江逐渐移到外高桥地区，水深条件得以改善。但是，船舶公司为了节省经费，船舶大型化趋势越来越明显，外高桥港区10米左右的水深恐怕很快就难以满足需求了。上海的一些领导特别是黄菊同志对这点非常敏感。他知道上海行政区域内的深水岸线已经用光了，而且航行都受制于长江口航道的水深，尽管长江口深水航道治理工程可以将航道挖深至12.5米，却无法达到15米的要求，不能满足船舶大型化的需要。黄菊同志就决心跳出上海市，将视线转向相邻的浙江省去寻找新的深水港。

这三件事是中央针对上海港要提升作用，为浦东开发开放和全国经济发展而做的。作为上海港人，我们很清楚上海港的长处和短处。上海港的长处就是地区经济发达，航班的密度非常高，这是其他港口比不过的。为什么上海港可以甩箱呢，原因就在此。短处就是刚才前面讲到的水深不够，跟不上发展需要。外高桥港区建设时，资金来源已经从国家拨款改成业主负责制了，项目由交通部批准后，上海港务局自己寻找商业贷款。只有上海港人才能真正体会到港区有多么迫切需要尽快形成生产能力，懂得要花多大的精力来投入基本建设，只有亲身体会后才会全力以赴。外高桥港区的建设是由上海港负责的。长江口航道的整治则是以交通部为主、上海市配合一起搞的。当时交通部有些专家认为长江口航道整治以后上海港可暂不用建新港区了。我们则清楚，即使航道增深了，能力提高到一定程度，但每年还是有 200 万标准箱的增长需求，加上船舶大型化的迅猛发展，只有规划新的深水港区才行。

洋山深水港的前期论证包括专家宏观经济论证、技术论证等，我都参与了。我是以上海港务局副局长身份，作为一名技术专家参与的。当时一共有 50 多位专家参加了论证会，技术论证专家组组长是我国著名桥梁专家李国豪院士，宏观经济论证专家组组长是国家计委（发改委）的一位老主任。两个论证得出的结论都是很有必要建，而且要赶快建。不过，交通部还是有不同的意见，一些人认为投资太大而且行政区划问题无法解决。在江泽民同志对李国豪院士写给中央的一封信作出批示后，形势很快发生转变。

国务院领导后来提出除了国内的专家论证外，还要请国外的专家论证。我们请的一个是路易斯·伯杰公司，还有一个是荷兰鹿特丹的港口咨询公司，他们也非常赞同我们国家两个专家组的观点。这个事情我也参与了。之后，国家中咨公司在京召开了咨询会，江苏省、上海市、浙江省、交通部的代表分别发表对国际航运中心的看法。当时，给浙江省、江苏省、交通部各半天时间，但是给上海市一天的时间来陈述。上海市有 5 个人上去发言：第一个是当时上海市计划委员会主任李良园同志，第二个是市政府发展研究中心主任王战同志，他们从宏观上论证建设的必要性；我是第三个发言，从上海港的现状和发展趋势谈必要性；第四个是 708 所所长谈船舶大型化问题；第五个是三航院一位同志介绍技术上的可行性。江苏省代表认为国际航运中心应放在江苏，浙江省代表认为国际航运中心的主港区在宁波北仑，交通部代表主要谈长江口航道整治。之后这次咨询会的情况，报告给了国务院。时任国家计委（发改委）副主任张国宝对洋山深水港项目的正式立项起到了很大的作用，在一次朱镕基主持的国务院会议上，他正面阐述了洋山深水港项目的准备情况，就是这次会议最后拍板洋山深水港项目立项。

领导钦点转战洋山

洋山深水港项目的前期工作是由上海国际航运中心上海地区领导小组及办公室，即国航办来做的，韩正同志担任副市长才四个月就到上海港务局来考察，专门听取上海港的汇报。汇报内容包括外高桥一期的合资工作、外高桥二期的新建工作，以及高杨码头改变功能搞城市地块开发的情况。屠德铭局长作整体发言，接下来由具体分管同志分部分汇报。我汇报外高桥二期的建设情况。

韩正同志在会上说："港口是我分管的，上海港务局一定要当深水港建设的主力军。我到时候找人不可能直接找屠局长了，屠局长你要指定一位同志，我到时候能够找到人。"屠局长就说找归墨。当时外高桥建设也很重要，要短平快地解决眼前的需要。韩正同志对我说："在外高桥建设和洋山深水港规划论证建设不发生矛盾的时候，你两边都要兼顾，如果发生矛盾要服从深水港建设。"这样，上海港务局就开始积极参与洋山深水港的工作了。

洋山深水港建设从何着手？建设方案有两个，一是"小洋山方案"，一是"镬盖塘方案"。当时邀请全国专家论证这个项目，作为上海港务局的代表和专家，我也参与了。两个方案之争一直很激烈，大多数专家赞成一期工程"小洋山方案"，因为小洋山岛陆域面积较大，依托小洋山建港难度低。但我却赞成"镬盖塘方案"，主张将原一期工程和二期工程开工顺序调换一下。因为"镬盖塘方案"工程难度虽然较大，但避开了居民动迁这一难点，可以在无人区立即施工，开工时间大大提前，实际上更节省成本。

大连工学院的中国科学院院士邱大洪是我大学时的老师，他在专家论证会上对我说：归墨你考虑得太多了，你是被外高桥港区征地征怕了吧？洋山工程不一样，它是国家重点工程，就像三峡工程一样，只要国家一声令下，动迁工作很快就可以顺利结束。大家哄堂大笑。我说外高桥也是国家重点工程，而且还是上海市动迁呢！洋山工程的动迁要么上海市去做，这很难处理和操作，要么浙江省帮忙动迁，这也不是一件容易的事情。因为征地动迁牵涉4000多个渔民，不仅有活人的搬迁，还有墓地的搬迁，还涉及补偿、去向落实等问题。

我提出这样的看法，当时绝大部分人都不支持我。甚至还有人告到国家计委（发改委），说归墨把50多个专家的方案都推翻了。正好王庆云司长是我的学弟，他打电话问我："你怎么搞的呀，你要尊重专家的意见，尽管你也是专家。"我说："要不要我到北京跟你详细汇报一下？"他说："不用，你就电话里跟我说说大概。"我就把我的看法全部告诉了他，他听下来后认为我的看法也有道理，建议我一定要跟总指挥汇报清楚。

韩正同志当时是总指挥，他建立了一个例会制度，两个星期要听一次汇报，由黄融汇报大桥方面的情况，我汇报港口方面的情况，白文华汇报港城方面的情况，然后再研究明确下一阶段工作。韩正同志说："听说你把人家专家方案都反对了，什么原因你先跟我说说，会上肯定要谈的，暗箱操作不行的。"我说了之后，他说听听也有道理嘛！

最后，经过多方研究，决定开工顺序颠倒一下，原来的二期工程作为一期工程。当镬盖塘周围已经形成大片陆域时，小洋山那里的居民动迁还没有结束呢！这样就为洋山工程争取到一年半到两年的时间。后来到二期工程的时候，三航院在建造一个临时的简易码头时发生了滑坡，大家纷纷表示还好没有先在一期工程做，如果正式码头都滑坡的话，洋山的进展可能要打个大问号了。

2002年3月13日，国务院正式批准洋山深水港工程立项。那天，作为洋山深水港建设总指挥的韩正同志带着大桥建设分指挥黄融、港城建设分指挥白文华和我以及相关委办领导等到浙江舟山和舟山市领导讨论两地如何更好地合作建港。晚上9点多，韩正同志把港务局的领导和我叫到他房间，他说：国务院已经正式通过了洋山深水港工程的立项，从今天开始，这个项目就要进入快速推进阶段。归墨你原来是两头兼顾，我跟你讲的两边不发生矛盾的时候你都要积极参与，发生矛盾的时候以深水港为主，但是从今天开始，你就全身心地投入洋山深水港的建设。原来我是挂着港口建设分指挥的名的，人还是港务局的，工资也是港务局发的，从那天开始就正式调离港务局了。

我们港口建设分指挥部最早的办公室是在证券所隔壁，这天以后，我们就都搬到芦潮港了。到了6月初步设计完成并审批好了之后，就开始了岛上的建设工作。

迎难而上建设洋山

在洋山岛上建设深水港，遇到很多困难，我认为主要有这么三个方面。

第一是建设条件。大桥和港口建设是一起开工、一起完成的，所有的建筑材料、机械设备全是水上运过去的。在这个外海小岛上没有淡水，没有电，没有大块平整的陆地，因此岛上也没有交通。没有淡水，不单是生活上不行，工程上最基本的打混凝土也不行，因为海水里面有氯离子，会影响混凝土的凝结力，不能用。这一点以前在外高桥也好，在黄浦江上也好，都是从来没有遇到过的。建设条件实在是比较差。

第二是动迁问题。小洋山岛地处浙江省，当时岛上有1423户人家没有迁走，还有3000多座坟墓分散在小岛的各个地方。我们就在岛民集中居住地的边上选择了一个地方，作为一期工程的开工点。我们的工作和岛民的生活，势必引起冲突。因为是异地动迁、整岛动迁，情况十分复杂。后来亏得浙江省舟山市的同志对此非常重视，工作又很得力，比较果断迅速地把动迁工作做完了，给我们提供了方便，工程才得以顺利进行下去。在异地建设的过程中，有些事情难度非常大，非得当地政府来做不可。小洋山岛民的动迁工作，其实由三个部分组成，一个是征地，一个是动迁，还有一个是岛民的安置工作。你把这些渔民的渔船都收购了，他们生产工具没有了，工作也没有了，用什么来进行新

洋山深水港一期工程建设现场

的生活呢？这是两地政府必须考虑的。黄菊同志当时是上海市委书记，他想得很周到，配合浙江省的同志做了很多工作。应该说，征地、动迁和安置工作，做得都很细致、周到。

第三是建港遇到的技术问题。特别是外海砂岸岛礁上，以往在此类情况下建设港口有很大的教训——滑坡。在岛礁边上，沉积着颗粒很细的淤泥质黏土，这是经过很长的时间自然形成的。淤泥非常敏感，抗流动性很差，稍微有外力干扰就会滑移，这对我们的工程结构来讲是非常危险的。我们在洋山岛上也有过教训，工作船码头就遇到了滑移。当然不是很严重，而且发生滑移的是一个小码头，那是我们的一个临时工程。在正式开建深水港大码头时采取了抗滑移的工程措施。实践证明，工程区的地基基础还是处理得比较妥当的。

还有一个比较大的技术难题，就是泥沙淤积问题。小洋山岛这个地方，是长江口、杭州湾、黄海、东海四种水交汇的地方，又是泥沙淤积、水质非常浑浊的地方。这一带的泥沙淤积问题，我们始终非常重视。到目前为止，我们处理得也比较好。根据现场测试，以及工程竣工后的运营状况来看，要比预估的状态好得多。我们主要的做法是：尊重客观规律，尽量保持，不去破坏海洋的强大潮动力，这样就能够利用强大的潮动力，带走淤泥，大量减少落淤，使港区深度保持完好。

这里就得提提四期工程的汊道方案。上海市领导之前考察洋山时，在外面风浪很大，进了岛链之后就风平浪静了。因为北边风浪被小洋山挡住，南边风浪被大洋山挡住，但是潮流还是有的。都是浑水，为什么不淤积呢？因为那个地方有一公里是小口，四公里是大口，形成一个三角形，里面水流很急，所以浮沙沉下不来。到四期工程的时候，冲刷的力量已经降下来了，但为什么还是不淤呢？就因为留有一条较大的汊道，汊道涨潮的时候把淤泥冲走了。三航院原先规划四期工程是将汊道封掉。2005 年，韩正同志来检查一期工程验收准备工作的时候，我们就提出来三航院的规划方案有些问题。由于还不是很紧急，这个问题就没有进行深入讨论。到了三期工程快完成的时候，就必须决定汊道是封还是不封了。汶川地震后，韩正同志到那里去慰问，回来后他马上召集相关人员开会，说要研究这个汊道问题。他说这次到汶川学到很多东西，深刻体会到天然的、自然的就是科学的，要人为地去改变它，得想明白后面会发生什么事情，想不明白就不要做，就按照自然的做。现在不清楚封了汊道之后有什么后果，而且即使理论上讲清楚了，实践中会发生什么问题，谁也不能预见。现在水深条件非常好，四期工程在这个水深条件上做就好了。汊道最终保留了下来，现在我们每年都在测试，发现水深条件还在不断地改善中。我认为工程实践一定要看效果，并要经得起历史的检验。

打“中华牌”依靠“国家队”

洋山深水港是国家重点工程，作为指挥部的领导，韩正同志很早就认识到这样一个大工程必须调集全国水工界的精兵强将，要打“中华牌”，打造这样一个世纪工程。

港口工程是一个专业性非常强的基本建设项目。港区的陆域形成工程、结构工程、桩基工程和其他配套工程，在离海岸几十公里的海上变得更加复杂。作为世纪工程，洋山深水港质量一定要过硬，要经得住子孙后代的检验，这样就必须有一批拉得出、打得响、靠得住的“铁军”来充当建设主力军才行。

我一直讲我们依靠的力量有“一个中心，三个基本点”。“一个中心”就是三航院，以设计为中心，提要求。“三个基本点”一个是交通部的三航局，一个是交通部的上海航道局，还有一个是上海港务工程公司。

三航院原属交通部（后改名为中交三航院），新中国成立后一直承接上海港的新建项目和重大技改项目，对上海地区的黄浦江水域、长江口水域以及华东地区近海水域的水文、泥沙等相当熟悉，对上海地区的软土地基（港区后方陆域）及其加固有充分的认识和体会。对适合上海地区的港区泊位的水工结构亦有成熟的设计见地。以他们作为主设计单位是众望所归，但在地处杭州湾近海的洋山岛建港还是首次。我们就充分利用国家建设上海国际航运中心的契机，邀请全国水运系统的专家包括交通部的专家为各阶段的设计技术方案审核把关，提出最佳方案，然后由三航院进行施工图设计。我来自上海港务局，对今后经营、生产部门在设计各阶段的作用有深刻认识，特别是总平面图设计、交通组织设计、集装箱智能管理等都邀请他们作为专家和全国的专家一起讨论研究，这样可以得到最接地气的方案，其中集装箱装卸、

建设中的洋山深水港码头

调度，场地智能化管理的软硬件设计全部由上港集团的专业公司承担。经营、生产部门也成了项目建设的重要参与者。

交通部三航局、上海港务工程公司等十来家施工企业，几十年来在上海建过大量港区，都是久经考验的队伍。他们有自己的水上施工成套设备，包括建设港口不可缺少的、造价昂贵的大型打桩船。对于他们来说，口径再粗的桩基都能打，这是建造深水港的基础，一般企业没有这种专业设备，承担不了这样的施工任务。三航局、上海港务工程公司等还都是老资格的国企，我们对他们知根知底。他们有许多建设经历，遇到过许多失败，也积累了许多经验，这些都是企业最宝贵的财富。这些企业通过一定的招投标程序，如果最后能够中标的话，不仅施工质量、工程进度可以得到保证，而且还可以做到报价合理、相对较低，减少工程投资。

上海航道局主要承担吹沙填海项目。洋山深水港的陆域形成，对沙子的要求非常高。我们要求沙粒的粒径在一定范围之内，含泥量要少，这样的陆域形成之后，排水非常容易。像这种海底取沙、沙径限制、精细化验等具体要求，只有上海航道局这类专业单位和“国家队”才做得下来。取沙地都是离建设地三四十公里的海上，沙取出来还要化验，不是什么沙都能用，最好是粉细沙少点，粒径粗一点，有一定的级配要求，这样排水快、密实度高，成陆也快，将来使用后沉降少而均匀。上海航道局等单位都是以完成国家重点工程为主要目的，而不是为了赚钱。洋山一、二、三期工程总共填了上亿立方米的沙，礁石海岛边上水很深，深的地方都是 20 米至 30 多米，这充分显示了航道局的能力。

集装箱装卸大型设备是洋山深水港装卸效率最根本的关键所在。经过招投标，上海振华港机厂以绝对的优势中标。洋山一至三期 5.6 公里的岸线，按合同的要求分期分批准时在码头上树立起了近 60 台装卸桥和 100 多台场地轮胎龙门吊。长期以来，上海振华港机厂给全国各大港口生产制造了几百台集装箱装卸桥和数以千计的场地龙门吊，他们也在实践中获得了大量改进的信息和技术进步。如今让人刮目相看，它已成为世界上各大港口装卸设备具有绝对优势的供应商，除了服务自己国家的港口，也走向了世界。

这样一批“国家队”，跟我们在建设上海国际航运中心这个大局上，有共同的战略、共同的目标、共同的语言。从实际招投标的情况来看，他们的报价也比较合理，有的报价还比较低；一旦中标，他们无论人力、物力，都是倾全力投入洋山港工程。整个建港过程中，他们都充分体现了以完成国家任务为己任的主人翁精神。我们感觉到，选择这样的设计单位、施工单位和设备供应商，是众望所归，也是“国家队”实力的体现，也达到了上海市委、市政府和深水港领导打“中华牌”的要求。建设洋山深水港多年的实践证明，这几支“国家队”是非常过硬的。他们的工程质量，几乎达到全优，在全国和上海的重点工程竞赛中，他们每年都获奖。这样的单位理所当然地成了洋山深水港的建设主力军。

管项目更要管好人

在工程建设方面，自然条件非常复杂艰苦，而建设系统的廉政建设也是处在风口浪尖上，一直为群众所关注。我意识到不仅要管好项目更要管好人，不能工程建设好了，人出了问题。为此，作为党委书记的我主要采取了一些措施加强党风廉政建设，严格管理队伍。

我在外高桥时曾经搞过廉政建设，请检察院和反贪局的相关同志来作报告，并与相关单位一起建立了一个党组织的联席会议，所有参与建设的设计、施工、监理单位都参加。我将这些经验带到了洋山工程现场，建立起了“两地四方”的反腐防线。“两地四方”的“两地”就是上海和浙江，“四方”即当时的南汇区、舟山市、嵊泗县和我们港口建设公司。这条防线组织起来后，每年甚至每月都有工作（内容），抓得很紧。各级检察院、反贪局的同志参与进来，他们经常来作报告，分析最近特别明显的一些不廉政的行为，指挥部的每个人都要去听。通过大量的案例分析，警钟长鸣，起到了很好的震慑作用。另外，我们组织比较严密，各种工作的运转都有规定的流程，不是一个人说了算，比如签字，必须相关人员都签字了才算生效。

此外，加强对自己队伍的管理。当时我们搞了一个“四不准”规定，即不准打牌、不准赌博、不准到施工单位用餐、不准酗酒。生活在岛上，总有点业余时间吧？打打牌总允许的吧？但我有些固执，这方面没有放开。岛上有设计单位，有施工单位，还有监理单位。我们是业主单位，是代表国家来建设洋山港的。一打牌，就会给各种人创造跟我们拉关系的机会，腐败问题就可能滋生。所以我明令禁止我们单位的人和别的单位的人一起打牌。洋山港的工地比较大，我们工作人员每天都要走好几公里去工地进行现场监管。到吃饭时间，晴天还好，刮风下雨，就不好弄了。施工方的老板都会请我们工作人员留在他们那里吃饭。我认为这也容易产生腐败问题，所以宁愿让指挥部派车把工作人员接回自己的食堂，也不允许他们在施工单位那里吃饭。

平时我们都住在岛上，很少回家。大家生活在一起，工作在一起，学习在一起，互相监督，共同进步。那个时候指挥部没有一位同志提出个人待遇问题，大家考虑的就是工程。大家都知道，上海就是需要这么一个新的深水港区，而且是迫切需要。大家都有一个信念：要把洋山港建设好，使得上海港在世界竞争中取得有利的地位。

韩正同志说深水港建设要以上海港务局为主力军，后来也是这么实施的。港口指挥部里面一大半都是港务局原来搞基本建设熟门熟路的同志。因为我们这些人对洋山建设的必要性、紧迫性体会比人家要深刻，大家都有一个愿望：再造一个上海港。洋山一期工程投产以后，二期、三期继续跟进，现在到了四期工程，局面越来越好。现在18000标准箱的船都能顺利靠泊洋山港，上海港已经牢牢占据世界第一大集装箱港的位置。中央也好，上海市也好，在上海港的决策上是真正有长远眼光的；没有这个眼光，上海港到不了现在这个地位。我当时接受这项任务的时候已经56岁了，能够在有生之年参与这么大的工程，我感觉非常幸运，而正是它成就了我职业生涯的辉煌。

建设世界一流的深水港

口述前记

田佐臣，1938 年 11 月出生。曾任三航局设计处设计组组长、设计室主任等职。1978 年至 2001 年任中交第三航务工程勘察设计院副院长。

口述：田佐臣
采访：杨建勇、范婷婷
整理：范婷婷
时间：2017 年 2 月 17 日

洋山深水港是镶嵌在杭州湾崎岖列岛海域上的一颗璀璨耀眼的宝石，它是上海国际航运中心最重要的组成部分，为世界所瞩目。如今，洋山港每天要接纳数十艘来自世界各地的大型远洋集装箱货轮的装卸，它的建成实现了革命先驱孙中山先生于近 100 年前提出的要在杭州湾建设“东方大港”的梦想。

洋山深水港的建成，使上海港从“江河时代”迈向“海洋时代”，结束了上海港建港一个半世纪以来没有 15 米以上深水港的历史，结束了我国中东部地区外贸集装箱运输长期依赖境外港口中转的历史，为上海港成为东北亚国际集装箱枢纽港和世界第一大港奠定了基础。

上海需要深水港

我于 1964 年大学毕业后就在三航局设计部门工作。三航院的前身是三航局的一个设计部门。三航局的全称是交通部第三航务工程局，以港口水上工程项目建设为主，成立于 1958 年，已经有 60 年历史了。当时交通部下属四个航务工程局，各自都有明确的地域分工：一航局负责北方沿海，二航局负责长江流域，三航局负责华东沿海，四航局负责南方沿海。我们作为三航局的设计部门，主要负责华东沿海港口的码头、航道等水上工程项目的设计。20 世纪 70 年代后期，交通部开展水运工程管理体制改革，实行工程设计部门与项目施工单位脱钩，组建三航院。

几十年来，我亲身经历并参与了上海港的码头工程项目的规划设计工作。虽然上海开埠比较早，但 100 多年来，上海港的发展始终没有跳出过黄浦江。从吴淞口开始，一直到上游吴泾地区，可以说码头是一个连一个。当然，现在已经看不到这种情景了，全部改造成滨江旅游休闲岸线。

上海港大规模的码头设施建设是从 20 世纪 70 年代中期开始的。1973 年初，周恩来总理针对我国港口通过能力跟不上国民经济和对外贸易发展需要的状况，强调要尽快解决港口问题，提出要三年改变港口面貌。当时，上海港港区码头有几个特点：一是老码头多，建造时间比较早；二是码头泊位比较小；三是码头设施比较差。在这种情况下，大部分港区还是以对现有码头设施的改扩建为主，真正新建的港区码头并不多。上港十区军工路码头就是当时新建的港区，有 9 个万吨级泊位，这已经算是一个大项目了。当时，我担任军工路新建港区设计组组长，配合上海港务局开展新港区选址、规划、设计工作。军工路港区码头建成后成为上海港的一个重要港区，也是最早开展国际集装箱运输的港区。

随着改革开放后我国经济的高速增长，港口能力不足的问题越来越突出。对上海港来说，不仅存在着码头设施能力不足的问题，更突出反映在航道水深条件不能满足船舶大型化进出港要求方面。上海需要深水港越来越成为港航界的共识，也成为我们努力追求的一个目标。从 20 世纪 80 年代中期开始，上海港就组建了一个新港址工作小组，还聘请了国外港口专家担任顾问。领衔的是上海港务局的几位总工程师，我们三航院也选派了两位同志参加这个新港区选址工作小组。当时主要是考虑跳出黄浦江，到长江口寻找新港址。经过多年努力，基本形成了三个选址方向，一个是北上，一个是东进，一个是南下。北上方案就是现在的罗泾地区，东进方案就是现在的外高桥地区，南下方案就是杭州湾的金山地区。这几个新港区选址我都到现场实地踏勘过。三个方案比较下来，北上和东进方案都遇到长江口航道水深的限制，7 米水深加上乘潮增加 2 米左右水深，大型化船舶仍然无法全天候进出港口。南下方案也不乐观，当时杭州湾水深只有 8 米左右，加上淤积比较严重，建港条件也不理想。加上当时的资金、技术、体制等多方面因素，上海港新港区选址一直没有能够定下来。后来有两个因素，一个是宝钢建设推进了北上方案；一个是浦东开发开放推进了东进方案，促使上海港从黄浦江走向了长江。

在这里我讲一讲我对于自己亲身经历的宝钢码头项目选址的一点体会。宝钢是改革开放后我国的一项重大项目，也是我国迫切需要的支柱型产业。那时我国的钢铁工业非常落后，全国的钢铁产量只有 300 万吨，严重制约了国家的发展。20 世纪 70 年代中后期国家决定引进日本钢铁技术设备，新建一家钢铁企业。当时各地都在争，上海在争，山东也争，河北也在争，为什么呢？因为这个现代化钢铁企业落户在哪里，就能够带动整个地区的经济发展。钢铁企业是运输大户，从原材料进口到产品出口等整个生产过程都依靠水上运输，而山东、河北都具有沿海优势，码头深水岸线条件比上海好，所以上海压力也很大。后来是邓小平同志拍板定在上海宝山地区。宝钢项目从选址到建设我是自始至终参加的，我们主要负责宝钢码头的规划建设。在上海港北上方案的基础上，在长江下游南岸地区靠近吴淞口选址规划建设宝钢原料和产品码头，规划为 5 万吨级码头，10 万吨级矿石船舶在吴淞口外减载后可以乘潮通过长江口航道停靠宝钢码头。当时宝钢生产用的矿石原料基本上依靠国外进口，主要来自巴西、智利、南非、澳大利亚。当时运输进口铁矿石的船舶基本上都是 10 万至 20 万吨的远洋专用船船。这么大的船舶，到了上海之后先要减载到 9 米吃水，然后乘潮通过长江口航道。为了解决大型船舶减载问题，上海港务局在浙江嵊泗县的绿华山搞了一艘 10 万吨级的船舶作为减载站。后来宁波北仑港建造矿石中转码头，宝钢进口铁矿石大型船舶先到宁波北仑港中转卸载，然后再从宁波装船运往上海。刚开始几年矛盾还不太突出，到 90 年代中期，特别是宝钢一、二、三期建成投产后，企业对原料需求增加，与此同时矿石运输船舶也日趋大型化，使得港口对深水泊位的需求越来越迫切了。我们院又受宝钢委托，在嵊泗县马迹山选址规划建造了一个 30 万吨级的企业专用的矿石中转码头。可以说这是上海企业建造深水码头的一次尝试。宝钢的尝试使我们认识到，走向海洋是上海港口彻底解决深水港难题的唯一出路。

洋山能不能建深水港？

1990 年，党中央、国务院作出了浦东开发开放的重大决策。之后时任上海市委书记、市长朱镕基明确要求上海港务局在 28 个月之内，完成外高桥港区一期工程项目建设。这样一下子就把上海港从黄浦江逼到长江去了。1991 年 7 月外高桥码头一期综合码头开工建设，1993 年 10 月完成集装箱功能改造，上海港真正走出了从黄浦江到长江口的第一步；到 2010 年 10 月外高桥码头六期工程竣工为止，整个外高桥港区的建设历时近 20 年，已经成为上海国际航运中心的重要基础设施。目前，外高桥港区承担着上海港一半以上的集装箱吞吐量。

外高桥港区航道水深条件虽然比黄浦江好，码头前沿水深可以达到 12 米，但由于受到长江口航道及自身航道吃水条件限制，也还只能满足第三、第四代集装箱船舶乘潮进出港，无法满足国际集装箱船舶大型化发展的需要。根据当时对国际集装箱大型化发展趋势的分析预测，未来国际集装箱船舶对港口航道水深条件要求会超过 15 米。与此同时，周边的神户港、釜山港、高雄港也开始启动 15 米水深的集装箱港口设施。从长远发展来看，上海港必须尽快从长江走向海洋，寻找具有 15 米水深的新港址。

上海市委、市政府在这个问题上看得很远，时任上海市委书记黄菊多次谈到上海要加快建设国际航运中心，这是建成国际经济、金融、贸易中心的基础；在国际航运中心建设中，深水港是关键。所以当时在上海的五年规划中，深水港位列十大重大工程建设的第一位。只是当时大家对深水港建在哪里还没有寻找到一个满意的答案。

我们三航院从上到下对这个问题的看法一直是比较清晰的，就是上海港必须跳出黄浦江和长江口走向海洋。在当时的大背景下，我们院在 1995 年初组建了一支上海港深水港选址规划设计队伍。当时我担任副院长，院里就明确由我分工负责，主要任务是具体负责上海港深水港的选址和设计工作，也没有上级领导机关给我们布置过任务，是我们院主动承担的工作任务。刚开始时，我们主要根据长期以来在苏浙沪两省一市沿海进行港口规划设计所积累的经验，对大洋山、小洋山、岱山、大衢山、小衢山等相关海域逐一进行调研分析，并在与上海港的南下方案作了比较之后，于 1995 年 9 月 26 日形成了一份关于洋山选址方案的报告。记得当时我们是向夏克强副市长汇报的，也向市交通办作了汇报。这份报告有三个主要观点。第一个观点是根据世界贸易和国际集装箱船舶大型化发展趋势，上海必须建设 15 米以上水深的深水港口，目前，在长江口地区及杭州湾地区都不具备 15 米水深条件。第二个观点是浙江嵊泗的大、小洋山地区水深和航道条件比较好，可以考虑作为上海港国际集装箱新港址选址方案。第三个观点是可以通过建造跨海大桥连接洋山港区码头和上海地区，建立水陆联运集疏运方式。市领导听了之后，提出了一些修改意见。

1996 年 1 月，国务院召开上海国际航运中心建设专题会议，会议之后上海市委、市政府成立了上海国际航运中心建设领导小组，组建了国航办。国航办组建后，徐柏章主任马上就找到我们院，代表市政府正式明确由我们院作为上海国际航运中心洋山深水港新港址选址论证和规划设计工作的主体设计单位，承担主报告及港址工程方案研究分报告，在技术上对新港址论证工作的进度、质量负责。这样，我从1995年初开始从事洋山深水港新港址选址论证和规划设计工作，一直干到2010年底，整整干了16年，其中，光是论证洋山能不能建港就整整花了6年多时间。

大、小洋山地区原来是两条岛链，北面以小洋山为主，由26个岛礁组成；南面以大洋山为主，由40个岛礁组成，一共是66个岛礁，大大小小，前后错落，两个岛链形成了一个呈东西向的喇叭形海域。东口比较小，最窄的地方只有1公里宽，西口有7公里宽。从航道水深情况看，东口16米以上的自然岸线有4至5公里，西口最前面7公里也有10米以上水深，高水位时所形成的水域面积有60平方公里。从洋山港区距离国际通航主航道是104公里，洋山港区主航道有65公里，其中水深在25米以上的占二分之一，水深在16米以上的有20多公里，其余9公里航道水深小于16米，其中最浅的一段为12.5米。这也就是说，只有水深没有达到16米的9公里航道需要开挖到16米水深。另外从地理位置上看离上海也比较近，总体来看是一个比较理想的选址。

但是在这样的外海岛礁上建港仍然有很大的难度，众多的岔道水流湍急，泥沙含量大，地质变化复杂，尤其在岛礁边的岩基，浅的地方到水底只有9米，深的地方有40多米；另外在深沟里面，都是淤泥，软层比较厚。在这种条件下建港，到目前为止，国内外都没有先例。

刚开始的时候，我们是先坐客轮到大洋镇下船，再换乘小渔船到北岛链。这上面大大小小的岛礁，差不多都跑遍了。当时设计院工作人员爬山头、钻山洞，找渔民座谈几十次，我们搜集近百年的海图，考察这个地方到底能不能建港，航道淤不淤，如果建设后却淤积起来就成不了枢纽港。还有向气象站搜集资料，洋山当地无气象站，我们就到岱山及嵊泗县去搜集，再作分析比较。我们在洋山设立水文站，观测它的潮位、波浪、流向、气象，还采集水样分析含沙量，光采集水样数据就有20万个。国航办还组织全国最著名的南京水利科学研究院和天津水运工程科学研究所两家单位同时做同样的模型实验来对比，以求得出最佳结论，同时还进行不同比例尺的大规模的地形测量、地质钻探，分析地质构造、海床演变和地震烈度等。一切都要用科学数据说话。

有一件事给我留下了比较深的印象。洋山新港址地处东南沿海，每年都会受到台风等突发性气候影响而不能正常作业。当时，浙江有关部门委托宁波一家专业研究单位进行评估，得出的报告结论是洋山港区年平均可作业天数只有 270 天。如果确实是这样的话，洋山深水港区每年差不多有 90 多天，也就是说全年有四分之一时间不能作业。对于国际航运中心，洋山港区作为枢纽港就不能成立。我们三航院通过科学的分析计算，根据风、浪、雾、雨及雷暴、回淤等因素的影响，通过模型试验，再结合几十年来我们设计建设的几个相邻港口如镇海港、北仑港、上海外高桥港区等情况进行比较分析，提出了洋山港区全年平均可作业天数为 315 天的结论。相对来说，我们自己觉得这个数据还是比较保守的，这也是有充分科学依据的。洋山深水港区投产以后的十来年，从一期、二期、三期工程投产后的实际情况来看，每年实际作业天数都在 350 天以上。

1997 年 2 月，我们完成了《上海国际航运中心新港址论证报告》《新港址工程方案研究》，主要结论是：加快推进以国际集装箱枢纽港为核心的上海国际航运中心建设；上海国际航运中心建设的核心是建设具有 15 米以上水深的集装箱码头；洋山深水港址是建设国际集装箱深水枢纽港的合理港址；洋山建设深水港在技术上是可行的，总体经济效益是好的。对于我们的研究结论，在后来的国内和国际历次专家评审中都给予了充分的肯定。也就是说，在洋山地区建设国际集装箱深水港码头技术上是可行的。

在此后的 6 年多时间里，我们完成了洋山港区一系列测量技术、勘察设计、航道工程、市政配套、工程地质、航道测量、东海大桥、洋山一期工程等前期勘察、规划设计工作，为 2002 年洋山一期工程开工建设奠定了扎实的基础。

记得 2001 年 12 月 5 日至 13 日，国家有关部门在上海召开《上海国际航运中心洋山深水港区一期工程可行性研究报告》评估会，由李国豪院士担任专家组组长。评审组由 74 位专家组成，中央有关部委和苏浙沪两省一市代表共 160 多人参加。会议分成 7 个专题组，围绕洋山一期工程总体设计、东海

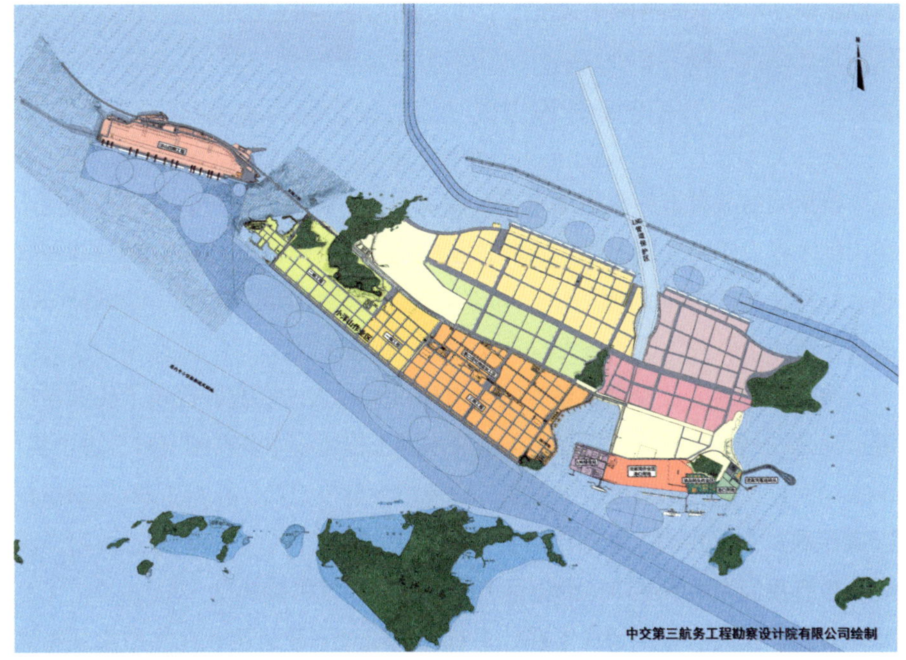

上海国际航运中心洋山深水港区总体布局图

大桥和航道工程、配套工程和环境保护、船舶航行和靠泊安全、运量预测和经济分析等相关问题展开了激烈的讨论。我是在经济组。经济组当时被认为是难度最大的一个组，因为其他专业技术组都有完整的技术论证数据和方案来进行说明，而经济组涉及的宏观经济与预测分析方面的情况比较多。经济组组长是交通部的一位专家，提出了7个方面的问题，比如将来有没有这么多的箱量，船型怎么样，投资估算多少，能收回投资吗，资金操作怎么来，投资风险多大，财务收益是多少，国民经济效益怎么样，对国际影响如何等。我们根据前期研究的结果一一作了回答。三航院是主汇报单位，我们都住在会议招待所，会议开了9天，我一天都没有回家。有一天晚上会议讨论到12点，我刚刚睡下，凌晨1点又把我叫起来回答投资收益问题。我对几位专家说，我们不能把所有投资都算在一期工程上，大桥、航道、水电配套等工程在一期工程投资建成后，二期、三期和四期工程都可以用，为什么一定要盯住一期工程来计算投资收益呢？上海国际航运中心建设应该计算建成东北亚国际集装箱枢纽港这笔大账，不要只算这些小账。后来我听说，当天晚上其他小组都已经写评审报告了，而我们经济组是最后一个结束讨论的。评审会圆满结束，不久，国务院正式批准了洋山深水港一期工程可行性报告。

开拓创新建设世界一流的集装箱深水港

根据国务院批准的洋山深水港一期工程可行性研究报告，首先在北侧小洋山地区建设洋山一期工程。如果说选址论证阶段只解决了能不能建的问题，那么如何在北侧小洋山地区26个岛礁组成的茫茫深海区域建设一个国际一流的集装箱深水码头，这又是我们面对的一个新的课题。

洋山深水港区建设凝聚着我国港口建设几代人的心血，代表了我国当代港口建设的最高水平。我们院在洋山深水港工程建设中获得国家科技进步奖、国家勘察设计奖、国家优质工程奖、詹天佑大奖等奖项，获得了60多项授权国家专利。今天我们大家都已经看到了洋山深水港区的雄姿，在这片海洋深处，也有我们为中国港口建设史留下的创新、智慧和奉献的一页。

首先，我们有效地解决了在外海依托岛礁地形建设现代化大型集装箱港区的难题，在洋山港区岸线规划上，我们作出创新，为后期工程项目建设积累了经验。按照专家总结出来的话讲，就是“封堵汊道、归顺水流、减少淤积、安全靠泊”这十六字方针。简单来说，就是把大大小小岛礁间的汊道都给封堵起来，把水流给归顺起来，从而减少淤积，形成港区码头岸线，使得船舶能够安全停泊和作业。

2001年初，吴邦国副总理带队来上海并考察了大、小洋山现场，听取大、小洋山深水港区有关情况的汇报。这期间交通部部长黄镇东提出两个要求：一是洋山新港必须要保证船舶能安全地靠离码头；二是要做到环保，不能污染环境。事实上，我们都做到了。通过多年的专家咨询、实验、现场分析，作出在多岛礁、含沙量大、水流急的外海上建大规模深水港码头的规划布置，这是一个创新。

其次，码头接岸结构也是一个创新。洋山的地域条件非常复杂，浅的地方只有几米，深的地方有40多米。另外，要造大规模的港区，必须填海造陆，填的深度和厚度也不同，浅的地方有20多米，最厚的地方要填40多米。因为工期非常紧，沙填上去以后，很快地就要形成陆域，机械设备、集装箱放在上面，把地基加固，陆域就形成了。但码头前沿15米以上的水深要保证几十米厚的沙稳住，就必须要用一种新型码头结构来解决。我们通过很多实验分析研究，提出一个全国首创的斜顶桩板桩承台结构。上海的码头一般都是在软基上打桩的，一根一根桩打下去，通过一个斜坡到码头路面，在斜坡顶端建一个挡土墙，这是自然斜坡。洋山不能这样，因为陆域非常宝贵，不能采用 1∶3 坡度的斜坡上去，通过长引桥同堆场连接，这种新型码头结构型式是三航院首创的。

第三，在后方的回填上也采取了很多创新的地基加固方案。由于工期紧，一般的港区建设只需要在吹填起来之后打砂桩或者自然固结，经过两三年等地基稳定了，再在上面作业。但洋山不是，洋山需要马上就做成堆场，要把路面、混凝土、电缆沟管线都建上去。如果是软层，地面坑坑洼洼就不行，就不是现代化的国际码头，所以地基加固也采取了很多新的加固方式和技术，对高回填粉细沙采用无填料加固方法。

最后，我们还解决了泥沙回淤问题。长江口的回淤很厉害，但它的含沙量还没有洋山大，洋山的含沙量非常高。我们通过模型实验，形成了很多文件报告和专题分析。沙从长江口出来以后，往南漂到芦潮港再到杭州湾，整个含沙量很大。但是由于洋山的水域条件，在我们归顺了水流以后，沙就不会落在

建设中的洋山深水港区陆域

港区里面了。这是我们通过很多科学实验分析研究出来的结果，中间也咨询了很多专家。从洋山港投产以后的实施情况来看，作业 360 天，就算 5 天全部用来挖泥，也不会影响整体的作业。并且，回淤量不大，挖泥的费用比较低。这也是我们的科研成果。另外还有岸上新的设备和新的工艺系统，我就不一一说明了。

我为参与上海洋山深水港区建设而自豪

从 1995 年到 2002 年，我作为工程项目分管院长，全面负责该工程的选址规划与设计工作，历时 8 年。卸任后，我又作为院技术顾问委员会主任和洋山工程的顾问总工程师参与该工程的设计工作。这期间，三航院换了三位书记和三位院长，但我们院始终把洋山深水港区项目作为头等项目来抓，从没有放到过第二位，可以说把最优秀与最合适的设计技术骨干调配给该项目，有时全院总动员，突击保质保量按时完成某一阶段设计任务。

在这十多年的时间里，由于超强的工作负荷与压力，我三次心肌梗塞发作，先后装了三只支架，每次医院都发了病危通知书给我的家属。1998 年 7 月 19 日，我住院 20 天，医生让我休息半年再工作，我签字要求出院，休息了 7 天就去上班了。在一次次重病面前我没有退缩，一直把洋山工程项目看成重中之重。例如，2001 年 12 月 5 日至 13 日召开的《上海国际航运中心洋山港区一期工程可行性研究报告》评估会，是对三航院 7 年工作的一次大考，也是洋山深水港区能否立项的一次决定性会议，我们院完成了时任上海市副市长韩正会前提出的“充分准备、有问必答，百问不倒、一炮打响”的要求。我在会上全面负责三航院各组的汇报、讨论与答疑。会议过程中，华东医院驻会医生看到我身体状况差，一再提出让我休息，但我 9 天中一刻也没有离开会场。这次评估会取得圆满成功，评估意见肯定了洋山深水港区建设的可行性、必要性与迫切性。由此迎来了 2002 年 3 月 13 日国务院第 56 次总理办公会议上批准了洋山深水港区一期工程工可报告和开工报告。又如，按照我的年龄，可以以事业单位人员正高工程师的级别享受退休待遇，因为忙于洋山港工程，我没能按时退休，拖到设计院转制改为企业后才退休，但我从没当回事。我所参与建成的洋山深水港区工程是我退休之后对过去的美好回忆，心中充满了成就感和自豪感！

洋山建港：沪浙合作的典范

口述前记

钟达，1957 年 4 月出生。先后任浙江省舟山市岱山县委常委、组织部部长，县委副书记、副县长，舟山市委常委、秘书长，市委副书记兼政法委书记，舟山市人大常委会主任等职。1994 年 5 月至 2002 年 6 月任浙江省舟山市嵊泗县委副书记、副县长、代县长、县长；嵊泗县委书记、县长；舟山市委常委、嵊泗县委书记；舟山市委常委、秘书长，嵊泗县委书记等职。

口述：钟　达
采访：杨建勇、张　励、朱　昊
整理：张　励、贺才学
时间：2018年3月2日

20世纪90年代中期，为了满足我国开展经济建设的需要，同时也是为了应对日益激烈的国际经济竞争的要求，时任国务院总理李鹏要求上海加快国际航运中心建设。但受到拦门沙等地理条件限制，上海面临着航道水深不足的难题。为了从根本上解决制约上海国际航运中心发展的瓶颈问题，上海提出跳出长江口，在距离上海最近的洋山岛建设深水港区的战略构想。在这一背景下，我们出于在嵊泗为官的本能，抓住了上海市有关方面领导来嵊泗地区海域开展深水港建设选址考察这一难得的机遇，向上海的领导推荐了大、小洋山港址，并积极配合做好基础资料收集、动拆迁等前期工作，使得洋山建港成为我国开展区域合作的典范。

抓住机遇，一个晚上拿出方案

对于上海国际航运中心深水港建设，嵊泗一直是比较关注的。我是1994年4月23日到嵊泗县报到，担任县长的。1995年6月，我的老朋友、时任上海市政府发展研究中心主任王战联系我，提出想到浙江舟山岱山县考察一下衢黄港。上海的干部到浙江来总是要有一个说法的，因此便借着在嵊泗召开上海城市建设资金运营机制研讨会这个名义过来，其实是考察衢黄港。

6月28日，时任上海市委副秘书长黄奇帆、市政府副秘书长吴祥明、市政府发展研究中心主任王战等一行根据黄菊同志的指示，来到嵊泗并借机去考察衢山。那天中午我从码头接他们一行到碧海山庄。他们三人一到房间就开始研究瞿世民写的东方大港——衢黄港建设方案。正巧，因为此前开发宝钢马迹山港的事，我也认识瞿世民，于是就这样交谈起来。吴祥明问我，衢黄港这个地方你知道不知道。我告诉他，之前我一直担任岱山的常务副县长，也担任过副书记，对那里的情况很了解。他就问我衢黄港的情况怎么样。我说，这个工程量不得了。吴祥明就向我介绍说，这次来其实是想到衢黄港看一下，那里具不具备建港条件，并要我安排交通船只。我就开玩笑说，这个方案不就是要经过洋山吗，洋山就具备建港条件。但他们认为：洋山陆域太小，也缺乏岸线，我们不是要建小码头，上海要么不做，要做就做世界级大港，嵊泗在这方面条件不具备，所以想到衢黄港，但我们也感到衢黄港的条件困难蛮大的，投资额很大。我到嵊泗工作已有一年多，这段时间以来一直在研究嵊泗的发展问题，对洋山港的情况虽然不敢说是了如指掌，但基本情况心里有一个轮廓。当时我就说，副秘书长你可能对洋山的情况不是很了解，大、小洋山其实又称崎岖列岛，由60多个岛屿组成，是长江口外的两串岛链，呈喇叭形。如果通过工程处理，把这60多个岛连成两条线，是非常好的港口。他说：是吗？这个我倒不是很清楚。我就说，那明天我安排船，先去大衢山，再到洋山去考察一下。他说好，那就这样定了。

回到办公室，我就把大洋镇党委书记贺才学、县政府办公室主任周振海、城建局局长项存平、驻上海办事处主任孙为民、县政府顾问唐隆光，还有我的秘书史军这几个人叫来一起商量。大家都认为大、小洋山靠近上海，港域泊稳条件好，连岛围海造地可以形成大片陆域作为港区用地，建港条件要比衢黄港好，于是决定那天晚上突击搞一个"洋山港建港初步设想"，当时的题目就是这样的，第一稿是由贺才学执笔。由于我们对港口设计比较外行，就采取电话咨询的方式，由贺才学打电话向三航设计院总工程师蒋锡佐请教，如洋山建港总体怎么布局，进港航道浅段如何处理，围海造地可以形成多大的陆域面积，洋山与芦潮港大桥如何规划，建设10万吨级码头泊位要求如何，等等。除了文字之外，大家还提出要尽快绘制一张建港设想图，当时我们不只是小洋山，而是把大、小洋山都画了，就这么画了一张自己想象中的图。那天晚上我们一直奋斗到凌晨2点，终于形成一份洋山港建港初步设想，5页纸11条建港理由。

第二天早晨6点50分左右，我按照约定的时间来到碧海山庄，把稿子也带去了。吴祥明副秘书长就说了一句话：你们这个动作倒是真快啊，一个晚上就把方案做出来了。我说：事先我们对情况比较了解，有一些研究，意见不一定准确，供你们参考。

小洋山原貌

随后，我就陪同上海领导一行乘坐中国渔政 706 号船从嵊泗码头出发，前往大衢山考察衢黄港。去的那天我记得应该是小水头，但那天风浪挺大的。大家开始还有说有笑的，随着船体不断摇摆颠簸，渐渐都转为闭目养神了。到了衢黄港，吴祥明副秘书长晕船很厉害。考察完以后，我们就转向驶往大、小洋山方向。当船经过虎啃蛇岛那里，还没有进到洋山港域就风平浪静了，水深很好，达 20 米。我们围着大、小洋山港域转了一圈，吴祥明副秘书长就对黄奇帆副秘书长说了一句话："真没想到，在上海这么近的区域居然还有这么好的港口资源，钟达，你别怪我们官僚主义，其实因为是浙江的土地，我们也不好老是来看，所以情况不了解也很正常。回去以后一定把今天考察的情况向黄菊同志汇报。"

后来到了 8 月 17 日，黄菊同志带领有关专家和部门领导，由于身份原因没有上岛，而是围着大、小洋山港域考察了几个小时。这件事情我们没有直接参与。黄菊同志回去以后，9 月 14 日，上海市委召开会议专题研究深水港选址问题，黄菊同志作重要讲话，认为上海要建设深水港，大、小洋山是最佳方案。1995 年底，上海市委全会正式将深水港建设列入"九五"计划。1996 年初正式成立建设筹备组，吴祥明同志任组长。但后来，上海准备与浙江联合开发洋山港这件事情却在浙江引起了轩然大波。

遭遇挫折，配合做好基础工作

由于洋山建港工作遇到了挫折，这段时间的工作比较低调隐蔽，但一直在持续开展。一方面是通过负责洋山港前期日常工作的上海国际航运中心上海地区领导小组办公室（简称国航办），保持上海、嵊泗两地的联络。国航办徐柏章主任，我与他长达六年联系接触，就洋山建港前期有关问题沟通协商，也就成了好朋友。另一方面是和上海方面建立了联络机制。当时来自中科院上海技术物理研究所的王海生同志在嵊泗挂职担任科技副县长，就由他担任联络员，负责上海和嵊泗的工作对接。加强工作力量，调任贺才学同志为县社会经济战略发展领导小组办公室（港口办）主任，专门负责洋山港开发工作。还抽调老县长王永根、县政府顾问唐隆光、驻沪办主任孙伟民等 5 人参加洋山港开发工作，由我直接负责，因为情况特殊，具体工作在县里也是保密的。

那时工作处在停顿状态，我们嵊泗怎么办？怎么开展下一步工作？上海的领导希望我们做好三个方面的配合工作。第一是配合上海做好基础资料工作。那时上海要开发大、小洋山，只是一个非常初步的宏观上的思路，要在那里真正建港所需要的大量基础工作都没有开展过，地质资料没有、气象资料没有，波浪资料也没有，而这些基础资料需要我们嵊泗配合取得。第二，要严格控制当地的人口和土地，如果在这个时间段大量人口迁进去，大量老百姓把房子造好了，将来的动拆迁工作是非常复杂的，因此希望我们无论如何在这个问题上一定要把好关。这点我们是严格把关的，在整个过程中，没有一个老百姓在那里建房，也没有迁移进去一个户口。第三是做好港口资源保护工作，不要有围垦，不要新批港口建设项目，不要炸山，等等；港口资源、土地资源、山体资源都要保护好。

由于当时省里有不同想法，明确要求地方对上海建设洋山港有关事项必须向省委请示汇报，不得擅自做主。上海方面又不能直接进入洋山开展相关工作。在这种情况下，为便于尽早进入洋山前期勘探工作，我们就动了个脑筋。1996 年初上海有个专家陈复兴来嵊泗研讨港口开发问题，我和几位老同志与他商议，政府不参与，采取企业化操作的方式，决定成立嵊泗洋山经济联合开发公司。我赶到上海，与徐柏章主任商量采取企业化操作开展前期工作，并建议让南汇县也参与进来较妥，他表示可行。于是在徐主任的陪同下我们一行来到了南汇，与汪松年县长见面商量，当时他正在住院。嵊泗与南汇合作成立了一个芦洋公司，董事长由南汇县芦潮港镇镇长赵志刚担任，我们嵊泗港口办主任贺才学任总经理，芦潮港开发办的周飞任副总经理，公司注册在芦潮港，在上海东湖宾馆办公了一年多。具体工作任务由国航办指导操作，涉及相关前期工作，都由芦洋公司作为甲方对外开展经营委托业务，这样就避开了政府行为，上海方面没介入，嵊泗方面也没介入。当时，我听上海的同志讲，黄菊书记对此专门有三条指示：一是同意以企业名义搞；二是委托单位要具有权威性，最好选择中央单位；三是选择适当时机进入洋山。就这样开展了1996年的冬季测量和1997年的夏季测量，有20多条船规模，最多的时候有三四十条船参与海况调查，水文数据测量资料基本都完成了。当时要求提供当地30多年的气象资料，县气象局副局长周纪珍带领同志们奋战一个多月，把嵊泗30多年的气象原始资料全部手工誊出一份来。还有，关于洋山建港对周边海域渔业资源的影响问题，我们就委托位于沈家门的浙江省渔业研究所来组织课题研究，作为建设洋山港论证报告的附属报告，他们最后的研究结果是影响很小。我想，上海做出来的，浙江未必会认可，浙江省自己做的结论意见更具有说服力。东湖宾馆第一次召集有关参与洋山建港前期工作单位的会议，是我们嵊泗出面组织和邀请的，国航办顾刚副主任、唐士芳副处长参加会议并布置工作。

通过以芦洋公司的名义开展工作，为洋山建港提前一年争取到了勘探测量等基础资料。即便是在最困难的时候，我们的工作也一直没停。这个基础工作最关键的作用是在国家计委（发改委）委托中咨公司开展新港址选址论证过程中，在比选交通部方案、上海方案、浙江方案和江苏方案的时候，凡是专家提出的各类问题，其中包括地震带对选址的影响等质疑，上海方面都拿出了详尽的可靠的第一手数据。当时浙江反对建洋山港的一个重要因素就是认为洋山地区港口作业天数不足，浙江提供的测量数据只有275天，上海提供的作业天数是305天，交通部提供的也是305天，实际上洋山开港到现在平均都在360天左右。上海方案之所以能够取得成功，最重要的就是依靠详尽的科学数据，为洋山深水港建设提供了基础依据。而在这方面我们嵊泗是作了贡献的。

1997 年 5 月，复旦大学、嵊泗县、上海人工半岛公司三方组织召开上海国际航运中心大、小洋山新港址论坛，邀请全国有关专家、有关单位参加，国航办徐柏章主任到会讲话，并组织部分参会人员考察大、小洋山现场，为洋山建港扩大了影响面。还有上海的天然气（LNG）项目建设，经过多个方案的比选论证，最后落户在洋山中门堂岛。

在这个过程中，其实我们的压力是巨大的，在此期间各级领导、中外专家及有关单位，尤其是上海方面的领导，均多次到洋山来进行考察调研，基本上我都参与陪同接待。从 1995 年下半年开始到 2002 年 6 月洋山建港开工，我们嵊泗提供交通船只保障，最多时一周四天调用渔政船接送有关专家、领导考察大、小洋山。我印象中，一次是在 1997 年 10 月底，时任上海市政府副秘书长、计委主任韩正同志带队，以考察中门堂 LNG 项目的名义同时考察了洋山港港址和马迹山港港址。另一次是 1998 年 8 月 13 日，徐匡迪市长率领上海市政府有关领导和专家考察大、小洋山港。那天，小洋山上的老百姓自发前来欢迎，我们是真没组织过，那天老百姓是出奇地热情，徐匡迪市长也是非常高兴。这个过程，实际上是让上海的领导看到了嵊泗的态度，看到了群众的配合、理解和支持。

重新启动，驻岛半年完成动迁

后来，上海方面通过各种途径的努力，争取到党中央、国务院的支持，洋山建港的各方面条件基本成熟。2001 年 1 月 20 日，吴邦国副总理率领国家有关部委、浙沪两地的领导亲自考察了大、小洋山港址。我记得，那天考察完洋山港港址之后，吴邦国副总理充满着信心，情绪也特别好。他问陪同视察的国家计委曾培炎主任：国家计委是什么态度？曾培炎主任表示非常支持。他又问到交通部黄镇东部长：交通部呢？黄镇东部长答道：我们交通部也是非常支持。

2002 年 3 月，国务院审议通过洋山深水港区一期工程可行性研究报告和开工报告。6 月，洋山深水港区一期工程开工建设。也是在那一年 6 月，我

小洋山东部围垦工程（一期）开工

离开嵊泗，到舟山市担任市委常委、秘书长兼办公室主任。后来，2003 年我又一次回到嵊泗。这次是应市委书记的要求，由我、公安局孟庆丰局长和市政府李善忠秘书长三人带着上千号人的工作组进驻小洋山开展动迁。工程就要开始了，但群众动迁问题还没解决，影响工程施工，当时嵊泗感到力量不足，压力很大。舟山市委书记、市长商量以后，考虑到我熟悉情况，就让我当工作组组长。那个时候真是很辛苦，考虑到岛上面人太多，我们租了一条客运船，工作组的同志都住在船上，指挥部的同志住在岛上直接同群众对话，每天都开会，嗓子都哑了。在不到半年的时间里，就完成了 1000 多户、3000 多人的拆迁安置工作，保障了洋山港建设工程的顺利开展。现在想想，工作之艰难、情况之复杂，远远超过我们的想象，拆迁工作如果拖后半年，将会对整个洋山港建设产生严重影响。

现在回想起洋山港的建设过程，有四点深刻感触。一是及时提供港址。当时，嵊泗正在酝酿以港兴县，宝钢马迹山矿石中转码头项目建设已经开始，借此机会，我们把整个嵊泗的岛屿情况和港口资源进行了全面的梳理和摸底，情况十分清楚。应该说，机会是留给有准备的人的，正是我们马上抓住机会，在一天之内提供了基础材料和初步的规划方案，为洋山港的建设迈出了第一步。二是舟山和嵊泗方面顶着很大的压力，给上海最大的支持。特别是在洋山港前期工作进入最困难的时刻，舟山和嵊泗仍然没有放弃，一直坚持做好各项工作。这为后来洋山港的建成提供了重要保障。三是密切配合开展前期工作。毫无保留地将所有水文、气象资料提供给上海，为上海高质量完成可行性研究报告奠定基础。一般而言，上海没有浙江熟悉洋山情况，但最后上海的可行性报告质量很高，这也为争取党中央、国务院的支持，最终促成洋山港落地发挥了重要作用。四是做好群众的维稳和拆迁安置工作。这些工作为洋山港建设提供了有利条件，保障了工程建设的顺利进行。特别是在洋山港最困难的时期，如果群众工作没做好，将会影响洋山港项目建设的落地。尽管经历了许多风风雨雨，但我们的工作，始终得到了各级领导的充分肯定。所以，我一直认为，洋山深水港建设是上海和浙江开展区域合作的典范，从1995年6月陪同上海领导乘船到大、小洋山选址开始到2005年12月洋山深水港一期工程建成运营，与上海同志一起度过的十年时光，也是我最难忘的人生岁月。

见证洋山深水港的诞生

口述前记

顾刚，1949 年 4 月出生。曾任上港一区党委书记、区主任，上海港高阳港务公司经理等职。1996 年 5 月任上海国际航运中心上海地区领导小组办公室副主任。2001 年 7 月任上海市深水港工程建设指挥部成员。2002 年 3 月至 2006 年 2 月任上海同盛投资（集团）有限公司总裁、党委副书记。

口述：顾　刚
采访：张　励、刘明兴、龚思文
整理：龚思文
时间：2017年3月24日

1996年初，国务院提出了以上海为中心，苏浙为两翼，建设上海国际航运中心的战略构想。为落实中央部署，上海市委在同年5月决定成立上海国际航运中心上海地区领导小组办公室（国航办），我即从上海港务局调到国航办担任副主任，分工负责深水港论证工作，主任为普陀区原区长徐柏章同志。2001年7月成立了上海市深水港建设指挥部，分管深水港工作的时任副市长韩正同志兼任总指挥，2002年3月作为洋山工程投资主体的同盛投资集团成立，我先后被任命为指挥部成员及集团总裁，一直到洋山一期工程建成开港后的2006年2月。十年间，我亲身经历了洋山深水港项目从比选、论证、立项及一期工程开工建设全过程，可以说是洋山深水港这一重大的战略性项目诞生的亲历者、见证者。

上海于1995年正式提出建设深水港问题，1996年市国航办成立后于同年9月根据交通部通知要求正式开始前期比选、论证及立项工作，到2002年3月经国务院批准洋山港建设项目立项，历时六年；此后，由上海深水港建设指挥部负责工程项目的开工建设，2005年12月一期工程（包括东海大桥）建成投产，前后共用了十年左右的时间，称得上“十年成一港”。一期工程正式开港运营，标志着初步完成了上海建深水港这样一个重大的历史任务，为最终把上海建成国际航运中心的发展目标奠定了一个坚实的物质基础。

六年的前期工作，除圆满完成了洋山港立项这一曲折艰巨的任务外，还为日后整个洋山港工程建设提供了充分的技术准备，奠定了坚实的科学基础。这是一段值得回顾的艰难的有价值的岁月。

呼之欲出，深水港成为上海建设国际集装箱枢纽港的“短板”

从20世纪90年代到21世纪初，经济全球化趋势加速发展，国际贸易规模持续扩大，促使世界航运业的格局发生了重大变化。航海和造船技术的进步，使得国际集装箱运输成为国际航运的主要运输方式。国际集装箱运输市场的发展和变化，逐渐呈现出“船舶大型化、经营联盟化、航线干线化”的特点和趋势。在这几个趋势当中，“船舶大型化”比较容易理解。20 世纪 80 年代末，3000 标准箱（TEU）左右的船型还是远洋运输的主流船型，进入 90 年代，4500 至 5000 标准箱以上的“超巴拿马型”集装箱船舶快速增长并有成为干线运输主流船型的趋势，国内外业界有些有识之士预判，不远的将来，甚至有可能出现 8000 标准箱以上的超大型集装箱船舶。因此，建成国际枢纽港必须要有水深超过 15 米的深水航道和码头，以满足超巴拿马大型船舶快速发展的需要。“经营联盟化”则是为了更加合理地配置船舶资源，降低运营成本，各大班轮公司纷纷组建联盟或兼并重组，采用类同航空公司客舱共享的运行模式，尽可能地提高大型集装箱船舶的满载率，提升运营效率。所谓“航线干线化”，即国际海运主干航线上最主要的布局是东西向的航线，即东亚—北美航线、东亚—欧洲航线、欧洲—北美航线，相当于是从“亚洲—欧洲—北美”“画”一个“圈”，这个“圈”经过的都是世界上经济最发达，集装箱生成量、航运量最大的地区，干线运输需要投入大型船舶并以沿线少数几个主要枢纽港为集散停泊点。

在这样的大趋势之下，如果一个港口不能争取到枢纽港的地位，就会在竞争中沦为枢纽港的“支线港”或“喂给港”。特别是在东北亚地区，由于处在东西干线的节点上，战略位置重要，争取枢纽港地位就显得尤为突出。到任后，通过一段时间的学习、了解，我认识到，建设上海国际航运中心，必须有硬件设施作支撑，建成国际集装箱枢纽港是其首要前提或基础。由于海运是国际贸易的主要运输方式（占了总贸易量的 90%以上），当时在我国周边的国家和地区，对国际集装箱枢纽港地位的争夺很激烈，在我国提出建设上海国际航运中心的同时，日本的神户港提出了要建设“亚洲母港”，韩国的釜山港提出要建设“21 世纪环太平洋中心港”，我国台湾地区的高雄港提出要建设“亚太营运中心”，等等。在这种背景下，建设集装箱枢纽港成为了各方首选，尤其是韩国，当时绘制过一幅国际海运地图，通过特别处理手段，把釜山港放在了世界航运的中心位置，并且投入巨额资金，全力建设釜山港口圈的光阳港深水港区，以吸引亚太地区乃至全世界的超大型集装箱船舶前来靠泊，并让周边大大小小的港口来向它提供支线、喂给服务，甚至公然把我国北部广大地区列入它的箱源腹地，从而达到它确立国际集装箱干线枢纽港和亚太航运中心地位的目标。

处在这种形势下的上海港当时状况如何呢？从地理位置上看，上海位于我国南北海岸线的中点，同时又是长江的入海口，可以说是“通江达海”，腹地广阔、交通便捷，有足够的“地利”优势。作为一个“以港兴市”的重要城市，尤其是自20世纪90年代初确立“一个龙头、三个中心”功能定位后，上海经济、金融、贸易飞速发展，上海港凭借得天独厚的地利优势，国际集装箱年吞吐量从无到有，呈现了快速发展的势头。但由于起跑迟，基础弱，同周边国家、地区的大港口不在一个量级上。记得90年代初上海港的国际集装箱年吞吐量只有50万箱左右，而同期的香港和新加坡两个超级大港都已迈入了千万箱级行列，日本的京滨、阪神和韩国釜山港也都已是200万至300万箱级的港口，而我国台湾地区的高雄港更是达到了年吞吐量逾500万箱、位列世界前五集装箱大港的水平。除码头泊位数量上的差距外，没有可供超大型集装箱船舶停靠的深水港，则成了上海港竞争成为国际枢纽港最突出、最致命的“短板”。

上海原有的港口都位于长江口以内，由于受到“拦门沙”因素影响，其自然水深最浅处仅有7米左右，那样的水深条件，最多只能让两三万吨的船满载乘潮进出。然而，早在深水港项目酝酿和提出的时候，国际航线上已有4000及以上标准箱的大型船舶，这类相当于4万到5万吨被称为“第四代”“第五代”的大型船舶，其满载吃水深度在13米至15米之间，且船舶大型化趋势还在不断地快速发展。在这种情况下，想仅仅依靠同时期交通主管部门提出的用十年时间分三期最终目标达到12.5米水深的长江口深水航道治理工程，是无法从根本上解决问题的。而如果大船不到你这里而是选择到适航的别人那里去，那么你就成不了国际集装箱枢纽港，沦为其他大港的支线港或喂给港是早晚的事。拿“木桶原理”来说的话，上海要建设具有国际竞争力的枢纽港进而建成国际航运中心，“木桶”最低的一个“板子”就是没有深水港。

1995年，时任中共中央政治局委员、上海市委书记的黄菊同志组织调研，代表上海市委提出了建设上海国际航运中心“三步目标、三管齐下、三个积极性”的总思路。他明确指出建设深水港是上海迈向21世纪过程中最为重要的基础设施项目之一，是关系到上海能否成为国际航运中心的关键点，是上海落实中央战略部署的重要举措。市委领导的决策，加速了深水港选址工作的启动和推进，为未来洋山深水港的规划和建设指明了方向。

“跳出上海到外海”，一个开创性的选址思路

实际上，上海深水港新港址的选择，最早可以追溯到20世纪80年代。早期选址的思路可以概括为“北上”“东进”和“南下”。“北上”是设想到长江边的罗泾地区建港，“东进”是到外高桥地区建港，但由于这两个区域都位于长江口以内，船舶出入这两个区域，都会受制于长江口的“拦门沙”，而罗泾等处岸线的长度也满足不了集装箱运输高速发展的需要。因此“北上”和“东进”方案都被搁置了。“南下”是计划利用杭州湾沿岸南汇、金山一带的大片岸线建港，但由于出入这一区域必须经过杭州湾内很大一段浅滩，航道最浅的地方也只有8米至9米，显然也是不够的。所以“南下”方案同样不具备深水港港址所需条件。

“北上”“南下”“东进”的思路逐渐淡出视线了，但是建设深水港的紧迫性却越来越突出。在日趋激烈的竞争态势下，上海有丧失建成国际集装箱枢纽港时机的现实风险。在这种情况下，20世纪90年代中期，上海市委、市政府的主要领导同志开创性地提出了跳出上海看上海，到外海建设深水港的大胆思路——跳出长江口，到外海选择合适的港址建设深水港。在一系列初步勘察分析的基础上，1995年夏秋之交，市委书记黄菊同志亲自带队出海，深入长江口、杭州湾等海域进行调研踏勘，寻找合适的深水港港址。我到国航办后得知，在黄菊同志出海前，时任上海市委副秘书长黄奇帆、市政府副秘书长吴祥明、市政府发展研究中心主任王战，还有曾任市建委主任的张惠民等同志在交通部第三航务工程设计院技术人员的陪同下，已先期对包括大、小衢山和大、小洋山岛进行了踏勘和了解，并作了初步分析研究，为黄菊同志亲自带队出海考察打了“前站”。

为什么会选择去浙江沿海海域进行踏勘，而不是去北面的江苏沿海呢？这同我们国家的地理岸线状况有关。临近上海的江苏有很长的海岸线，但是，从黄河入海口向南蔓延的泥沙量非常大，导致江苏段的海岸线大多为淤泥质

海岸，临岸有大片滩涂，不适宜建设深水港；而上海南面的浙江沿海则多为岩基性岸线，拥有大量近岸深水资源，有很好的水深条件，很适合深水港区的选用。靠近上海的大、小洋山岛附近海域又为什么能够成为优选点呢？缘由是经初步的勘测分析，这片海域由于独特的地理条件，水深条件非常好，平均水深可稳定保持在 15 米以上，最深处的小岩礁水域水深竟可达 90 米。同时，由于大、小洋山海域两边的岛屿形成了两条天然的南北向屏障，露出海平面的岛屿和海平面以下的岛基从两边挡住了风浪，使中间岛链内大片水域常年保持了远较周边海域平稳的状态。把大、小洋山岛链两边分散的岛屿通过工程相连，可形成 20 多公里的深水顺岸岸线，足以支持建设深水泊位之用。此外，该海域距上海南汇的芦潮港很近，只有约 30 公里，通过建造跨海大桥，可将港区同上海的交通运输网络方便地连成一体。因此，洋山岛作为深水港港址的备选条件具有综合优势。当年黄菊同志一行到当地踏勘，真可谓是不辞劳苦。当时没有像样的适合航海的考察船舶，据黄菊同志机要秘书马弘回忆，他们当时乘坐一艘中型港监船，从吴淞口经长江航道缓缓驶入东海，一直到杭州湾外的衢黄岛，然后折向西到大、小洋山绕岛转一圈，又驶回上海吴淞港。当时船只驶入东海，一直到离上海 60 多公里的衢黄岛海域。一路上在风浪中颠簸，但是在进入大、小洋山岛链之间的海域后，船只行驶立即平稳下来，与之前的颠簸摇晃形成了鲜明对比。踏勘考察形成的初步分析，认为洋山海域作为上海深水港的备选港址具有明显的综合优势。

在外海岛屿建特大型的集装箱深水港区，并通过 30 公里的跨海大桥作为同大陆连接的集疏运通道，以此建成国际集装箱枢纽港，这在国际港口建设史上是空前的。没有创造性的思维和超乎寻常的见识、气魄、胆略，是不可能萌生这样的谋划的。然而，要在外海的洋山岛选址建港，不能只凭直感和愿望，而是需要大量的数据、资料和研究作支撑。一个新港址是否具备建港条件，没有常年的水文、泥沙、气象、地质条件等资料，就缺乏基本的前提。但是在此之前，由于洋山不在上海行政区域内，我们没有这方面的资料积累，而大、小洋山岛原先又是两个不起眼的小岛，很多方面的资料都是空白。那么又从哪里获取所需资料数据呢？只有提前进行勘探、搜集、整理了。由于行政区划的归属问题，为避免引起不必要的误会或纠缠，我们另辟蹊径，不是委托传统的专业机构承担专题，而是约请业务范围涵盖洋山地区的行政管理部门的下属机构开展相关工作。譬如关于海洋和波浪资料，我们请国家海洋局东海分局作课题，充分发挥他们管辖范围囊括洋山这片海域的优势，为我们提供了海流、波浪等方面资料；关于气象数据，我们联系了上海市气象局，发挥其信息面覆盖华东区域的便利，把洋山海域历年相关气象资料建立了起来；关于地震资料信息，我们请上海市地震局承担相关课题，得到了洋山港址地质构造资料……此外，我们还得到了嵊泗县有关方面的大力支持。在时任县长钟达等同志的帮助下，我们取得了洋山区域一些诸如气象等方面的第一手资料，虽然量不太多，但弥足珍贵。

众“智”成城，汇智聚力完成项目论证

就这样，在临近上海的洋山岛上建设上海国际航运中心深水枢纽港区这一超乎常规的决策思路和构想逐步地明晰和建立起来了。在大、小洋山建设深水港，意味着远离大陆，在岛礁复杂的地形海域建设特大型现代化的集装箱枢纽港区。当时的洋山只是所属嵊泗县崎岖列岛中数十个分散的零星小岛，呈自然开放海域状态。预定先期建港的北侧小洋山主岛也只是个仅有 1.7 平方公里且无法通车的崎岖小岛，完全没有像样的基础设施可作依托。在这样的条件下要建成特大型深水港区，风险之大可想而知。由此也决定了洋山建港的前期论证工作必然是漫长和艰苦的。

洋山建港，最关键的问题是要解决水流和泥沙的平衡问题。洋山海域含沙量高，每立方米海水中平均含沙量可达 1.3 公斤左右。岛链之所以能保持良好的水深，得益于高流速的潮流动能，洋山不少区段的流速达到了每秒 3 米以上。但过高的流速为港区的航行安全所不允许，航运界公认的港区安全流速标准是不大于每秒 2.5 米，而太低的流速又会造成泥沙的快速淤积。如何在岸线、泊位、航道等设施的设计、施工时充分考虑并处理好潮流和泥沙的互动关系，保持洋山海域潮流泥沙动态的“冲淤平衡”，达到既能确保船舶航行和靠离泊的安全，又能尽可能减少泥沙淤积的最佳配合，这个问题关系到洋山建港能否符合“技术上可行，经济上合理”的基本要求，也即这个项目能否站得住脚。在这个问题的论证上，我们倾注了大量的精力和时间，除了做常规的数学模型外，还打破国内工程前期论证的惯例，在同一个课题上

同时建立了两个大的物理模型作平行的测试研究。

当时我们委托了南京水利科学研究院（南科院）和天津水运工程科学研究所（天科所）同时建模试验，这是我国在这个领域中两家最权威的研究机构。选择这样两家研究机构同时来做同一个项目，肯定会遇到麻烦：譬如，如果它们之间意见不一致，或是测试得出的结果不一样甚至相悖，那么听谁的呢？但在基础资料不足，海域情况复杂的情况下，如果仅仅听一家之言，难免会有局限性，也会有很大的风险，一旦模型有偏差，会出纰漏，甚至出现方向性问题，据此指导设计、施工，就会造成不可挽回的巨大损失。所以，宁可麻烦点，我们最终还是决定请这两家单位同时来做。为解决协调问题，我们约请了交通部第一航务工程院原总工程师、我国港口平面设计大师顾民权先生来牵头。这位老先生有很深的学术造诣，知识面广，为人公道正直，在业界有很高威望。在他的协调下，两家科研单位以严谨科学的态度，通力协作，相互印证，反复调试和研究，经过数十次的测试，给出了洋山港码头岸线和泊位的合理布局方案，并归纳出了洋山港区平面形态的十六字方针——“封堵汊道、归顺水流、减少淤积、安全靠泊”。这个方针成为了以后洋山建港的基本指导原则。在这个过程中，南科院的刘家驹教授作出了突出贡献。这位老教授学养深厚，是泥沙界有名的“刘家驹公式”创建者，虽时年已逾七旬，但不顾年老体弱，时常顶风沐雨深入洋山海域现场，设点观测，用第一手数据作为科研依据，洋山建港十六字方针就是他归纳的。这个问题解决以后，洋山建港的一大问题就解决了。日后洋山港建设、运行的实践，证明了当初对这个关键问题作这样的部署是必要的、正确的，这也一直让我感到欣慰。

除技术问题外，洋山建港在经济上是否合理，也是项目能否“站得住”的关键。虽然此前我们已经在这个问题上花了大量精力和时间，但是在工程可行性研究报告审批阶段，还是遭遇了一次“发难”。那年中国投资咨询公司受国家计委（发改委）委托，在上海召开工程可行性研究报告评审会，共有 200 多位专家和科技人员出席，会议连续进行了 10 天左右。共分为 7 个专题小组进行审核。其中经济组牵头的一个权威单位因对在洋山建港持有异议，对洋山项目的经济效益问题提出了很多诘难，一时气氛比较紧张。项目已进展到工可审批阶段，经济论证的结果具有颠覆性，不容有失。记得那天半夜一点多，我刚审改完当天的简报睡下，参加该组当天评审会的三航院副院长田佐臣敲门找我，神色焦虑地交流了会上情况。我旋即找到了也在会场的四航院党委书记王志民和总工程师王如凯，王志民书记同时还兼任四航院的总经济师，是中国交通咨询公司的特邀港航经济专家，王如凯同志是港口设计的权威（以后晋升为港口设计大师），都是港航界有名望的专家。在我介绍情况后，他们连夜召集研究人员，并同远在广州的四航院联系，调用各类参数，从宏观经济、社会效益及企业效益几个方面建立数学模型，进行综合论证，得出了洋山建港经济合理性的结论。洋山开港后的实践，也证明了当年所作的结论是完全靠谱的、站得住脚的。

除此之外，由于洋山项目的特殊性，在论证工作中还遇到不少难以避免的质疑或诘难。譬如洋山港口的作业天数问题，当时反对在洋山建港的有关单位曾提出，洋山海域处于多风地带，夏季多台风，冬季多西北风，风大浪高，如果在大、小洋山这个地方搞深水港，可作业天数严重不足。据他们测算，港区建成后能够有效使用的天数只有 270 天左右，甚至 270 天都不能保证。如果这种说法成立，新建港口岂不是有将近 100 天是不能作业的？那洋山还会有建港的价值吗？尽管这类说法不是建立在可靠数据上，但由于涉及项目立项的基本条件，因此必须搞明白、说清楚。为此，我们委托有关三家科研单位作出了三份专题报告，其中顾民权先生主持的专题报告最具说服力。他委托一家专业公司并组织了一些老专家论证分析研究，最终得出了“作业天数是 319 天”的结论，并以专业研究机构的名义发布。这一结论为洋山建港可行又提供了一个强有力的依据。据我了解，洋山港建成运营后的实际作业天数在 340 天以上，大大超出了原先预计的 319 天。特别要提的是，当年顾民权先生是在了解了困难后主动提出承担这个课题并申明尽义务无偿完成项目。他参与了洋山项目整个前期论证工作，多次在重大课题的论证会上担任组长，发挥了重要作用；为坚持实事求是，他不计名利，顶住了不少压力。在他身上体现出来的我国老科技工作者的可敬风范一直让我深受感染，至今难忘。

除了上述这几个例子之外，洋山港项目比选、论证过程中面对过的各类问题林林总总不胜枚举，诸如港区总平面布置是“大通道”还是“人工岛双通道”问题，东海大桥线型和通航孔问题，环境评价问题等。为了解答好这

2001 年 3 月，召开上海国际航运中心洋山港区总平面方案专家咨询会

些问题，我们尽己所能，动员了国际和国内港航界最强的科研力量。国内许多涉及航运领域的科研机构，如交通部的四个航运工程院、上海的船研所、南京的水科院、天津的水研所、交通部的交通研究院、海洋局的三个研究所，还有长江委员会（长江委）；以及高等院校如大连理工大学、上海海事大学（当时名为上海海运学院）、同济大学、华东师范大学，等等，都承担了相关的课题任务。据统计，当时参加论证和专题研究的人员共有 6000 多人次，完成专题研究并形成报告的，共 200 多项；参加各种专题研究、评审的正教授级以上的国内外知名专家学者多达 1000 人次，其中，参与前期工作的两院院士就有 80 多人次。除了刚才提到的顾民权、刘家驹以及桥梁大师林元培院士等重量级专家外，还包括了我国桥梁界李国豪院士、水文泥沙界窦国仁院士、海洋波浪界文圣常院士等一些业界泰斗级的科学家，这些科研机构和人员都是我们开展前期工作赖以依靠的力量。

兼容并蓄，以科学民主精神贯穿前期工作的始终

在洋山港项目开展论证的过程中，我们有一个很深的体会，就是要正确

对待各种不同的甚至反对的意见。选择洋山作为上海深水港港址，由于各个方面、各类人群所处的位置和环境的不同，在认识或利益取向上必然会有分歧，产生不同的意见和分歧在所难免。由于洋山项目意义重大、投资巨大、影响巨大，我在项目前期工作中一直告诫自己，要抱持“如履薄冰，如临深渊”的戒惧之心，牢牢遵循陈云同志著名的“交换、比较、反复”六字箴言，慎重对待来自各方面的意见。黄菊同志对洋山项目前期工作提过一个要求，叫“百问不倒”——随便你怎么问，我们都要能够回答。这就需要注意倾听各方面意见特别是反对意见，不断地进行“交换、比较、反复”。我认为提出的反对意见中，往往包含真知灼见或需要解答、解决的重大问题。我举个例子，中科院院士、南科院原院长、泥沙三维模型“窦氏模型”的创建者窦国仁先生，起先由于对洋山港项目有些误解，对在洋山建港的水文泥沙问题提出过不少反对意见。由于他在学术界的地位，这些意见分量自然就很重。我从不忌讳他的反对态度，而是通过加强交流甚至登门拜访，同他保持良好的交往。他是20世纪50年代留苏博士，我恰好也读过一些苏俄文学作品，有时会通过和他聊聊苏俄文学和歌曲，缩短彼此间的距离。经过反反复复的交流沟通，他最终形成了以下的认识：上海建深水港是必要的；洋山是可以建深水港的；潮流、泥沙问题是洋山建港的关键，一定要注意并解决客观存在的各种问题。每一次有关课题的评审会我都请他过来参加，他都会认真准备，提出一些有价值的意见和建议。诸如此类的事例太多了，总之，对不同意见不一味排斥，而是兼容并蓄，“兼听则明”，这对洋山港这样超大型工程项目的前期工作实在是太重要了。

此外，根据领导的要求，当时我们还请了两家国外权威机构——美国的路易斯·伯杰国际工程咨询公司和荷兰港口咨询公司对洋山项目进行了咨询。事实证明，他们的参与对洋山港项目的论证起到了十分有益的作用。令我印象很深的是，路易斯·伯杰公司有位专家，秉持独立研究的精神，从不曲意顺从他人意见，在研究过程中，当他感觉资料不够时，会专程飞回美国或其他地方去查阅，很严谨很专业。关于船舶大型化问题，他曾预测国际干线上将会有12000箱的超大型集装箱货船，这在现在看来可能已经不足为奇，但在十几年前，真令我们有“天方夜谭”的感觉。这些咨询意见对于我们作出深水港必须有15米水深、洋山可以建大型深水港区这样一些重大判断起到了重要支撑作用。

洋山深水港项目历时六年的前期工作，最后形成了包含 1 份主报告、1 份分报告、29 个专题报告、两大册图纸，共计 200 万字的《上海国际航运中心洋山港区一期工程可行性研究报告》。正式上报国务院及相关部委时，因为要报送的单位和份数太多，这些报告是装进了集装箱后运往北京的。沉甸甸的报告中凝聚了各方面的智慧和心血，是建成深水港坚实的科学基础。

在洋山港前期工作的六年时间里，作为主办部门的市国航办尤其是规划处的全体同仁齐心协力，不计报酬、不辞劳苦、不怕压力，用整整六年的辛勤和努力，做了大量组织、协调、综合工作，出色完成了任务，实践了建办时“不辱使命”的誓愿。

在 1998 年至 1999 年洋山论证矛盾最集中、工作量最大的一段时间里，由市计委（现市发改委）牵头，同国航办合署办公，一年中，包括一些领导同志在内的不少人，经常没日没夜，无节日休假，发挥了超常的高效率，为前期工作付出了大量心血。

六年的前期工作，得到了国家发改委等中央有关部门的悉心指导和支持，得到了浙江省各级政府、部门的大力协助，得到了各科研单位和科研人员的

洋山深水港区一期工程

倾力合作，在上海市委、市政府强有力的统筹领导下，市各有关部门群策群力、通力合作，终于圆满完成了历史赋予的任务。

洋山港自2005年12月一期工程开港运行至今，已过去12年了。2017年洋山港四期工程建成，洋山深水港将成为拥有23个集装箱深水泊位的超级大港区。上海港2017年集装箱吞吐量预计可以突破4000万标准箱，连续多年保持世界第一地位，已成为举世公认的国际集装箱枢纽港，而洋山港也早已成为上海港的核心港区。洋山港建设和运行的实践，证实了洋山前期工作取得的研究成果是经得起时间和历史检验的，六年的工作是卓有成效的。作为有幸具体负责过这个项目前期工作的人员之一，我对所有支持这项工作的方方面面以及在这项工作中发奋努力作出贡献的人们怀有深深的敬意和诚挚的谢忱。这段经历也将作为一段珍贵的精神财富永久地保存在我的记忆中。

科学论证洋山深水港工程

口述前记

王宣，1960 年 3 月出生。曾任中交第三航务工程勘察设计院总图室主任、第一设计所副所长、副总工程师。2002 年 4 月至 2008 年 3 月任同盛港口建设有限公司副总经理。2008 年 3 月至 2009 年 2 月任上海同盛投资（集团）有限公司副总工程师。2009 年 2 月至 2012 年 3 月任上海同盛投资（集团）有限公司总工程师。2012 年 3 月起任上海同盛投资（集团）有限公司副总裁、总工程师。

口述：王　宣
采访：张　励、刘明兴
整理：刘明兴
时间：2017年4月13日

洋山深水港的开发建设是上海建设国际航运中心的重大举措之一，不仅关系到上海港口的发展，也关系到上海整个城市乃至长三角区域的发展。洋山深水港的规划论证工作是一个较为艰难的过程，项目的最后上马可以说是各方努力的结果。我有幸参与了洋山深水港的规划论证工作，并目睹了其中的不易，应该说洋山深水港现在的成就就是前期规划论证工作正确的最好证明。

发展趋势需要新的深水港

我从大学毕业分配到中交第三航务工程勘察设计院，就开始搞上海港的港口规划设计，知道在20世纪30年代辉煌过后，上海港在之后的港口建设浪潮中基本没什么大的发展。改革开放以后，港口能力不足的问题马上就凸显出来，货物压港情况经常发生。老的上海港一直在黄浦江，还没有发展到长江口。我刚到设计院，上海港就开始新港址选址工作，我正好参与其中。选址有三个地方，所谓的“北上”“南下”“东进”。北上是罗泾港，东进是外高桥，南下是金山港区。这三个港址也是上海港开始跳出黄浦江的一个初步计划。从设计的角度对三个港址进行选择，初期我们主要做一些基础资料的收集、分析等工作。1990年中央宣布浦东开发开放后，我们选址工作方向明确了。新港址最后确定在外高桥，成为浦东开发开放的十大基础性工程之一。

20世纪90年代又开始商谈上海港与香港和记黄埔合资。集装箱港区在国际上也是从70年代开始发展，上海港虽然硬件上有点落后，但是差距还不是很大，不过香港在集装箱运输管理方面有很多先进的管理经验。因此，上海港要合资建设。

外高桥新港区的建设以及与香港和记黄埔的合资，使得上海港的硬件设施建设和运营管理水平上了一个新台阶。不过，在外高桥新港区建设过程当中，新的问题又出现了。上海的长江口航道最浅的地方只有 7 米，20 世纪 90 年代第三代集装箱船水深要达到 12.5 米，外高桥港区可以满足第三代船舶的靠泊，但是受长江口航道的制约很大。起初外贸的发展还不是很快，船舶的量不是很大，通过乘潮吃水还可以解决这些问题。但是，随着外贸的发展，进出上海的船舶数量也越来越大，单单靠乘潮已经无法满足需求。上海港刚刚走出黄浦江，在建设过程当中，外高桥又不适应新的发展了，在第一轮港址建设过程当中，第二轮新港址的规划已经提上日程来了。

90 年代中期，当时民间的呼声也比较大，需要建大型港口。根据有些专家的提议，上海需要有一个集装箱的大型港区。我们设计院就在岱山做了一个港址的选址方案，这是我们设计院纯粹从技术角度考虑的。市政府正好也有这个想法，要选一个新的集装箱港区。得知这个情况以后，市政府也专门派人去考察岱山这个港址，在回来的过程当中，看到风浪比较大，经过大、小洋山岛时，两个岛之间风平浪静。岱山毕竟离上海比较远，大概有 60 公里。大、小洋山岛离上海约 30 公里，差不多只有一半的距离。这个地方是否可以，市里就委托设计院对洋山这个港址做一些前期论证工作。

选址论证上的争论

1995 年三航院曾做了一个初步规划，这个规划是在没有气象、水文等资料的基础上做的。这个规划方案尽管很粗，但是应该说是洋山建设最早的一个规划版本。这个版本跟市有关部门汇报以后，市政府决定对洋山做选址论证。1996 年 8 月市领导到洋山去考察过，9 月我们接受这个委托，开始大规模做技术论证。这个论证工作由市政府统一组织协调，三航院牵头，还汇集了很多其他单位和人员，包括国家海洋局、上海市气象局、上海市地震局、上海船舶运输科学研究所、上海社科院、上海市人民政府发展研究中心等。

1996 年 11 月，我们完成了第一稿，共分 11 个专题，结论认为要综合解决上海集装箱深水港的航道水深和陆岛集疏运问题，位于浙江省嵊泗县境内的大、小洋山作为上海国际航运中心集装箱深水港址是比较合适的。真正要发展上海国际航运中心必须要建成有 15 米水深的港区，这与外高桥港区的 12.5 米，又出现差距了。所以从 1996 年开始一直到 2002 年项目立项批准，所谓的六年论证时期，就是这么长。

当时争论比较多，在行业内大家也有不同意见。那时外高桥港址也是刚刚选定，刚刚开始建设，上海又要选个新港址，行业主管部门交通部有些人就有点意见，他们认为没有必要建15米水深的港区，而且当时还有长江口航道的建设，国家已经立项，航道整治目标是能够达到12.5米，外高桥的码头还有五期到六期要建设，可以满足需求，目前还没有必要去做外海的港区，而且外海港区存在很多风险，技术上也没有经验积累。

我们当时请教了很多航运方面的专家，认为航运业的发展很快，12.5米水深港区满足不了今后的发展，而且从国际竞争这个角度，上海也不应该停留在12.5米，12.5米不具备竞争力。在上海周边，釜山港、神户港、高雄港港址条件都很好，在外面把上海港包围起来。过去由于体制方面的一些原因，我们国家的外贸都是经过这三个港口转运的，其他港口的货物拉到它们那儿，通过它们集中以后再出口。1995年，上海港集装箱吞吐量在全球只排在第19位，周边这些港口都排在前面。所以说，从国际竞争力这个角度考虑，外高桥这个港址是不够的。

中央当时提出来的上海国际航运中心，是以上海为中心，以苏浙为两翼的发展方向。借这个机会，我们就提出组合港概念，我们认为，港口不完全是一个硬件，我国沿海的港口条件，从北面的大连到南面的广州水深都比上海好，但是为什么上海港在国内还是第一大港，这还是跟经济发展有关。港口不单单需要硬件设施，没有其他的软件条件如金融、外贸、经济等的配套发展，港口还是空放没有用。我们认为上海是其他条件都具备，就是港口制约了整个经济的发展，所以必须要解决硬件设施。在这方面当时大家的分歧很大，浙江方面考虑上海就是缺深水港，而它有深水港，可以来作上海的补充；交通部认为现在航运发展还没有这么快，不急于建深水港，应该先把长江口航道整治好，从7米深挖到12.5米深。

从1996年到2002年，这六年当中各方不断争论，我们则不断给予论证解答。我们对任何一位专家提出的问题，都认认真真去研究去解决。洋山深水港选址论证是首个接触外海的项目，没有行业规范，也没有气象、水文等资料。我们想分析洋山深水港的淤积情况，分析淤积是要进行对比的，起初只有一张海图，但仅仅有一张图不行。于是我们从华东师范大学找出一张一百年前英国人做的海图，将两张海图进行对比，通过一百年的变化，来了解此地情况。这其中包括地震的情况，如果地震比较剧烈，是不适宜建港的。还有就是海洋波浪的情况，按照过去港口设计的规范，要建一个港口，起码要有20年以上的资料，没有这些资料我们就通过联系海洋部门，搞专门课题，根据当时的研究理论推算外海，在有海浪资料的情况下，逐步地推算，推算确定点的情况。淤泥这个问题大家最担心，我们也是通过一些数学模型、物理模型来反复地推演实际淤积情况，不同的布局淤积的情况就不一样，所以做了很多模型试验。要避免港口淤积，就要让水流保持一定的动力，水动力强的话，泥沙淤积不下来。不过，水动力强了之后，对航行不利，船要靠码头，最好是静水，靠起来方便，水流一大不好靠泊。所以说，从回淤角度讲，水流是越大越好；从航行角度讲，水流越小越好。我们的工作就得在这两点之间找到平衡。

这六年时间整个行业的发展很快，大家也都有目共睹。当初我们做规划的时候，最大的船舶是第三代，一条船只能载3000标准箱，这六年过程当中第四代、第五代船舶已经出来了，船舶发展大型化的趋势越来越明显，国家也感觉到要建设上海国际航运中心，如果不跟上船舶大型化的趋势，上海港枢纽港的地位就会失去，可能沦为喂给港，上海港就会没有竞争力，这对整个国家的发展是不利的。这个过程通过我们不断努力论证，再加上随着整个行业的发展，12.5米水深后来也满足不了形势发展的需要，所以到了2002年3月，国务院审议通过了洋山深水港区一期工程可行性研究报告和开工报告。

在建设中提升技术水平

国务院批准立项以后，上海从组织构架方面专门成立一个深水港工程建设指挥部，同时又成立同盛集团作为洋山深水港开发建设的主体。指挥部下设三个分指挥部，即大桥建设分指挥部、港口建设分指挥部、芦潮港临港新城建设分指挥部。当时市里调集各方面力量，从各单位抽调人马，我就是在这个过程当中被调过来的，在港口建设公司，作为港口建设分指挥部的一员。

港口建设公司主要是负责港口的具体建设。港口公司组建以后，为了体现合作开发，注册地是在浙江嵊泗，税收、行政体制还是属地化管理。公司组建后，从建设开始我们就踏入第一线，到洋山的现场。洋山当时是渔村，岛上没有工业，电是靠柴油发电，主要供居民生活。到晚上8点钟，发电机就停了，全岛一片漆黑。用水也是依靠岛上每家每户自建的地缸中收集的雨水，以及利用地形建的小水库，都是靠天吃水。我们最初建岛是很辛苦的，而且刚刚建设的时候居民动迁还没有完成，我们还不能上岛去跟居民抢资源，岛上的水和电本身不够，居民用就已经很不足，而我们去建设用水用电量很大。最初的时候我们租了一条船，包括设计人员、施工人员、监理人员很多人在这条船上工作生活。也有一些人员在其他的小船上工作，或者在岛上居民那儿住。每次一召集开会，大家都是先乘小船，再集中到大船上来。

洋山附近都是大大小小的岛屿，有大洋山、小洋山等60多个岛屿，其中最大的就是大洋山岛，大概是3平方公里左右，小洋山岛只有1平方公里，还不是平地。过去我们都是近岸建港，没有造地的概念，就是造个码头，把后面的地平整一下就可以了。在外海建港首先要造地，没有地，码头更不能

小洋山原貌

建。所以说填海造地是工程的第一步。洋山深水港重新成陆的面积有 8 平方公里，现在看到的一马平川，实际上都是填出来的。这 8 平方公里是用海沙填的，用了 1 亿立方米，还不是当地的海沙，沙也不是随便用的，而是从远一点的地方运来的。

水文泥沙问题始终是洋山深水港区建设的核心技术难题。经过深入研究，洋山深水港的港区设计原则确立为“封堵汊道、归顺水流、减少淤积、安全靠泊”。在这一原则的指导下，从 2002 年至 2008 年，洋山一、二、三期工程顺利建成。实际上每一期都是边建设边研究的过程，我们也是在不断地调整规划，因为对技术的认识不是一蹴而就，并不是前面做的后面就不能修改了。当时都是我们自己做，改也是我们自己改，我们在建设过程当中对自然条件的认识也是不断深化的。2008 年，四期工程的规划研究提上了议事日程。前三期工程建设完成后，工程水域的边界条件发生了较大变化，潮流动力、输沙通道、水下地形也与建港前的原生态有所不同。“封堵汊道”这一原则是否适应变化的环境？我们认为有必要开展新的研究。小洋山岛链分布着多条汊道，建设前三期工程时，封堵了小洋山岛链北侧 4 条汊道中的 3 条。到四期工程动工前，北侧仅剩一条以颗珠山岛命名的汊道——颗珠山汊道。对这条汊道是封堵还是保留？那年，我们召开了一次全国范围的专家研讨会，邀请包括多位院士在内的 24 位专家到会，进行四期工程的前期论证。讨论的结果很有意思，8 位专家认为应封堵颗珠山汊道，8 位专家认为应保留，还有 8 位专家没有表态。实际上，高流速、高含沙条件下的回淤预测是一个世界难题，两种意见都存在不确定性。

如何解决这个问题？2009 年，我们在上海市科委支持下设立了科研计划项目“洋山深水港区建设与泥沙监测关键技术研究与应用”，我们单位与相关单位运用定点水文泥沙测验、ADCP（声学多普勒流速剖面仪）走航、固定断面测量、水下地形勘察等现场监测、历年资料统计分析、模型试验研究等多种手段，对新条件环境下的洋山海域水文泥沙问题进行专题研究和课题攻关。研究发现，颗珠山汊道对平衡主通道的水动力、调节泥沙运输量、减少一至三期工程港池和航道的疏浚量具有十分重要的作用。同时，颗珠山汊道的存在，对形成四期工程港池水域刷深的格局，维持已建港区的良好水深条件是有利的。

上海市领导非常关注四期工程的规划论证情况，要求慎重选择方案。按照市领导的指示，我们选择保留颗珠山汊道后，一直在进行实地观测、动态研究。实测数据显示，多年来，汊道的落潮量增加18%，出水出沙作用日趋增强，四期工程水域的平均水深从9至10米刷深至11至12米，平均刷深2米左右。

洋山深水港的淤积是大家最关心的问题，从2005年运营到现在已经十年多了，实际运营结果比我们预期的要好。过去我们预期每年还是有一些疏浚量的，现在疏浚维护的量基本上不到我们预测的一半，说明我们这个港还是很成功的，这就为后续的运营维护降低了很多成本。

成就东方大港

洋山深水港建设的时候，上海市委、市政府都很关注，对我们提出：洋山深水港建设一要出人才，二要出成果。出成果就是这个工程不仅仅是建成，而且是要拿得出手。客观上说我们能够建成必定要有很多创新，没有创新工程也是建不起来的。出成果主要表现在以下几个方面：

首先，制定了一些技术标准。我们在建设的时候许多方面没有技术规范，我们都是边做边制定。比如说填海造地，洋山深水港建设是第一次在外海大面积地填海造地，平均深度是20多米，最深的地方要40多米，过去都是没有规范的，施工过程当中就结合编制规范的要求，我们科研人员边施工边做科研，等工程做完以后规范的草稿也就出来了。洋山深水港在这一方面作出了很大贡献，为后续的工程做了尝试，现在国家在深海填海的技术规范也有了。还有就是大桥建设，30多公里的东海大桥也是第一次在外海建桥，这个项目也是边做边制定很多技术规范，大桥工程建完了以后也相应出台一批规范，应该说东海大桥建设弥补了一个空白。由于这些工作，洋山深水港建设获得了许多奖项，包括国家科技进步奖，行业上的鲁班奖、詹天佑奖，等等。上海国际航运中心洋山深水港区工程和东海大桥还被列入了新中国成立60周年“百项经典暨精品工程”。

其次，推动环保问题受到重视。20世纪八九十年代经济条件有限，很多设计都是以节约投资为主。洋山及附近岛屿构成列岛风景区，属于国家级风

洋山深水港区一期工程

景区。如果从投资角度讲，当时有条路要穿过风景区，节省投资的方法就是把那些山给炸了，不过这样也就破坏了风景。为了不影响风景区，我们作了改变，从下面修一个隧道穿过去，把上面的景点保留下来。洋山深水港建设也是水运行业里第一个实现环境监理的项目，过去码头建设方面没有环境监理这个概念，项目运营以后对周边海域影响的监测我们每年都还在做。在工程建设以前我们开展环境预评价工作，现在监测的结果就是来验证当时预评价做得对不对，现在看来还是可以的。此外，我们还注重对附近海域渔业资源的保护，开展增殖放流，对渔业资源进行补偿。在洋山建设过程当中，我们的环保意识是在不断提升，环境保护的理念也在逐步形成，由此形成了一套对周边生态影响评估标准。我们所开展的环境监理、环境预评价等工作都影响了此后类似工程更注重环境保护。现在国家在外海建设，都注重环境保护问题了。

再次，投资效益的显现。最初很多人一直怀疑在这么远的外海建港，到底能不能有比较好的投资效益。说到投资效益应该从三个方面来考察。第一是企业效益。单让一个企业去做洋山深水港项目，跟在外高桥老的港区做完全不一样。在老港区做，只要划一块土地，在外面建个码头就可以了，投资肯定是省的。到洋山建码头，首先要建一座 30 多公里长的大桥，企业肯定承受不起，而且还要填海造地，成本肯定是高的。所以从企业角度讲，初期经济效益肯定不如外高桥建港。但是我们更应该注意到，它尽管投资比外高桥大，可是它的等级提高了，带来的规模效益就不一样，吞吐量大了，经济效益肯定也会提高。第二是区域效益。我们应该关注洋山深水港的建设对上海城市发展的影响，洋山深水港使得上海集装箱港的功能问题得到完美解决，并带动整个地区的发展，这一点现在是看到了。洋山深水港发展以后，南汇区域经济的发展也是大大地提升了，整个上海港口经济也得到了发展。现在整个长三角区域发展了，港口整个“蛋糕”做大了，大家份额都增加了。第三是国家效益。上海港集装箱吞吐量现在已经是世界第一位了，而且连续多年保持第一了。这一点体会最深的是，我们抓住机遇上去了，其他与我们竞争的三个港口就都被远远甩在后面了。洋山深水港建设以后，我们成为枢纽港，国际上的很多货物运输到上海来进行中转，这样我们就抢占了先机。当时在争论过程当中，有些人没有站在国家的层面和高度去考虑问题，只从地区角度考虑问题。实际上上海和浙江是双赢的。最重要的一点是从国家的角度着眼，枢纽港之争是与周边国家和地区如日本、韩国、中国台湾港口的竞争。洋山深水港建设是国家战略，我们抓住机遇，提升了国家的竞争力，不能只算经济账的。

目前，上海国际航运中心的硬件设施已经达到初步要求，现在我们还要在软实力上进一步提升。2014 年 12 月，洋山深水港第四期工程开工建设，2017 年建成。上海市委、市政府提出到 2020 年初步建成上海国际航运中心，这是跟洋山深水港的建设同步的。

洋山深水港工程建设的排头兵

口述前记

顾巍，1957 年 8 月出生。2006 年 6 月至 2018 年 1 月任中交第三航务工程局有限公司副总经理。

口述：顾　巍
采访：杭财宝、刘　捷、沈　洋
整理：沈　洋
时间：2017年4月18日

在建设上海国际航运中心过程中，洋山深水港是一项关键性的工程。洋山港的建设，的确经历了很多的艰辛，克服了很多的困难，也培养和锻炼了广大的基层干部。从2002年到2017年，已经整整15年了，洋山港建设的场景，还是历历在目。

千载难逢的机遇

对于三航局来说，洋山港的前期论证工作，很多做方案、做试验的工作，我们都参与了。但是，洋山港设计的一些工作，主要是三航院做的。我们三航局参与洋山港建设，正式进入洋山港工地是在2002年3月，对施工现场踏勘，了解洋山港当地的水文地质情况与风浪情况，实际上，指挥部已经给我们交代了前期试桩的建设任务。我记得很清楚，2002年3月底，我们进入现场；到2002年4月底，用了一个月的时间，我们就把洋山港试桩的钢桩制好，运到现场，准备打洋山港的第一组试桩，为洋山港2002年6月26日的正式开工做前期各方面的测试工作。这是很重要的，因为在7个月的时间里，上海港远离长江黄浦江，远离大陆，去舟山的一个比较陌生的小岛来建港，虽然进行了许多钻探、勘察工作，但实际施工前，还是要在现场做一些前期的试验工作。我们在4月就进入洋山港区的工地，开始洋山港的施工。应该说，三航局在洋山港的整个建设过程中，主要承担了码头、道路与堆场的施工任务，包括一期、二期、三期，以及现在还在建设中的四期，我们都参与了。一期工程当中，除了上海港务工程公司做了一小部分，后方的吹填是由上海航道局负责之外，1600米左右岸线的建设任务，我们是主要的施工单位。港口与码头建设，还有高架桥建设，以及集装箱堆场施工，也是我们做的；二期建设的主要任务，也在我们这里。在洋山港建设当中，我们很荣幸有这个机会参与洋山港的建设。对三航局也好，对工程技术人员也好，都是千载难逢的机会。

我认为，从三航局来说，从整个工程来说，感受比较深的，第一是体现了担当与责任。洋山深水港这么大的工程，决策就经过了六七年时间的前期论证。决策下来之后，在这么一个远离大陆的海岛建港区，体现了一种责任与担当。在这么一个孤岛上面，没有水，没有电，没有一寸平地，要建设一个大型港口，对于工程技术人员来说，也体现很强的责任心。对施工企业来说，那是一个艰苦复杂的环境，那时候我们坐船过去，风浪很大，船还没到岸，人就已经吐了，体现了我们对国家港口建设事业的责任与担当。如果没有这种责任与担当，我认为洋山港建设起步就很难，决策也很难。我印象很深，包括洋山指挥部的领导和上海市委、市政府领导，多次在洋山港现场召开各种各样的专题会、研究会与决策会，为洋山港工程的顺利实施奠定了很好的基础，这对于我来说，感受颇深，体现了责任与担当。

第二，洋山港建设体现了创新与突破。在这么一个海岛建一个港口，本身的技术难度很大，加之洋山复杂的地质条件，淤泥层很厚，后方要形成高填土的吹填，要形成港区的建设，在结构的处理上要进行许多技术的创新。当时采用的码头结构形式是很新颖的，技术上也有很多创新点。因此，洋山建港在施工技术上有很多创新，在管理上有很多突破。

创新之一，是当时我们首次在洋山港与东海大桥采用了GPS定位的沉桩施工，我们也经过很多试验，克服了很多困难，为后来的杭州湾大桥和码头打桩打下了基础。现在我们码头打桩，常规的测量方法都已经不用了，真正开始实施是在洋山港建设中，这是我们在施工技术上的一个大的突破。

创新之二，是高标准混凝土的使用。洋山港码头结构的要求，是“百年大计”的要求，对于海工混凝土的耐久性与防腐性，提出了更高的要求。原来的码头结构没有这么高的要求，因为现在的东海大桥与洋山港都是“百年”的要求，对混凝土的要求更高了。原先30年就够了，现在提高到70年、100年，对混凝土的要求是不一样的，当时也做了大量的试验，我认为这也是一个重大的突破。

创新之三，是国内首次在海工码头采用大直径沙桩加固软土地基。大直

三航局员工在洋山深水港建设中进行测量施工

径沙桩就是用沙打下去，形成一个桩，起到排水、构建地基、提高地基承载力的作用。因为洋山港有15米到20米的水深，还有这么厚的淤泥，这淤泥对于地基承载力是有比较大的处理风险的，大直径沙桩起到了快速提高地基承载力，缩短施工工期的作用，也为我们后来在软土地基上的加固处理提供了很好的工程范例，这也是技术上的一个大的突破与创新。

创新之四，是我们采用了大直径斜桩牵引的施工技术，因为我们原来的大桥牵引都是直桩的，但在洋山港我们采用了1:5、1:6斜路的牵引钢管桩，这为码头的结构承载力、码头的位移控制等方面奠定了一个比较好的基础，也为我们后面的工程提供了很好的建设经验。

创新之五，洋山港建港是在地质条件十分复杂的情况之下——既有很深的基岩，也有很浅的基岩，用专用术语来说，我们在无覆盖层的基础上，采用人造基场的方案，来完成桩基的施工任务。没有覆盖层，我们人工地造一个覆盖层出来，在这个基础上，我们再来打桩、再来进行桩基的施工，克服了很多码头结构处理上的过渡问题与承载力问题。这个结构形式在后续工程上得到了很好的应用，在国际学术交流方面也进行过专项的交流。在后来的工程中，我们也采用了类似的方法。我们在人造基桩上有了一些突破，我印象很深的是，在1996年，我们在宝钢，在马迹山岛上，我们用一个大的混凝土套箱，在套箱里面填沙之后再打桩。这次我们改了，没有用套箱，而是用了人造基场来进行施工。

不辱使命，勇挑重担

说起洋山港，我印象比较深的是，三航局每次在面对艰巨任务的时候，还是能够不辱使命的。洋山港是一首拼搏与奉献的赞歌。因为洋山港从开工打桩，到投产开港，用了三年半的时间，这在建港史上是没有的，包括东海大桥的建设。我有几个日本朋友，每次来上海都问我，洋山港建得怎么样了？后来到 2005 年底，洋山港开港，日本人觉得不可思议，他们认为要 8 年时间才能建成。这其中凝聚了许多参与者的心血与汗水，出现了很多可歌可泣的、动人的事迹，他们的确作出了很多的贡献。我们有很多项目经理和主要的施工参与者，克服了家里的困难，比如有些人家里孩子很小，有些人家人身体不好，但还是坚持在工地施工。有两位项目经理，都是年轻人，推迟了婚期，来保证洋山港一期工程完成施工的节点。洋山港建设过程

三航局洋山分公司举行洋山深水港建设立功竞赛签约仪式

中，有很多体现职业精神的事迹。譬如有一次，半夜1点，三航局的两位领导接到电话，要他们从南京赶到洋山港，那时候还没有东海大桥，只有摆渡，他们连夜从南京出发，早上8点赶到洋山港，布置建设洋山港的新的施工任务。

洋山港从一个两平方公里不到的海岛，建设成为大型的、国际知名的集装箱中转站，这真的体现了中国特色，更体现了中国建港企业的速度，也体现了央企的责任。现在我们在国外也承担了很多工程，绝对没有这么快的建港速度。我认为，洋山港的建设经验很值得我们去好好总结，也为以后类似的工程设计与建设提供了很好的经验。我很荣幸地参与了洋山港建设，尤其是最近洋山港开港以来，我们以洋山港建设者的身份，接待了很多国家的代表团参观洋山港与东海大桥，有些是国外著名的建港企业，交通行业著名的领军人物，点名要参观洋山港，一年里就有很多。世界上很多国家的考察团，一来中国，一到上海，就要看东海大桥和洋山港。到现在为止，每年都有很多考察团到洋山港参观，我们集团为他们介绍港区的建设。洋山港现在运营得这么好，的确为上海经济的发展，也为全国港口的发展作出了很大的贡献。我们有幸参与洋山港建设，在人生当中也是很值得自豪的地方，尤其像我们搞港口建设的工程技术人员，一生当中很少有这样的机会参与这么大的工程建设，通过洋山港的建设，我们培养了很多优秀的工程技术人才，有些是我们行业的领军人才，成为全国劳动模范。另外还有很多人走上了集团公司的领导岗位。

勇于拼搏，甘于奉献

从我内心来讲，对洋山港建设有很深的感情。对洋山港的建成，我们感到十分自豪。因为建设洋山港是担当与责任的积极体现，创新与突破的出色样板，拼搏与奉献的美丽赞歌，合作与共赢的突出典范。

洋山港一期工程1600米码头岸线是在三年半的时间内建设完成的，大约400米一个泊位，一共4个泊位，可停泊4艘船。洋山港一期、二期、三期，以及四期，我们三航局都参与了。洋山港与东海大桥的建设，为我们局的发展提供了一个很好的机会，也为我们后来参与杭州湾大桥的施工，乃至于其他一些大型的外海项目施工，积累了很好的经验，也提升了我们的企业品牌。技术层面，我们有了很好的积累；装备层面，我们有了很大的提升；管理层面，我们积累了很多的经验，有了很大的突破；人才层面，我们得到了很多的锻炼。洋山港建设，我们水工行业的“春天”到了。从洋山港的建设，到东海大桥的建设，到接下来杭州湾大桥的建设，水工行业的任务都排满了，当时造船厂的活儿都来不及做。现在想想，如果没有建洋山港的话，上海港的吞吐量、上海港的能力就会受到很大的影响。

洋山港建设对我个人来说，也是一个很好的学习机会，我也得到了很好的提升。洋山港工程带来的荣誉很多，这个工程获得了鲁班奖、詹天佑奖，创新点与专利也积累了很多。我很感谢有这样一次机会，使自己得到了学习，在技术上有很大的长进，在管理上也得到了锻炼与提升。

说到洋山港，可以问问洋山港指挥部的一些老同志，他们的感触可能更深，例如，当时的港口分指挥部指挥归墨、同盛公司驻上海公司董事长刘作亮、总工程师王宣，以及现任上海市委秘书长诸葛宇杰，他当时在上海港务工程公司担任总经理。

三航局与上海港共成长

对于上海的港口建设，三航局是作出了很大努力和贡献的。我本人原先是在宁波工作的，但是我参与上海港建设的时间也是不短的。1983 年，我参与了上海金山石化总厂码头的建设，当时我是宁波市公司下属的项目副经理。1984 年底至 1985 年，我参与吴泾木材公司码头建设。1987 年、1988 年、1989 年，我参与了上海外高桥救捞局码头的施工，当时外高桥摘掉了“危险港口”的帽子，这是“扫海”以后建成的第一个码头，现在这个码头已经拆掉了。所以，我跟上海港建设是很有渊源的，1996 年就参与了宝钢的马迹山港的建设，实际上我在宁波市公司的时间还没有在上海的时间长，编制在宁波，人在上海，还是上海的工程项目参与得多一些。

我们三航局为上海港的发展作出了很大贡献，三航局也伴随着上海港一起发展，不仅是港口建设，还有市政建设，包括内环线、外滩改造、金茂大厦的桩基施工，南浦大桥的桩基施工，以及刘海粟美术馆，也是我们做的。

上海港的发展也给我们三航局创造了很多机会，包括上海的标志性工程，从江南船厂的建造，到长兴岛大型船坞的建造，也都是我们做的。后来还有京沪高铁，铁路是我们的重要板块。现在我们在做东海大桥海上风电、清洁能源。从全国来说，风电的市场占有率，我们三航局在70%以上，主要的风电设施是由三航局承担的。我们不仅为上海港的港区建设，也为上海的市政建设、上海的经济发展付出了很多的努力。

东海大桥是在“陆上”造出来的

口述前记

李森平，1968 年 10 月出生。中交第三航务工程局有限公司副总工程师、工程部总经理。曾任中交三航局东海大桥项目常务副经理。

口述：李森平
采访：杭财宝、刘　捷
整理：刘　捷
时间：2017 年 4 月 12 日

我个人的经历简单讲一下，我是 1990 年大学毕业后，分配在中交三航局第二工程有限公司 205 处，先后担任过 205 处主任、二公司副经理。2005 年我担任中交三航局第二工程有限公司总经理。二公司作为三航局在上海的主力公司，历年来积极参与上海市重大工程的建设，多年来连续获得上海市重大工程立功竞赛“金杯公司”称号。2014 年我调至三航局工程部。东海大桥建设时，三航局成立了第一个局直属项目经理部，我从二公司副经理岗位上，调任东海大桥项目经理部。

“造这个大桥，我心里是没底的！”

先简单说一下东海大桥的建造背景。20 世纪 90 年代，上海加快长江岸线港区的建设。随着宝山、罗泾、外高桥港区码头陆续建设完成，上海长江南岸已没有可利用的港口岸线。为实现上海国际航运中心的战略目标，上海市委、市政府决策在浙江嵊泗列岛的大、小洋山岛，建设洋山深水港，要让集装箱吞吐量超过韩国、新加坡、日本等地，成为世界第一。可以这么说，如果没有洋山深水港的建设，上海港就无法达到国际集装箱枢纽港的地位。当时洋山深水港的建设由港、城、桥三块组成，港就是洋山港，城就是临港新城，桥就是连接洋山港与临港新城的东海大桥。东海大桥工程的总指挥是现在的上海市政府副秘书长黄融，而洋山深水港工程建设总指挥则是现在的上海市委书记韩正。

至于东海大桥，可以说是国内第一座真正意义上的跨海大桥，原来初设时我们称这个桥为芦洋大桥，即芦潮港到洋山的跨海大桥，但这个桥名显得不够大气，没有体现出上海的国际化，上海市政府决定取名为东海大桥，这个新名字还是蛮震撼的。以前三航局做水工工程比较多，都是码头、航道整治等，东海大桥的建设是一项全新的挑战，它的建造为我国后续跨海大桥的建设积累了丰富的经验。这个桥基本造完了以后，杭州湾大桥开始建设，运用了很多东海大桥的技术，包括今天的港珠澳大桥也获益匪浅。

实事求是地讲，我作为东海大桥三航局项目部的经理，当时心里是没底的。为什么这么说？一方面，当时东海大桥指挥部对我们国内的建设实力是“打问号”的。我曾经到欧洲去参观，学习他们建造跨海大桥的经验。在欧洲，连接丹麦和瑞典的厄尔松海峡大桥，全长16公里，由全世界最大的国际施工总承包商——瑞典斯堪斯卡公司（Skanska）承建，建造花了好几年时间。我们到现场看了，那里的风浪很大，技术难度特别大，当时他们造了个“天鹅”号起重船，吊运安装能力为8000吨，这在我们国内是不可想象的。所以我们就一直在开会研究，海上环境这么恶劣、工程耗资这么巨大，东海大桥到底要怎么造。而指挥部当时也在搞招标，总是不放心中港集团的实力。来竞标的有日本、欧洲的公司，不过最后还是把它们排除了，因为它们的方案费用是我们的两到三倍；而且外国人每个月还要休息几天。而我们，最后全部是24小时扑上去了，这个效率根本不是外国的公司所能比拟的。与此同时，我们自己也有几点顾虑。第一是没经验。因为这个事情以前没干过，设备上是要有突破的，不然肯定是干不了的。第二，我们当时的一些参与人员是有畏难情绪的。但集团领导（当时中交还没成立，还叫中港集团）曾经讲过，这个工程已经不是企业性质了，而是国家利益。这个活你中港不干谁干！我们作为“国家队”，那是义不容辞的。所以，当时我们的决心还是蛮大的。

决心是有的，可真正做起来，就遇到问题了。工程早期试桩的时候，因为一直还是近海的思维，低估了海上作业的难度。我们的海上试桩平台，只需要打几根桩，再在海上浇筑平台，原计划四五个月做完，实际上最后做了一年。这个过程中，有很多大学生辞职不干了。为什么？他们觉得在海上生命得不到保障。那时候，就有单位在海上钻勘作业时出了安全事故，海上作业船舶出了翻船事故。那个海域风浪确实比较大，当时施工人员心理压力非常大，有些大学生还是承受不住。当时我还是二公司管生产的副经理，还没调过去，项目部去了大概20多个大学生，七八个辞职了。再举一个例子说明一下海上作业的危险程度。东海大桥，是由上海市政院总体设计，结构设计有两家单位，一个是在武汉的大桥院，一个就是我们三航设计院。大桥院位于武汉，有很多极具名望的造桥大师，在长江设计了很多跨江大桥，但他们的一些设计人员对东海大桥海上恶劣环境不是特别了解。有一次，设计人员想到海上试桩平台去看看，船上有 7 个设计院的人，出海过程中碰到异常风浪，设计人员落水，刚好边上有其他船舶，把他们救捞上来。自从掉到水里一次后，他们就感觉大海是非常可怕的。

说了这么多，意思就是三航局让我做东海大桥的项目经理，我要是失败的话，败军之将无颜见江东父老。我的压力是很大的，心里没底。

“尽量把海上的事情做成陆上的”

我简单说一下我们三航局在东海大桥工程里主要做什么。东海大桥全长是 32.5 公里，除去小洋山和颗珠山岛几公里的陆上桥段，实际上跨海段是从芦潮港开始，到第一个岛的岛边，一共是 25 公里。当时总共分了 VIII 个标段，我们是 VI 标。按照市里的讲法就是水平一刀切，25 公里海上的打桩和承台工程，全是我们来施工。I 标施工芦潮港接岸潮汐段，II 标、III 标施工非通航孔上部结构，IV 标施工辅通航孔，V 标施工主通航孔，VII 标、VIII

东海大桥辅通航孔施工

标施工岛上的连接段部分。VI 标工程由三航局和一航局两个局参战，三航局承担 60%，做了 15 公里；一航局承担 40%，做了 10 公里。考虑到费用、运距等问题，划分了五个区段，我们三航局是做一、三、五区段，一航局是做二、四区段。

具体怎么做呢？因为当时没做过海上工程，所以我们的思路就是所有海上的工程要陆上化，尽量把海上做的事情放到陆上。我们先进行海上桩基施工、浇筑承台后，II 标、III 标再安装预制立柱和箱梁，当时立柱和箱梁是在沈家湾预制场进行预制。我刚才讲的那个厄尔松海峡大桥，采用“天鹅”号起重船，它可以吊 8000 吨，当时我们国内没有这么大的起重船，大桥局就造了一个“小天鹅”，大概能吊 3000 吨，然后就把大约 2000 吨的预制箱梁，一根根安装上去。现在看，觉得这个没什么，目前中交振华的起重机已经达到 20000 吨了。但是造东海大桥的时候，最大的起重船也就是几百吨，所以“小天鹅”已经是质的飞跃了，这是技术在发展和船舶大型化的趋势。话说回来，我们为什么用这个海上工程陆上化的办法呢？因为如果按照常规，全部一道道工序施工，海上风浪太大，有效作业时间少，上海市政府要求我们三年就要完工，这个桥肯定是来不及造完的。所以，我当时就觉得我们这个思路是正确的，后来的实践也证明了。

照着海上工程陆上化的思路，我们首先解决的是安全问题。刚才我讲过大学生因为觉得有生命危险，试桩的时候好多人辞职了，都到设计院去了，他们觉得那里比较安全。所以后来我就一直强调，做项目首先要让职工安心，这也是上海市政府的要求，不能出安全事故。最后，我们这个标段是唯一一个没有出一次安全事故的标段。这是后话。实际上，洋山港建设中没有一个集团领导敢跟上海市政府保证说不会出安全事故。因为那时设备跟不上，就好比小米加步枪要去打飞机加坦克，肯定会有伤亡的。后来开始施工了，每天要从芦潮港开船，用的是渔船，来回都要 3 个小时。每天早上 6 时出发，到那边就要 9 时了，干到下午三四时，回来就要六七时了。这样效率太低了，所以时间一长很多大学生就开始动摇了。我听他们说，刚去的时候大家 3 个小时高高兴兴有说有笑，回来的时候，因为天也黑了浪也大了，就鸦雀无声了，整个船舱里十多个人没一个人开玩笑的，非常严肃。为什么？就是因为知道，海域又有哪些船翻了，他们多少还是有点心理障碍的，而且船摇得厉害又呕吐。所以，我当时讲船一定要大。之前的交通船马力只有50匹的，后来我全部都用500匹。船大了肯定安全。还有，就是船一定要快。万一人员在海上出安全事故，若三四个小时才能到岸，人员生命就无法挽救。所以后来就用了快艇，基本上一个小时之内能到。当时我们认为，所有的船机设备都要升级换代，长江里的锚都是3吨的，后来到海里全部换成7吨，锚大了，抓在海里，它就稳当，就能保证安全。施工船要大型化，交通船要快速化，所有海上工程要陆上化，当时就是这个思路。人不安全，我想方设法让他安全，后来包括管理上、生活设施上，全部设身处地地想到了，所以干了两年，一点事情也没出。我想没有这个思路，肯定是干不成的。

“我们克服了很多困难，也创造了很多第一！”

在具体施工过程中，我们确实遇到不少困难，最突出的有两个。一个是工程早期，打桩打不下去。一般打桩船打一根桩，锤击在1000多锤、个把小时是比较合理的。而刚开始的时候我们用的是管桩，打桩的时候，海底的铁板砂打不下，每根桩都要打5000多锤。也就是说，一根桩要打三四个小时，桩锤打到后面都没力气了，这是碰到的比较大的阻碍。当时三航局的七公司，在外高桥的预制场专门搞了一个车间来生产当时最大的直径1.2米的PHC管桩，在东海大桥浅水段应用。桩打不下去怎么办？我们后来就改成延伸性更好的钢管桩，深水段桥墩基础采用直径1.5米钢管桩，一两千锤就打下去了。当然，我们也进行了打桩船机设备改造，打桩船原来最大是D100的柴油打桩锤，后来陆续配置了能量更大D125、D128柴油锤，新造了架高95米的“打桩15号”，等等，总算是解决了桩打不下去的问题。

另外一个困难就是，海水对桥墩的腐蚀很厉害，我们要做的是百年工程，防腐蚀的要求必须要高，怎么办？于是，我们就开始研究胶凝材料。我解释一下这个胶凝材料：现在我们浇筑的普通混凝土，一般材料包括石子、黄沙和水泥，砼达到强度后看上去是光的，但放大镜下看就是有孔隙的，这样在海里是不行的，海水进去就会锈蚀。所以胶凝材料是加了矿粉、粉煤灰、膨胀材料的水泥，和石子、黄沙配成高性能混凝土后，孔隙都是堵住的，海水就进不去了。说简单点，就是密封性更好。这个胶凝材料，欧洲是用硅粉来做的，但价格很贵，混凝土的总价就上去了。后来，我们不用硅粉，而用矿粉拌成了拌合料，变成胶凝材料了，然后加上石子、黄沙，配成海工高性能混凝土。这个是三航局港湾院研制的，东海大桥这个项目，我们局里参战公司也不是二公司一家单位，还有物资公司、船舶公司、七公司、港湾院、三公司、四公司等七八个公司组合做的，集中了局里的优势设备、优势人才。现在这种胶凝材料在全国也普及开了，杭州湾大桥也用了，海外许多跨海大桥也用这个。这是我们自己在东海大桥项目中研制的。

东海大桥桥墩施工

作为国内第一座真正意义上的跨海大桥，施工工程中确实克服了许多困难，但同时也创造了很多国内第一。接下来我再讲讲我们在东海大桥工程中的三个创新，是当时国内都没有的。

第一个创新就是 GPS 卫星测量定位在桩基施工中的成功运用。东海大桥打桩绝大部分在远离岸边的茫茫大海上进行，常规的测量仪器，如经纬仪、水准仪等已经完全不适用。传统的打桩工艺技术根本无法在外海施工。有人就提出在海上打一排测量平台，然后在测量平台上采用经纬仪和水准仪来定位，当时就只有这个技术。如果按这样的方法，25 公里长的跨海桥就不知道要造到什么时候了。而且造海上测量平台，我们当时就提出了一个最严重的问题：这么多人员在测量平台上，万一碰到大风，交通船靠不上去，那人怎么下来？如果交通船离开现场，这些人在海上吃饭怎么办？天冷了怎么办？这个做测量平台的方案不行，所以我们当时下定决心研发了海上 GPS 测量技术。当时的中港集团一航局、三航局在借鉴世界上最先进的全球定位系统，即 GPS 的基础上，分别购买了法国和美国生产的GPS仪器，并各自研究开发了用于打桩定位的计算机软件和系统。定位系统的具体情况是这样的：第一，在船的前后左右安装GPS仪器，控制船的平面位置，通过船位与桩的相对关系，控制桩的平面位置；第二，安装测斜仪，控制桩的倾斜度，以前都是用经纬仪来测量的；第三，采用超声波原理，根据超声波回声来测量桩和龙口的间距。这几项技术结合起来，形成海上打桩GPS系统，前后研发了半年多时间。我可以负责地讲，我们的打桩船是国内第一艘带GPS的打桩船，现在已经推广到全国了。有了卫星定位，打桩船只要抛在这里，直接用图纸一对，就自动定位、自动打桩了。统计表明，整个打桩偏位控制在30厘米误差的正位率达96%以上，保证了整个大桥轴线准确无误，标高误差控制在3厘米之内。当时我们研发的GPS定位软件，可以通过计算机屏幕实时显示船位、桩位、高程、倾斜度等参数，打桩过程中自动收集数据形成沉桩记录。这个GPS发挥什么作用呢？本来我们用以往测量仪器，只能白天打桩晚上不能打，现在晚上也能打了；以前雾天不能打，现在也能打了。这样，我们的打桩船可以不分昼夜地工作，并能保证质量。“打桩11号”船曾连续沉桩46小时，沉桩20根，创下了行业纪录。这个GPS技术是第一次在东海大桥施工上运用，为国内首创。

第二个创新就是对恶劣海况条件下的跨海大桥承台施工，在国内首次采用了带钢底板的砼套箱预制安装工艺。几十年来港口工程中承台施工的传统工艺都是用方木或型钢作为围囹夹桩，铺设底模板，钢筋绑扎，然后立侧板，浇筑砼。最后还要全部拆除侧模板、底模板以及所有夹桩的围囹。这套施工方法，对靠近岸边、风浪相对较小的海事工程是行之有效的。但是东海大桥工程绝大部分都处于远离岸边几公里到30公里的开敞水域，上述工艺很难适应恶劣的海况。为此，我们本着尽可能把海上作业转化到陆上施工的指导思想，对几种施工方法进行详细分析比较后，最后采用了带钢底板的砼套箱预制安装工艺。我们那个时候第一次做，为了万无一失，项目部的分析报告就有100页，还预先演练，现场作了精心安排，桩打完后，把一个套箱安装上去，然后浇筑封底砼，形成干施工条件后，在套箱内进行承台结构的施工。这一套箱工艺在海上施工现场，不需要支拆模板，大大减少施工工序和时间。它的成功之处在于将海上作业变为工厂化作业。

第三个创新就是多功能驳构筑水上施工平台。刚才我讲过，来回6个小时的路程，这怎么干活？后来我们的解决办法就是把多功能驳拖到海上，在茫茫大海上施工，人员往返、现场加工等问题都迎刃而解了。这个驳是比较大的，60 米长的大船，然后抛了 5 至 7 吨锚，上面有集装箱、洗手间、厨房，还有钢筋的加工机具、发电机、吊车，其实就是一个小的作业平台。这个驳就靠在需施工的桥墩边上，天气好的时候，工人可以 24 小时不停地作业了，不用每天来回跑了，保证了全线施工的正常进行。当时这样的船大概一艘四五百万元，我们中港造了 30 多艘。这种船也是在水上工程项目上首次使用，现在我们三航局还在用。我认为这些是三航局在东海大桥做桥墩时的最重要的技术创新了。

“我们团队的拼搏精神，蛮强的！”

这么大的项目，克服了这么多困难，还有这么多创新，说句实话，我们三航局的拼搏精神蛮强的。我们打桩是从第一天打到最后一天，全天不间断，除了台风，除了没有桩的时候等桩，就是没桩也要修船，保持设备完好率。另外，我们的施工也全部是 24 小时，速度相当快的，不像有些工程，白天做，晚上不做。最后，整个工程提前 3 个月完工。我们是 2002 年 9 月开工，要求是 2004 年 12 月结束，我们是 9 月底完工。还有一个体现三航局责任心和拼搏精神的例子，就是我们的调度室。当时在项目总部，配了三四个人，一两人一班。这个调度室整整三年，每一分钟都有人在。我们有个船舶信息板，所有的船在所有的位置，全部在板上摆好，移开了就换，实时掌握海上每艘船的动态。所有的电话保持畅通，第一手机、第二对讲机、第三备用手机，调度随时都要联系的。海上永远是 24 小时的，调度也就永远不能歇。我感觉，我在三航局干了这么多项目，没有一个项目能做到这样，真正的一分钟不停，吃饭也不能停。这个事情虽然很小，但要做到很难。工程忙的时候看不出，最痛苦的是工程收尾的时候，海上就没几艘船了，项目部的其他人都去打篮球了，调度室的同志还得 24 小时坐着那边盯住对讲机。工程后期的这个坚持，是不容易的，也是我们成功的地方。

这个拼搏精神，如果没有一个好的团队作基础，那也是体现不出来的。从我们三航局来讲，东海大桥就是一个政治任务，是一定要完成的。当时我被任命为项目经理，局里让我去组建团队，来自各个公司的人如何缩短磨合期、杜绝恶性竞争和形成小圈子，是个很大的问题。海上作业，那是真刀真枪，要有独立的操作能力，如果组建队伍的时候没有精兵强将，这一仗肯定打不赢。那个时候，自己心里也没底，觉得可能会搞得一塌糊涂，回来没法交代。所以，我当时就强调，项目团队一定要组织好能干事的人。于是，就从二公司调了三个高级技师，而当时整个二公司也就五六个高级技师，一半都去桥上了。这三个高级技师，号称“工地三杰”，是集“经验”与“知识”于一身的中流砥柱。一个是测量工高级技师陈玉标。他最早是工人出身，现在已经退休了，前不久碰到我，还说编写了一本 GPS 操作手册，作为他的看家本领要传授给三航局的年轻同志，他自己退休后整理的一些资料还说要交给我们的技术部门。其实，他并不是科班出身，而是从一个测量工开始做，一步一个脚印做到了测量工高级技师，最后这位老同志又开始研究电脑编程，在工地深更半夜还能听到他敲击键盘的声音，我很佩服他。一个测量技师太重要了，很多情况他都能很快解决，如果找一个一般的测量工，海上打桩打偏了，那就出大问题了。还有一个是起重工高级技师竺镇梁。因为在海里，吊的东西五花八门，有的东西要计算，有的要凭经验，大学生能算，但实际操作能力差，必须要有竺师傅这样的高级技师。他被调到东海大桥项目部后，任预制安装部副部长。从组织大临施工，到套箱结构安装，到处都可以看到他忙碌的身影，从起吊设备与方法的改进到安装砼套箱工艺的突破，每一个典型施工中他都一马当先。三航局承担的 372 只承台套箱稳稳地矗立在茫茫东海，记载了这位起重工高级技师“快马加鞭”的贡献。最后就是钢筋工高级技师钱雨麟，东海大桥造完后他被评为上海市劳模。有一次中交集团技术比武，他 50 多岁的人，和小青年比绑钢筋，拿了第一名，这就是高级技师的含金量。前期的时候我们做试桩，钱雨麟没去，钢筋绑得不好，监理老是“刁难”，这里没绑直那里弯了，搞得我们蛮被动的。后来高级技师上去了，一个月以后监理就说免检了。钢筋横是横纵是纵，就像部队列兵场，全是直线，没有误差。在东海大桥工程建设中，三位高级技师起着举足轻重的作用，一系列技术难题在他们的经验面前迎刃而解，在他们孜孜不倦的探索中，工程进展可以说是一路阳光。

组一个队伍，除了能力要强、素质要好，也需要多多磨合。不管你有什么关系，不管你来自哪个单位，我们的共同目标就是把活干好。最后，我们的队伍磨合得很好，不断地打胜仗，也树立了信心。不过，早期的时候我们打败仗打得蛮多的，2002 年到 2003 年 6 月，什么都不顺，打桩打不下去，测量弄不上去，承台方案也定不下来，确实是比较累的。好在领导还是很支持我们的，对我们也很重视。比如，我当时定了一些考核制度，一些津贴制度，包括离岗，一个月离开项目部两天，没问题，再超过一天就罚钱。我们班子成员也扣的，每个人每天都得考勤，管理是比较严格的。虽然这也有点顶真，但是上级领导很支持，因为搞东海大桥这样大工程的队伍，一定是要能打仗，必须要严格管理。当然，也要能团结，我们也会搞些娱乐活动，踢踢足球、打打桌球，活跃团队气氛。这个队伍带下来，还是出了很多人的。整个洋山深水港工程是出人才的，大家都是拼搏的，都是动脑筋的，如果参战人员不为工程着想，队伍也带不好。

总之，在东海大桥工程建设中，我们项目部正是充分体现了舍我其谁的拼搏精神、吃苦耐劳的奉献精神、开拓进取的创新精神以及科学严谨的务实精神，在巨大的困难、挑战和压力面前，提前完成了施工任务，队伍得到了锻炼，实力得到了增强，形象得到了展示。

当好洋山深水港建设先行者

口述前记

盛六华，1945 年 2 月出生。曾任国家海洋局第四调查船大队大队长。1992 年 6 月至 1999 年 3 月任国家海洋局东海分局副局长；其间，1997 年至 1999 年主持东海分局行政业务工作。

口述：盛六华
采访：杨建勇、许　璇、范婷婷
整理：张华明、许　璇
采访时间：2017 年 10 月 27 日

1996 年 9 月至 2002 年 6 月，国家海洋局东海分局受托相继承担完成了 6 期水文泥沙测验、10 个验潮站观测和数十次水下地形测量，并会同国内权威单位首次用先进 GPS 技术完成了跨海高程引测，为洋山深水港的选址论证、预可行性研究和工程可行性研究提供了大量极为重要的基础数据，填补了这一海域过去从未有过的大规模水文泥沙和潮位观测资料空白，首次确定了各海岛验潮站的平均海平面高度。

临危受命服务国家战略

1996 年七八月的一天，时任上海国际航运中心上海地区领导小组办公室主任徐柏章到地处东塘路 630 号的国家海洋局东海分局找我。在我办公室，徐主任跟我说，上海气象局局长介绍我来找你，什么事呢？根据上海市委、市政府主要领导要求抓紧上海深水港新港址比选和前期准备工作的指示，市交通办委托交通部第三航务工程勘察设计院（简称三航院）于 1995 年 12 月完成《洋山港初步规划》的编制，接下来将委托三航院开展上海深水港选址规划研究，但选址规划研究必不可少的水文、泥沙、潮位和表层沉积物等资料非常缺，且熟悉这块海域、能承接大规模水文泥沙测验和同步潮位观测的单位很难找，时间又非常紧，找你就是想东海分局能否承担这项任务。

我对徐主任说，这事找我，算是找对了。东海分局建局以来，海洋调查和海滨观测是老本行，我们有一支本领过硬的专业调查队伍、有一批海洋调查船和一批海洋观测台站，在杭州湾海域，目前分局就有 6 个长期验潮站。虽然崎岖列岛海域地处浙江，但作为国家海洋局派驻东海区的行政机关，我们跨行政区到浙江海域搞调查没有问题。

由于洋山深水港港区、航道和大桥海域的水文、泥沙和潮位等资料要得很急，国航办计划于 1996 年 10 月组织实施洋山港水文泥沙测验和同步潮位观测，给东海分局的准备时间只有一个多月。这项工作时间紧、任务重、要求高。我们面临的困难和问题还真不少，尽管前几年分局承接过上海新港建设领导小组办公室委托的外高桥港区码头建设项目3个断面、9个站点同步水文泥沙测验，但这次水文泥沙测验，规模较上次大，工作海域较上次远，那次在近岸，这次距岸远，海况复杂。

东海分局地处上海，上海的事就是我们的事，上海的工作，我们理所当然应当全力支持。分局是国家海洋局的派出机构，建设上海国际航运中心是国家战略，作为海洋领域的“国家队”，能为这项国家战略实施做些事，是我们的荣幸，也是义不容辞的责任。承接此事，从大处讲，是服务国家战略；从中处讲，有利于极大提升上海在国际港口竞争中的地位；从小处讲，有利于扩大分局社会影响力，促进分局调查观测队伍能力水平的提高。

经分局领导班子研究，决定此项任务由国家海洋局东海监测中心牵头实施，海上船舶调度指挥、调查船只、人员和仪器设备由国家海洋局第四海洋调查大队和国家海洋局宁波海洋调查队承担，分局机关海洋调查、水文气象、指挥、船舶、通讯导航等处室和分局所属各单位，根据任务需要给予全力支持。

东海监测中心、海调四大队和宁波调查队接到分局通知后，迅速投入紧锣密鼓的紧张准备。相继成立了课题组、海上测验指挥组、船舶调度指挥组、报告编写组，确定了各测验船、临时潮位站和实验室负责人。

踏浪而行完成96航次调查任务

国航办委托东海分局承接这项任务，目的很明确，就是希望通过对该海域潮汐、海流、泥沙及表层沉积物的调查，初步了解崎岖列岛及其附近海域水文泥沙底质等基本要素的分布特征及其变化规律，为洋山深水港码头、进出港航道和桥梁工程选址研究提供科学依据，为开展该海域流场、泥沙场数值模拟研究提供基础资料。

96航次调查任务有三项，一是15个站位的大中小三个潮次周日28小时水文泥沙连续同步观测；二是在北起芦潮港、绿华山，南迄长涂岛，西到滩浒岛，东至嵊山岛约4840平方公里范围内开展10个验潮站为期一个月的逐时观测；三是在东西长约35公里，南北宽约18公里，面积约630平方公里海域范围内，以一公里间隔采集表层沉积物，共627个采样站，15个水文泥沙站在大、中、小潮时重复采样三次，合计共需采672个表层沉积样。

10月20日9时，15站同步小潮次水文泥沙测验正式开始，至21日13时结束。观测项目有流速、流向、水深、含沙量、悬移质颗分、盐度和沉积物采样。15站同步小潮次测验，开始比较顺利。可当21日凌晨强冷空气来袭时，测验海域风急浪涌，锚泊在测点的船只剧烈摇晃，当时承担作业的船只，除海监47船外，大部分是30至40吨的木质船，7级强风下，47船的单边最大摇摆度超过30度，木质船的摇摆度更不用说，两边船舷几乎交替贴到海面。见天气海况突变，为应对木质船突发险情，21日凌晨，海上编队总指挥刘振东果断调海监41船从宁波全速驶往现场。同时用对讲机向各船下达命令，请各船注意安全，所有人员要坚守岗位，各船不经请示批准，不得擅自驶离测站，违者纪律处分。

首战作业，大部分人就吐得稀里哗啦，我们行内叫“交公粮”。在船剧烈摇晃、人站都站不住的情况下，这支队伍能够严格按照作业要求，保证了观测质量和数据资料的准确性。“宁愿死在绞车旁，不愿睡在床铺上”，这是当时在调查人员中广为流传的一句誓言。由于是多船同步调查，如果有一条船出问题就会影响整个同步测验任务的完成。小潮作业结束，作业船队驶往小衢山岛锚地时，发生一条木质船搁浅暗沙、船身被浪拍裂的险情，所幸木质船上的调查仪器设备和人员安然无恙。险情发生后，该船余下的任务由海监41船接替，没有影响到整个测验任务的完成，取得了完整的小潮期两涨、两落资料。

这次海上作业的艰难、危险程度前所未有。从刘振东当年写在工作笔记上的打油诗，我们不难体会到当时的艰难与危急。

根据原方案，96航次中潮次水文泥沙测验于10月23日至24日进行，因受强冷空气影响，无法如期实施测验。经与业主委托监理协商并取得同意后，决定先进行大潮次测验。大潮次测验于10月27日18时开始，28日21时结束。测验结束后，中潮次测验计划于10月31日至11月1日进行，但天气状况不随人愿，预报下一个强冷空气10月31日后将严重影响测验海域，故与监理协商并取得同意后，中潮次测验提前到10月30日7时开始，至31

刘振东当年写在工作笔记上的打油诗

日 9 时结束。结束当日，强冷空气就呼啸而至，好在经大家努力，大中小潮的两涨两落测验资料全部获取。

为提高效率，每潮时作业结束，木质船就将含沙量水样送到海监 47、41 船，工作人员在船上实验室分三班进行含沙量的抽滤和分析。

尽管作业海域海底通信、输电电缆纵横交错，加之个别线路的路由位置不清楚、个别海区渔网和养殖设施密布，给表层沉积物取样带来困难，但采取木质船采集近岸站泥样，其他由海监 47、41 船承担的方法，至 11 月 1 日，海底表层沉积物采样工作全部完成。至此，除 10 个验潮站为期一个月的潮位观测任务外，首次洋山港海域水文泥沙测验的外业任务圆满完成。

当时的 10 个验潮站中，有 4 个是临时验潮站，每个临时验潮站一般有 3 名观测员，建站撤站时人会多一些。临时验潮站大都建在交通不便、人口稀少的岛屿上，建站物资和人员上岛十分不便，观测人员岛上工作生活条件也十分艰苦。好在岛上有居民，睡觉可借住当地百姓家里，吃饭自己买菜在房东家做。3 人轮流做饭，一般谁不当班谁做饭。当时这些岛虽已通电，但供电状况远不及大陆，电压不稳、时常断电，尤其在台风、寒潮频发季节。由于断电或电压不稳会影响潮位观测仪器正常工作，所以临时验潮站还自备柴油发电机。就是在这样艰苦简陋的条件下，如期完成了为期一个月的潮位逐时观测。

为保障开展上海新港区的选址工作，96 航次一结束，水文泥沙测验报表就立即送上海国航办和三航院。1996 年 11 月，经三航院等单位对大小洋山港址、双衢山港址、芦潮港人工半岛港址和长江口航道整治导堤造陆建港等方案的比较分析，认为要综合解决上海集装箱深水港的航道水深和陆岛集疏运问题，位于浙江省嵊泗县境内的大小洋山港址作为上海国际航运中心集装箱深水港是比较合适的。做出这个结论，96 航次水文泥沙测量资料不可或缺。

1997 年 1 月 15 日至 16 日，上海国航办委托由陈吉余院士任主任、伍荣官教授任副主任，相关院校、科研设计等单位专家组成的评审委员会，在上海高桥石化宾馆对《上海国际航运中心新港区论证水文泥沙测验和同步潮位观测》项目进行评审，评审意见认为："在工作条件比较困难、时间紧迫的情况下，克服困难，获得了大量和完整的实测和分析资料。""观测和分析方法符合规范要求，数据和图件准确可靠，能够满足上海国际航运中心新港区选址的需要，并为今后进一步的研究和设计提供了基础资料和科学依据。""根据实测资料编写的分析报告，基本上反映了洋山港海区的潮汐特征，潮流运动、泥沙运移和盐度变化情况，底质类型和沉积物来源。报告图文并茂、计算方法正确，结论可信。"这些资料和分析报告"为港口码头、航道选址可行性研究提供了极为重要的自然条件的基础资料，填补了过去从未进行过这么大规模的水文泥沙和潮位观测的资料空白，为开展港口航道的回淤研究、海床稳定性研究、航道工程方案拟定创造了有利的前提条件"。

"催化"成立东勘院

房建孟接此项任务时还是东海监测中心主持工作的副主任，1996 年底，他任中心主任。1996 年的项目合同，是东海监测中心与业主签订的，对外也是中心牵头承担的，虽然监测中心为此项任务的完成做了大量组织协调工作，但人力、物力动用最大的是海调四大队和宁波调查队，此外还有分局的海宇公司、东海预报区台和温州中心站所属海洋站的人员和设备。

96航次的实施，成为加快组建东海分局海洋环境工程勘察研究院（以下简称东勘院）的“催化剂”。组建东勘院，目的是为了整合分局所属单位的技术力量，承接社会上各种海洋勘探和调查任务，以弥补国家财政拨款不足，经费捉襟见肘的困境，适应计划经济向市场经济转变的技术服务市场，服务沿海经济社会发展。

1997年1月28日，东勘院正式成立，与东海监测中心实行“一套两牌”管理体制。至此，分局承接的大部分对外技术服务项目，由该院牵头承担。1998年4月16日，东勘院取得当时建设部颁发的甲级专项工程设计证书，业务范围为海洋专项工程勘察；另外，还获得测绘甲级资质证书和海域使用论证甲级资质证书等。

一波三折　艰难完成第二期洋山港海域水文泥沙测验

1997年7月30日，上海国航办副主任顾刚、东勘院院长助理彭立功代表双方签订1997年8月至1998年12月31日为期17个月的技术服务合同。这份合同内容有三项，一是小洋山观音山、杨梅嘴两测点为期一年的波浪观测分析和小洋山客运码头为期一年的潮位观测分析；二是1997年9月10日至24日洋山海域14站同步、6站准同步一个全潮水文泥沙测验和1997年9月7日至10月7日为期一个月10个验潮站观测（除鼠浪岛临时验潮站移至小衢山岛外，其余临时和长期验潮站同第一期）；三是洋山港起步工程前沿海域开展双联浮筒漂流试验。

第二期水文泥沙测验的艰苦与危险程度，丝毫不亚于首期测验，不仅原定计划多次变动，且测验期间多艘租用木船发生问题，除12日紧急调用两艘海监船外，又于13日紧急租用4艘吨位较大的木质船，应该说，1997年水文泥沙测验一波三折，艰难完成。

这里我印象最深的是8月18日9711台风20时登陆浙江温岭时发生的两件事。

当时，承担潮位观测的人员住在当地百姓家里，一般情况下，当班观测员吃好早饭，7时许出发去杨梅嘴观测点，路上大概要走40多分钟。观测员完成测点8时、11时观测后返回住地吃午饭。下午1时许再去观测点，完成14时、17时观测后返回住地吃晚饭，一般最晚下午6时也能回住地。由于那天是在台风期间，风大雨急，14时正常观测后，还需在15时、16时加密观测两次。留守的几位观测员和房东左等右等不见当班的观测员秦在章回来吃晚饭，有点急了，担心出事。房东就带着儿子和其他观测员一起冒雨去找，大约18时30分，在路上见到返回的秦在章。

后来知道，回来晚的原因，是秦在章结束16时观测后，“擅自”增加了18时的一次观测，他认为虽然拿不到9711超强台风影响洋山海域的最大波高极值，但多一次观测，就可能拿到更接近最大波高极值的数据。事实证明他的想法是对的。事后回看观测记录，1997年8月18日18时观测到的4.1米最大波高值，是杨梅嘴测点当年观测到的最大波高值。从这件事可以看出，老一辈海洋观测员的责任心很强。这种对观测事业的执着值得青年一代观测员学习。

还是那次超强台风来袭，东海监测中心调查室工程师、潮汐专家王成良，不顾生命危险拿到9711台风影响杭州湾最高潮位数据。

王成良当年56岁，9711强台风来袭时，他在马迹山岛承担潮位观测任务。测点设在岛上一个临时工作码头，工作码头与海岸间有一条近30米长的引桥。观测潮位用的直立水尺被绑在工作码头与引桥转角处的一根桥柱上。用门板、铅丝等材料搭建的临时“工棚”设在引桥靠海岸处，工棚面积约5至6个平方米。

18日晨，王成良与一名来自长涂海洋站的观测员吃过早饭就一同从住地前往工作码头。他学的是物理海洋专业，知道台风影响时最高潮位数据的价值，无论对宝钢原料码头还是洋山深水港的设计建设都非常重要。到了测点，为防止“工棚”被大风刮倒，他俩用铅丝、绳子、石头加固了“工棚”；为防止人在引桥上行走时被大风刮到海里，他俩在引桥一侧系了一根粗棉绳。

根据海滨观测规范和合同要求，这个站的潮位观测，平常只要白天每三个小时观测一次就可，也就是采集8时、11时、14时、17时的潮位即可，由于是台风来袭时段，所以他们要加密到每小时观测一次。下午五六时，暴雨倾泻，风也特别大。按惯例，他们完成17时潮位观测就可返回住地，但为了拿到最高潮位数据，他们继续坚守在“工棚”内。

距18时还有一刻钟，王成良手拿电筒赤膊与那位观测员从“工棚”爬出来，一手抓着棉绳、一手拿着电筒，顶风冒雨、艰难地在引桥上匍匐着一点一点向工作码头爬过去。经观测，18时潮位较17时上涨，19时又比18时上涨，20时潮位又比19时上涨……照往常，观测员只要在准点前后观测潮位水尺十几秒，就可完成一次观测。但台风时段，由于潮位变动快、波浪大，要想把潮位观测得准，往往观测时间要比平常多好几倍。“当时雨大得眼睛都睁不开，打着手电也看不清水尺上的潮位刻度值。”据王成良后来回忆说：“最后一次，我们趴在那里有一个半小时，直到看到潮位开始缓慢下降，确定最高潮位已过，我俩才爬回‘工棚’。”回到“工棚”后，他们顾不上擦净全身雨水，坐在一只仪器箱子上，把潮位观测值工工整整填写到记录本上，然后把记录本放入一个塑料袋，将塑料袋放在仪器箱子上，并用一块石头压住。做完这一切，他俩顶风冒雨赤膊从“工棚”走回住地。

首次确定各海岛验潮站平均海平面高度

10个验潮站（芦潮港、滩浒、大戢山、长涂、嵊山、绿华山、大鱼山、大黄龙、小洋山、小衢山）的潮位基准面，除芦潮港站采用吴淞基准面外，其余各海岛之前从未与大陆水准点联测过。

尽管20世纪50年代以来，上海航道局测量队、上海海岸带调查办公室、东海预报区台等单位曾对杭州湾岛屿的平均海平面与吴淞基准面间的关系进行过研究，但得出的结果却不尽相同，如绿华山平均海平面，采用水位比降法得出在吴淞基面以上186厘米，用19年平均潮位资料得出192厘米，海军用1965年资料得出189厘米，用海岸带调查办公室编制的平均海平面高程分布图外推得出177厘米，这些数据差值最大达15厘米。因此，如何确定9个海岛验潮站平均海平面的吴淞基面高程，在当时是一项比较困难、富有挑战性的工作。

当年采取的办法是：以水位比降法得出的绿华山平均海平面在吴淞基面以上186厘米，作为任务海域东北部外控点；以跨海联测得到的舟山定海的平均海平面与吴淞基面的关系，并与相距20多公里的外岱山进行平行观测得出的平均海平面，作为任务海域西南部的外控点，同时参考上海航道局测量队在杭州湾岛屿验潮时推算的吴淞基面与平均海平面的关系，在图上采用内插法确定各海岛验潮站的平均海平面的吴淞基面高程。

而跨海联测则成为确定各海岛验潮站平均海平面高度的关键。当时，相距 100 多公里的跨海高程引测，国内还没有哪家做过。

为解决这个难题，经东勘院与国内顶级机构武汉测绘科技大学专家磋商，决定采用当时先进的 GPS 技术进行跨海联测。

双方调用国内几台最先进的 GPS 测量仪，在芦潮港、镇海、定海和岱山架设四组 GPS 测量仪，经过反复试验、多次测量，最终完成了舟山定海、岱山的跨海联测，从而为确定各海岛验潮站的平均海平面高度扫除了障碍。

至 2002 年，包括 1996 年 10 月、1997 年 9 月在内的水文泥沙测验和同步潮位观测，一共做了 6 期。6 期水文泥沙测验，累计获取 113 站水文泥沙测验和 10 站潮位观测等大量数据资料，工作海域覆盖洋山港港区、航道区、桥区和锚地等外围海域。

另外，自 1998 年至 2002 年，东海分局还在洋山海域承担开展了数十次规模不等的水下地形测量。

经过 20 多年的不懈努力，上海洋山深水港建设取得举世瞩目成就，尤其让人感到高兴和欣慰的是，历时三年建设，世界最大自动化集装箱码头——上海洋山深水港四期于 2017 年 12 月 10 日开港试运行。中国人百年“东方大港”夙愿，梦想成真。

目睹距上海浦东新区芦潮港约 32 公里的洋山海域，一座世纪大港横空出世；连接芦潮港与洋山深水港的东海大桥，如同一条昂首欲飞的蛟龙横卧，心潮澎湃，十分激动！

国家海洋局东海分局能有机会参与这项跨世纪工程，是东海人的责

建设中的洋山深水港三期工程

任，也是海洋工作者的荣耀。虽然，与参加洋山港工程论证、规划、设计和建设的单位相比，东海分局所作贡献有限，但上海市委、市政府对东海分局所做工作给予了高度肯定。时任上海市市长韩正在出席2003年、2004年上海市海洋经济发展联席会议时，曾两次对包括国家海洋局东海分局、上海市海洋局时任局长张有份等联席会议成员单位的市有关委办局领导说："国家海洋局东海分局在洋山深水港工程建设上是有功的，是作出贡献的。"

洋山四期全自动化港口的“中国芯”

口述前记

方怀瑾，1963 年 1 月出生。曾任上海市审计局商粮贸处副处长、上海市审计局鉴证处副处长（主持工作）、上海国际港务（集团）有限公司财务总监等职。2013 年 6 月起任上海国际港务（集团）股份有限公司副总裁。

口述前记

黄秀松，1963 年 1 月出生。2001 年 10 月起任上海海勃物流软件有限公司副总经理。2020 年 3 月起任上海国际港务（集团）股份有限公司技术中心主任。

口述：方怀瑾、黄秀松
采访：杨建勇、张　励、范婷婷
整理：范婷婷
时间：2020 年 6 月 5 日

国家主席习近平在 2018 年新年贺词中，把“洋山四期自动化码头正式开港”与“C919 大型客机飞上蓝天”“量子计算机研制成功”“首艘国产航母下水”“港珠澳大桥主体工程贯通”等重大工程，作为国家重大科技创新成果，向全国人民报喜，习主席十分高兴地说：“我为中国人民迸发出来的创造伟力喝彩。”这是对参与洋山四期自动化码头的建设者的最大褒奖。洋山深水港四期全自动集装箱港区是新时代上海港以勇创世界一流的志气和勇气，建成的全球最大的全自动化国际集装箱码头。洋山四期从谋划到建成，得到了国家发改委、交通运输部、上海市政府相关部门的大力支持，凝聚了科技工作者、工程建设者、信息智能化团队集体的智慧和辛勤的汗水。洋山四期的建成，再次诠释了不辱使命、争创一流、团结协作、攻坚克难的洋山精神。上港集团原董事长陈戌源、原总裁诸葛宇杰在任期间，提出了用中国智造，建设洋山四期全自动化港区的大胆设想。洋山四期项目原来是由诸葛宇杰总裁亲自抓的，诸葛总裁调离集团后，集团调整了分工，由方怀瑾同志负责洋山四期项目，黄秀松同志为洋山四期全自动化码头操作系统技术攻关总负责人。我们为有幸能够在自己的职业生涯中参加这样一个创新工程项目而感到无比自豪。

关键抉择：把支线泊位调整为全自动化集装箱码头

洋山四期的最初定位是作为一、二、三期干线码头配套的支线船舶泊位，靠泊等级为 5 万至 7 万吨，并未考虑到要建设全自动化集装箱码头。2013 年，国际集装箱码头自动化的发展趋势越来越明显，美国、荷兰、新加坡等国的港口自动化集装箱码头都在研发和建设中，洋山四期前期也在紧锣密鼓推进，当时就面临着一个重大的决策选择问题。从上海港发展需求来看，枢纽功能的实现，既要服务于国际干线船舶，又要能够辐射长江和沿海。如果仅建造

5 万至 7 万吨的泊位，加上洋山四期的陆域和水深条件不如前面三期，洋山一、二、三期的陆域纵深都在 800 米以上，而洋山四期受围填海范围的限制，最大纵深仅为 500 多米，平均纵深 400 多米，传统码头，使用传统工艺，港口的吞吐能力连 500 万箱也无法达到。但是，洋山四期毕竟还在洋山深水港区域，通过自动化技术的应用加上后期维护，应该是可以建成 600 万箱以上深水港区，同时可以实现上海港的码头技术升级。上港集团领导把建设洋山四期集装箱自动化码头向上海市政府汇报后，得到市领导的鼓励和市发改委、市交通委等部门的支持。

我们面临的第一个问题是，按照 5 万至 7 万吨支线码头来上报的工程项目核准申请和可研报告已于 2013 年 11 月报国家发改委和交通运输部，现在要改为全自动化大船码头，意味着短期内要对码头的泊位功能运营工艺等建设内容作出重大调整，并在短时间内完成规划调整和前期审批调整，还必须保证 2014 年内开工建设的目标不变。第二个问题是，我们在自动化码头的建设、系统开发包括运营管理等方面是零基础的。洋山四期是上海港最后一个大码头，如果不搞自动化的话，上海要想拥有一个自动化码头可能还需再等 5 年或 10 年。到那时上海港在科技创新上就会落后于全球行业的发展。但是，自动化码头的建设和运营管理是上海港以至于中国港口完全陌生的领域，虽然上港集团旗下的海勃物流软件公司早就有了传统码头操作系统（Terminal Operation System，TOS）产品，我们自己取的名字叫 TOPS，但原来的操作系统根本不能适合自动化码头的操作。国外也没有一次性建设如此大规模码头的成熟经验。国外的供应商做过的码头不过是 3、4 个泊位、1000 多米岸线的，而我们要建设一个拥有 7 个泊位、2350 米岸线，设计吞吐能力要在 630 万箱以上的自动化码头。放眼世界可资借鉴的港口经验很少很少。

两大问题非常棘手，两大目标非常明确：一要在 2014 年内开工建设，二要在 2017 年 12 月实现开港。

2014 年 3 月，国家发改委、交通运输部委托中咨公司对洋山四期工程可行性报告进行专家评审，在评审前，我们向国家发改委和交通运输部作了专题汇报并与其反复沟通，得到了国家有关部门的充分理解和大力支持，同意我们用全自动化集装箱码头方案的设计文件替换原支线普通集装箱码头的设计文件，并在 5 万至 7 万吨码头后面加了括号“结构 15 万吨”。这一次专家评审会议的结论，为洋山四期在年内实现全面合法合规开工创造了有利条件。10 月 18 日，国家发改委正式批复洋山四期，且当中出现了自动化码头、规模 630 万箱、近期 400 万箱、泊位等级 5 万至 7 万吨（结构 15 万吨）等关键信息。之后，我们开始进行初步设计审核、施工招标等工作。这些前期工作一般情况最起码要半年时间，但我们在两个月内就完成了。到 12 月 22 日，上海市交通工程质监站开出了施工许可。12 月 23 日，我们实现全面合法合规开工。

上海“智”造：被逼出来的世界第一

第一关算是跨过去了，但是最大的难关却是技术问题。自动化码头核心有三个方面：一是要有一套高效可靠的控制系统，而且要适应洋山四期大规模运营实际场景。形象来说就是要有一个既聪明又健康的“大脑”，又要聪明，又不能老是生病。二是要有智能的、自动化的装卸设备，而自动化装卸设备当中最关键、难度最大的是自动导引车（AGV）系统。三是堆场自动化轨道吊运作得快和稳，需要依托于坚实的地基。而洋山四期是围填海吹成的深厚软土地基，如果要使它变得坚硬，最简单的办法是密密麻麻地打桩。但是洋山四期的建设工期和经济性要求不允许这么做。这就需要我们创新，去找到一条既能够满足自动轨道吊安全可靠运营，又能够节省投资、缩短建设周期的路径。

后来，我们与合作方一起攻坚克难，找到了一种创新的地基处理方法和轨道基础结构，先解决了第三个难点——地基问题。但前面两个难题怎么解决呢？又聪明又健康的“大脑”怎么来？智能装备尤其是 AGV 找谁来提供？

集装箱码头自动化的起步始于 20 世纪 90 年代初，在欧洲荷兰最早投产。自动化需要用到四大类技术，即：感知技术、控制技术、通信技术和计算技术。在 90 年代，我国的这几种技术是落后于世界先进水平的。移动的自动化装卸设备是需要通过无线通信技术实现信息交互进行实时控制的，90 年代初国外已经开始搞自动化码头，当时国外的技术确实要比我们先进很多。而我国的自动化码头建设一直到 2012 年才开始尝试，比国外整整晚了 20 年。2012 年，厦门远海开始搞自动化码头的试点，但只做一个泊位。2013 年，我们集团下决定要做自动化码头的时候，厦门远海的码头还未建成。我们记得在2013年的春节之前，我们集团在当时诸葛宇杰总裁的带领下，考察了振华在长兴岛基地的一条集装箱自动化装卸样机线，回来之后，有一次正好在电梯里碰到陈戌源董事长。他问道："黄秀松，有没有信心在洋山搞自动化码头。"当时我就回答"领导有决心，我就有信心"，其信心主要基于以下几点。

第一，当时没有考虑到整个设备要全部国产化，我们以为电控会使用ABB、西门子、安川、TEMIC等国外品牌，因为当时这些品牌几乎垄断了全部市场，厂商也很有经验。第二，我们对重新开发一套全新的、适合自动化码头操作的TOS还是有点基础的。传统码头是由系统将指令发给操作设备的司机，简单的一条指令司机一看就明白怎样操作，异常情况下，控制人员通过语音直接与司机沟通即可。但自动化设备既聋又瞎，你必须以符合它的方式与其对话。换句话说，机器是看不懂传统指令的，需要将原有的作业指令进行分步解析并进行接口格式定义、数据字段定义及通信方式定义。原TOPS是这样运作的：由信息系统生成指令，并发送给桥吊司机、集卡司机、轮胎吊司机，由这些司机根据指令操作这三大设备装卸系统。这一系统后来被广泛运用于外高桥二期、四期、五期以及洋山的盛东一期、二期与冠东等码头。自2008年冠东上线以后，到2013年正式准备建造洋山四期，中间歇了5年时间。这5年中，我们一直沿着自动化的思路在探索，并做了些技术准备，具备研发自动化码头管理系统的能力。所以当时集团交办这项任务的时候，我们很兴奋也很有信心。

接下来，我们先从"大脑"的问题入手。从2013年起，我们就开始调研，最后决定要自主研发，主要有三个原因。第一，国外现有的产品，不能满足洋山四期这样大规模的运营要求。举例来说，我们岸线全长是2350米，需要用到的AGV数量首期是80台，最终需要用到130台，而这些AGV都是要靠"大脑"来控制的。国外现有产品，最多能够控制的AGV数量不超过50台，也就是说，国外没有现成的产品，必须要重新开发。如果国外重新开发的话，不要说三年完成，光是调试就可能要三年，这根本无法满足在2017年底建成开港的目标。第二，国外的产品，不向我国开放源代码，不让我们的工程师参与研发与调试，这样会严重影响到工作效率。第三，这种自动化的控制技术会随着整体通信技术、IT技术的发展而进步，并非一次性建成就可以了，而是需要持续完善的。我们希望今后的持续升级改造工作能由自己的工程技术团队来实施，这样迭代升级才会更持续和高效。这需要国外公司开放一部分技术的源代码，但对方始终不同意，并且要价还很高。

2013年6月，系统开发筹备小组成立，刚开始只有3个人。2014年4月，洋山四期指挥部成立，我们从海勃公司内组建团队，采用自愿报名的形式，一开始有15人报名参加。中途陆续有人员进出，最终定下来12名成员。海勃公司是一家IT公司，比较熟悉业务，但技术层面仅停留在信息化这一块。洋山四期要实现全自动化，而我们原来的TOPS，实际上在计划层面是手动做的，仅仅是提供一些制作的工具，让手动操纵的计划人员更方便地工作，这跟真正的自动化是有很大差距的。比如说“三大计划”的实施，一个是岸线船舶的作业路计划，如果人工去做，要花30至40分钟的时间，才能够把一条船的作业路做完；一个是配载系统，假如一条船舶要装载3000箱，配载要花4个小时；另一个是堆场计划，人工操作要花3至4个小时。由于做一次计划耗时很长，船舶装卸过程中调整计划会对作业产生很大影响，所以计划基本上都是一次性的，在码头操作的过程当中，大部分都是由中控、船控、场控等控制人员去指挥协调的。

而自动化码头的运作，则不能用传统的模式，不能直接通过语言去告知每个司机如何操作，而是需要转化成机器语言，实现跟机器顺畅沟通的目标，这是当时我们遇到的最大挑战。另外，刚才说的“三大计划”系统，如果用自动的方式去做，效率将大大提升。作业路计划可由原来的30至40分钟变成1至2秒钟；配载计划由原来1个人花4个小时配一条船变成15分钟。这些计划的自动化制作，需要通过建模和算法设计才能实现，仅仅靠海勃公司是不够的。

当时我们请到了华东师范大学、交通大学、复旦大学这三所知名高校合作开发。因为高校也是第一次尝试这样的项目，我们就分切了项目中的部分模块，让三所高校同时做，通过成果质量再择优开展深度合作。最后，我们将项目中的算法分成了两块，一块给复旦大学做，一块给华东师大做。两支高校团队总共10人左右，加上原先的15人，就这样完成了团队的组建。我们的软件工程师主要是编写程序，也叫程序员。怀瑾同志偶然发现“程序员”的发音，与集团董事长陈戌源的发音相同，也叫谐音。所以，怀瑾同志就对大家说，我们这支在陈戌源指挥下的程序员队伍，一定能够攻克这个难关，完成自动化码头。

团队组建好后，我们开始设计、开发全新的码头操作系统，着手解决技术关中第一难题即“大脑”的问题。

到2015年初的时候，我们开始筹备AGV招标。AGV是自动导引车系统，也是技术攻关中的第二个难题。但招标完成后，原计划的进口设备公司在招标中全部出局，由上海企业振华重工中标。说实话，我们当时对振华完成这个艰巨任务心里真不太有底，一下子感觉项目技术风险提高了，“压力山大”。

尽管振华的桥吊、轨道吊、轮胎吊等传统港机在当时已经占有世界绝对的市场份额，但是全自动AGV对它来说仍是个新产品。虽然振华AGV在厦门码头上有过运用，但只有6台，而洋山四期要80台。这什么概念？1个班长指挥10个人可以，但如果让班长去指挥一个团就吃力了。80台AGV就是相当于一个团。

在特殊情况下，班长也要挑起团长的重担。桥吊与AGV的磨合是痛苦的，经过攻关团队无数个日日夜夜的调试磨合，桥吊与AGV终于可以和谐默契了。从2015年到2017年开港，中间不到两年半时间，如果按照国外码头的经验，光设备到场的调试工作，至少要1年半，而我们从下设备制造的订单到设备在码头投产运营一共才2年多一点的时间。在这么短的时间里，我们首先是做业务流程，之后再去做动作的分解流程。总共有200多项业务，每个业务里有20个左右的动作的分解，然后全部按照数据流进行处理。当时的测试任务有几千项，全部列成清单一项一项测试和解构。在测试过程中如果发现问题，就及时进行解决，并且还要重新再进行测试。正是因为在测试过程中来回反复地修整，最后做出来的系统稳定性、可靠性很高。在磨合中，振华产品日渐成熟，攻关团队也实现了耦合。

当时，陈戌源董事长给我们提了三个要求。第一，一旦开港就不能停下来。第二，洋山四期开港首日的效率指标，一定要比其他码头的开港指标高。第三，运营一年洋山四期的吞吐量要达到200万箱。这三个目标，我们都按时不折不扣实现了：第一，洋山四期开港至今仅因供电原因导致跳电，三年来系统只停过两次，影响了几个小时。第二，洋山四期开港第一天，船时台

2017 年 12 月，上海洋山深水港四期自动化码头开港试生产

时效率就创造了世界纪录，自动化码头的桥吊运行效率也创造了纪录。第三，一年之后洋山四期的吞吐量达到了 201 万箱。

我们自主研发的新一代自动化码头操作系统，我们称之为 ATOS（Automatic Terminal Operation System），不仅打破了国外的垄断，更重要的是，它还突破了原有的架构。原有的架构，实际上是从传统码头上演变来的，其控制理论和控制结构具有固定的分级决策和执行模式，为使洋山四期适应大规模码头的运营需要，我们创建了一个全新的架构，即“全域融合架构”。形象地说，原来的架构是从“大脑”把“想法”传达给“总经理”，“总经理”再传达给“科长”，由“科长”最后传达给“科员”。而全域融合架构是将所有运营传感器所产生的数据，进行优化计算，再实时进行决策的最优配置。无需一层一层传递，而是以计划为导向，当确定了一项任务后，由“大脑”直接告知“科员甲”或“科员乙”，即各设备或设施具体实施。并且在实际操作过程中，如果设备或设施之间遇到问题，传统结构是不管的，是必须按照原定计划去做的，这就势必会影响到作业效率。现在的全域融合架构，是根据全码头区域范围内的设备导航、通信和船舶相关传感器等获得状态信息，再进行实时的优化决策，每项任务都是一环连着一环的。因此，从这个意义上说，我们不仅打破了垄断，还实现了反超。

如果当初只是把洋山四期建成一个500万箱吞吐量的传统码头，那上海港作为中国最大的龙头港口与世界上最先进的港口相比，差的就不只是一代，而是要差好几代，因为国外自动化码头都已经做到第三代了。现在，我们洋山四期反超国外，成为最新一代的自动化港口。这体现出我们决策者、建设者们勇于创新、勇创一流、勇做第一的挑战精神，这也是对洋山精神的传承和发扬。

洋山四期的建设形成了“5个中国”——中国制造、中国品牌、中国标准、中国服务、中国大脑。以ATOS系统为例，国外的公司的开发费用是我们自己开发成本的近10倍。现阶段，我们的系统性能功能已处于领先水平。如果从效益角度看，我们每台桥吊每小时最多可以做到54.4个标箱，而国外从来没有超过50。另外，我们16台桥吊每天可以处理15700个箱子，也就是说每台桥吊每天可以处理980多个标箱，而别的自动化码头每台桥吊每天最多只能处理500多个标箱。再从性能功能上说，我们可以实现双箱吊，桥吊一次可以抓2个40英尺或者4个20英尺的箱子，而国外的操控条件还做不到。因此，我们目前是处于领先地位的，但要保持持续领先，还需继续努力，把自动化真正变成智能化，把ATOS变成ITOS（Intelligent Terminal Operation System）。

整装待发：努力创造更多的世界第一

习近平总书记非常关心洋山港建设和发展，2018年11月视察上海期间，视频连线洋山港四期全自动化码头，听取码头建设和运营情况介绍。总书记指出，经济强国必定是海洋强国、航运强国。洋山港建成和运营，为上海加快国际航运中心和自由贸易试验区建设、扩大对外开放创造了更好条件。习总书记鼓励我们要有勇创世界一流的志气和勇气，要做就做最好的，努力创造更多世界第一。

洋山四期虽然处于全球领先水平，但还没有完全达到理想的目标，洋山四期功能的提升，还有较大的空间。我们正在持续开展科研攻关，用智能化

洋山深水港四期全景

将所有动作都变得更为有效。比如实现边装边卸，这样一个来回可以操作2个箱子，大大节约能耗。随着技术的进步和发展，在控制方面也产生了一些变化。再比如人工智能的应用，将有助于码头智能化提升。今后随着人工智能的发展，通过机器自我学习，完成建模和配置参数，这样可以优化调度算法，实现根据环境变化，现场调整参数，达到更为精确控制的目的，将建模和参数合二为一，效率会大大提升。我们要做智能化算法，即构建设备与设施、设备与任务之间的相互关系，通过大数据的自我辨识和自我学习，形成动态的关系图模型，继而形成智能算法。智能化系统还需要不断地进行自我升级。我们将努力把洋山四期的效率再提升10%—20%，并有效降低码头的作业能耗。我们一定不辜负习近平总书记的期望，把洋山港建设好、管理好、发展好，加强软环境建设，不断提高港口运营管理能力、综合服务能力，在我国全面扩大开放、共建“一带一路”中发挥更大作用。

第四编

砥砺奋进，创新发展

亲历中国航运业发展的两个重要历史时刻

口述前记

许立荣，1957 年 7 月出生。历任上海远洋运输公司总经理助理、总经理，上远货运公司副总经理、总经理兼党委书记，上海航运交易所总裁、党委书记，中远集装箱运输有限公司（上远公司）总经理、党委委员、党委副书记，中国远洋控股股份有限公司副总经理、党委委员、党委副书记，中国远洋运输（集团）总公司副总裁、党组成员等。2011 年 8 月任中国海运（集团）总公司董事、总经理、党组成员，2013 年 11 月任董事长、党组书记。2016 年 1 月起，任中国远洋海运集团有限公司董事长、党组书记。

口述：许立荣
采访：张　励、龚思文
整理：龚思文
时间：2017 年 6 月 25 日

我从事航运工作至今已经有 40 多年了。从 18 岁开始，我就作为一名船员，开启了我的航运生涯，27 岁时成了当时中国最年轻的船长。能够在上海这片改革开放的前沿阵地见证中国航运业的蓬勃发展，我深感荣幸，也倍感自豪。上海这座城市有着十分悠久的港口和航运传统，20 世纪 90 年代迎来了航运业蓬勃发展的时期，并出现了许多历史性时刻。我很幸运，亲身参与并经历了其中的两个历史性时刻——一次是在 1996 年，上海航运交易所（航交所）成立，标志着航运市场纳入了规范管理的轨道；另一次是在 2016 年，中国远洋和中国海运重组成立中国远洋海运集团有限公司，“强强重组”提升中国航运企业的国际竞争力。

上海航交所成立——航运市场发展迎来新篇章

20 世纪 90 年代中期，中国实行改革开放已将近 20 年，并且正在争取加入世界贸易组织（WTO）的进程中。当时，我国国际海运企业已达到 310 多家、国内沿海运输企业 1300 多家、内河运输企业 5100 多家，中国连续四年当选为国际海事组织 A 类理事国。随着对外开放的不断深入，外国航运公司在中国市场的份额也在迅速扩大，当时我国已批准外国航运公司在华设立独资子公司 18 家，设立航运代表处近 400 家。这样的数量在当时来看已经很成规模了。

然而，我们的航运市场却仍然延续着计划经济的体制机制，沿用着由政府部门分配货源、下达运输计划的传统模式。交通部作为航运业的行政主管部门，不仅管行政事务，也管航运企业。事实上，随着国内物资流通体制和对外贸易体制改革的深入，货主同承运人之间的互相选择或自由交易已经广泛存在了。水路货物运输价格名义上仍由政府部门控制，但对于真正的运价只是起到参考作用。所以，从航运业看，传统监管模式在市场加速发育的现实面前不仅显得很不协调，而且面临很大挑战。

正是由于缺乏有效的市场监管机制，我国航运市场发育初期存在着一系列问题。比如，在市场主体中，没有取得法定经营资格和超过核定经营范围从事经营活动的现象大量存在，海运欺诈行为时有发生。船舶代理和货运代理本来是国际通行的一种成熟的运作方式，但在我国，一些代理环节秩序紊乱，多重代理、吃运费差价的现象大量存在，使货主、船东和港口经营人的利益经常受到侵害。在缺乏市场保护机制的条件下，一些人通过低价竞争维持市场份额，市场竞争规则受到破坏，市场价格信号失真。这些问题的出现，虽然是市场经济发展初期难以避免的现象，但如果不能及时地加以积极引导和有效解决，势必会对我国航运市场发展产生干扰和影响。因此，规范航运市场秩序成了当务之急。

1994 年 1 月，时任交通部部长黄镇东同志在全国交通工作会议上提出要“组建水路货物运输有形交易市场”，当初的设想就是要建立一家航运市场的管理机构。1995 年初，上海市交通办成立调研组，将航运市场管理的体制、机制作为重要课题研究，当时学习和借鉴了国际上较为成功的经验和案例，其中包括有着一百多年历史的伦敦波罗的海交易所。基于调研结果，国务院决定将首家航交所设在上海。1995 年 10 月，上海市交通办发文，决定成立上海航交所筹建处，从上海港务局、上海海运局、上海远洋公司、上海交通运输局、长江航运局等港航单位抽调 10 名人员组成筹建处，由我担任筹建处负责人。

上海航交所的筹建，得到了时任国务院总理李鹏同志的大力支持。1996 年 1 月 16 日，李鹏同志在上海召开两省一市座谈会，研究上海建设国际航运中心有关工作，并对上海航交所的组建作出了明确指示，提出航运交易市场的原则是“公平、公正、公开”。同年 9 月 1 日，国务院批准《上海航运交易所管理规定》，10 月 3 日，黄镇东同志签发中华人民共和国交通部 1996 年第 8 号令并发布了该规定。

1996 年 11 月 28 日，是中国改革开放和社会主义市场经济发展进程中值得纪念的日子，也是中国航运发展史上的一个新的里程碑。在这一天，中国第一家航运交易市场——上海航运交易所正式成立了。黄镇东同志为上海航交所鸣锣开市。之前一天，李鹏总理与时任中共中央政治局委员、国务院

1996 年 11 月，上海航运交易所正式开业

副总理吴邦国等领导同志，在黄菊、徐匡迪等市领导的陪同下视察了航交所，并为航交所的成立题词。李鹏总理的题词是“规范航运市场，繁荣航运事业”。吴邦国副总理的题词是“规范航运市场，为建设上海国际航运中心服务”。

上海航交所是由交通部与上海市政府合办，双方共同出资建立的。为了便于管理，航交所实行理事会管理制度，由时任上海国际航运中心上海地区领导小组办公室（国航办）副主任李諴同志兼任理事长，时任交通部水运司副司长朱永光同志兼任副理事长，由我担任第一任总裁。理事会包括了 9 家理事单位。根据《上海航运交易所章程》的规定，这 9 家单位以会员单位的代表作为理事，包括上海市经委、外经贸委、海关等，还有中远集团、中外运集团等企业。在当时，理事会制度的建构是具有开创性的，所以上海航交所的成立也成为“部市合作”的一个典范。

在成立之初，航交所就明确了它的基本功能定位，即规范航运市场，调节航运价格，沟通航运信息，为培育一个公平、公开、公正的航运大市场而发挥应有的作用。根据市场实际状况，选择何种方式和路径，真正发挥航交所的三项基本功能，成了航交所进一步发展和完善的关键。对此，我们做了大量的调查和研究，也同国际航运界广泛开展交流。立足于中国政府对航运市场不断开放的政策以及中国航运市场发育的现状，我们认为，航交所的定位可以用三个形容词来概括：独立的、中立的、中介的。其中，“独立的”，是指航交所是完全独立的法人，它以市场需求为切入点，制定、实施有利于功能发挥的计划；“中立的”，是指航交所既不是政府部门，也不是航运业的生产经营部门，它不会偏袒任何一方，遵循公平、公正、公开的原则，这样才能成为各方信任的机构；“中介的”是指航交所是政府与企业之间、船方与货方之间的一座桥梁，航交所可以在运作过程中，把自己对市场的分析、预测提供给政府决策，同时这些分析和预测也可以被企业接受，用来帮助企业明确自身的发展方向，这也是对市场的一种引导。基于这样的定位，航交所要做的工作实际上就是服务工作，服务的对象是整个航运市场及航运市场的各个主体，充分发挥其功能作用。

在今天看来，上海航交所已经从原来的“三项基本功能”发展壮大，并拓展成了多个“中心”，包括国际班轮运价备案受理中心、国际航运信息中心、航运运价交易中心、船舶交易信息平台和鉴证中心、航运业资信评估中心和上海口岸航运服务中心等等，产生了广泛的经济效益和社会效益。航交所编制发布的“中国出口集装箱运价指数”（CCFI）与国际上“波罗的海干散货运价指数”一起被誉为世界两大海运运价指数，成为联合国文件引用的可靠数据。美国联邦海事委员会称赞上海航交所是“世界海运大国市场监管的风向标”，国际权威航运媒体《劳氏日报》也称其为“中国航运信息的源头”。上海航交所成立 20 多年来，通过理论和实践探索，形成多项可复制可推广的创新成果。目前其他各地的航交所如重庆航交所、厦门航交所等都借鉴了上海航交所的一些制度和做法，如“一门式”大通关服务，把海关、国检、海事、边检、港务等“请进来”，实行大通关，为会员单位提供聚集型、“一门式”服务，以提高效率，节约成本。

除了多个“中心”外，上海航交所也书写了中国航运业的诸多“第一”。我举其中的三个例子：一是最先创建的“一门式”大通关服务平台，目前已在全国推广复制。在交通部和上海市政府的支持下，1998 年，上海航交所对现代航运服务功能进行大胆有效组合，组建上海国际航运服务中心，将涉及与航运有关的港、航、船、货代企业及海关、国检、边防、海事、金融保险、法律咨询等130多家单位引入上海国际航运服务中心集中办公，为会员单位提供“集中、便利、经济、高效”的“一条龙”服务。2003年10月1日起，“一门式”服务平台试行国内首个“5+2天”工作制，由此开始提供全年365天、一天24小时不间断的大通关服务。目前，这种创新模式已在全国沿海和长江主要港口得到推广，上海航交所创建平台的宝贵经验得到传承和发扬。二是最先发布CCFI，形成“上海航运指数”系列。自1998年4月13日首次发布CCFI以来，上海航交所已陆续发布十多个指数，初步形成“上海航运指数”系列。“上海航运指数”系列是全面反映国际国内航运市场变化的“晴雨表”和“风向标”，以运价指数为结算标准的指数挂钩协议、指数衍生品交易更是创新了航运业定价、交易模式，成为上海建设资源配置型国际航运中心的重要标志，也是具有国际影响力的主要指标之一。三是最先撰写《中国航运发展报告》，定格年度中国航运发展。由上海航交所组织撰写的《中国航运发展报告》，被称为中国政府“航运白皮书”，成为反映中国航运现状、成就与问题的政府年报。1998年，中国第一本“航运白皮书”一经发布，就受到了国内外航运界的好评。经过19年的连续编辑出版，“航运白皮书”内容不断更新、信息不断增多、质量不断提高、发行渠道不断完善，得到国内外航运主管部门、航运和贸易企业、国际海运、国际贸易专业院校和科研机构人员的广泛关注，成为了解中国航运发展成就、掌握中国航运政策、研究中国航运发展趋势和公布中国航运信息的重要来源。

我认为，上海要建设国际航运中心，除了必须具备完善的港口设施、航道、集疏运网络等“硬件设施”外，快捷通畅的航运信息、秩序良好的航运市场等“软环境”也是必不可少的。在这个意义上说，上海航交所的诞生可谓势所必至、应运而生。就像伦敦港为波罗的海交易所而自豪一样，上海港也以上海航运交易所为荣。

中远海运集团建立——打造全球领先航运企业“巨舰”

2016年新年伊始，全球航运市场遭遇了史无前例的“寒冬”。被视为市场风向标的波罗的海干散货运价指数（BDI）跌破了300点，并且连创历史新低。要知道，BDI在2008年是11793点。全球经济自从受到2008年金融危机的巨大冲击以来，一直复苏乏力，航运业成了“受灾”最严重、恢复最困难的领域。在严酷的生存压力下，各国航运企业纷纷通过联盟并购、资产重组、产融合作、新技术应用等措施“求存”“求变”，特别是大大小小的船公司纷纷兼并重组，以形成有效的规模优势，增强企业抗风险和可持续发展能力，实现“抱团取暖”。所以，我们看到今天国际航运市场呈现出“经营规模化、业务联盟化、船舶大型化”的态势，这当中当然包含行业发展、技术进步的促进作用，但也反映出国际航运市场中的各大主体应对国际航运形势不得不采取一些针对性举措。

2016年之前，我国国内最大的航运企业是中国远洋运输（集团）公司（中远集团），它成立于1961年，是按毛泽东主席提出的设想、在周恩来总理直接关怀下成立的新中国第一家国际海运企业，经历初创发展期、改革转型期、全球化发展时期等各个阶段50多年的砥砺奋进，发展成为海内外知名的大型综合性航运集团。2007年7月，中远集团首次跻身《财富》全球500强；也正是在2007年，成为全球市值最大的综合性航运公司。中国海运（集团）总公司（中海集团）同样也是一家中央直接领导和管理的重要国有骨干企业，于1997年7月1日在交通部直属的五家企业的基础上组建成立，它在全球业务上有很强的优势，在欧洲、北美、东南亚、西亚、非洲和南美都有控股公司，境外网络覆盖各大洲；并且在集装箱、油轮和散货船三大船队规模上都位居世界前列。从体量上看，中远集团与中海集团都堪称航运业“巨头”，并且具备了一定的国际影响力。然而，长期以来两个集团各自独立发展，经营高度同质化，产业链配置非常相似，“大而不强”、重复投资、成本居高不下的突出问题普遍存在，以致在国内和国际航运细分市场中均不具优势。特别是在国际上，我们往往难以获得“话语权”。在国际航运形势不容乐观，航运市场长期低迷成为“大概率事件”的情势下，中远、中海能否重组整合力量，成为决定我们能否走出困境的“关键一招”。

2016年2月18日，由中国远洋和中国海运重组产生的中国远洋海运集团有限公司在上海正式宣告成立。中远海运集团成立的那一刻，就拥有了4个“世界第一”：船队综合运力达到1114艘，共8532万载重吨，位居世界第一；干散货自有船队运力达到365艘，共3352万载重吨，位居世界第一；

油轮运力达到120艘，共1785万载重吨，位居世界第一；杂货特种船队运力达到300万载重吨，位居世界第一。同时，本次重组整合也是紧跟我国“一带一路”倡议做出的重要举措。我们得以打造出集装箱航运、港口码头、油气运输以及以租赁业务为核心的综合航运金融的四大专业化集群；中国远洋成为全球第四大集装箱航运公司，集装箱占全球运力规模的8%；中远太平洋在全球控股和参股运营的码头数量达到39个，泊位数达到172个；中海集运由原来的集装箱航运业务平台，转型为专业化的航运金融综合服务平台，集装箱租赁业务规模排名世界第三；中海发展旗下不仅油运船队控制运力规模居全球第一，而且超大型油轮船队运力规模也达到全球第二。因此，重组整合成立中远海运集团，是中国航运业值得铭记的又一个历史性时刻。

在这艘“巨舰”扬帆启航之际，我也充分认识到，上海国际航运中心的建设为我们集团的发展壮大搭建了广阔平台，也是我们破浪前行的巨大推动力。所以，从航运企业的角度出发，我一直在思考怎样将集团的发展与上海国际航运中心建设紧密联系，形成相辅相成、相互促进的关系。我们主要做的工作体现在以下几个方面：

第一，坚持战略引领，借助上海航运中心优势，推动航运要素向上海集聚。作为全球最大综合性航运服务集团，我们立足于上海国际航运中心建设，制定了航运、物流、航运金融、装备制造、航运服务、社会化服务以及“互联网+”等“6+1”产业集群的发展战略。在新的发展蓝图指引下，我们坚持“深改”“快改”，2015年顺利完成集装箱运输、码头经营、能源运输、干散货运输、航运金融、综合物流、装备制造七大核心产业改革重组，其中，集装箱运输、能源运输、航运金融、装备制造、港口等专业公司总部，也相继落户上海，集聚效应初步显现。其间，上海市委、市政府领导，各委办局以及浦东新区、虹口区等相关单位都给予了我们集团极大的关心和支持，时任市委书记韩正同志出席新集团的成立大会，并带队到中远海运集团总部进行现场调研，对于确保集团及所属企业顺利落户和运营起到了非常关键的作用。目前，集团在上海地区的直属单位达到10家，资产总额2755亿元，占集团资产总额近半数。此外，我们还牵头推动中国船东协会、中国船东互保协会迁册上海，并在上海设立国内首家国际保赔管理公司，成立中远海运财产保险自保公司，促进航运要素和业态进一步向上海集聚。

第二，推进供给侧改革，深化战略合作，巩固提升上海国际枢纽港地位。我们把握重组整合的契机，积极推进供给侧结构性改革，优化产业结构，强化协同发展，效益显著提升。我们先后同上汽、华谊、绿地集团等上海优秀企业开展战略合作，共同打造航运全产业链服务体系。牵头成立全球最大航运联盟“海洋联盟”，积极推动联盟在上海港开设航线，为客户提供班次更密、覆盖更广、效率更优的系列航线产品，巩固和支持上海国际枢纽港的地位。集团成立第一年，营业收入就达到了 1976 亿元，完成货运量 8.12 亿吨，实现利润 160 亿元。集装箱业务“逆势飞扬”，承运上海外贸出口箱量 466 万标准箱，同比增长 4.4%，为上海港贡献的集装箱吞吐量达到 612.2 万标准箱。在上海港的支持与合作下，目前中远海运集团业务量占上港集团总吞吐量近 20%，居各大船公司之首。

第三，强化全球资源配置，发挥航运服务优势，着力提升上海国际航运中心对外辐射能力。2016 年，我们抓住“一带一路”关键通道、关键节点项目建设，成功收购希腊比雷埃夫斯港、新加坡港新码头、鹿特丹 EUROMAX 码头、意大利瓦多码头和阿布扎比哈里发二期码头股权，加快与上海港对接，提升全球客户服务能力。其中，比雷埃夫斯港作为中希两国合作的成功典范，

中远海运收购的希腊比雷埃夫斯港

得到了中央高度肯定，被认为是实施国家“一带一路”建设的龙头项目，进一步优化了上海至欧洲地区的航线服务。此外，我们把握“互联网 + 航运”的发展趋势，升级传统航运业务，着力在上海发展航运电商平台，跨境电商业务增长迅猛，进一步提升上海航运经济的对外辐射能力。

第四，引领行业发展，倡导航运新生态，助力上海国际航运中心软实力建设。在上海市委、市政府的全力支持下，我们在上海成功举办了国际海运年会，发布“国际行业合作机制”倡议书，在上海首推“共享经济、跨界融合、产业链整合”等新理念、新模式，积极倡导建设国际航运新生态，得到全球行业的普遍认可。在上海航运交易所的配合下，我们还积极参与国际航运规则制定，提出干散货运价指数的修改方案，开发研制新的航运指数，引发全球同行关注，进一步提升了上海国际航运中心的行业话语权。

聚焦“一带一路”和“海洋强国”——提升航运中心品质能级

当前，“一带一路”倡议与建设“海洋强国”，为我们航运企业发展指明了方向，也成为上海国际航运中心建设新的发展契机。2017 年 6 月，上海市人民政府与我们集团共同签署的战略合作框架协议中，将落实国家战略，引领“一带一路”、长江经济带发展，拓展相关国家和地区港口，物流场站等基础设施建设，促进互联互通及经贸合作等作为重点。我觉得，这为我们中远海运集团在更大程度上融入上海国际航运中心建设的事业中搭建了平台，也对我们如何在未来做大做强做优各项业务工作，服务好、支持好上海国际航运中心建设提出了更高要求。我们要利用“一带一路”建设的新机遇，提升自身功能和品质，加快发展步伐。对此，我想分享三点我的体会：

第一，上海国际航运中心建设要进一步发挥创新引领作用。推动“一带一路”建设，要求创新国际发展理念，创新国际合作机制，创新国际经营模式。落实在上海国际航运中心建设这项事业上，就是要借助国家“一带一路”建设的创新要求，通过自身的体制机制创新、发展模式创新、航运科技创新，实现新的发展，要通过创新，来驱动航运中心的不断升级。这当中有不少新课题亟待我们去研究和探索。例如，如何使上海航运中心从港口基础带动型向高端服务业引领型转变，如何适应知识经济时代和信息时代的新形势、新要求，如何在建立国际航运新生态、新业态中发挥引领作用，如何真正解决上海自贸试验区航运以及相关政策的不断完善与有效落地问题，等等。这些问题都需要通过理念、机制、措施等各个方面的创新来解决。

第二，上海国际航运中心建设能在“一带一路”“互联互通”中发挥促进作用。“一带一路”倡议的重要内容就是互联互通，其中很重要的一项就是设施互通。上海国际航运中心依托的是长江黄金水道及国际航运的干线网络，可以进一步发挥门户集散的功能。因此，在目前基础上，我们在海空枢纽建设工作中还可以作进一步拓展，比如，科学规划、探索横沙岛、洋山、外高桥等新港区的建设，加强老港区的港口功能结构优化，围绕浦东、虹桥两大机场构建专业航空客货枢纽；同时，还须进一步完善集疏运体系，完善内河航运基础设施，打造“水上公路”，完善公路路网系统建设，不断推进内陆港（无水港）建设等。

第三，上海国际航运中心建设能在“一带一路”建设中发挥“走出去”排头兵的作用。上海凭借独特的地理位置优势，可以率先“走出去”，进一步打开东南亚、中西亚及欧盟市场，使上海成为我国对外开放的桥头堡，形成货物和服务贸易同步、国际和国内市场相互融通的发展格局，成为连接长江流域腹地和国际市场的枢纽节点。上海的航运及港口企业要在借助“一带一路”建设，加快“走出去”步伐。目前，我们中远海运集团正在以上海为基地，不断加大对外特别是“一带一路”沿线的投资。“一带一路”沿线区域市场一直是中远海运的重要市场，在该区域设有多家境外控股公司以及近千家网点。近几年来，该沿线区域的货运量占集团外贸总运量的60%以上；2016年，在中国、希腊两国总理见证下，我们集团与希腊比雷埃夫斯港务局签署了67%股权的收购协议，进一步推动了我们的海外业务。此外，我们还与新加坡国际港务集团合作，扩大了双方合作规模；与和记黄埔集团签署了合资经营荷兰鹿特丹港集装箱码头的协议；与阿联酋阿布扎比港务局签订协议，合作经营中东、非洲及南亚地区的主要枢纽港——阿布扎比哈里发港的哈里发港二期集装箱码头；并入股马士基意大利瓦多集装箱码头40%股权。在“十三五”期间，我们进一步加大“一带一路”沿线市场的开发力度，进一步完善亚洲、欧洲以及非洲区域的网络布局；加大在新加坡、埃及、阿联酋、喀麦隆、几内亚、土耳其、荷兰等沿线港口的投资与开发力度；将以亚欧干线及区域支线为基础，以沿线码头为支点，着眼由航运码头服务供应商向综合门户解决方案供应商转变，形成点线紧密结合、纵横连通、完整高效的全球航运物流运营网络。

自1995年中央作出建设上海国际航运中心的战略决策以来，经过20多年的建设发展，上海国际航运中心建设取得的成绩令人瞩目。相信在未来，我们一定还会见证更多、更重要的历史性时刻！

我的中国航运五十年

口述前记

李克麟，1942年9月出生，2018年2月去世。历任上海海运局船舶报务员、上海远洋运输公司船舶报务主任、远洋船长、航运处副处长。1983年9月任上海远洋运输公司总经理、党委副书记。1993年7月任中国远洋运输（集团）总公司副总裁。1997年6月任中国海运（集团）总公司总裁、党委委员。2000年8月任中国海运（集团）总公司总裁、党组副书记。

口述：李克麟
采访：张　励、白璇煜
整理：白璇煜
时间：2017 年 5 月 6 日

我从 20 世纪 60 年代初参加工作直到退休，一直在航运业工作。一开始在船上工作，当过船舶报务员、报务主任，后来当船长，再后来成为企业管理者，可以说是亲历了中国航运业这段不平凡的历史。

中国集装箱航运从无到有

20 世纪 70 年代，我在当船长的时候，看到国外航运业发展很快。60 年代初，国外就在搞集装箱航运了，当时中国还是老式的杂货装卸，一包一包货物扛上码头，再吊上船去，速度很慢。到了 70 年代，日本的集装箱航运已经发展很快了，进出日本港口的船都是 2500 至 3000 箱的船，我当时看这些船都觉得很大，当然，以现在的眼光看就不算什么了。当时跟公司合作的日本代理公司跟我商量，能不能在我们装杂货的船上也装一些集装箱。我想可以啊，于是我们就试试看。当时试的还不是标准的 20 寸的集装箱，是小的集装箱，因为担心上海的码头设备吊不起来大的集装箱。我记得是 1973 年，我们在船甲板上试装了二三十个集装箱，运到日本。1977 年，我当“盐城”号船长时，也试过装集装箱，装的是标准 20 寸的。上海港当时比较落后，没有集装箱的桥吊，是用一般的桥吊吊的，装卸速度很慢。尽管这样，但也算是开创了杂货船捎带集装箱运输的先河。

后来，上海公司、北京总公司都发展集装箱航运，向国外学习先进技术的想法，于是，公司就和丹麦的宝隆洋行合作。宝隆洋行下面的公司有 2000 多箱的船，由他们来对我们进行培训，我们从集装箱最基本的概念开始学习。上海公司派了一些船长和大副去丹麦跟船学习。1978 年 9 月，上海远洋公司第一条半集装箱船、也是中国第一艘半集装箱船——“平乡城”号，装了 100 多个集装箱首航澳大利亚，中远集团以上海远洋公司为代表开始了集装箱运输。

1978 年 9 月，我国第一艘半集装箱船——“平乡城”号首航澳大利亚

1980 年我担任航运处处长时，认识到国外航运方式在逐步改变，杂货船改为集装箱船，我们国家应该要发展集装箱运输，集装箱是今后的发展趋势。20 世纪 80 年代我在海运学院培训时，用了一个多月时间写了一篇文章，强烈呼吁要搞集装箱运输。我在文章中指出，我国的集装箱运输面临很多困难，一是港口的设备有很多问题，比如国外都用集装箱的桥吊装卸，我们还在用一般的克令吊；二是马路的条件使集装箱运输受到限制，当时上海马路普遍很窄，20 寸的集装箱还可以过去，40 寸的集装箱在有些马路上转弯也转不过去；三是桥梁承重对集装箱运输限制，那时候一般桥梁承重是 15 吨至 20 吨，40 寸的集装箱肯定要超过 20 吨，20 寸的集装箱如果重的话也要到 20 吨以上，桥梁超负荷难以运输；四是隧道条件也不行，集装箱如果高了就进不去了。

当时，上海远洋公司只有 100 多箱的船在跑澳大利亚航线，其他的航线基本没有集装箱船。跑日本的是杂货船，一个月跑一次。我用一条“熊岳城”轮做试验，跑日本航线。一开始是装杂货，后来改成半集装箱船。同时，我们在日本定造了四条 400 多箱的集装箱船，1983 年至 1984 年投入使用。这些船投入使用以后，航线频率从原来的一个月一次变成一个月两次，一个月两次变成一个月三次，直至一个礼拜一次。船员还是老概念，认为一个月跑一次是正常的。后来我讲能不能一个月跑两次，他们不是很适应，说一个月跑一次就已经很好了。我说，集装箱的优势就是在这里，装卸效率要提高，人的思路也要改变。试了半年以后，从半个月一次改为十天一次，十天一次船员觉得更加困难，因为港口装卸设备比较落后，效率低，耽误时间。后来通过改造桥吊，一个月跑四次也跑下来了。本来日本线的效益一般，后来随着航线频率的大幅度增加，效益也就随之上去了。我们一条小船一年的利润两三亿元。广州、天津等公司看到利润可观，也开始搞集装箱航运了。

我们当时开了日本航线以后，又开了美国航线、欧洲航线。1984 年，美国航线第一航从香港出发到美国旧金山、洛杉矶。当时开美国航线我们用 600 多箱的船，其他国家跑美国航线都是 2000 多箱接近 3000 箱的船。我们 600 多箱的船装了 5 个箱子，亏得很厉害。尽管第一趟非常亏，但我们照样开，这样一来，信誉就上去了，反响非常好。第二趟之后货物量开始上来了，但是效益还是不行。这时，我们在日本定造的 1300 箱的船、在德国定造的 1700 箱的船都投入运营，开美东航线。时任国务院副总理李鹏来了解情况，问我们集装箱发展情况怎么样。我说还可以，但是货物量不够，货都拉到香港去中转了，我们 1300 多箱的船，只装 200、300 箱，一年要亏几亿元。李鹏总理问我们有没有解决的办法，我说，上海港的集装箱能力还不行，集装箱的设施还没跟上，日本的港口倒是可以作为中转港。然后，我特地到日本考察神户港和大阪港。大阪港是虚晃一枪，目标是神户港。我考察大阪港的目的是把费用压下来。神户港看我到大阪港去了，马上把装卸费等费用向下压，这样一来，我们就把神户港作为中转港了。怎么作为中转港呢？我们从天津到日本有航线，青岛到日本有航线，大连到日本有航线，香港到日本有航线，上海出发就不需要直接开美国了。直接开美国，货物量不够，把神户港作为一个中转点，这些小船把货物从天津、青岛、大连集中到神户，卸了之后装到大船上，这样一下子大船就满了。几个月以后，美国航线从原来亏损几亿元到盈利几亿元，集装箱运输的面貌改变了。这时有人讲，“肥水流了外人田”，为什么不在上海中转？我说，上海港中转能力不够，设备各方面老化，差得太远。国家口岸办专门派了一位局长来了解情况，了解了以后，他说，你这个不是“肥水流了外人田”。

通过这个办法，我们把集装箱航线给建立起来了，上海远洋公司从接近亏损的边缘，到1997年我离开上海远洋的时候，公司一年的利润将近10亿元。

上海港发展潜力巨大

上海港以前主要是以煤炭等矿物运输和杂货运输为主。煤炭是用皮带运输机运上船再卸货，杂货是用托盘运到船下面再吊上去。上海港的集装箱船是从20世纪80年代开始发展的。当时上海港务局和李嘉诚的和记黄埔合作，交通部和上海港要求我们的股份占51%，李嘉诚希望各占50%。后来根据朱镕基副总理的意见，各占50%，先在九区、十区合作。当时香港的集装箱运输已经很发达了，我们引进了香港一些先进的理念，上海港的集装箱运输逐步走向正规。但上海港九区、十区也面临一些问题，一个是水深问题，九区最多9米半到10米水深，再深就不行了；还有一个掉头问题，超过200米的船掉头掉不过来，一般都是退潮时顺水靠码头，等涨潮再掉头开出去。如果是300箱、400箱的集装箱船一下子掉头问题不大，如果是1000多箱的船问题就大了。所以，后来就考虑到外高桥建码头，外高桥稍微大点的船能够进来。但是外高桥也有问题，最大的水深是14米，还要等潮，高潮的时候才能进，小潮的时候进不来，船只进出港也受到一定限制。但是不管怎么样，外高桥码头的建设对上海港有很大的帮助作用。

上海港外高桥码头14米以上水深的船进来有困难，上海要搞国际航运中心，光靠外高桥还是不行。在本市范围内找不到合适的深水港的情况下，上海决定在大、小洋山建设深水港。洋山深水港的建成确实对上海国际航运中心建设发展起到了很重要的作用。

上海国际航运中心建设这几年的发展速度在世界上是数一数二的，目前在世界上声誉也是比较靠前的。原来我觉得日本神户港、横滨港很先进，现在我再看那都是小菜一碟了。美国洛杉矶港是美国最大的港口，但无论效率，还是操作水平，现在已无法和上海港比拟。但我觉得，上海国际航运中心的功能还没有完全发挥出来。如果中转货物量上去，上海港应该说是名副其实的国际枢纽港了。

今后集装箱货物量跟过去十年相比，发展速度可能会逐步慢下来。第一个原因是，当时港口设施比较落后，技术水平低，相对地发展速度就比较快。现在达到每年3000万箱的程度，今后每年再按照15%的增长速度发展，不太可能。第二个原因是，我们国家外贸进出口量不可能像以前一样，每年增加百分之十几，速度也会慢下来。第三个原因是，进出口产品结构的调整，今后进出口货物很可能是通过航空运输，还有可能通过陆上运输。今后集装箱运输要有很大的发展还是有些难度。

航运企业与国际航运中心建设互利共赢

1997年我到中海集团工作。当时中海集团下面几家公司经营面临困难，上海海运集团亏损4亿元，广州海运基本不亏，大连海运连年亏损。因为当时海运还是以沿海为主，有一些集装箱船，但都是小船，200至300箱的船跑台湾航线，一年亏了好几亿元。我来了以后，觉得集团应该成立专业化的团队，所以，组建了客轮船队、油轮船队、散户船队、集装箱船队，还有特种船队5个船队。

集装箱船队优先发展。中海集团当时只有几百箱的集装箱船，等我离开的时候，已经有10000箱的集装箱船了。当时中海集团和CMA（法国达飞轮船公司）合作，我们是5000箱的船，他们说能不能再搞大点，我说可以。我们就在韩国定造5条8000箱的船，造价是8800万美元一条。后来发生“9·11”事件，航运业受到重创。CMA说不造船了。我觉得今后大船发展是趋势，你们不要我们要。当时航运界其他公司也觉得8000箱的船太大了。有一次在上海金茂大厦开会，我对长荣海运副总裁说，能不能我们合起来造8000箱的船。他们不太愿意。最后定下来我们自己定购。当时市场不景气，船价下来了，造价从8800万美元降为8000万美元一条。之后我们又定购了5条9400箱的船。当时中海集团还是比较困难的，因为航运市场不景气，但是固定成本还是要支出。有人问我怎么办，我说放心。到2002年上半年，我感到航运市场要复苏了，到六七月，航运市场开始复苏。2002年下半年美国西海岸罢工，趁此机会我们到美国去赚了几亿元。

有人问我，今后集装箱船有没有可能更大？我说这个还很难讲。许多船公司都在造15000至20000箱的船，现在中远和中海两家公司合在一起定造了几条21000箱的船。今后集装箱船会发展到多大，我现在讲不清。航运业近些年大发展，但是今后运输量还会不会有这么大，仍是个问题。

中海原来在世界根本谈不上排名，但从2002年以后发展得比较快。2004年中海在香港上市，上市以后募集了70多亿元，2007年在上海A股上市。集装箱航运业务保持良性发展，负债率49%至50%。负债率低，船队的规模很大，企业效益很好。同时，中海也在积极发展油轮船队，提出组建世界一流的油轮船队和散户船队，积极组织"走出去"，走到海外去，单单靠国内沿海的货物量是远远不够的。

当初组建中海集团的时候，交通部部长说总部放在上海比较好，我表示赞同。上海本身就是一个航运集散的地方，上海市委、市政府都很支持，我也非常赞同把总部放在上海。现在中远和中海合并，把总部放在上海我也很支持。时任上海市委书记韩正也积极争取把中远海运总部放到上海。因为这对今后的海运业务发展是很有利的，对上海建设国际航运中心也是有利的。

2004年6月，由中海集团与美国洛杉矶港合资开发的洛杉矶第100号码头开港启用

今后航运业发展要离市场近才能取得更大优势，这么大的航运集团公司总部放在国际航运中心是再合适不过了。上海建设国际航运中心也需要中远海运这样的大型航运企业落户，这样可以带动相关市场的资源集聚，推动航运业务发展。可以说，中远海运落户上海，是互利共赢的明智之选。

中海集团与上海国际航运中心一起成长的十八年

口述前记

李绍德，1950 年 8 月出生。历任油轮船队党委副书记、上海海运局劳资处处长、上海海运局副局长、上海海兴轮船股份有限公司副总经理、上海海运（集团）公司总经理等职。2003 年任中海集团党组书记；2006 年 6 月任中海集团总裁、党组书记。2006 年 11 月任中国海运（集团）总公司总裁。2011 年 8 月至 2013 年 11 月，任中国海运（集团）总公司董事长、党组书记。

口述：李绍德
采访：张 励、白璇煜
整理：白璇煜
时间：2017年4月26日

中国海运集团在上海成立、发展经历了18年。2016年2月18日，国务院决定把原中海（中国海运集团）和原中远（中国远洋运输集团）重新组合成中国远洋海运集团总公司。不过，追溯以前的一段历史可以清晰地看到，作为我国超大型“国”字号航运企业，中海集团的发展与上海的“四个中心”建设，特别是国际航运中心建设是紧密相关的。

服务国家战略应运而生

1995年，党中央、国务院作出建设上海国际航运中心的重大决策。1996年，李鹏总理两次在上海召开专题会议，研究加快建设上海国际航运中心的有关问题。1997年7月1日，中国海运集团成立。可以说，中海集团是紧随中央建设上海国际航运中心的决定成立的。当时，交通部党组决定，把上海海运局、广州海运局、大连海运局以及北京的两家公司，一共五家机构共同组建成中国海运集团。我个人理解，目的有这么几点：一是国际航运中心建设需要一个大型的航运企业扎根在上海，对航运中心的建设和发展起到助力作用；二是要把过去计划经济体制下的航运企业组合成一个大的“航空母舰”，放到世界航运市场上参与竞争、加速成长。

我是中海集团组建时交通部任命的五人领导小组成员之一。在北京筹备半年以后，1997年7月1日，中国海运集团在上海成立。7月1日是党的生日，又正好是香港回归纪念日，也是我们中海的诞辰之日。在党中央、国务院的领导下，在国资委的直接领导和管理下，再加上中海集团党组织关系在上海属地管理，所以，在上海市委的领导下，中海集团和上海人民共同参与和见证上海国际航运中心的建设。上海是一个发展航运的好地方，中海集团把总部设在上海，也为上海人民作出了应有的贡献。中海集团刚组建的时候，当时上海75%的发电用煤炭是由中海的散货船运输的，60%的石油是由中海的油轮运输的，这为上海经济的发展带来了能源和动力，也为工业发展输送了新鲜血液。

2003 年，我担任中海集团党组书记，和李克麟总裁搭班子。2006 年 6 月，经中央任命，我开始担任中海集团总裁。从 2006 年到 2013 年我退出领导岗位，这六年多时间里，中海的员工给了我很大支持，领导班子团结、齐心，企业实现了跨越式发展。在这期间，我们经历了 2008 年的全球金融危机。2008 年波罗的海干散货运价指数（BDI）是 11793 点，到 2009 年最低是 772 点，对于一个航运企业来说，既经历了一个顶峰，也经历了一个谷底。我们提出了“百年中海，勇创一流”的目标和口号，广大员工齐心协力，在把航运这个主业做好的同时，也主动适应市场的需求，助力推进上海国际航运中心建设。

1997 年中海集团组建的时候，我记得有 431 艘船，750 万载重吨。到 2012 年底，中海拥有 491 艘船，3016 万载重吨。中海总资产达 1758 亿元，负债率 52.9%。可以说，各方面硬件、资产已经发生了翻天覆地的变化。企业的发展增强了我们竞争的实力。同时，我们本着稳健经营、务实肯干的精神，这么多年来没有发生集团大面积亏损的情况。在航运市场波动最大的时期，我们都还保持盈利，这在世界航运界也是不容易的。中海集团实现了国有资产的保值增值。

从 2010 年开始，上海港的集装箱吞吐量连续七年都名列世界港口第一，这很值得骄傲。中海集团也为上海港的发展做出了努力。这七年中，中海集团占了上海港市场份额的 8% 至 12%。我们在支持上海国际航运中心建设的过程中，也求得了自身的发展。所以说，中海集团的组建发展和上海国际航运中心建设是一致的。我一直在不同场合说，上海国际航运中心建设是国家战略，我们一定要站在国家层面来看待和支持。

不负期望珍惜发展机遇

中央领导和上海市领导对上海国际航运中心建设的关心、对中海集团的关心为中海集团带来了机遇。

2006 年 12 月底，当年宁波港完成 700 万集装箱的吞吐量，邀请我们去参观。在这700万吞吐量中，中海集团的货物量占第一位。习近平同志时任浙江省委书记，他拉我坐在他身边。他对中海集团多年来对宁波港、对浙江省交通建设发展的支持表示感谢，问了我一些关于集装箱货源和市场的情况，我都如实向他作了汇报。他问起中国海运集团总部在哪里，我说我们总部设在上海。他说："上海我经常去，在上海哪个位置？"我说："在虹口区，在北外滩。"他说："北外滩，是不是靠提篮桥那个方向？"我说："对的。"他说："我都知道。"我就顺势跟习近平书记说："您以后到上海有机会到我们中海集团总部来指导和考察。"他说："好的，我们有机会就去。"他认为中海集团对航运、对港口、对上海的发展和宁波的发展都做了很多努力。2007年，习近平同志担任上海市委书记。有一天，市委办公厅通知我们，说习近平书记要来中海调研，我们班子和全体员工都很兴奋。在集团总部的会议室，我向习近平书记作了汇报。当时为了给领导同志留下一个深刻的印象，我们用视频设备展示了中海的航线，展示了集装箱、油轮、散货三类船型在海上航行的实时位置。我说："习书记您可以点任何一条船，和它进行直接通话。"他很感兴趣，说："好，我找一条集装箱船。"习近平书记选的那条集装箱船叫"中海欧洲"号，是当时中海集团最大的一条船，8500箱的船。他和船长通了卫星电话，问船长在什么地方，船长说在台湾海峡。他问在那边海上情况怎么样，船员情绪好不好，运的什么货……船长都一一作了回答。习近平书记很高兴，请船长代他向船员问好。

习近平书记对中海集团很了解、很关注。在有了这次初步印象以后，2012年2月，时任国家副主席的习近平同志出访美国，在洛杉矶码头，他专程去看望了中海的船员，了解船上的生产、生活，包括防污染。他说："你这个船停下以后是不是有排气？污染怎么解决？"我跟他讲："我们船靠码头以后船上的发电机都停下，这样对港口污染就少了。"然后他又看了桥吊，他一看是总部在上海的振华港机的产品，又了解到洛杉矶码头80%的集装箱桥吊都是振华港机制造的，他很高兴。习近平同志对中海的关注、关心让中海广大员工十分振奋。在当年的全国"两会"期间，习近平同志到上海代表团参加审议时专门讲了中海的发展。2012年10月，我在《求是》发表了一篇文章——《中国海运：国际化经营的实践与思考》，探讨了中国海运集团如何走出去、如何把航运大国建设成航运强国等问题。

俞正声同志在担任上海市委书记期间也专程到中海集团总部来调研，关心中海的发展。我印象比较深的一次是俞正声书记腿受伤了，他的秘书打电话给我说："你明天上午 10 点钟到俞书记办公室来。"我去了之后，俞正声书记说他的腿受伤了行动不方便，经济工作会议他参加不了，他想要了解经济发展过程中突出的情况和趋势性问题。他说："你是搞航运的，实物运输量能真实反映经济的变化。"他向我了解了中海的生产运输量、上海港的吞吐量，讲了世界航运发展的态势，询问我中海发展有什么难点、有什么考虑，对市里有什么要求……我们谈了一个多小时，我感觉他对航运、对上海国际航运中心建设是高度关注和关心的。我向俞正声书记如实作了汇报："目前中海集团最大的船是 14100 箱，马士基是 18000 箱，我们一定会努力把员工人才队伍建设、把管理水平提升上去，一定会建造 18000 箱船，建设上海国际航运中心在硬件方面我们不能落后。"

在我回到公司传达了俞正声书记的谈话以后，我们班子同志都很激动，没想到市领导对经济活动的变化了解得这么具体，对中海集团关心得这么细致。随后，我们组织了一个专门工作小组，观察世界航运的变化、大型集装箱船舶的变化，对大型集装箱船和 10000 箱以上的船的优势、要注意的问题作专门研究。2012 年上半年，正是航运低潮，我们对酝酿已久的储备船型 18000 箱船下了 5 艘订单。因为正遇航运低潮，造船业困难很大，但我们不降低技术标准，在造船成本上与韩国现代集团进行了艰苦的谈判，最后谈下来一条 18000 箱的船造价为 1.365 亿美元，而马士基当时是 1.9 亿美元，我们每条船比他们便宜 5000 多万美元，5 条船就节约了 2 亿多美元。我们不是单纯为完成领导提出的任务而去下完订单就了事，我们的工作小组一直继续跟踪。我们发现 18000 箱的船型还可以进一步挖潜，和造船厂商量以后，在原有主尺度的基础上提高到 19100 箱，船价一分不增加。这在世界航运史上，特别是集装箱行业里引起很大震动。这批船投入营运以后，单箱成本大幅下降，我们和国际大航运公司就有了竞争力。

韩正同志、杨雄同志也在很多场合都在关心和关注中海集团的发展。可以说，我们没有辜负各级领导的嘱托和关心，但我们不只是为了领导提出的要求去做，而是要把中海集团建设成为世界一流的航运企业，建设一支强大的船队来为国家服务。中海集团落户上海，参与上海国际航运中心建设，这是国家战略，也是我们企业发展的机遇，所以我们珍惜这个时机，努力把企业经营好。

全面提升服务国家战略能级

2006 年，我担任中海集团总裁。2011 年，国务院决定成立公司董事会，我转任董事长、党组书记，许立荣同志担任总裁。我们之间互相配合、协调都很好。在这个基础上，我们进一步提出建立现代企业制度，精细化管理，眼睛向内抓成本，眼睛向外拓市场。我们作了全球化的规划。在继续建设航运团队的同时，向陆岸产业转型发展，避免资产过于集中于重资产的航运产业。我们提出了转型发展、创新思路、“弯道超车”的目标和任务。2006 年以后，中海集团生产基本趋于上升，没有发生整体亏损。我们投入使用先进的导航设备，和海事部门加强合作，2012 年，船舶的安全面是 99.5%，人员伤亡事故大幅下降。应该说，这么多年来，中海集团安全是稳定的，企业是发展的，效益是保证的，员工的收入也是大幅增加的。

2011 年 1 月，中海集团集装箱船“中海之星”在上海港洋山深水港区举行首航仪式

在抓生产经营的同时，我们把党建工作、反腐倡廉工作也结合在一起。到目前为止，中海集团没有发生领导班子的腐败问题。我们建立了自己企业的党校，成为中央党校和国资委党校在上海的分校。在党校基础上，我们又将其发展为干部管理学院，采用“两块牌子、一套班子”作为培养干部和人才的地方。中海集团 1997 年组建的时候有 47000 人，到 2016 年原中海、原中远合并之前还是 47000 人左右，18 年总人数没有增加。我们总结为“三变一不变”，即年龄变轻了，学历变高了，高级职称、中级职称的人数变多了，这是“三变”，变得更优更好了；“一不变”，即员工总数不变。

总体来说，在上海市委、市政府的领导下，中海集团为上海建设国际航运中心做出了自己的努力。中海集团从成立至 2016 年已经 18 年，从人生来说也是到了青年阶段了，在这个时候和中远集团重新组合成中远海运集团是个适当的时机。两大集团合并组建成为一个国际性的“航母”，将继续为上海国际航运中心建设服务。

关于国际航运中心建设，我有几点认识：第一，上海国际航运中心建设是国家战略，不是地方的区域战略。第二，上海国际航运中心建设必须与时俱进，要和自贸试验区、自由港建设相结合。第三，航运中心建设具有生命力就必须推动创新，和科创中心建设紧密结合，和“互联网 +”结合在一起。第四，国际航运中心建设不能以吞吐量为唯一标志，应该加快航运要素的集聚，加大金融对航运产业的支持和配合。第五，要加快人才培养，上海有海事大学，有我们专业学校，要整合资源，没有好的人才，没有好的管理制度，硬件再好也会被淘汰。

2017 年全国“两会”期间，我有三个提案，其中一个提案是建议加快航运人才培养，推荐我国的航运专才去竞争国际海事组织（IMO）的理事长职务。IMO 于 1959 年成立，理事长一直都是由欧洲人、韩国人、日本人担任，还没有一位中国人担任过。当时中国经济总量已经是世界第二，贸易量已经是世界第一了，很多货源都是通过我们进出口，中国在航运市场上的话语权变大了。中国在其他一些领域的国际组织里都已经有专业人才了，那为什么不去竞争 IMO 的理事长呢？这对中国、对上海国际航运中心建设都具有标杆性意义。中国船舶协会、中国互保协会、中国口岸协会都落户上海，但这些都是国内的组织，还不具有世界性意义。上海国际航运中心，不单要看到上海，还要看到国际。我的这个提案提交了，因为我感到这个事情是很重要的。

建设国际航运中心需要航运要素集聚，这不仅仅是几个部门、几个公司、几块牌子就够了，而是要拿出实物、实例、案例来。所以，我另一个具体的建议就是，上海海事法院作为国际航运中心建设不可缺少的一环，在从事日常的海事法律工作的同时，还应该发现、发掘带有航运发展特点和时代变化要求的一些典型案例，作为上海海事法院的判定依据。这会在航运界留下一个痕迹，无论大陆法系还是英美法系，案例都很重要。2016 年上海海事法院通过上海市人大、市政协邀请了 20 位人大代表和政协委员作为他们的特邀监督员，我是其中之一。我说，要为上海国际航运中心作贡献，除了一般的事务以外，还要以专业眼光看得更高一点，为整个国际航运中心要素的集聚、提升做一些努力。现在航运市场上下波动，我们完全可以从中研究和发现一些应该注意的事项作为案例。

中海集团的集装箱船

从航运企业自身发展来说，还有一些值得研究的问题。航运业是重资产的行业，怎样把航运作为物流产业、作为对外贸易的重要一环以全程供应链的方式衔接起来，是值得我们思考的。从国防建设来说，航运企业还是海军的预备队，我们有航务军代处，所有的主要船型都给部队备案的，海外撤侨、护航、给海军进行补给等我们都参与过。在“一带一路”建设中，中远海运集团如何更好地参与“海上丝绸之路”的建设，也需要深入研究和布局。

中海集团在上海落户，一路走来不容易。全体中海人以“百年中海，勇创一流”为目标，团结努力，确实做到了稳健务实发展。中远海运集团组建以后，相信未来会有更好的发展。

构建上海现代航运服务业的总体框架

口述前记

朱建华，1952年8月出生。曾先后担任上海港务局业务处处长，上港集装箱公司副总经理，SCT国际货运公司总经理，上海海华轮船有限公司总经理，上海航华国际船务代理公司总经理、董事长等职。2000年11月至2003年1月任上海航运交易所总裁、党委书记；2003年1月至2008年8月任上海市港口局副局长兼任上海航运交易所理事长、中国海事仲裁委员会第十六届委员会副主任。2008年8月至2012年12月任上海市交通港口局副局长、巡视员兼任上海航运交易所理事长。

口述：朱建华

采访：杭财宝、白璇煜、刘　捷

整理：白璇煜

时间：2017 年 11 月 23 日

我们为什么建设国际航运中心？目的还是为了发展当地城市的经济。据经济合作与发展组织（OECD）调查统计显示，港口可以给当地城市带来的增加值占 GDP 总量的 20% 左右，一吨货物有 100 美元的增加值，一万吨吞吐量可以增加 300 个就业机会，港口效率倍增可以增加 30% 贸易量。现在世界性的金融中心前十位中，有六个城市都是航运中心。港口对城市 GDP 的贡献有三个方面：直接贡献、间接贡献和辐射贡献。间接和辐射贡献就包括服务业，这是一个世界公认的客观规律，尤其像上海这种功能比较完善的大城市，百分比更加高一点，因为它的辐射面比较大，服务业对促进国民经济的作用很大。所以，港口这个行业对于我们国民经济是至关重要的。

近几年来，上海国际航运中心建设已经进入了一个新的发展时期，即由硬件建设转向硬件和软实力同步推进。其实，上海早在十多年前就开始着手现代航运服务业发展的推进工作了。

初步建立上海航运服务业体系

2004 年，时任上海市常务副市长周禹鹏召开了推进发展现代服务业的全市各单位负责干部会议，我代表市港口管理局参会，并接受了对航运服务业进行调研、提出发展建议的任务。

航运主业是港口和航运，航运产业的上游、中游、下游，会衍生出很多相关服务产业。为了搞好调研，我先把整个现代航运服务体系的结构了解清楚。从世界范围来说，航运中心中航运服务业做得最好的是英国伦敦。伦敦是英国的首都，良好的资源禀赋和历史积累决定了其适合发展航运及航运服务业。伦敦航运服务业发展的原始积累来源于英国强大的经济实力。第一次世界大战前，经历了工业革命的英国成为世界上最强大的资本主义国家，拥有最先进的制造业和世界一流的航海技术，成为 19 世纪的“世界工厂”。这促使英国成为世界贸易强国和物流中心，同时，不断吸引大批国外的航运企业到伦敦投资、开设航运分支机构，从而促使伦敦的航运市场迅速发展壮大，最终在伦敦区域内形成覆盖全球的航运服务业尤其是上游航运服务业的集聚。伦敦拥有世界著名学府牛津大学和剑桥大学，又是世界上大量国际海事组织和海运保险公司总部的所在地。这些机构为伦敦航运市场提供了充足的高级航运人才。这些受过高等教育、熟悉航运专业知识技能的人才，形成了联系全球的庞大网络，嵌入全球航运市场中，为伦敦的航运服务产业集聚提供了软件支撑。伦敦地区服务业在整个区域经济中的比重较大，存在产业融合的基础，有利于不同产业尤其是服务业之间融合，并使各种服务业以航运服务业为核心进行集聚。伦敦航运市场的开放度和创新度举世闻名，宽松的航运市场政策和活跃的航运服务创新造就了成熟的航运市场，吸引了大批跨国航运机构和企业入驻，有利于伦敦吸收全世界优质航运资源，如苏格兰皇家银行、伦敦保险公司、英国劳合社、伦敦清算所、劳埃德船级社、波罗的海交易所等机构的存在，实现了伦敦对全球航运资源的优化配置，又进一步加速了航运服务业在伦敦的集聚，并成为航运规则的发源地。

我们第一步是跟英国方面取得联系。我在航交所当总裁的时候，跟英国波罗的海交易所关系比较好，双方互为会员，所以，我们就利用这层关系跟对方取得联系。我们事先写好调查提纲，提前发给这些调研对象，提出了我们对整个伦敦的行业服务体系做调查的具体需求。当时港口局刚刚成立，缺乏专业英语人员，由和记黄埔派了外语比较好的业务专家陪同我们到英国伦敦进行调查。两个星期的学习调研使我们对伦敦的整个航运行业服务体系有了系统的了解，回上海后形成了我们自己的发展报告。

在这个发展报告的基础上，我们着手做推进工作。基本思路是把整个航运服务体系初步建立起来，把没有的给补上，把已有的进一步完善提升。下面就以两个有代表性的推进案例来说明。

填补了航运经纪空白

从运营地角度讲，所谓的航运服务业有两种，一种是在岸式，一种是离岸式。在岸式，比如说船代、货代，上海这类公司也是逐步发展起来的，从小到大，原来只有一家中国外贸运输总公司上海公司（以下简称上海外运），后来又成立中国上海外轮代理有限公司，然后遍地开花，最后全部开放；又比如，口岸要报关、报检，这些都是在岸业务。还有一种是可以在岸也可以离岸的叫离岸业务，比如航运经纪业务是离岸可以操作的。我们就是想办法把在岸业务质量提高，让离岸业务从无到有。

航运业有三个“密集型”特点：一是资金密集型。远洋轮船根据不同吨位价格不同，吨位越大的船价格越高，都是需要大笔资金的，所以，航运业是一个资金密集型行业。二是技术密集型。航运涉及天文、地理、气象、机械动力各方面的技术，是典型技术密集型行业。三是风险密集型。在大海中航行本身就面临着风险，《海商法》对航运企业有很多免责条款，为什么要免责呢？就是因为它面临的不可抗拒风险太大。当然随着技术进步，航运风险的可控程度也在不断进步。航运业同时又是最价廉物美的运输方式，全球80%以上、我国90%以上的货物通过航运实现位移，从这个角度来讲，航运是经济全球化的基石。

而航运经纪是航运业交易的润滑剂。举个例子，我当时在海华轮船公司当总经理，假如我们要买一条船，上海外运卖给我们，我们两家公司都在国内，这事情谈好成交就行了。但是，当时内地没有办理“方便旗”船舶买卖

2009年12月，全国首家航运经纪人俱乐部在上海成立

的相应机构，必须去香港等地，通过香港的律师行和经纪人办理。不仅如此，更重要的是航运经纪还具有帮助用户提供优选买卖方案功能，是提供一种专业技术性的经纪人服务，在某种意义上来说，这是航运服务业的灵魂。但是，我们国家当时在这方面还是空白，怎么把航运服务业引进来呢？要培养我们自己的人才。我们知道英国伦敦一些公司在上海的办事处有好多有海外留学经历的中国人被外派到上海工作。我们就把这些人请来，给他们发聘书，组成一个专家委员会，编教材，开培训班，举行上海市航运经纪资格考核，在交通部水运局破格支持下，同意上海先行先试。这样陆续成立了一些公司，就把这个空白给填补上去了。

目前，在上海从事船舶经纪业务的企业中，除部分大型国有企业的下属子公司外，多数是私营企业，或以兼营的方式开展业务。我这里有一些数据：截至 2012 年底，上海有 345 人取得上海市航运经纪资格考核合格证明；16 家世界著名和优秀民营国际航运经纪公司在上海市北外滩航运服务集聚区等地注册成立分公司，如克拉克森；航运经纪执业经纪人有 85 人。

航运保险蓬勃发展

推进航运服务业发展，就要对航运市场的方方面面有深入的了解，特别是了解行业潜在需求，摸索可以借用国外成熟经验的做法，比如无船承运人保证金。按照《中华人民共和国海运条例》，无船承运人需要注册，无船承运人公司要交保证金。保证金一般在 80 万元至 100 万元人民币，而且要交到交通部指定的银行里。这样一来，货代公司作为无船承运人，其资金就需要押在银行，只要经营一天就必须押在里面，对货代公司来说，资金压力还是很大的。经过我们调查了解，海外有一种做法，就是通过保险的方法来解决，只需要付点钱投保就可以。当时国内没有这个业务，于是我们就联系了保险公司，再联系交通部和保监会，他们都很支持，然后这项业务就搞起来了。这样既解决了无船承运人企业的资金压力问题，也为我们航运保险服务业填补了一项空白。

近几年随着上海国际航运中心建设深入推进，上海航运保险也有了较大发展。2009 年至 2013 年，上海地区船舶险市场规模从 6.8 亿元增加到 23.71

亿元，五年增长了2.49倍；货运险市场规模从11.7亿元增加到13.90亿元，五年增长了18.80%。截至2012年底，上海保险市场共有43家财产保险公司从事航运保险直保业务，其中，经营船舶保险的公司有29家，经营货物运输保险的公司有41家，经营出口信用保险的公司1家。此外，在中国保监会的支持和指导下，于2013年12月26日，在上海正式成立我国第一家专业性航运保险社团组织——上海航运保险协会。当然，上海的航运服务业要赶上国际海运服务发达城市依然任重道远。

上海现代航运服务业还需加强

高端离岸式航运服务业是指智力化、资本化、专业化的航运服务业。有些专家提出，高端航运服务业主要是指依托专业化知识、信息技术以及现代管理理念发展起来的，以提供知识性、技术性航运服务为主，具有较强的外溢效应，能够有效带动航运服务业和航运相关制造业升级，提高整体航运竞争力的航运服务行业集合体。

但是，以目前的实际情况来看，上海现代航运服务产业链，主要集中在货运代理、船舶代理等下游在岸式的产业，而以金融、保险、法律、信息服务为代表的上游离岸式航运服务产业规模比重较低、发展缓慢，与国际先进水平相比仍存在较大差距。同时，上海的航运保险、航运服务中介机构等尚处于起步发展阶段，落后于伦敦、香港等海运服务业发达的国际城市。在船舶融资、海事保险等航运离岸式服务业方面，上海也尚处初级阶段。因此，上海还需要不断完善航运服务产业，并研究开发航运金融衍生品；也可实施“走出去”战略，鼓励航运服务企业到海外投资发展，为航运企业提供必需的全球化服务，加快发展现代航运服务体系。

航运金融方面，中国建设银行、交通银行、中国银行等多家中资银行均在上海成立了航运金融部或航运金融服务中心，提供专业的国际航运金融服务。截至2012年底，在沪商业银行、政策性银行、金融租赁公司对航运、船舶制造和港口管理等航运相关企业的授信总额为1518.63亿元，贷款余额为891.83亿元，租赁余额为178.02亿元。海事仲裁方面，自2003年中国海事仲裁委员会上海分会成立十年以来，共受理320个案件，标的总额达42.99

亿元，仅2013年上半年，受理仲裁案件就超过了50件。

我感觉现行立法的不够完备是制约上海航运海事法律服务环境发展的一个重要因素。符合市场需求的航运法律人才的供给不足，制约着整个海事法律服务环境的可持续发展。应在法院、政府部门、高校研究机构之间建立更高层次的人才选拔机制、人才培养基地及国际航运法律研究中心，借鉴国际立法司法经验，发挥中国海事司法制度对海事案件集中、专门管辖的优势，依托已有工作机制，整合法律研究资源。通过规划上海国际航运中心法律软环境建设和海事司法工作发展，提高上海国际航运中心法律研究的系统性和应用性，积极参与国际海事新规则的形成过程，不断扩大上海航运业和海事法律界的影响力。

目前，上海航运业的从业人员有十多万人，主要集中在港口服务业、代理服务业和货运服务业等知识和技术含量较低的传统航运辅助服务业，而航运金融与保险、海事法律、航运信息研究分析、航运经纪等知识、技术含量较高的复合型人才所占比例非常小。上海还需要大力培养航运服务业人才，以适应上海国际航运中心的发展要求。

上海航交所发挥重要作用

在交通部的指导帮助下，上海航运交易所1998年首创并发布中国出口集装箱运价指数（CCFI）。继CCFI之后，上海航交所又相继推出中国沿海散货运价指数（CBFI）、上海出口集装箱运价指数（SCFI）、中国沿海煤炭运价指数（CBCFI）、上海船舶价格指数（SPI）、中国进口干散货运价指数（CDFI）和中国进口原油运价指数（CTFI），形成了全面的指数体系。

多年来，上海航交所的指数从无到有、从小到大、从少到众，从被怀疑到被接受，直至如今被国内外广泛应用，一路不断创新，以其科学性、权威性受到业界一致认可。国际航运界著名的媒体《劳氏日报》高度评价SCFI是全球最具权威、最精准的集装箱运价指数之一。全球知名的银行、机构将上海航交所发布的指数作为航运市场景气程度的重要反映，国家统计局将指数纳入国民经济指标的计算。指数的经济价值也得到了充分发挥，指数挂钩协议快速应用发展。国内沿海煤炭运输市场，指数挂钩的合约占年度长期协议的比重超过一半。美国联邦海事委员会（FMC）为此修改了其已实施多年的运价备案的规则，认可 SCFI、CCFI 作为指数挂钩协议的基准指数，在其接受的与指数挂钩备案协议中，与 CCFI 和 SCFI 指数挂钩的协议占据 42%。

2009 年国务院 19 号文件明确指出了“丰富航运金融产品，加快开发航运运价指数衍生品，为我国航运企业控制船运风险创造条件”。2010 年 1 月，首笔以 SCFI 指数结算的集装箱运费掉期交易在英国伦敦成功实现，填补了国际上集装箱运费衍生品交易的空白。2011 年，上海航交所控股成立上海航运运价交易有限公司，搭建了全球首个航运运价指数衍生品场内集中交易平台，为我国航运企业全面控制船运风险创造有利条件。平台为“航运交易”注入了全新的理念与内涵，更是上海国际航运中心与金融中心建设最有效的结合。可惜“好事多磨”，由于初期忽略了金融许可申请等主客观原因，此项工作仍停留在初探阶段。

根据《国际海运条例》，2009 年 8 月，交通运输部在全国范围内实施国际集装箱班轮的运价备案，拉开了运价备案监管工作的序幕。几年来，运价备案的主体、备案监管的市场范围不断扩充，实现了集装箱运输的全覆盖。

2010 年 12 月，召开全国船舶交易服务机构和船舶交易市场贯彻落实《船舶交易管理规定》座谈会

备案内容从运价延伸到运力，备案的方式也与时俱进，从“幅度备案”到“精细化备案”，备案监管制度在创新探索中不断完善。上海航运交易所作为运价备案的受理机构，共计受理运价5000余万条，在交通运输部的带领下，在全国多个口岸对120多家备案企业实施运价检查。运价备案制度的有效实施对规范海运市场秩序，营造公平、公正的市场环境发挥了积极的作用，是我国航运业实现事中事后监管的有效抓手，得到广大市场主体的充分肯定。为此，美国联邦海事委员会将上海航交所与之共称为“世界海运规则的两大风向标”。

此外，上海航运交易所还具有船舶交易、全国交易信息汇总、船舶价值第三方公估职能，以及航运人才交流平台等功能。

古往今来，金融、贸易和航运三者天然相互依存，我们再也不能就航运谈发展航运。航运是服务产业，为贸易服务，为全球经济发展服务；航运是资本密集型产业，需要金融支持发展；而贸易的实现也是离不开航运的支持；航运和贸易则是金融服务的主要对象之一。在全球贸易一体化，以及世界航运中心东移的背景下，我相信，伴随着我国航运业逐步走向国际化、市场化，航运服务业发展将会逐步成熟起来，产业规模将不断扩大，附加值将不断提升，必将为上海建设国际航运中心发挥应有的作用。

“店小二”的航运情怀

口述前记

张林，1961 年 1 月出生。历任上海市航务管理处副处长，市城市交通局综合规划处副处长、研究室主任、法规处处长，上海市迎世博 600 天行动指挥部办公室规划计划部部长，市交通运输和港口管理局综合规划处处长等职。2011 年 4 月至 2014 年 3 月任上海市交通运输和港口管理局副局长。2014 年 3 月起任上海市交通委员会副主任、上海市国际航运中心建设工作推进小组办公室副主任。

口述：张　林

采访：杭财宝、刘　捷、白璇煜

整理：刘　捷

时间：2017 年 11 月 29 日

建设上海国际航运中心是党中央、国务院高瞻远瞩，在关键时刻作出的重大决策，是实施国家海洋强国、航运强国战略的重要举措。上海国际航运中心建设取得举世瞩目的巨大成就，是国家部委与上海市以及苏、浙两省通力合作推进实施国家战略的成功典范。我深切地体会到，如果没有我们的制度优势和苏浙沪两省一市的通力合作，上海这座港口城市要跻身全球最具活力、最有竞争力的城市行列是不可能的。

关键的十年战略机遇期

1982 年 8 月，我大学毕业后来到上海工作。那时，上海港的主要港区都集中在黄浦江两岸，从外滩“情人墙”一眼望去，不是大吊车就是粮食、煤炭输送带，尽管“文革”后期港口设施进行了改造，但港口装卸能力不足的矛盾仍然十分突出。特别是被称为“20 世纪运输革命”的集装箱运输方式在全球已如火如荼，而上海才刚刚起步。1978 年 9 月，上海远洋运输公司“平乡城”轮，从上海港军工路码头驶往澳大利亚墨尔本和悉尼，开启了我国第一条国际集装箱班轮航线。虽然这艘改装的船上只装了 162 个 20 英尺的集装箱，但它把中国港口带进了集装箱运输的时代，这一天的到来，比欧美国家晚了 20 年。20 世纪 80 年代末 90 年代初，国际集装箱运输已逐步成为国际航运市场主要运输方式，船舶大型化、经营联盟化、运输干线化逐渐成为趋势，对国际航运市场和世界港口布局产生了重大影响。1984 年，14 个沿海港口城市和海南岛率先开放，中国经济发展驶入快车道，港口设施落后、能力不足，已直接制约了经济发展，上海港矛盾更为突出，经常有上百艘外贸船等候进港作业。上海港面对集装箱运输需求和航班密度以每年 20% 以上的强势增长态势，亟须找到破解瓶颈的良方。周边的神户、釜山、高雄等港口城市纷纷以争夺中国市场为目标大力发展港口和航运产业，构成了对我国大陆地区经济发展的严重威胁，如果这种局面得不到改变，将会影响改革开放进程。以 1996 年东北亚地区四个主要港口集装箱吞吐量为例，神户港为 207.3 万标准箱、釜山港为 472.5 万标准箱、高雄港为 506.3 万标准箱，上海港仅为 197 万标准箱，这还是在黄浦江上奋斗了 18 年的成果。做一个比较形象但不一定确切的比喻，面对周边港口的激烈竞争，就好像是被对手压在自己球门禁区内挣扎的那种感觉。神户港、釜山港和高雄港，就像围在我们面前的一条“港链”。处在这样境地只有两种出路，一是认输，甘愿做周边港口的支线港；二是突破，奋起直追，建设具有国际竞争力的东北亚地区枢纽港。

1996 年，党中央、国务院审时度势，作出了加快推进上海国际航运中心建设的重大战略决策。对上海来说，这既是一项光荣的使命，也是一道历史性难题。因为对上海港来说，长江口航道和黄浦江航道水深都只有 7—8 米，别说第五代、第六代集装箱船舶进不来，就是当时的第三代、第四代集装箱船舶也因为受航道水深影响在黄浦江里无法掉头。缺乏深水航道的问题严重困扰着上海港。上海要跻身千万箱大港，必须找到破解深水航道这道历史性难题的最优解。

我是学航道整治专业的，1981 年专业课程实习时到上海航道研究所（现为中交上海航道勘察设计研究院有限公司），听专家介绍过长江口治理情况。从 20 世纪 50 年代，国家就开展了长江口航道治理的专题研究。上海有近百年长江口资料积累，有长期跟踪、代代相传的专业研究团队，这是上海研究的基础，也是上海敢于说出“长江口能治”的底气。尽管如此，真要上马长江口治理工程，回答如何治的问题，仍是困难重重，因为长江口航道的情况十分复杂，没有太多经验可以借鉴，而且专家层面也有很多不同声音。最后，由上海航道勘察设计研究院牵头会同其他专业团队，提出了长江口深水航道治理的总体方案，工程分为三期，治理后航道水深分别达到 8.5 米、10.5 米和 12.5 米。长江口深水航道治理工程自 1998 年 1 月开工，至 2011 年 5 月竣工验收，历时 13 年，实现了 12.5 米航道水深全线贯通。

长江口深水航道治理、外高桥集装箱码头建设和洋山深水港选址论证“三管齐下”是对上海国际航运中心最有力的支撑。然而，围绕这三大项目专家层面想法各异。一部分专家认为长江口航道是整个长江流域的一个瓶颈，长江口的问题不解决，既影响上海港，同时长江航运也很难有突破性发展；

一部分专家则认为，长江口治理目标 12.5 米，虽然上海从中受益，但没有从根本解决上海深水岸线不足和未来船舶超大型化（水深要求大于 12.5 米）问题，建议上马洋山深水港。上海市委、市政府站在国家战略高度，始终坚持三个核心项目同时推进的“三管齐下”基本方针。历史证明，这个基本方针是正确的，它为上海港的发展赢得了关键的十年战略机遇期。为什么这么说呢？只要简单地回顾一下三个核心项目相互之间的关系就马上明白了。长江口深水航道治理和外高桥集装箱码头都是在 1996 年前后开始的，而洋山深水港一期工程是 2005 年 12 月建成投产的。在这十年间，长江口深水航道治理工程取得重大进展，外高桥一期至五期集装箱码头建成投产。上海港紧紧抓住了这两项工程所提供的航道与码头的“时间红利”，把上海港集装箱吞吐量从 1996 年的 197 万标准箱提升到 2005 年的 1808.4 万标准箱。同年，釜山港为 1184.4 万标准箱、高雄港为 947 万标准箱，神户港已经跌出世界十大港口之列了，这就为上海港建成东北亚国际集装箱枢纽港奠定了坚实的基础。洋山深水港一期至四期工程项目建成之后，主要满足吃水 14.5 米以上大型集装箱船舶进出港。目前，在上海港集装箱年吞吐量中，外高桥码头和洋山深水港码头几乎各占半壁江山。

假如长江口深水航道治理工程不上马，外高桥港区就会因为缺乏深水航道而得不到有效发展，上海港在 20 世纪末就可能以 1000 万标准箱的水平退出世界大港历史舞台；假如长江口深水航道治理工程和外高桥港区建成后洋山深水港工程项目不上马，那在 2005 年前后上海港就只能止步于 2000 万标准箱水平。今天我们所看到的正是“三管齐下”所构成的稳固基础，使上海港连续八年稳居世界集装箱第一大港，历史不存在“假如”。

蕰藻浜的“蕰”，油墩港的“通”

内河高等级航道网的建设是港口集疏运体系中的重要一部分，也是国际航运中心建设的重要板块。我在 30 多年职业生涯中，与航道打交道时间最长，1986 年担任上海市航务管理处航道科副科长，1991 年获得联邦德国政府奖学金赴德国学习，主要就是学习港口集装箱管理包括内河集装箱运输，1992 年从德国学习回国，于 1994 年任航务处副处长，分管航道规划和管理，从最早参加编制上海航道建设“七五”规划，一转眼就干到了今天的上海国际航运中心建设“十三五”规划，我赶上了最好的时代。

20世纪80年代，整个上海的内河航道里都是小船，大部分都在50吨以下，还有很多是水泥船，甚至是小木船、帆船。我们从那个时候起步开始编规划，今天大家讲的“一环十射”高等级航道规划，其实一开始是“一环九射”，后来感觉“一环九射”很难叫响，就把300吨级龙泉港（其他都是500吨级以上）放进去了。从“八五”时期酝酿，到“九五”时期编入规划，到“十五”时期就叫响了。当时的上海市委领导很赞同这个提法，认为上海是一个因水而生的港口城市，水网发达，水运要有大发展。后来“一茬接着一茬干，一年接着一年干”，把主要的航道都向1000吨级发展方向去规划建设了。在那个年代，对千吨级的概念还觉得太遥远，因为大量的都是百吨船。我们的主力船型是拖带船型，浩浩荡荡，1条船后面拖12条驳船。虽然加起来也是千吨，但这种方式最大的问题是操控性能差，容易出事故，效率非常低。我1991年去德国学习，欧洲的内河早就淘汰了拖带船队，取而代之的是千吨以上机动驳，在汉堡港学习港口集装箱管理和在莱茵河管理部门学习航道建设，回来就感觉到我国内河航运与国外的差距太大。1993年，我在专业期刊上发表文章，提出上海应该借鉴欧洲内河航运经验，发展千吨级机动驳和集装箱内河船舶。后来，我又撰文呼吁在内河通航标准中淘汰拖带船队，现在这种船型已经进到博物馆去了。

上海的内河航道建设真正起步，是“十五”以后。前面的建设还是比较缓慢的，资金投入少。前面做过哪些投入呢？主要就是“一环十射”的环——蕰藻浜。蕰藻浜这条内河航道，在上海改革开放进程中作出过重大贡献。宝钢的原料、成品和上海城市建设所需的建筑材料以及中心城生活垃圾转运，蕰藻浜的作用不可替代。所以，我们在“八五”“九五”“十五”中，都安排了一定资金对蕰藻浜进行改造。把这条弯弯曲曲、很窄的小沟，建成了现在上海的一个千吨级航道。这里讲一个小插曲。蕰藻浜的“蕰”，本来在字典里面是找不出的，起先只能用“蕴”来代替。当时为此事，我和同事一起专门做了考证，上海蕰藻浜不应该叫蕴藻浜，应该叫蕰藻浜。我们把考证结果跟市地名办作了反映，他们接受了我们的考证建议，就把这个字改过来了，所以上海现在路名标志都是用蕰藻浜，很多正规的文件里面用的也是蕰藻浜了。我是新上海人，要深入了解上海这个河网发达的港口城市，就必须把历史搞清楚，周末休息一天，我基本都泡在上海图书馆。蕰藻浜是什么意思呢？一查史料，原来“蕰草”指的是河里的一种水草。以前这里是一个小浜，后来变成黄浦江一条大支流。

上海西部有一条把黄浦江上游和苏州河上游连接起来的河，叫油墩港，其是“一环十射”中环的一段。20 世纪 70 年代，大搞农田水利建设，以工代赈开河，农田土地只补青苗费，上海开凿了一批规模较大的河道（也是通航航道），如大治河、金汇港、川杨河等。但是到了 70 年代末，政府财政吃紧，农田只补青苗费也行不通了，一批水利开河项目就下马了，其中最大的一条就是油墩港。这条河全长 36 公里，面宽 60 余米，近黄浦江那头松江境内 12 公里已开通，还有青浦区和松江区的 24 公里河道没开，工程下马了。1985 年，我去油墩港沿线实地徒步来回仔细踏勘考察后，在《科技日报》上发表文章呼吁，油墩港要加快续建，早日形成功能。这条河道建成后最大的一个作用，就是解决青松地区 70 多万亩的低洼地水涝问题。对交通部门来

“一环十射”项目之一的大芦线航道整治一期工程

说，开辟了一个新航道，可以直接从黄浦江进入蕰藻浜，不需要绕行黄浦江下游主航道。这个项目是“跑部钱进”的结果。领导指派我反复跑交通部争取支持，终于感动了交通部计划司和水运司领导，给予了续建投资50%的补贴。现在我们地铁建设每公里都是10亿元以上，内河整治每公里也需3亿至4亿元，当年我们这样一个把黄浦江与苏州河打通的24公里航道项目，只花了5000多万元，放到现在简直不可想象。这是我作为一名专业技术人员第一次担任项目负责人，那年我才25岁，当领导问我是否有胆量挑重担当项目负责人时，我初生牛犊不怕虎，回答领导：“只要领导信任，我有信心干好！”整个项目，我带领部门和设计所的小伙伴们，从项目建议书一直做到初步设计和施工图，记得做工程可行性研究报告时，连续两个多月睡在单位会议室，每天干到半夜，趴在图版上就睡着了。

自贸试验区是国际航运中心建设的“新引擎”

2009年4月，国务院下发了《关于推进上海加快发展现代服务业和先进制造业建设国际金融中心和国际航运中心的意见》（以下简称国务院19号文件）。文件明确了上海国际航运中心建设的长远目标、主要任务和时间要求。市委、市政府认真贯彻国务院19号文件精神，进一步细化了加快“两个体系”建设的任务、目标和责任主体。两个体系建设是指现代化港口集疏运体系和现代航运服务体系。如果对上海国际航运中心建设作一个阶段划分的话，那么1996年到2009年可以划成一个阶段，这个阶段主要以港口基础设施建设为主。从2009年开始，我们开始重视现代航运服务体系建设，我们叫硬件和软件“双轮驱动”阶段。港口硬件设施不到位，大船根本靠不了港；但硬件设施上去了，口岸软环境不好，对船公司也没有吸引力。所以，上海国际航运中心建设必须港口硬件设施建设和口岸软环境建设双轮驱动，尤其要大力发展航运服务业，花大力气补“软件”短板。长期以来，上海的航运服务业主要集中在传统航运服务方面，就是为船舶公司、码头做的服务，如供油、供水、供电、供食品、打捞、油污水收集等；而像海事咨询、海事服务、航运保险、航运仲裁、航运金融、航运交易等现代航运服务业基本处于空白或相对较低的服务水平。2009年以后，上海市相继出台了一系列政策与扶持举措，促进航运服务业的发展，也开始重视国际和国内功能性机构的引进。于是，我们有了独立的海事法院、航运仲裁院、中国海事仲裁委员会上海分会，然后再把全球的船舶检验机构、船级社引进来，九大船级社在上海都有了分部，国际海事组织（IMO）在上海也设立了亚洲技术合作中心。航运保险这一块也逐步发展起来，十几家财产保险公司全部在上海设立了航运财产保险业务，无论船舶险还是货物险的保费、保额在全国都保持绝对领先地位。航运金融近几年也逐渐红火起来了。全世界前二十的班轮公司在上海都有办事处，全球主要海事服务机构基本上都在上海设有办事处。这些年来，几乎全球的各类航运机构在上海都有了功能性的机构或者分中心。国际航运中心建设的软件服务的门类越来越齐全，营商环境、口岸环境大幅改善，高端航运服务业发展越来越好。

2013 年 9 月，中央决定在上海建设自贸试验区，这是上海国际航运中心建设的新引擎，是上海国际航运中心跃上新台阶的最好机遇。如果没有上海自贸试验区这样一个新引擎，上海国际航运中心在全球的排名，要从第七名攀升到第四名是很难的。像自贸试验区推出的负面清单、证照分离、单一窗口、提高口岸效率和政府透明度等开放市场、贸易便利化的营商环境改善措施，都是国际航运中心建设持之以恒推进的重要内容。

我们做了那么多推进航运服务业发展的工作，纵向上比年年有进步，横向上比，特别是和国际航运中心排名靠前的几家比，差距还是明显的。2014 年起，新华社和波罗的海交易所（以下简称波交所）联合推出了国际航运中心全球评价体系，当时，我们在全球的排名是第七位。评价机构把吞吐量等硬件设施要素的比重只设为 20%，而把海事法律、航运金融等航运服务、政府透明度等综合环境的比重设为 80%，这对拥有较为完善的基础设施和全球集装箱吞吐量第一的上海港而言，是有点吃亏的。但是从另外一个角度看，这也迫使我们要双轮驱动，大力推进航运服务业，特别是高端航运服务业，大力改善跨境贸易等营商环境，提高政府透明度，否则我们的全球排名就保不住更上不去。现在第一名是新加坡，第二名是伦敦，第三名是香港，这几年我们已经逐渐超过汉堡、鹿特丹、纽约、东京了，这就是我们航运服务业进步的最好佐证。

找到了现代航运服务业的短板，也绝非想补就能补上的。我曾经打过一个比方，上海自贸试验区推进的过程中，金融业的改革开放是“穿着棉袄、滑雪衫”，我们航运业则是“穿着短袖、短裤”，我们没有更多的东西可以开放了。我国在加入世贸组织时基本没有对航运业进行保护，航运业属于开放度最高的行业之一。我们在听取国际班轮公司对中国航运业开放政策的许可限制时，他们说，他们在中国几乎没有特殊限制，这个市场很开放、很公平，就剩下很小一块，即外资船公司的沿海集装箱捎带业务未开放。最大的感受就是中国税收比较高。所以外商就在中国内地做生意，在香港结算以避税。这一次在自贸试验区的建设过程中，我们还是找到了一些新的突破点，比如对外资的船舶管理公司、对船代公司的股比等。这些事项的突破，是自贸试验区建设给上海带来的一个新机遇。上海自贸试验区真正给国际航运中心带来营商环境质的改善，主要体现在我们口岸环境的优化、通关效率的提升，海关数据显示，我们通关时间平均压缩了三分之一。我们的单证电子化推进迅速，到 2019 年底，有望港口全程无纸化，这就如当年推进口岸电子数据交换（EDI），也是全国率先。还有优化集装箱作业流程、降低收费和规范透明收费，上海也带了一个好头。这都是自贸试验区建设的重大突破，也是对国际航运中心建设的重大贡献。我把我的手机号给了所有中外资船公司人员，下到工人上到总经理，所有跟航运服务产业链有关的人员，从船员到司机，24 小时都可以打我的手机。你提出的任何诉求，在政策允许范围内的我尽快办；我也要求我的同事，必须做到任何事情都有回应。让我感动的是，近十年下来，从来没有接到一个行业内有怨气的员工打骚扰电话，都是在遇到困难的时候找我。现在外资公司也好，内资公司也好，都感觉到上海地方政府的透明度在提升。我们一直讲，营商环境不是一个虚的东西，营商环境有税收，营商环境有办事效率，营商环境也有我们每个政府官员的服务。

通过我们在航运服务业里做出的这些努力，政府的公信力这些年来也在不断地提升，企业有了更多的获得感。这里有两个例子。

第一个例子又要说到长江口。如今的长江口深水航道已经变成最繁忙的拥堵航道。当年谁能想到，长江口深水航道建成不到十年，现在就拥堵了。上海交通委急企业之所急，牵头研究长江口扩能的可行性。在交通运输部和上海海事局、长江口航道局、东海航保中心等部门大力支持下，这个问题已找到破解路径，即长江口深水航道超大型船舶双向通行。原先因为整个长江口深水航道350米至400米底宽，92公里长，为了防止船舶碰撞，通行规则规定两艘船宽总和不得超过80米。但这几年全球船舶大型化趋势明显，不论是集装箱班轮还是国际邮轮，船宽早就超过40米了，两条船加起来就超过80米了。每次出现这种情况，海事部门就要采取交通管制，实施单向通行，让一艘船先航，这样上海港的准点率受到较大的影响。现在经过科学论证和实船试验，可利用边坡，对特定对象放宽到90米，这就使得长江口深水航道在不增加工程设施的情况之下，通过技术和管理手段化解邮轮与集装箱船“抢道”的问题。在交通部的指导和大力支持下，我们会同上海海事局、长江口航道局、东海航保中心等部门，通过科学研究和实船试验，提出了利用航槽两侧100米边坡作为交会安全富裕宽度，给大船交会松绑，允许两条船宽加起来90米。原来的单向通行变成了双向通行，提升长江口深水航道的通过能力。这个突破，为我们上海港班轮的准班率和大型邮轮的准点率提供了有力的支撑。目前已解决了邮轮和集装箱船交会问题，我们希望，通过科学论证，未来可以更大程度释放深水航道能力，即争取更多船舶都能实施双向交会。用科学态度和创新思维解决港航企业关注的实际困难，使港航企业有更多的获得感。

再举个例子，港口的运营安全问题。2015年，天津港“8·12”事故发生以后，上海港马上遇到了严峻的考验。好事者在网上说，上海的危险品堆场距离居民区和重大基础设施根本不到1000米，有的只有200米、300米。其实，上海的大型危险品集装箱堆场只有4个，堆场当年设置时，周边都是农田，如今周边城市化进程步伐加快，堆场周边200米已经开始有人居住了，500米之内已经就有地铁站了。网民说的是事实，但对我们来说却是措手不及。危险品是我们城市生活必不可少的，整个国家的经济产业链里面都非常需要。上海港的危险品集装箱每年有70多万标箱，约为全国港口危险品集装箱总量的三分之一。天津事故发生后，多家班轮公司高管给我打电话，说装有危险品集装箱的船在海上漂，许多港口都婉拒靠港，上海港千万不能拒绝。在这个危急时刻，我们在上海市委、市政府领导的大力支持下，上海港毅然作出承诺，上海港不会拒绝任何一艘载有危险品集装箱的班轮，船公司纷纷为上海港的担当点赞！我们还及时关闭了外高桥三处危险品集装箱堆场，消除了居民担忧。现在说起来轻松，在当时，从市委、市政府领导到生产一线，多少个日日夜夜，大家都在齐心合力，动足脑筋，想尽办法，既要确保城市安全，又要确保生产不断。这件事的妥善处置也充分体现了上海这座城市的责任担当和精细化管理的水平。我们在临港地区原有的危险品堆场旁边，再划出一块区域做临时堆场，然后把外高桥三个堆场关闭，第一时间动迁了临港的临时危险品堆场周边的数百户居民和养老院、学校等机构，所有工作就在一个春节假期里全部完成。临港的临时危险品堆场，从 2015 年 8 月启动，到 2016 年 3 月底才把完备手续办出来，在此期间我们是如履薄冰、提心吊胆，我和我的同事深入现场，会同企业，确保措施到位，7×24 小时处于戒备状态，保证了上海港正常运行，保证了外贸集装箱船的正常装卸。我们还建设了一个危险品防爆作业区，这是超国家标准的。建成后国家安监局领导检查时评价：这是中国标准最高的危险品堆场。那段时间，我们不断完善方案并推进实施，既要确保城市的安全，又要保证危险品的安全，别人不做的我们要做，别人都停了我们还要做，三个月我整整瘦掉十斤。上海的营商环境就是这样靠大家干出来的。

转眼间，融入上海这座港口城市已整整 37 年，幸运的是，我赶上了中国

2015 年 10 月，“SISI 国际港航发展论坛（2015）——一带一路与港航发展研讨会”在上海举行

全面改革开放、经济腾飞的最好时代，来到了这座海纳百川、追求卓越、缔造传奇的城市。37 年，我从基层一线的一名普通工程师，成长为全球第一大集装箱港口的管理者，是上海这座城市给了我机会，让我有幸成为上海国际航运中心建设的参与者、建设者和推进者。我唯一应该做的就是履职尽责、尽心尽力，带领团队向着 2020 年基本建成上海国际航运中心的目标冲刺！

创新中发展的上海航运交易所

口述前记

张页，1963 年 1 月出生。曾先后担任上海长江轮船公司副总经理、华泰海运公司总经理、上海长江轮船公司实业公司常务副总经理、沪港合资旅游公司副总经理等职。2003 年起担任上海航运交易所党委书记、总裁。

口述：张 页
采访：杭财宝、张 励
整理：张 励
时间：2019 年 11 月 9 日

上海航运交易所是经国务院批准，由交通部和上海市政府共同组建的我国第一家国家级航运交易所，是我国政府为了培育和发展我国航运市场，配合上海国际航运中心建设所采取的一项重大举措。从 2003 年至今，我一直在上海航运交易所担任党委书记、总裁，亲身经历了上海航运交易所服务国家战略、直击行业痛点、不断探索发展的过程。

应对“入世”挑战 筹建上海航运交易所

上海航运交易所的建立与我国从计划经济向市场经济转型有着密切的关系。1992 年，党的十四大作出了把上海建成为“一个龙头、三个中心”的国家战略，当时提出的是建设国际经济、金融和贸易三个中心，还没有提到建设航运中心。我国实施改革开放后，党中央、国务院作出一项重要决定，申请恢复中国在关贸总协定中的缔约国地位。关贸总协定，也就是世界贸易组织（WTO）的前身。按照关贸总协定的要求，航运业属于服务业范畴，在加入后应完全放开。但那时我国的交通运输业还不够发达，高速公路还是新鲜事物，铁路运力紧张导致车皮成为紧俏的资源，搭乘飞机甚至还需要单位开介绍信，95%以上的货物运输依靠水路运输。因此，党中央、国务院对航运业既重视又担心，仍然采用计划经济的手段进行管理，交通部每年要制定整个运输计划，每个月还要开一次货运平衡会。航运公司之间也不像现在是完全打通的，而是有着明确的分工，中远负责远洋运输，中海负责沿海航运，长江上的航运由长航负责。在这种情况下，完全放开航运业对我们国家是一个很大的挑战，需要建立一些航运的功能性机构，及时掌握航运市场信息，以便更好地对航运业进行宏观调控。

这些功能性机构建在什么地方呢？当时有多个城市在积极争取，但中央最后选择了上海。上海是我国第一个提出建国际航运中心的，当然现在国务院下达的文件中已经有四个“国际航运中心”了，除上海之外，天津是北方国际航运中心，大连是东北亚国际航运中心，厦门是东南国际航运中心，但上海是最早提出的。上海国际航运中心按照国务院文件的规定，并不局限于上海一座城市，实际上讲的是“一体两翼”，涵盖上海、江苏和浙江两省一市。

上海国际航运中心建设真正开始发力是在1995年。到了1996年1月，时任国务院总理李鹏在上海主持召开专题会议，确定了加快上海国际航运中心建设的几项标志性工作：一是成立上海航运交易所（以下简称上海航交所）；二是建立组合港；三是推进外高桥港区一期改造和新建二期集装箱码头；四是实施长江口深水航道治理工程，实现航道水深从8.5米到10米再到12.5米；五是组织新港址比选，后来才定为洋山港；六是开通宁波至美国东海岸航线。这表明，上海国际航运中心建设要重点解决一个“软硬兼施”的问题，无论是长江口深水航道治理，还是外高桥码头建设，甚至是后来的洋山深水港建设，这都属于硬件建设；同时我们还需要有一些软件配套，建立一些航运的功能性机构。

正是在这样的背景下，上海市交通办从上海港务局、上海海运局、上海远洋公司、上海交通运输局、上海长江轮船公司等单位抽调10名人员组成上海航交所筹建处，由许立荣同志担任筹建处负责人。国务院对这项工作非常重视，李鹏总理在上海亲自召开会议，听取航交所筹建进展情况汇报。筹建工作也得到了交通部的大力支持，部里派水运司副司长朱永光同志作为挂职干部到上海任职，参与到航交所的筹建工作中。1996年9月19日，《上海航运交易所管理规定》经国务院常务会议讨论通过；10月3日由交通部部长黄镇东签字，以部长令的形式下发。11月28日，上海航交所正式成立，时任上海国际航运中心上海地区领导小组办公室（国航办）副主任李誠同志兼任理事长，朱永光同志兼任副理事长，许立荣同志担任第一任总裁。所以说，上海航交所的出生级别是比较高的，是由国务院批准设立的一个机构，主要服务于上海国际航运中心建设。

航运交易所这个名字，在当初还是起得蛮前卫的。20世纪90年代，我们对于航运交易所还很陌生，只知道有个波罗的海交易所。波罗的海交易所创办于1744年，已经有270多年的历史了。它的前身是一家咖啡馆，由于当时还没有什么现代通信手段，船方与货主的交流就是在咖啡馆见面，一边喝喝咖啡，一边谈谈生意，慢慢地这里便演变成为航运业人士集聚的中心，并逐步形成了商谈生意、发布指数、公布信息等功能。我们在创办上海航交所的时候也参照它的模式，不仅引入了公布航运信息、提供标准合同等功能，还搞了一个咖啡馆，可以说是对波罗的海交易所一种很简单的拷贝。

上海航交所在成立之初确立的三大功能是“规范航运市场，调节航运价格，沟通航运信息”。但航交所的功能如何去体现、业务如何去开展，是当时航交所亟须解决的关键问题。对此，我们一直有这么一句话：在探索中发展，在发展中探索。关键是要找到一些痛点、解决一些问题。在许立荣同志担任上海航交所总裁期间，我们开展了海关、国检、海事、边防“一关三检”的“一门式”口岸服务。随着上海对外贸易量的不断增长，报关报检量也在同步增长，但当时“一关三检”都设在口岸，交通不便，于是上海航交所于1998年在全国率先推出了“一门式”口岸服务，把海关、国检、海事、边防四大口岸单位全部集中在航交所，在市区内建立起一个报关报检的地方。我们开展的“一门式”口岸服务得到包括国家计委（发改委）在内的国家八部委的肯定，时任国务院副总理吴仪还带队来我们上海航交所总结经验。现在上海是全国出口量最大的口岸，而上海口岸90%的出口报关报检都是在我们航交所进行的。1998年4月13日，上海航交所发布中国出口集装箱运价指数（CCFI），与现在上海集装箱吞吐量连续九年位居世界第一不同，当初上海的集装箱吞吐量并不大，因此能在那个时候就提出发布集装箱指数也是很有远见的。

上海航交所还有一项功能，就是结合国家政策的调整、市场发展的痛点或是新的开放举措，有针对性地开展调研、提供建议，甚至是参与一些具体操作，发挥智库的作用。化学品沿海运输权对外资开放就是其中的典型。沿海航行权属于国家主权范畴，照理来说是由国家控制，不准外资进入的。比如，上海直接到美国的航线、青岛直接到美国的航线是允许外资进入的，但上海到青岛的航线由于两端都在我国领海内，是不允许外资进入的。然而，当时我国的化学品运输非常落后，连专门的运输船都没有，为避免出安全事故，就要放开化学品的沿海航行权。为此，我们航交所通过调研提出外资可以进入沿海化学品运输领域，但必须实行中外合资的形式，中资占比51%以上，而且具体的操作过程也要由我们来主导，这些建议后来都得到了采纳。

提升航运软实力　积极打造国际规则中心

从2009年4月《国务院关于推进上海加快发展现代服务业和先进制造业建设国际金融中心和国际航运中心的意见》(以下简称国务院19号文件）颁布开始，我们国际航运中心建设进入一个新阶段。之前我们只是说要建上海国际航运中心，但什么时候建成、建成的指标是什么都没有明确。国务院19号文件则清楚地定下了时间节点：到2020年基本建成国际航运中心；也明确了建成国际航运中心的功能性要求，即实现航运资源高度集聚、航运服务功能健全、航运市场环境优良、现代物流服务高效，具备全球航运资源配置能力。文件中关于加强国际航运中心建设的要求，也为上海航交所的规范有序发展提供了保障。

为提升上海国际航运中心软环境建设，我们曾经设想要积极引进国际上的航运功能性机构，但实际上从2000年开始，世界范围内就基本没有出现新的航运功能性机构了。这说明，航运业是一个非常古老、非常完整、非常全面的行业。世界上第一个发行股票的公司就是一家航运公司——荷兰东印度公司，世界上第一张保单是海上保险单，世界上第一部商务法律是海商法，世界上所有的贸易都起步于航运，所有大国的崛起也都是因为控制了海洋，从最早的葡萄牙、西班牙，到“海上马车夫”荷兰，再到英国、美国，都是如此。所以，我们有这样一句话：“航运是国家力量的输出、世界财富的输入。”正因为航运业的发展已经相当成熟，要建成国际航运中心，我们关注的不仅是引进新的功能性机构，关键还是要真正掌握好国际规则、运用好国际规则，要按照国际规则来办事。

何为航运中心？我认为，航运中心的核心是规则中心。世界上第一个公认的航运中心——希腊之所以能成为航运中心，就是得益于共同海损制度。这一制度起源于爱琴文明，古希腊南端爱琴海诸岛中间，商船往返频繁。最初船、货为一人所有，后来产生了接受承运业务。当船只遭遇航行危险时，会抛弃一部分承运货物，以减轻船载避免船只倾覆。开始时，谁的货物被抛掉就自认倒霉，后来希腊推出了共同海损制度，无论谁的货物被抛掉，损失由大家共同承担。这个制度推出后，世界上的船只都到希腊来注册，逐步形成了全世界第一个航运中心。迄今为止，全世界最大的船东仍在希腊。据统计，希腊所拥有的船队价值总计近1000亿美元，占全世界船队载重吨约19%，稳坐世界第一船东大国的宝座。相较而言，中国约占13%，仍有一定差距，这就是规则的力量。之后，伦敦能成为国际航运中心也是得益于“提单—信用证”规则。18世纪时，航运业越来越发达，全球贸易繁荣，违约事件也因此日渐增多，有的人托运了货却不给钱，有的人收了钱却不运货。为了解决违约问题，伦敦推出了“提单—信用证”规则，分别代表货和钱的归属权，解决了“先有鸡还是先有蛋”的问题。现在，伦敦的吞吐量不是特别高，但它依然是世界公认的一流的航运中心，就是因为它在海事仲裁、航运保险和保赔、中介服务、船舶经济、航运金融等领域的软实力非常强。以海事仲裁为例，超九成的国际海事纠纷都选择在伦敦进行仲裁，全球仲裁80%的条款是伦敦条款。

上海要建设国际航运中心，必须要推出得到全世界公认的规则。目前国际上确实呈现出航运要素逐步从欧美向亚洲转移的趋势，但是转移到亚洲、转移到东亚，是不是一定会到上海，关键就看上海在运用规则方面是否有效，目前来看我们在这方面与新加坡还存在一定差距，国际上一些航运机构的亚洲分部大多设在新加坡，但目前还没有新加坡规则。在制定规则方面，上海可以借助软硬件发展，利用区块链、碳排放等新技术新创新发力，建立一些世界认可的规则。而上海航交所恰恰就可以起到国际交流窗口、国际规则诠释者的作用，通过深入研究国际规则、宣传国际规则，推动上海在用好国际规则方面走在世界前列。

聚焦建设“航运强国” 发展“三大功能”“三个运价”

在2012年11月召开的党的十八大上，以习近平同志为核心的党中央在分析我国和世界发展的历史经验教训、未来我国发展战略需求及世界发展趋势后作出了建设“海洋强国”的重大部署。在党的十八大报告中有这样一段话，要“提高海洋资源开发能力，发展海洋经济，保护海洋生态环境，坚决维护国家海洋权益，建设海洋强国”，只是其中没有直接提到航运。但我们航运人觉得，习近平总书记提到的海洋强国应该是包括航运强国这层含义的。航运本身是伴随着海洋出来的，只有航运能力强大了，才称得上是海洋强国。到了党的十九大，开始提“交通强国”的目标。2018年，习近平总书记在上海考察时直接提到了“航运强国”这四个字。我记得很清楚，那是在11月6日，习近平总书记在浦东新区城市运行综合管理中心视频连线洋山港四期自动化码头，听取码头建设和运营情况介绍，并提出，经济强国必定是海洋强国、航运强国。习近平总书记提到了航运强国，要求我国的航运业向“航运强国”这个目标发展，所以才有了后来的中远集团与中海集团的合并，船队总运力现在是全世界第一。

随着党中央对“航运强国”重要性认识的不断深化，我们也在不断思考、研究如何进一步完善上海航交所的功能。我们最有成就感的一件事就是上海航交所的内容被写入了《上海市推进国际航运中心建设条例》(以下简称《条例》)这一地方法中。这份《条例》是2016年6月23日由上海市第十四届人民代表大会常务委员会第三十次会议通过的，是中国唯一一个地方性航运立法。把上海航交所写进去，就从法律上固化了我们的功能和业务，今后如果要对上海航交所的功能进行调整，就必须修改法律。但对于把上海航交所的内容写进《条例》，当初审议时有很多人提出质疑，他们的观点也很有道理，因为法律体现的是一个普遍性要求，怎么能把上海航交所这样一个机构写入法律之中？我作为人大代表正好在场，于是就从三个方面进行了阐述：第一，建设上海国际航运中心是国家战略，我们上海航交所是经国务院批准建立、设在上海的一个功能性机构，地位重要，理应写入法律；第二，正如上海在建设国际金融中心过程中，成立了中国人民银行上海总部承接总行的部分事权，上海航交所作为一个国家级机构，也可以接受国家交通运输部部分职能的授权；第三，中央要求上海继续当好改革开放排头兵、创新发展先行者，发挥引领长三角、带动长江经济带、辐射全国的作用，在全国很多省市都在建航交所的背景下，强化上海航交所的定位，能够更好地起到引领作用。他们听了之后觉得很有道理，最终就把上海航交所的内容写进去了。

《条例》中明确上海航交所三大功能是“规范航运交易行为，维护航运市场公平，沟通航运动态信息”，这三句话是我改的。原来的功能定位在具体操作过程中遇到了一些困难，比如我们没有执法权，对航运市场上的不规范行为无法进行处罚；又如调节航运价格功能，在市场经济条件下，是不允许对价格进行调节的，进行议价或是搞价格同盟是违规的，最多只能是公布指导价；对于第三项沟通航运动态信息的功能，原先设想会在航交所开展一些航运交易，但实际上航运交易与其他类型的交易有着明显的差异，航运交易是大宗货物交易，货量比较大，合约不是一天一签的，过去是三年、五年甚至是十年一签的，像中远与宝钢之间的运矿合约都是五年一签的，现在年限虽然缩短了一些，但也要一年一签，不存在频繁交易，否则会给双方带来很大的不确定性。而且签约双方基本上是老客户，签发找代理公司就行，不需要在我们航交所进场签约。现在改为维护航运市场公平，内涵就更广泛了，执法是维护公平、信息透明也是维护公平；规范航运交易行为，就是只要在我们上海航交所参与交易，就必须遵照我们的规则；而在我们这里开展的交易越多，我们才能掌握到更多的动态信息。

上海航交所的主要业务归纳起来就是做“三个运价”，这后来也被写入《条例》第26条中。第一项业务是运价备案。全球航运公司在中国开通的集装箱运输航线，不管是在上海、青岛，还是宁波，按规定其运价必须向交通运输部备案，这是国家主权的体现。因为集装箱运输就相当于陆地上的公共交通，是公共服务，其价格必须由政府进行监管；而散货运输就像出租车一样可以议价，一船一定价，价格随行就市，是由市场供给关系决定的。而上海航交所得到交通运输部的授权，可以对运价开展备案。我国现在是全世界集装箱运输量最大的国家，所以这个数据量非常大，大约是一亿条一年的数量级，国内国际的都要管，外国最大的马士基也好，中国的中远海运也好，都在上海航交所这里备案。上海航交所还代表交通运输部定期开展备案检查，如果备案不实事求是的话还要进行处罚，这个工作量也是很大的。第二项业务是运价指数。自1998年发布中国出口集装箱运价指数以来，上海航交所持续研发创新，至今已经形成了涵盖集装箱、干散货、油运、买卖船、船员薪酬、“一带一路”等完整的“上海航运指数”体系，包括20个大类指数，约200个指标，整个门类的齐全度全球第一，肯定超过了波罗的海交易所，当然波交所的干散货运价指数（BDI指数）出来得比较早。“上海航运指数”还发挥了航运市场“晴雨表”和“风向标”的作用。在宏观指导上，国家统计局、海关总署，以及国际上所有大的媒体，如彭博社、劳氏、JOC等，都引

2009 年 10 月，上海航运交易所正式发布新版上海出口集装箱运价指数（SCFI）

用上海航交所的指数来评价经济景气度、进出口景气度。中观上，航运市场的定价、对企业发展战略包括上市公司的评价等，也是根据上海航交所的指数进行预估；微观上的应用，最具影响且得到国际上广泛承认的是使用“上海航运指数”的挂钩协议，现在国际上航运企业在签约、结算价格时跟着上海航交所指数走，直接根据上海航交所的指数点数来结算，或在此基础上进行适当上浮或下调。第三项业务是从 2009 年国务院 19 号文件颁布开始，上海航交所正在尝试开展的运价交易。航运市场客观存在着运价波动大的特点，给船货双方带来很大的风险，为此上海航交所正在和上海期货交易所合作发起指数期货，把航运指数作为金融交易产品，实现上海国际航运中心建设与金融中心建设的最好结合。这个项目 2019 年被列为市政府的主要工作，中国证监会也给予大力支持，已经同意立项，并准备在 2020 年作为上海基本建成国际航运中心的标志性事件推出。

衔接打响“四大品牌” 创建航运业“四个上海”

关于上海航交所的发展方向，为更好推进上海国际经济、金融、贸易、航运、科技创新“五个中心”建设，上海市提出要打响上海服务、上海制造、上海购物、上海文化“四大品牌”；与此相对应的，作为上海国际航运中心建设的重要组成部分，上海航交所提出要创建航运业的“四个上海”——上海规则、上海标准、上海交易、上海品牌。

改革开放以来，中国在不断受益于全球化发展的同时，也更加深入地融入世界经济中，成为促进世界经济发展不可或缺的重要力量。遵守规则和制定规则成为中国融入世界的重要标志。规则不是“规矩”，而是在服务中与国际接轨，维护市场公平，“说别人听得懂的话”。正如我们建立的运价备案制度成功地在航运市场树立了“上海规则”，航运业中的“上海规则”所体现出的一定是更好的服务，通过服务来规范航运市场，从而促进航运营商环境的改善。

创建“上海标准”，就是在航运市场上形成更多像“上海航运指数”这样，由上海航交所发布、获国际社会认可的标准。在中国制造、中国工程、中国装备的发展过程中，由于标准缺失，中国企业备受“委屈”。当前，中国企业和机构最需要的，就是通过树立中国标准，实现“两端超车”。

为何要积极探索“上海交易”呢？因为这既可以稳定航运现货市场，平抑实体经济的风险；同时还可以通过交易寻求定价权。现在，无形市场的规模远大于现货市场，如果能够提升交易市场的人气和繁荣度，就能够形成航运运价衍生品交易中心，由此频繁交易产生的交割数据，就是引领航运市场的远期价格，抢占航运运价定价中心的高地，形成对这一领域的引领权、话语权。

创建航运业的上海规则、上海标准、上海交易，最终集中起来，就是要打造上海的航运品牌。未来的全球竞争是价值链竞争，中国要参与世界经济竞争，就一定要有一大批中国品牌涌现出来，用优质品牌统领产品的全价值链，打造中国自己的价值链竞争优势。上海航交所成立 23 年来，始终用品牌理念去打造每一项服务，从服务中创造品牌，从品牌中体现服务。上海航交所拥有花费 22 年时间打造的《航运交易公报》；有用 20 年时间打造的“上海航运指数”，这一指数目前已经注册了商标。上海航交所还用 10 年时间打造了“航运交易论坛”，每年举办一次，上海航交所是主办方，接下来上海市政府还准备在北外滩举办一个航运领域的陆家嘴论坛。这些努力都是为了打造

2018 年 11 月，由上海航运交易所主办的“2018 上海航运交易论坛”举行

品牌，为中国航运市场和全球航运市场健康发展发挥更多的品牌效应，并且通过品牌的创立提升中国航运业的影响力。

上海航交所在发展过程中得到了历届上海市委、市政府领导的关心和支持。2019 年 7 月，上海市委书记李强对上海航交所发展作出重要批示：上海航交所下一步的发展要加快政策创新，做强做优做出国际影响力，成为上海国际航运中心的大品牌。这既是对上海航交所运行 20 多年来工作的肯定，更是对上海航交所的发展寄予很大希望，要求上海航交所通过不断创新进一步打造品牌形象和提升国际影响力，为把我国建设成为“航运强国”贡献力量。

我的上海航运情缘

口述前记

任慈杰，1946 年 9 月出生。1967 年起先后在上海市海运局、上海港务局东昌公司等单位工作，历任计划科科长、建港办公室主任等职。1988 年至 1996 年任上海市交通办规划建设处副处长、处长。1996 年 5 月至 2005 年 8 月任上海市航务管理处处长，兼任上海市地方海事局局长、上海市船舶检验处处长。

口述：任慈杰
采访：杭财宝、刘　捷、龚思文
整理：龚思文
时间：2017 年 11 月 13 日

我一辈子都在交通运输系统工作，与港口航运事业结下了很深的缘分。在担任上海市政府交通办公室规划建设处处长期间，参与了“建立上海国际航运中心的研究”专项课题；在担任市航务管理处处长期间，组织编写了《上海内河航运发展规划》，有幸为上海国际航运中心建设尽了绵薄之力。

理念为先，编制国际航运中心首张蓝图

上海国际航运中心是以 1996 年 1 月国务院领导在上海召开两省一市负责同志会议为标志，正式开始进入议事日程的，但关于“国际航运中心”的想法，其实早些时候就在酝酿。

20 世纪 90 年代，世界经济发展中出现了这样的新现象：一些超大型的滨海城市为争当国际航运中心展开了激烈竞争。这些城市的共同特点是：港口充分依托城市现有的经济、技术条件，达到自我完善、自我发展；而城市经济也充分利用港口门户走向世界，实现“港为城用，城以港兴”。上海的发展，同样面临着这样的机遇和挑战，也就是说，如何通过建立国际航运中心，以确保上海成为国际经济、金融、贸易中心之一，成为我们上海在世界经济新的发展面前所要研究的重要课题。

因此，关于上海建设国际航运中心的研究项目，早在 1994 年就开始关注并启动了。1994 年 5 月，时任中共中央政治局常委、国务院总理李鹏同志在视察上海期间，就谈到建设上海国际航运中心问题。时任交通部部长黄镇东同志召开调研信息座谈会，并从政策研究的角度，提出关于“上海国际航运中心”四个方面的研究内容：一是上海建立国际航运中心的必要性与可能性；二是上海建立国际航运中心的硬件与软件条件；三是日本、新加坡等国家和地区的大港成为航运中心的发展模式，有哪些经验值得我们结合国情予以借鉴；四是发展的目标与步骤、思路与对策。黄镇东部长还要求将这一研究项

目列入1995年交通部“软科学研究项目”，旨在为领导决策提供有说服力的依据。

1994年11月，交通部与上海市领导对上海建立国际航运中心及开展相关课题研究的问题磋商一致后，市交通办与上海船舶运输科学研究所（以下简称船研所）向交通部提出了项目建议书和课题合同文本，并在12月经专家审查会通过立项。1995年2月，交通部正式下达了关于“建立上海国际航运中心的研究”课题，明确由上海市交通办公室与上海船研所共同承担这一课题。

1995年5月，李鹏总理在关于上海港口建设工作一次谈话中，又提到了“航运中心”。他指出：上海如果没有深水港，就不能成为交通运输的中心。有了航运中心，就能使上海成为贸易中心，成为金融中心，三者是密切联系的。今后在“九五”规划中，要把这个问题定下来。

由此，党中央的战略决策、李鹏总理两次讲话精神，以及交通部和上海市委、市政府的有关指示，都成为“建立上海国际航运中心的研究”这一课题立项的依据，我是课题组负责人之一。船研所十分重视，指派了顾家骏、顾虎良两名研究员共同负责课题研究，他们都是航运经济与船舶方面的专家。

我们面临的任务是要预测全球航运发展的态势，分析“航运中心”的模式和要素，研究上海港口的优势和问题，提出“上海国际航运中心”建设的发展战略。这项研究课题，没有现成的可借鉴蓝本。必须站在国家的高度，创新出思路。

在编写《建立上海国际航运中心的研究》过程中，课题组查阅和援引了大量翔实的资料，首先从亚太地区与我国国民经济发展的态势，从我国经济结构和产业布局，从外贸发展与进一步开放，从港口布局和发展，从经济、金融、贸易与航运的相互关系五个视角，分析了上海建成国际航运中心的必要性；又从上海的地理位置、历史的回顾、腹地的经济资源、亿吨大港的物流、航运市场、港口设施、集疏运条件、航道水深、信息与管理九个方面，论证了上海建成国际航运中心的可能性。

同时，为了深入研究国际航运中心的特征和现状，课题小组前往欧洲，考察了英国伦敦、荷兰鹿特丹等世界一流港口。在伦敦，令我们印象最为深刻的是以波罗的海交易所为代表的发达航运市场，它航运货种全面，航运范围遍及全球，航运组织多样，运输合同兼容，成交量巨大，并具有充分发展的相关市场。在全欧洲最大的港口——鹿特丹，我们看到了齐全的港口设施、码头、机械、货栈，却很少看到工作人员。原来早在20世纪90年代他们就打造出了“智能港”，将自动化理念运用到货物装、卸、拆、包等每一个环节。

通过考察，我们也分析并梳理了上海港同当时的国际航运中心和世界上最先进水平相比，在航运市场、航道水深、港区布置与吞吐能力、集疏运、服务和管理等方面存在的问题和差距，并提出发展目标和建设步骤。当时我们预测并提出的上海港规模，2010年吞吐量为2.8亿吨，集装箱吞吐量600万至700万标准箱；2020年吞吐量为3.2亿吨，集装箱吞吐量1200万至1400万标准箱，进入世界前5位，现在看来已经远远超出了。然而，我们在20多年前就提出“开发深水航道是上海建立国际航运中心的基础之基础”“加快建设现代化的深水新港区”“确立以上海港为集装箱主枢纽，沿海和长江为集装箱支线的运输发展模式”“把中远集装箱总部设在上海”等重要理念，对后来上海港建设发展方向产生了重要影响。从现在来看，拥有“15米以上水深航道的港区”已成为现实，洋山港建成运营也已经十多年了；全国的航运总部，包括远洋、海运集团公司总部，也逐渐都迁到了上海。在对策建议中我们还提到，从长远看，实行自由港的政策是加速实现国际航运中心的一项有力措施；建议首先在浦东新港区实行自由港政策。从党的十九大报告中提出“赋予自由贸易试验区更大改革自主权，探索建设自由贸易港”的要求看，20世纪90年代我们提出“自由港”这一思路也是超前的。

《建立上海国际航运中心的研究》这一课题报告完成于1995年12月，从酝酿、立项、研究到最后完成，前后历时一年半左右时间。这是一份关于国际航运中心建设的系统研究报告。课题完成后，分别报送交通部和上海市政府。据悉，1996年1月李鹏总理来上海召开会议时，也阅看了这份课题报告；时任中共中央政治局委员、上海市委书记黄菊同志在报告上批示：“三管齐下”（长江口航道整治、长江口南岸建港区、洋山建深水港），此后他与时任市委副秘书长黄奇帆同志也经常关心课题中相关实施步骤和对策建议的推进落实情况。当年交通部领导班子成员和上海市委常委课题报告人手一份。经过几次研讨会后，许多兄弟省市和地区包括长江沿线重庆、武汉在研究制定相关规划和方案时，都以它作为蓝本。1996年初，黄奇帆同志有一次拿着有黄菊同志批示的课题报告对我说，交通办做了一件大好事，否则谁讲得清楚“航运中心”。

《建立上海国际航运中心的研究》在实践的检验中获得了充分肯定，20世纪90年代描绘的这张蓝图，如今大部分已经成为现实。

规划为纲，内河航运展现广阔前景

在国际枢纽港规划建设不断加速的同时，以“政企分开”为导向的上海交通管理体制改革也在逐步展开。其中，内河航运管理体制的改革是在1985年拉开序幕的。1985年新年伊始，上海市交通运输局下属的内河航运局进行体制改革，成立了经济独立的上海通盛航运公司、上海轮渡公司、上海通茂客运轮船公司、上海内河航道疏浚工程公司。1986年10月1日，上海市内河航务管理处设立，隶属于市交通运输局，行使对全市内河港务监督、航道管理、港口管理、船舶检验、船员考试及运输管理等原由内河航运局行使的行政管理职能；两个星期后，“政企合一”的市内河航运局撤销，内河航运局下属的航运公司、轮渡公司都直属市交通运输局领导。1991年5月9日，上海市内河航务管理处更名为上海市航务管理处（这个名称和机构一直延续到了今天），仍隶属于市交通运输局，继续承担原来的行业管理行政职能。到了1996年4月，由上海市交通运输局转制组建的上海交运（集团）公司正式成立，原交通运输局下属行使行业管理职能的上海航务管理处隶属市政府交通办公室。

我是在1996年5月被调到上海市航务管理处（以下简称航务处）担任处长、党委书记的。有了之前调研和编写《建立上海国际航运中心的研究》的经历，也为了更好地把落实国际航运中心研究成果同新岗位、新要求相衔接，所以我就立足航务处作为地方航务专管机构这一职责，一开始就把编制《上海市内河航运发展规划》摆在了重中之重的位置，以优化完善与长三角地区紧密融合的内河航运，更好地为上海国际枢纽港的建设和发展拓展经济腹地。

单从自然历史条件看，上海地区河网密布、水系发达，发展内河航运的优势是得天独厚的。历史悠久的吴淞江（苏州河）以及明代初期整治后的黄浦江，成为内河航运的主要河道，加上数以百计的大小支流，把整个上海地区连成一个十分便利的水陆运输网。我们的两条主航道——黄浦江和苏州河，它们的地理和通航条件甚至一定程度上超越了欧洲久负盛名的内河航运通道莱茵河、塞纳河；我们四通八达的支线河流与大小湖泖共同构成的水网体系，不仅在中国沿海港口城市中首屈一指，就是放在全世界看也是为数不多的。这么好的地理条件如果能够充分利用起来，长三角乃至长江流域的纵深腹地优势就能汇聚到上海，上海作为国际航运中心的能级自然就是世界其他城市所完全不能比拟的。

但是，由于一直以来不受重视，上海内河航运的发展十分滞后，致使我们的内河航道一直处于"超负荷"的极限运输状态。一方面，上海内河航道等级低，多为六级（100 吨级）以下航道，客观上限制了船舶吨位的提高和内河航运的集约化经营；另一方面，虽然上海与江苏、浙江主要城市之间已建有高等级陆路交通网络，但是内河航道还没有与苏、浙内河水系在航道等级上全面对接，在高等级的水运基础设施上出现"断层"。即便如此，上海每年内河航运的运输量都在亿吨级上下，上海港吞吐量五分之一的集疏运物资是由内河航运完成的。通过制定内河航运发展规划、建设高等级内河航道网，

1998 年 12 月，召开《上海内河航运发展研究》课题咨询会议

从而解决内河航运长期投入不足、航道淤塞、船舶运输等级不高等问题，需求之迫切，由此可见一斑。

我带领航务处机关以及各区县航务系统的同志经过调研，在1998年编制了《上海内河航运发展规划》(以下简称《规划》)。在这份《规划》中，我们首次提出建设“一环十射”高等级内河航道网，重点发展内河集装箱运输，从而实现“航道景观化、码头集约化、船舶标准化、管理信息化”的目标。根据“有所为，有所不为”的方针，“一环十射”涉及的14条航道中，除黄浦江外，苏申内港线（宝钢支线铁路桥—吴淞大桥段）航道规划等级为Ⅲ级（能通过1000吨以上的船）；赵家沟（随塘河—黄浦江）、大芦线（内河集装箱港区—黄浦江）等6条航道的规划等级为Ⅳ级（能通过500吨以上的船）；其余航道等级为Ⅴ级。可以说，《规划》中的“一环十射”让小船小河“跑码头”的现象成为历史，织成一个真正能联江通海的发达的内河运输网络。

值得关注的是，这份《规划》同《建立上海国际航运中心的研究》之间有着很强的逻辑联系，特别是突出了内河航运发展在整个航运中心建设体系中的地位和作用。也正是因为这一特点，《规划》的框架被列入《上海市国民经济与社会发展第十个五年计划纲要》中。“十五”计划纲要在第六章“城市发展”的第三部分，即“构筑现代化基础设施，强化交通枢纽功能”中明确指出：“以深水港建设为突破口，推进‘三港三网’建设，重点建设轨道交通网、高速公路网和内河航道网。以建设集装箱集疏运通道为重点，加快内河航道整治，形成以‘一环十射’为骨架的内河航道网。”

正如我刚才所提到“对课题最好的褒奖是实施”，对《规划》最大的肯定也正是在于推进落实。《规划》正式实施后不到五年的时间，包括“赵家沟航道整治工程”“大浦线整治工程”“大芦线航道整治工程”“蕰藻浜东段航道疏浚整治工程”等在内的十多项建设工程全面启动、有序推进，在促进产业发展等方面的经济社会效应是非常显著的。

一方面，内河航运的发展为沿河企业注入了新的生机和活力，以“运量大、价廉、便捷、环保”为特点的内河航运发展“绿色物流”逐渐升温。比如，蕰藻浜航道经过整治后，通航条件极大改善，运输船舶趋向大型化，运输成本降低了；借此机遇，吴淞化肥厂适时调整了产业结构，借助蕰藻浜航道良好的水运资源招商引资。嘉定区江桥镇利用吴淞江和蕰藻浜航道水运资源，建立了西北物流园区。依托大芦线航道和芦潮港内河港区，同盛物流园区也兴建成立。我们也可以清楚地看到，一些具有国际影响力的大型工业园区，如安亭国际汽车城等，都是坐落在水运条件便利的航道交汇处，说明内河航道改造发挥的投资杠杆效应同样也是不可低估。与此同时，内河航运也以它独特的辐射优势、沟通市郊各城镇和工业区，通过促进生产要素和资源的最优配置，推动了城乡一体化进程。

另一方面，内河航运的发展也为进一步优化上海环境质量开拓了新领域。内河航运运输数量大，对城市的污染和干扰小，这是公路不可企及的优势。打个比方说，一辆卡车载货约 5 至 10 吨，而一条内河驳船基本上能载货 100 吨，20 世纪 80 年代前小拖轮拖上 10 条驳船就是 1000 吨，一次便能顶上 200 辆卡车的运载量。内河景观航道建设在改善通航条件的同时带动水景住宅开发，构筑水质清澈、驳岸整齐、绿树成荫的滨河景观带，航道两侧已逐渐成为生态环境最好、生活质量最高的区域之一。

到了 2003 年，随着外高桥四期集装箱港区的正式投产，上海港集装箱吞吐量达到了 1128 万标准箱。当时预测，随着洋山深水港区和外高桥五期先后

川杨河河道

投产，到 2010 年上海港集装箱吞吐量可以达到 2100 万标准箱。根据国际集装箱枢纽港发展经验，内河集装箱运输是集装箱大港至关重要的集疏运方式；提升内河航道等级，建设与上海港相配套的内河集装箱港区及运输通道，同时也结合黄浦江装卸功能转换要求，替代黄浦江部分货运功能，成为相当迫切的任务。这也就意味着，对 1998 年编制的《上海市内河航运发展规划》进行修订和“升级”的任务，必须加快提上议事日程了。

2003 年 6 月，时任上海市市长韩正同志与时任交通部部长张春贤同志会面，就上海交通发展问题交换了意见。当时张春贤部长就明确要求加大投入，建设和改善以“一环十射”干线航道为骨架的高等级航道网。2004 年初，时任中共中央政治局常委、国务院副总理黄菊同志考察长三角地区水路、公路交通发展情况时强调：内河担负着华东地区物资交流和港口集疏运任务，为省市间的经济交流和外贸物资运输提供了便利的条件，在服务区域经济发展中发挥了独特的作用。要加快高等级内河航道网建设，提高内河航道等级，形成苏浙沪通畅衔接的航道网。

根据党中央、国务院以及交通部和上海市委、市政府领导新的指示要求，2004 年我再一次牵头开展调研。这次调研的目的是在原来《上海市内河航运发展规划》的基础上，拟订一份修订报告，进一步提升上海内河航道的规划等级。在充分调研和分析新形势的基础上，我们提出上海内河航运要适应上海港集装箱发展的需要，以建设集装箱集疏运通道为重点，全面提升与上海深水港相贯通的内河航道等级的新标准、新要求。在内河航道规划中，我们把连接江苏的苏申外港线、苏申内港线，连接浙江的杭申线，以及贯穿苏浙沪的长湖申线（太浦河上海段）规划等级提升为Ⅲ级，将平申线等 4 条航道规划等级提升为Ⅳ级。这样一来，在“一环十射”涉及的 14 条航道中有 8 条规划等级为Ⅲ级；规划等级为Ⅴ级的仅剩下川杨河、龙泉港两条，不仅更好地与苏浙两省对接，区域航道网的运力和规模效应也势必将大大提升。此外，我们还提出到 2010 年上海内河港区将建设形成具有 2 个集装箱港区、8 个散货港区、1 个化工品港区、1 个汽车滚装港区规模的内河港等建设规划。时任上海市副市长杨雄同志听取我们汇报后指出，内河航道规划和执行都非常紧迫，长三角的内河航道规划交通部已下达，是为国际航运中心配套的，上海的规划和规划执行必须走在前面，内河航道规划修编报告，一个是和交通部的规划相吻合，一个是和内河航道“一环十射”发展规划相吻合，这次调整升级是合适的。

2005年2月，上海市人民政府、交通部联合发出《关于原则同意〈上海市内河航运发展规划（修订报告）〉的批复》（以下简称《批复》）。《批复》明确：上海市内河航道是长江三角洲地区综合交通的基础性设施，也是上海国际航运中心建设的重要组成部分。要高度重视上海地区内河航道网建设，既有利于降低运输成本和缓解交通压力，又有利于促进长江三角洲地区的联动发展。《批复》指出，上海地区内河航道担负着与华东地区及长江沿线省份的物资交流和上海港的集疏运任务；对长江三角洲地区内河运输质量和效益具有重要作用。要加大上海地区内河航道建设的投入力度，改善以“一环十射”干线航道为骨架的高等级航道网，全面提升上海地区航道层次，使之成为长江三角洲地区内河航运发展新的增长点。《批复》还要求上海市港口局“根据上海国际航运中心建设和区域经济发展的需求以及《上海市内河航运发展规划（修订报告）》的总体要求，积极推进内河高等级航道网建设，使上海市内河航道网成为集装箱港区与长江三角洲地区的连接通道，并为长江流域的内河集装箱运输提供有利条件”。

在这个《批复》的落款处，两个发文机关——上海市人民政府、中华人民共和国交通部分别加盖了公章，成文日期是“二〇〇五年二月二十四日”，那天是农历正月十六。可有谁知道，为了联系和落实交通部在这份批复上会签与盖章的事宜，中间还有个小插曲。我记得很清楚，2005年春节前三天傍晚6时前，我在市政府办公厅秘书处拿到《批复》后，第二天一早飞北京，下午赶到交通部相关司局找处长、司长走程序。规划司分管司长在外面开会，又穿过半个北京城赶到会场。等他散会后说明来意，他告诉我：内河航道建设是地方项目，按惯例交通部只会签，不盖章。后来，这件事反映到部领导那里，经部领导同意后交通部也盖了章。

对此，我有亲历亲为的感受，真切盼望这份修订后的《上海市内河航道发展规划》描绘的广阔前景能早日实现，从而推动上海国际航运中心建设能级进一步提升。2005年1月6日下午，市政府常务会议听取内河航运规划和实施计划的汇报。韩正市长总结讲话：内河航运是非常重要的规划，高等级内河航道是国际航运中心的重要组成部分，成本低，一举多得，紧迫性和重要性都很明显，交通部抓得很紧，长三角内河航道国家层面已经定了，我们必须重视内河网的建设，尽快落地。韩市长讲话铿锵有力，声声在耳。

建管并举，为城市水域安全保驾护航

上海市航务管理处还承担着水路运政管理工作，这方面工作大致上分为三个方面：一是航务处职能科室对本市从事水路运输经营者实施行业管理；二是航务处运政检查大队对辖区范围内的水路运输经营者进行运政检查；三是各区（县）航务署（所）对辖区范围内水路运输经营者和水路运输的运政管理。在实施运政管理过程中，如发现违章或违法行为，则根据有关法律、法规对当事人予以行政处罚。在市航务处下辖10个相关区县的航务署（所），其中，浦东新区叫“航务管理署”，其他9个相关区县，包括闵行、宝山、嘉定、青浦、松江、金山、奉贤、崇明以及原来的南汇，都叫“航务管理所”。整个航务管理系统加起来共有1000多人。

同时，我们上海市航务处还挂“上海市地方海事局”和“上海市船舶检验处”两块牌子，所以它不仅是上海地方航务的专管机构，同时还行使上海市地方海事和船舶检验的行政执法职能。我作为航务处处长，同时也兼地方海事局局长、船舶检验处处长等职务。

由此可见，除了负责内河航运规划建设任务外，单从管理工作看，我们堪比公安机关——除了治安之外差不多是都要管吧。所以说虽然这支队伍的总人数1000多人不能算少，但与要覆盖2000多公里航道水域的管理任务相比人手还是非常紧张的，这是对我们加强管理提出的极大考验。

从实践经验来看，我认为，加强管理首先要注重适应新形势。而这个新形势，就是要与上海国际航运中心建设目标与过程相适应。要做到适应新形势，认真深入的调研同样是不可或缺的。我在任期间就一直和班子成员思考，比如，随着洋山一期工程和外高桥新的集装箱码头开工建设，将来上海港集装箱吞吐量势必成倍增长，内河航运的管理工作如何适应这一态势，更好地实现与集装箱枢纽港相配套？在中国加入世界贸易组织（WTO）之后，如何应对日益开放的内河运输市场，特别是对外来挂靠船舶如何规范管理、落实安全责任制？如此等等，都要加紧调研。在新的形势面前，我们对运管人员加强法规与业务知识的培训，帮助他们既适应“费改税”之后岗位调整的需要，也适应新的计算机技术发展需要。所以在世纪之交，我们就拟订了“航务处电脑开发运用发展规划”，这在行业内应该也是最早的。

加强管理同样也要注重“立法先行”——航道管理工作事务千头万绪，离不开一部完善的“航道法”作为准绳和保障。因此，我从上任上海航务管理处处长开始就抓立法调研工作，并且在每一次的年度工作会议或平时的工作例会上我都会强调，要从“建管并举”实际出发，抓紧《上海市航道管理条例》的立法工作；同时我也邀请市人大领导到现场视察，不断呼吁“航道法”立法的紧迫性，争取人大代表支持。终于，2001 年 11 月，十一届市人大常委会第三十三次会议审议通过了《上海市内河航道管理条例》，并于 2002 年 1 月 1 日起执行。在该条例中，我们对内河航道的地位、规划和建设、保护和管理作了科学、明确的规定，并且开创性地确立了内河航道规划控制线制度。从近期看，它为全市上下做好本市内河航道整治、建设、保护这篇文章提供了法律依据；从长远看，它也为持续推进和完善“一环十射”内河干线航道建设、构筑“通江达海”的内河大通道打下了坚实的基础。

加强管理还要注重“问题导向”，突出重点，才能有针对性地解决水上交通安全薄弱环节。我们面对的重点问题是哪些呢？比如，危险品运输船舶与码头的管理，包括加强危险货物作业码头检查，强化源头管理；规范危险品码头作业许可证发放制度；加强危险品船舶安全管理，确保运输安全等事项。又如，乡镇渡口管理，确保内河水域不发生突发性事故，渡口渡运秩序良好。再如，船舶防污染执法检查，保护水域环境，等等。这些都是我们的重点“突破口”。为做好这些工作，我带领我们航务管理系统工作同志，几乎是放弃了大部分休息时间，节假日期间都要加班加点到一线检查，为的就是确保万无一失。值得一提的是，我们在配合苏州河整治工作，保证航道畅通和工程施工安全方面也发挥了应有的作用，应该说是得到了各方面的肯定和赞扬。根据苏州河整治办公室的要求，我们先后实施过“货运船只‘西进西出’”“限制大吨位船舶进港”“进港船舶报到”“装卸作业许可”等一系列制度；我在任期间，苏州河（吴淞江）上，东起外白渡桥、吴淞路闸桥、乍浦路桥，西至闵行、青浦、嘉定区内，几乎每一座跨河桥梁都经历了检测和养护工程，也都是我们航务管理人员到现场进行全过程监护的。另外，《上海市苏州河水上交通安全管理办法》也是由我们航务处起草和上报的。可以自豪地说，苏州河从实现水质改善到景观布局日趋完善，这当中包含着我们航务处为综合整治所作出的辛劳和付出。比如，在我们的大力支持和推动下，苏州河生活垃圾运输，十几年前就采用了集装箱，既提高了装卸效率，又净化了环境。

最后一点，加强管理也要注重“服务质量”。尤其是对船舶检验这一“精细化”的工作来说，更要以质量与服务为根本。所以，我们从锻炼队伍、提高验船质量出发，采取了五条举措，其一，航务处船检科现场检验工作由过去固定对口单位改为根据任务派工，明确从接受检验申请到签发证书，每个工序责任到人，强化服务意识，这一做法受到了船东的欢迎；其二，深入区（县）船检所对基层船检工作进行调研，并对乡镇修造船厂进行各方面的了解，为深化船检的改革与管理掌握了第一手资料；其三，开展对船检规则的学习研讨，对提高船检人员业务水平起了积极作用；其四，提高船检人员的思想业务水平，要开展技术练兵，提高工作质量，逐步实施“一岗多能”，同时强化服务意识，鼓励在竞争中以服务取胜；其五，在船检的电脑、统计及档案中实施规范程序的管理，提高证书签发质量。

这些航务日常管理工作涉及方方面面，也略显琐碎。但是遵循“依法行政、科学管理、规范服务”的航务精神，我们在航道建设、法规建设、队伍建设等方面做到了“建管并举”，可以说是为实现上海国际航运中心建设做了一些“保驾护航”的基础性工作吧。

我想借用一位哲人 C.S. 皮尔斯的话语，作为访谈的结尾：要成功地从事科学事业，想象力是仅次于激情的最必需的品质，这样说并不过分。

我参与的前期论证

口述前记

顾家骏，1935 年 4 月出生。20 世纪 60 年代起在上海船舶运输科学研究所从事宏观研究，曾任该所论证室主任。

口述：顾家骏

采访：杨建勇、许璇、范婷婷

整理：许　璇

时间：2017 年 11 月 9 日

上海建立国际航运中心是一项伟大的工程，也是我们中华民族崛起的具体体现，这项工程涉及千千万万的建设者，我很荣幸参与其中，并发挥了一点很小的作用。

受命接下建设上海国际航运中心研究课题

1994 年夏天，交通部下属的水运研究所有同志向交通部部长黄镇东提出建议，认为上海“三个中心”还不够，应该建设第四个中心即国际航运中心。黄镇东部长也很赞同，正好那个时候李鹏总理到全国各地考察，黄镇东部长在随行的过程中向李鹏总理提出，建议上海建立国际航运中心。李鹏总理听了也感觉到有道理。所以当年七八月，李鹏总理到上海来考察的时候，就指出上海除了“三个中心”以外，还要建立国际航运中心。黄部长连夜打电话到交通部，告诉交通部主管科技的副部长郑光迪，要求开展国际航运中心相关研究。郑光迪马上就把这个事情布置给交通部科技司司长张叔辉。他们考虑把这个事情交给谁，按理讲，建议人是水运所，那么是否应该交由水运所来进行进一步研究。交通部科技司还考虑到，上海建设国际航运中心是国家战略，这个研究是否应该放在上海？

我所在的上海船舶运输科学研究所（简称船研所）是交通部最大的一个研究所。船研所包括论证（原来叫海运经济）研究室、航海研究室、动力研究室、船舶电力研究室等多个研究室。我是在海运经济研究室，最初的时候我主要是研究一些没什么人愿意研究，又有相当难度的课题。比如当时我研究了一个课题叫做“运筹学线性规划在海运上的应用”。运筹学线性规划最初是由华罗庚提出的，但是在海运上怎么用，谁也说不清楚，我研究之后出了一些成果，被收录在《运筹学线性规划在上海交通邮电工作中的应用》一书中。此后我基本上就是从事人家搞不清楚是怎么回事的课题研究。20 世纪 80

年代初，全国要搞技术政策，当时技术政策也是属这类问题，我就去研究，并给中国远洋公司制定了一个技术政策。1981年，在北京开了一个由国家经委牵头的包括国家计委、科委、建委四个部门召开的会议，讨论技术政策的研究制定。我们很荣幸地成为其中一个试点单位，当时会上讨论三个技术政策，一是我们这个远洋运输技术政策，二是铁路、车辆的技术政策，三是航道规划。讨论的时候，我们提出技术政策应该抓住两条，一个是我国的现状，一个是国际的先进，根据这两条来制定技术政策，规定我们应该发展什么技术，应该保留什么技术，应该淘汰什么技术。在这个基础上作出的远洋技术政策，得到与会专家和代表的一致肯定，并作为全国各个部门制定技术政策的一个范本，大家都照着做。我在里边起了一点微小的作用。此后，我还从事一些宏观课题的研究，并获得了国家、交通部与上海市的科技进步奖。

这样我在交通部为一部分人所知。1994年，交通部建议把开展国际航运中心相关研究的任务交到上海船研所，我接受了这个任务。我接受任务的时候并不知道这个是水运所最先提出的建议，如果知道这个情况的话，我可能还会有点犹豫，因为这个事情毕竟是人家提出来的，我去接手，会有点尴尬。当然，这是上面安排下来的任务，我们也必须接受。

交通部政策研究室正式下达了这项任务，同时也提醒我们说既然是在上海搞国际航运中心，你们一定要取得上海市交通办的支持，跟他们组合起来。这样我们马上联系上海市交通办，交通办说他们已经知道这个事情。因为郑光迪副部长当时跟上海市夏克强副市长已经联系过了，说明上海要建立国际航运中心，希望交通部跟上海市双方联合起来进行相关研究。上海市交通办也很赞同，表示义不容辞。这样就组成一个课题组，由上海市交通办规划处处长任慈杰、船研所论证研究室主任顾虎良和我三个人作为课题组组长，正式开始课题研究。

圆满完成《建立上海国际航运中心的研究》

我们从研究国际航运中心模式开始做起，查阅了国内外很多资料，前期我们主要的时间是花在查资料和相关文献上，经过认真阅读、消化吸收，总结出国际航运中心的基本模式。在此基础上，1995年8月底，我们组成了一行六人的考察团去欧洲实地考察航运中心所在港口的情况。我们第一站到伦敦，首先是参观波罗的海交易所，该交易所的面积并不大，里边有几个高背的椅子，便于大家坐下谈。我们去的那天是星期五，大厅里没什么人。原来大家一般是周一到交易所碰头，并且交易所实行会员制，每年要交2500英镑才可以入会，才有资格进入交易所。陪我们去参观的是中国远洋公司伦敦分公司的同志，他是航交所的会员。会员在交易所一般是互相交换名片等信息，交易并不直接在航交所进行。双方交易达成后到航交所备案。所以航交所宏观上还是掌握整个交易情况，但并不涉及具体操作，并不是说要通过航交所才能交易，备案即可，总体而言，是一个比较松散的组织。

当天下午我们就直奔伦敦的外港——费利克斯托（Felixstowe）。1995年，费利克斯托在世界港口排名是第15位，年吞吐量是192万箱，当年上海是排在第19位，年吞吐量是152万箱。伦敦原来是世界第一大港，19世纪，英国的货量占到世界货量的一半，而伦敦港的货量占到英国的一半，所以当时伦敦港区非常繁荣，是国际航运中心。但是到我们去的时候伦敦港已经没什么船了，主要是因为它水深不够，大船进不来。所以为了大船进出，伦敦就把外港放在费利克斯托，距离伦敦市区大概120公里。到了费利克斯托后，我们与港口管理人员进行座谈，我就问他们，有没有考虑周边的诸多港口对你们的竞争以及如何应对，因为英国还有其他的港口，如南安普顿港，还有伦敦附近的泰晤士港等。他说那就只能靠大家自己来竞争，其他港口要发展我们无法左右，但是我们首先要把自己发展好。这点让我印象很深，在今后的竞争中，并不是说谁说了算，在市场经济下谁能吸引客户、提供优质服务，谁就能在竞争中获胜。

第二站我们来到荷兰的鹿特丹港，当年的集装箱量排世界第四位，是478万箱，它自1985年开始就排在世界第一位，并且一直延续到1989年，之后被新加坡和香港超过。鹿特丹港有一个很大的特点是，它跟上海一样，都是河口港。在19世纪的时候，它的水深只有4米多，非常浅，但是经过一百多年的努力，水深不断加深，我们去的时候，鹿特丹港的河口水深已经达到23.5米，基本所有的船都能靠泊。鹿特丹依靠的是莱茵-马斯河，是欧洲的一条主航道。尽管荷兰本国面积并不大，经济量也不是很大，但是它背后就是德国、法国，以及莱茵河上游的瑞士，是欧洲经济最发达地区之一。所以在相当长时间里，它能够保持国际航运中心的地位。还有鹿特丹港的自动化程度也给我留下了深刻的印象，它的自动化程度在当时就已经很高了，港口里面很多专业设备都是全自动的，无人操作。但是他们告诉我们也有苦衷，因为港口最大的一个码头租给了美国海陆运输公司，这是当时世界最大的集装箱运输公司，他们看中了荷兰鹿特丹的这个大码头，签了一个长达 20 年的租约。这个码头出租后，只有海陆公司来的船才可以停靠，其他公司的船不能停靠。这个码头是港口条件最好的码头，而海陆公司毕竟不是全天候都有船来，所以码头工作量较少，得不到充分利用。而它旁边一个公用码头拥挤不堪，不断有船来，要排很长的队。与旁边经常空着的码头形成鲜明对比。这点也让我印象很深，所以码头的操作也是有很多考虑的，一开始建码头的时候，担心没有客户，来一个客户长租 20 年是很开心的，每年收租钱；但是后来船越来越多，公用码头拥挤不堪，这个专用码头有时却空在那里“晒太阳”，造成了资源的浪费。

第三站是比利时的安特卫普港。安特卫普港和鹿特丹港是相邻的两个港口，安特卫普也是一个河口港，但它的特殊之处在于从河口进到安特卫普码头要过船闸，这一点比较麻烦，船通过船闸要很长时间，不能自由通航。但如果没有这个船闸的话，河水就要泄到海里去，无法保证航道的深度，涨潮时海水浸入内陆也会影响土质与水质。船闸对港口的影响确实很大，所以安特卫普港的发展也是很曲折的，从它的集装箱量来讲，仍是不断提升的，因为它所面向的是荷比卢经济区，即荷兰、比利时和卢森堡，所以安特卫普尽管有河口船闸影响，但是集装箱量还是相当大，20 世纪 90 年代初期一直处于上升中，到 90 年代后期箱量开始下降。

最后一站是德国的汉堡港。从安特卫普到汉堡我们是乘汽车过去的，当时是八九月，但沿公路的树叶都掉下了，比别的地方早，因为这条公路上集装箱卡车的量大，大量的集卡开过，柴油机冒出来的烟把路边叶子都熏掉了。由此看来还是要大力发展内河运输，或者是铁路运输，单独依靠公路运输来做集装箱的集疏运，对环境来讲是有很大影响。汉堡是一个内河港，港区在河口上面有一段距离，它的水深比上海好一些，上海当时是 7 米至 7.5 米的河口水深，汉堡有 10 米以上，但毕竟是河口，还是受到影响。汉堡港的集装箱量，1995 年排世界第六位，2000 年是第九位，现在已经降到十几位。

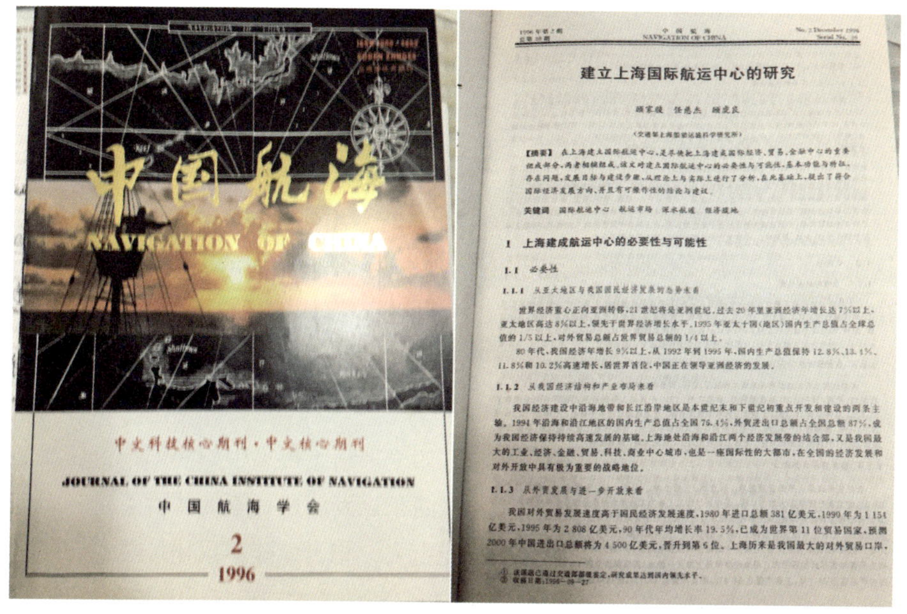

建立上海国际航运中心的研究

顾家骏 任恩杰 顾克良

（交通部上海船舶运输科学研究所）

【摘要】在上海建立国际航运中心，是尽快把上海建成国际经济、贸易、金融中心的重要组成部分，两者相辅相成。该文对建立国际航运中心的必要性与可能性、基本功能与特征、存在问题、发展目标与建设步骤，从理论上与实际上进行了分析，在此基础上，提出了符合国际经济发展方向、并且有可操作性的结论与建议。

关键词 国际航运中心 航运市场 深水航道 经济腹地

1 上海建成航运中心的必要性与可能性

1.1 必要性

1.1.1 从亚太地区与我国国民经济发展到态势来看

世界经济重心正向亚洲转移，21世纪将是亚洲世纪，过去20年里亚洲经济年增长达7%以上，亚太地区高达8%以上，领先于世界经济增长水平，1995年亚太十国（地区）国内生产总值占全球总值的1/5以上，对外贸易总额占世界贸易总额的1/4以上。

80年代，我国经济年增长9%以上，从1992年到1995年，国内生产总值保持12.8%、13.4%、11.8%和10.2%高速增长，居世界首位，中国正在领导亚洲经济的发展。

1.1.2 从我国经济结构和产业布局来看

我国经济建设中沿海地带和长江沿岸地区是本世纪末和下世纪初重点开发和建设的两条主轴。1994年沿海和沿江地区的国内生产总值占全国76.4%，外贸进出口总额占全国总额87%，成为我国经济保持持续高速发展的基础。上海地处沿海和沿江两个经济发展带的结合部，又是我国最大的工业、经济、金融、贸易、科技、商业中心城市，也是一座国际性的大都市，在全国的经济发展和对外开放中具有极为重要的战略地位。

1.1.3 从外贸发展与进一步开放来看

我国对外贸易发展速度高于国民经济发展速度，1980年进口总额381亿美元，1990年为1 154亿美元，1995年为2 808亿美元，90年代年均增长率19.5%，已成为世界第11位贸易国家，预测2000年中国进出口总额将为4 500亿美元，晋升到第6位。上海历来是我国最大的对外贸易口岸，

① 该课题已通过交通部部级鉴定，研究成果达到国内领先水平。
② 收稿日期：1996—09—27

刊登于《中国航海》1996年第2期的《建立上海国际航运中心的研究》

考察回来后，我们撰写完成考察报告与研究报告。1996年9月，课题研究报告送去评审，评审专家来自交通部和上海市，交通部有交科院院长、科技司原司长张德洪，水运司司长朱永光，上海市有市政府发展研究中心主任王战，还有上海社科院亚太所所长周建明、上海海事大学宋德驰教授等。经过评审，专家一致认为这个报告解决了上海市怎样建立航运中心的问题。总报告发表在1996年的《中国航海》上，叫做《建立上海国际航运中心的研究》；《国际航运中心的发展模式》（1—5）分别发表在《航海科技动态》1996年第8期至第12期。

在这个过程中，我们也听到一些不同的声音，主要来自周边的一些港口，他们担心上海建设国际航运中心后，货物都跑到上海去了。我认为上海建设国际航运中心并不会排斥周边地区港口的发展，双方应该是共赢的。其实，有这种担忧也是很正常的，但是后来的情况证明了大家都得到了很好的发展。宁波港跟舟山港合并以后，货物吞吐量位居世界第一，已经超过上海了，现在货量是9亿多吨，上海是7亿多吨；集装箱量，上海连续7年位居世界第一，是3000多万箱。宁波与舟山港也增长迅速，现在已经超过香港、深圳和釜山，仅次于上海和新加坡，排名世界第三，发展得

很快。

另外，我们这个报告里还建议，上海要建立国际航运中心有几个节点，第一，要有深水港，现在洋山港已经基本建成了。第二，要有深水航道，现在长江口整治也已经达到 12.5 米，按照鹿特丹的经验，我们继续不断地整下去，也有可能要达到 21 米，现在是一步一步往前走。第三，要成立自由港，这个党的十九大已经明确，上海也在操作了。第四，要成立一个航交市场。第五，要有发达的交通运输网络，这个也逐步在做。当时交通部水运规划设计院给上海港做规划，我提了些意见，因为在规划中提出要把上海的集装箱都集中在浦东，计划把浦西的张华浜码头、军工路码头撤了改成别的用处。我就提出上海的箱量大部分都在浦西，如果把箱子都集中到浦东，黄浦江的过江交通压力太大，大量的集装箱要从浦东运到浦西，不能从桥上走，因为是悬索吊桥，集装箱卡车几十吨不可能上去，相当危险；只能过隧道，隧道也一样，承受不了这么多集装箱，那么势必要依靠内河航运。我提出意见后，宋德驰教授说已经感觉到马路的集卡太多，空气污染非常厉害，所以势必要大力发展内河运输。通过内河运输，一方面向长江上游输送，一方面向上海周边地区内河运输。不过现在看来还是有难度，因为内河很多桥梁高度不够，之前造桥的时候没考虑这么多，船舶只装一层箱子可以通过，装了两层就不

洋山深水港全景

行了。但是现在要大量发展集装箱内河运输，运输船起码要装两层，那么桥就需要抬高，这个代价就很大了。桥面抬高，路基抬高，就要重新造，这个矛盾是我们接下来要去解决的。还有一个问题是，洋山到大陆这个30公里的桥，对此我始终有一点疑虑。因为当时在英国港口考察时了解到，伊普斯维奇海湾出现过大风把集装箱和集装箱卡车一起刮到海里的事故，而上海又是台风比较多发的地方，万一台风正面袭击的话，桥上一串的集装箱卡车可能都保不住。不过幸运的是，我们洋山开港以来台风很少正面袭击。对于台风正面袭击，我们也提了一些建议、对策。

报告在1996年秋天报到上海市和交通部。时任上海市委书记黄菊看了后很高兴，说这个报告要给市委常委人手一份，看看上海国际航运中心就是这样建设的。

上海国际航运中心建设进展远超预期

《建立上海国际航运中心的研究》完成以后，我又接下了两个课题，一个是洋山港运营方式，还有一个是船型预测及各种船型的承运比重。这都是交通部的一些专家提出来的问题。经过研究，这两个问题在当时来说是解决了，

尽管解决得不是很好。两篇成果《洋山港区营运方式探讨》《上海港船型预测及各种船型的承运比重》收录在《上海迈向国际航运中心》中。从现在来看，有些研究和预测跟不上形势。当时关于船型的考虑跟现在实际情况相比有一定出入，还有就是集装箱运输发展速度太快。宏观研究在20世纪90年代时，有一段时间很注重数学模型。宏观研究有两种方法：一种是定性研究；一种定量研究。定量研究需要借助模型算出来的结果，但是定量研究这个模型受之前样本的限制。前面我收集了十年样本，根据十年的发展趋势，再进行推演，但实际情况远远超过十年样本的经验。所以当时我们设想的，上海集装箱的发展到2000年、2010年、2020年的数量，现在都远远超过了。2016年上海的集装箱量是3730万箱，已经相当于1980年全世界的箱量总和，发展非常迅速。原来预计到2020年，都不会有这么大的量，顶多1500万箱就了不起了，现在已经翻了一番还不止。到2018年，上海的集装箱量超过4000万箱应该没问题。集装箱量快速的发展也带来一些问题和争论。现在也有不同看法，就是到底多少箱量是一个极限，国外的一些港口发展到一定程度后，就不是无限上升了，基本稳定，上下稍微波动一点，中国未来可能也是这种状况。随着中国产业结构不断升级，一些产业也在逐步向外转，所以要看下一步怎么弄。

《上海迈向国际航运中心》一书中，还收录了我的另外两篇文章，一篇是在一次会议上发表的《国际集装箱枢纽港之争》，阐明了上海作为一个枢纽港，要参与国际竞争。文章分析了全球各个集装箱枢纽港竞争的情况，来证明上海要成立国际航运中心必须具备的条件。还有一篇《洋山港区集装箱江海联运方式的研究》，作为课题组成果也收录在其中。

上海国际航运中心建设到今天的规模和程度，已经远远超过了我们当时的预测。作为其中的一个参与者，我感到非常欣慰与自豪。当然，在发展过程中也面临了不少新的课题，但每一个时代都有每个时代的机遇，也都有每一个时代的难题，这些难题最终会在发展中得以解决。

科学论证在决策中的保障作用

口述前记

宗蓓华，1944 年 11 月出生。上海海事大学交通运输学院教授，交通运输规划与管理学科博士生导师，交通部重点学科建设学术带头人。

口述：宗蓓华
采访：杨建勇、刘明兴、范婷婷
整理：范婷婷
时间：2017 年 12 月 5 日

建设上海国际航运中心，是 20 世纪 90 年代党中央赋予上海市的历史使命。也就是在决策建设上海国际航运中心过程中，我和我的团队紧跟上海国际航运中心决策和建设的步伐，先后完成了十个由国家交通部（现国家交通运输部）和上海市政府委托的，有关上海国际航运中心建设的战略决策、深水港选址、上海国际航运中心集装箱合理运输系统论证、上海市内河集装箱运输发展、长江内河集装箱运输标准化、上海深水港政策研究、洋山深水港发展深化研究、上海增强口岸功能的对策研究等课题的研究，为建设上海国际航运中心、洋山深水港港址选择和上海深水港的内河集疏运系统建设提供了一些决策依据。

如今，20 多年过去了，但当时中央决策建设上海国际航运中心、洋山深水港选址论证过程中的许多往事还经常会浮现在眼前。作为一名从事港航发展战略与管理教学的大学教师，能够在建设上海国际航运中心的国家战略决策中承担有关课题研究，我感到非常荣幸和自豪。

前期研究，为建设上海国际航运中心提供决策依据

20 世纪 90 年代初，我们研究的关注点有四个：第一，世界上国际经济、贸易中心与航运中心的关联；第二，国际航运中心的现状与特点；第三，建设上海国际航运中心的必备条件；第四，东南亚大港国际集装箱运输竞争态势对建设上海国际航运中心的影响。

上海市国际航运中心办通过 1997 年课题“上海国际航运中心发展战略的研究”的研究，认识了城市经济金融贸易发展与港口航运发展的相互依存关系，世界上著名的国际经济、金融、贸易中心发展都是与国际航运发展相辅相成的，如 17 至 18 世纪逐步形成的伦敦国际经济、国际金融中心，到后来的纽约国际金融中心、经济中心，再到新加坡、香港国际经济金融中心都同

时是世界的国际航运中心。国际航运为城市的国际贸易提供了货物流通的条件，从而也促进了国际经济贸易的发展，加速了现代港口功能的拓展，进而使港口所在地成为国际经济、金融和航运中心。同时，通过现代港口功能的辐射和扩散，带动了内陆腹地经济的发展。我们通过分析比较世界上国际航运中心的历史变迁，以及我国国际经济贸易、国际金融和国际航运发展的形势和需求，说明了建设上海国际航运中心的重要性和必要性。通过分析上海周边的东南亚国际大港争夺国际集装箱运输的激烈竞争态势，论证了建设上海国际航运中心的紧迫性，为领导决策建设上海国际航运中心提供依据。

党的十四大作出“以上海浦东开发开放为龙头，进一步开放长江沿岸城市，加快把上海建成国际经济、金融、贸易中心之一，带动长江三角洲和整个长江流域地区经济的新飞跃”的战略部署，1996 年 1 月，国务院总理李鹏在上海主持召开上海国际航运中心建设座谈会，为上海城市经济社会发展提供了新的发展机遇，也使上海国际航运中心的建设成为实现“一个龙头、三个中心”战略目标的前提条件。接着，党中央决策要把上海建设成为国际经济中心、国际金融中心、国际贸易中心和国际航运中心作为重大战略目标。于是，建设上海国际航运中心加快了步伐。

课题研究，参与上海国际航运中心洋山深水港选址论证

众所周知，随着国际航运船舶的大型化、专业化、深水化，上海国际航运中心必要的硬件设施就是深水港（码头、泊位）。当时地处东亚的高雄港、釜山港、神户港都是上海港强劲的竞争对手，这些港口码头和航道水深条件好，具备接纳吃水 14.5 米的新一代大型集装箱船舶的条件，是国际集装箱船舶干线班轮在东北亚地区的主要停靠港。而当时上海港的集装箱泊位主要分布在长江口以内的外高桥港区，由于长江口航道水深不足，上海港缺乏能够满足美东、美西或者地中海航线大型集装箱船舶全天候停靠的深水码头（泊位），大量国际贸易货物运输只能依赖周边港口中转，这成为制约上海建成国际航运中心的一大问题。新建深水码头势在必行。

1995 年 1 月，日本发生了阪神大地震，神户港受到严重破坏，神户港一部分箱源就被分流到高雄港和釜山港中转。东亚地区以国际集装箱中转为

标志的国际航运中心的竞争愈发激烈，上海国际航运中心深水港的建设更加紧迫。

历届上海市委、市政府领导十分重视深水港的选址，当年市委书记黄菊就亲自乘船出海考察嵊泗岛周边水域，了解水文气候情况，航道风浪的实况，科学地比较可建港之地。1996年下半年，由上海市计委、新成立的市国航办组织相关单位开展上海国际航运中心新港址选址全面论证工作。

深水港码头（以下简称深水港）港址论证是涉及面大、技术难度大、论证工作量大的研究，参加研究单位多，我们学校也是参研单位之一，我和我的团队受上海市国际航运中心办委托，承担了“上海国际航运中心集装箱合理运输系统论证”课题研究。我们建立了由上海国际航运中心内陆经济腹地，洋山深水港与美东、美西和地中海三条主要的国际集装箱运输航线所组成的集装箱运输大系统，对洋山港国际集装箱运输大系统的经济性进行科学论证，证明洋山港方案的经济可行性。

与此同时，为了保证上海国际航运中心深水港选址的公平竞争，上海市、江苏省、浙江省和交通部规划研究院也分别提出了各自的选址方案：上海市推荐了洋山港方案，江苏省推荐了太仓港方案，浙江省推荐了北仑—金塘港方案，交通部规划研究院推荐五号沟—太仓—北仑港方案。

从面上看，这四个深水港方案都有不足之处：第一个方案是上海的大、小洋山深水港方案，但大、小洋山所在海域属于浙江海域，如何处理洋山港属地和管理是个未决的问题。第二个方案是浙江省提出的北仑港—金塘港方案。金塘港在舟山岛屿上，隶属于舟山港，在当时港口各自为政的情况下，也有属地与管理问题。第三个方案是江苏省提出的太仓港方案。太仓港码头前面的长江有一条深槽，这个方案拟在太仓港码头前沿建造一个长栈桥，延伸到这个深槽处建深水泊位，这个方案存在无法摆脱长江口航道水深不足的问题。第四个方案是交通部提的，由交通部规划研究院在整合上海、浙江、江苏两省一市三个方案基础上，代表交通部制定一个综合方案。这个方案摒弃了洋山深水港，而是由“上海外高桥五号沟港区”+“宁波—金塘港”+“太仓港”组成的综合方案。该方案主要问题除了三地港口的管理等问题外，还有就是外高桥五号沟和太仓港都受制于长江口航道水深不足，无法满足大型集装箱船舶全天候通航条件。所以，交通部同时还提出了长江口

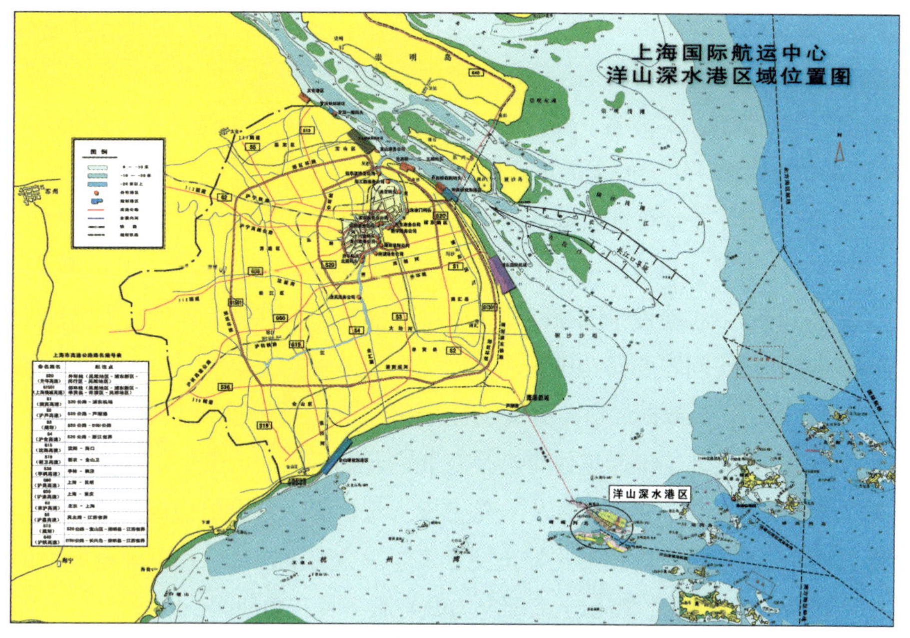

洋山港位置图

航道治理工程项目——通过两阶段三期疏浚工程，把长江口航道水深提高到12.5米。

于是，国家计委本着对国家负责的态度，聘请了国家级专家对这四个方案和长江口深水航道疏浚方案进行认真的审查，分别在北京和上海召开了两次专家评审会。

经受审查，认真负责严格的国家级专家评审

国家计委组织了两次国家级专家评审会，都是分方案的经济合理性和技术可行性两个方面非常细致地进行审查的，因为新港址论证所涉及的内涵是非常复杂和广泛的。各个专业专家审查的目的是要通过对这四个方案客观、认真、科学地审查和比选，选择技术可行且经济合理的优选方案。对新港址方案的评审，无论是对苏浙沪地方政府还是对上海国际航运中心建设具体的组织单位，甚至于参加研究所有人员都是一个很严格的考验，所以，上海市政府领导十分重视，国航办及其主要参与研究人员都全身心投入准备。国航

办做了大量细致的准备工作，包括上报材料整理，组织有关人员开会对总报告进行集体逐字逐句的修正，确定评审报告人员和参会人名单，等等，因为按评审会的规定，江苏省、浙江省、上海市各地只能分别选派十人进会场，我有幸作为两次评审会的上海正式代表参会。

上海市领导非常重视新港址国家级专家评审会，临行北京参加评审会前一天，上海市委、市政府的两位主要领导专门接见了我们，再三叮嘱我们：上海国际航运中心建设是国家战略，要站在提高国家综合竞争能力的角度来思考问题。回答问题要保持谦虚的态度，不能以大上海自居，要运用我们的研究成果说话，用数据说话。市领导的讲话使我们受到很大的教益。

第一次新港址论证专家评审会是在北京开的，第一天上午是开幕式。开幕式结束就安排我们上海方面先介绍方案。记得第一天上午会议快结束的时候，时任上海市政府副秘书长韩正突然来了。会议主持人请韩正副秘书长讲话，他讲得非常谦虚，表示上海要努力做好服务长三角地区、服务长江流域、服务全国的工作。上海要向兄弟省市学习，请大家对上海方案多提宝贵意见。

下午会议开始后，先由三航勘探设计院邵荣顺总工程师汇报洋山深水港工程建设方案，他讲得特别好，讲了技术上要解决什么问题，等等。汇报以后就是专家讨论和提问，交通部交通研究院聂嘉玉研究员提了有关上海集装箱装箱率的问题，当时上海港货物集装箱的装箱率已经达到85%，所以她的问题是："上海有这么高的装箱率，为什么还要去洋山造一个新码头，有这个需要吗?"针对这个问题，我通过数据分析作了回答，结论是：第一，上海市的经济贸易要发展，所以，即使上海本地的装箱率不变，但上海本地的箱量还是不断增长的；第二，上海要为长三角各省市的经济发展服务，长三角是我们中国经济发展增长很快的区域，会产生大量箱量；第三，上海还要为长江流域各省市和内陆腹地服务，所以长江流域的进出口集装箱需要在上海港中转；第四，上海要建设成为国际集装箱枢纽港，还要中转国际集装箱。目前上海港虽有集装箱码头，但特别缺少深水码头，其集装箱通过能力是远远不够的，急需加快建设深水港提升港口国际集装箱的通过能力。

在整个评审过程中，专家组对我们上海方面的选址方案和准备工作还是比较认可的。第一次专家评审会结束，对参与评审的各个方案分别提了需要进一步补充的问题。记得上海洋山深水港方案需要补充的问题最多，大约有30个。

洋山深水港

这说明专家对上海提出的方案给予极大的关注，所以这个方案应该尽量完美。

回到上海后，根据与会专家的评审意见，上海国航办组织有关单位进行全面的补充。

第二次专家论证会是在上海分两部分召开，会议评审的重心主要是对洋山深水港方案的审查。专家们对选址洋山深水港的重大战略意义作了充分的肯定，对洋山港建设的必要性和可行性达成一致肯定的结论。

会议结束后，上海市领导邀请专家们参观浦东国际机场，面对当时国内一流的国际机场，机场建设主要负责人讲述了利用统筹方法提高了建设速度，使一个设备复杂繁多的建设工程项目有序展开，使浦东国际机场能在短期内高效率高质量地完成建设。专家们一边听一边看，都异口同声地称赞："只有上海才能做到！"这也增添了我们建设洋山深水港这个高难度项目的信心。

持续科研，有关上海国际航运中心配套系统建设

前期新港址论证工作结束后，我们继续参与上海国际航运中心配套系统建设方面的研究。通过前期研究，我充分认识到上海国际航运中心建设是个系统工程，单凭一个洋山深水港是难以形成有效的综合竞争能力的，必须在

推进深水港基础设施建设的同时，注重与集装箱货物运输相配套的集疏运体系建设和与国际航运市场接轨的现代航运政策环境建设。这就是我们一般简称的硬件设施建设和软环境建设。2000 年 5 月，我接受上海市航务管理处委托，完成了“上海市内河集装箱运输发展的研究”课题研究。该课题在之前关于长三角箱源生成量方面的研究基础上，旨在研究如何改变长三角地区到上海港口进出口的集装箱货物几乎 90%以上都是通过公路运输的现状，加速发展上海内河集装箱运输。因为公路运输不仅造成了空气的污染，而且还造成了上海市道路交通的严重拥堵。一旦洋山深水港建成，随着上海港集装箱吞吐能力的加大，单一公路集疏运方式就会带来更严重的交通拥堵和空气污染，如果不改变这种状况，就会严重影响上海城市的正常运转，所以必须尽快扭转这种单一的公路运输方式，也就是尽可能提升水路集装箱中转运输的比例。此课题研究就是在对长三角集装箱货源运输系统的公、铁、水路三种运输方式优化分流的基础上，提出发展上海市内河集装箱运输的需求，并对比上海市内河航道落后的现状，提出提前整治上海市内河航道的必要性。据此，上海港航道管理局制定了上海内河高等级航道建设规划，为长三角地区发展内河集装箱运输创造了条件。目前，随着长三角地区内河高等级网络建设，内河集装箱运输中转开始发展，一定程度上缓解了城市道路运输压力。

此后，我们又开展了名为“长江内河集装箱运输标准化研究”的课题研究，这是上海市政府决策课题。上海建设国际航运中心的一个重要目的是为长江中上游地区服务，长江流域的进出口集装箱主要通过长江运到上海港国际中转的。但是，当时长江内河运输市场秩序很混乱，船型杂乱，管理不规范，收费也不统一，与国外内河集装箱运输管理差距极大。为此受上海市政府发展研究中心的委托，完成了“长江内河集装箱运输标准化研究”，研究成果引起了市领导的关注。主管市领导让时任市委副秘书长江上舟找我交谈了主要的研究内容和结论，并询问了一些问题，如他问我为什么会想到这个问题，有没有实行的可能性，国外发达国家内河集装箱运输管理的特点，还问我实行船型标准化存在哪些需要突破的问题，具体工作如何推进，等等，他问得比较细，交谈持续了两个多小时。他跟我谈好以后，就在登载上报市领导研究成果的内部简报上作了批示：主要内容我已和提出这个建议的上海海运学院宗蓓华教授交谈过。这是一个很好的建议，但也是内河航运崭新业态的建议，因此涉及中央和地方的部门和相关企业。最关键的是洋山港规划要调整修改，以便容纳内河的标准船中转泊位，以及船运公司（中远、中海）要提出对标准船的研发、制造、运输的项目来。建议港口部门召集有关企业尽快予以研究。

接着我们又开始进行上海国际航运中心口岸管理和政策层面的研究。在这个阶段当中又做了好几个课题。比如，2001 年 5 月完成的交通部“九五”重点课题“长江三角洲港口协调发展的研究”，2002 年 10 月完成的上海市政府的决策咨询课题“海港兴城产业开发管理体制的研究”，2004 年完成的上海市政府决策咨询课题“洋山港发展的深化研究”、2005 年完成的上海市委、市政府决策咨询课题“上海增强口岸功能的对策研究”和 2006 年完成的上海市政府发展研究中心委托的“拓展保税区功能的研究”等。

洋山深水港建成了，新港址论证已经翻过了值得回忆的一页，这个过程将会记入上海国际航运中心建设和发展的史册，港址论证的领导者、组织者、参与者将不会忘记这个历史过程，特别是洋山港的建设者们，正是他们开拓创新、不畏艰难的精神和日以继夜的辛勤苦干，在没有淡水、没有电的艰苦条件下，建成了值得中国骄傲的深水港，他们的业绩永远值得中国港口业界的后来者尊重和自豪。

跨江入海：我的集装箱码头生涯

口述前记

蒋工圣，1957 年 2 月出生。2001 年至 2005 年任上港集发公司外高桥二期总经理。2005 年至 2017 年任上港集团盛东国际集装箱码头有限公司董事长、党委书记、总经理。

口述：蒋工圣
采访：杨建勇、许 璇、刘明兴
整理：许 璇
时间：2017 年 11 月 11 日

我在码头工作了 40 余年，有很深的码头情结。现在退休了，有时候坐邮轮去旅游，每当船舶停靠在码头，我都会去看水手系缆绳，看看码头的环境，这也是一种职业习惯。

从黄浦江走向长江：与集装箱码头结下终身之缘

我自 1975 年中学毕业进入上海港务局工作，在上港 10 区从最基层的装卸工做起，直到退休，从没有离开过码头。我记得很清楚，毕业那时身高 1 米 73，体重 115 斤，要搬运 200 斤重的货物。后来从一线调到二线，去业务科做理货员，每天要理几千件上万件货品，都是件杂货和散货，不能有差错。自己工作还是比较努力，我记得有几次半夜睡醒了，不确定某件货物我白天理好后，数字有没有填进去，就起床从家里坐通宵车去单位把单子翻出来核实。在 1980 年还是 1981 年上海港务局业务比武中我拿了冠军。我连续 4 年理货 200 多万件没有差错，当时评上了港务局的先进、上海市新长征突击手。1983 年市总工会举办第一期劳模文化班，我去参加考试并被录取，单位领导也很支持，读了一年初、高中文化课的补习后参加了高考，也就是工人考大学。我考取本科，在上海第二工业大学读了 5 年的自动控制计算机专业。这 5 年的学习很艰苦，是半脱产，上午读书，下午回单位工作，最后一年毕业设计时全脱产。当时打下的基础，在后面工作中发挥了很大作用。虽然我并没有直接从事计算机专业，但是逻辑思维、管理学这些方面的知识还是很有用。比如说，1990 年到比利时学习回来后我做了集装箱码头的无线电管理，提议对上海港集装箱码头管理模式的转变作一些探索。

大学毕业时，正好当时宝山港区也就是我们说的十四区开港需要人，我是计算机专业毕业又搞过业务，去十四区负责集装箱部生产筹备。1993 年 8 月 12 日，上海集装箱码头有限公司（SCT）正式成立，我担任公司操作部经理助理，负责一些业务工作。我们公司当时有3个码头，宝山、张华浜、军工路，我在其中两个码头任过职。那时集装箱码头资源很紧缺，而且正值航运业对外开放，发展最兴旺的时期。2001年1月，我从SCT调到外高桥码头工作，负责外高桥二期、三期的运营。去外高桥不久，青岛港的许振超破了集装箱码头装卸世界纪录，达到140箱的船时量，全国总工会、中央宣传部发出全国港口要向他学习的通知，我们上海港也向他学习，力争把上海港的操作效率发挥出来。过了大概不到一个月，我们就创造了400箱的船时量，将青岛港的纪录翻了个倍，大大提高了效率。当时外高桥集装箱码头对整个上海港来说是一个新港区，上海港除了吴淞地区的集装箱码头就是外高桥，外高桥一期、二期、三期，整个生产业务、经营、对外服务工作都做得很好。一些船公司原先在吴淞地区的码头，不愿意到外高桥来，后来看到外高桥码头效率那么高，周边的集疏运都比吴淞要好，所以纷纷搬到外高桥。外高桥发展得很快，四期、五期、六期都相继建立并运营得很好。2003年，上海集装箱吞吐量达到1000万箱，市里专门在外高桥二期码头举行庆典。而集装箱吞吐量从1000万箱到2000万箱，只用了3年的时间，外高桥码头是主力军。我们公司效率从船时量400箱开始一直自我突破，基本上一年会有一两个新的纪录产生，这个也是世界集装箱码头的装卸纪录。世界集装箱装卸纪录有两个标准，一个是一条船一

20世纪70年代上海港传统的装卸作业方式

个小时连续装卸多少箱（move），还有一个标准是桥吊一个小时连续作业多少箱子，要连续保持4个小时以上的作业，才能算这个纪录。上海的集装箱码头发展到今天，外高桥码头的贡献是不可磨灭的。

从长江到东海：洋山港顺利开港

外高桥码头在整个行业里面是一颗新星，但是随着整个港口的发展，特别是随着船舶大型化，外高桥码头的水深无法满足需要，那时1万箱的船刚出来，吃水就不太够了。船舶大型化以后，整个外高桥码头更无法满足需求。上海市委、市政府很有远见，决定建深水码头。1996年，我还在SCT任职的时候，就作为专家参加了一个关于开发洋山深水港的课题调研和论证。

2005年春节，我还承担着上港集团振东分公司外高桥二期码头的管理工作，就已经接到了组织安排的筹备洋山集装箱码头的重任。领导找我谈话明确要求这个项目只能干好不能干坏，港务集团和港务局会从人力物力财力等方面全力支持。当时大家心里并不是十分有底，毕竟要在离开大陆30多公里的地方建立深水码头，而且要运作好，不仅是经济效益的问题，还有政治影响问题，当时我的压力也很大。我们在2005年3月1日，洋山筹备组成立当天就来到洋山，那天的天气让我印象深刻，我们车子沿公路开往芦潮港，一路上都是迷雾，能见度大概50米左右。我们一行十多人很忐忑，不确定从芦潮港去洋山的船能否开，结果车开到芦潮港的时候，云开雾散，是一个好兆头。

我们筹备组要先熟悉、了解岛上的情况。当时的洋山岛发电靠柴油发电机，水和一切食物都需要船运，1吨水就消耗16元的成本。一旦遇上灾害天气，人上不去，也下不来。加之岛上住宿条件不成熟，打地铺、吃泡面成了常有的事。我们最终留5名工作人员在岛上继续排摸情况，其余则全部进驻外高桥二期码头内一处租用的办公楼，专心于建设洋山一期所需的全部人力、设备采购等工作。我们筹备组最初有32个人，后面逐步从各个港区抽调人员。按照开港时间倒排任务，成立了6个小组，包括生产运作、设备管理、后勤保障、人力招聘、党务工作、办公室行政对外。当时整个筹备体系被分解成了975项工作，包括人员招聘、设备采购、工作流程设计等，也包括员工在岛上的食堂、安保、清洁、住宿安排等管理架构搭建，以及所有涉及大桥封路、雨雪、霜冻、台风等特殊情况的紧急预案。倒计时牌一直放在我们筹备组的墙上。整个团队几乎是穷尽了智慧和洞察力，在开港前把准备工作做充分，确保万无一失。2005 年 5 月 31 日，上海盛东国际集装箱码头有限公司宣布成立。

洋山港筹备的过程很艰苦。中间还碰到麦莎台风，一半设备刚运上岛，台风就来了，大部分人员撤下来，当时留了几名党员在岛上，守住设备。2005 年正值党员先进性教育，几位在岛上日夜坚守的党员，一边吃泡面，一边还坚持写先进性教育学习的心得体会，回来作交流。2005 年 7 月我右脚板骨折，但作为党委书记兼总经理要给大家上党课，只好双手拄着拐杖，一瘸一拐地来到会场，为党员作先进性教育动员报告。当时全体同仁都起立鼓掌，说我的精神鼓舞了他们。当年正好我女儿高考，筹备的时候我经常住在单位，好几个星期才能回家一次，对女儿关心也不够，好在女儿也比较理解，后来打电话跟我开玩笑说要来岛上探亲。

2005 年 12 月，洋山深水港区一期工程顺利开港

洋山港能够顺利开港，很重要的原因是得到了方方面面的全力支持。为了保证 2005 年 12 月 10 日如期开港，振华港机将原先为韩国釜山生产的两台同规格桥吊先交付给了我们；口岸单位，如海关、检验检疫局、边检等在编制还没有下来的情况下，人员就先上岗。特别是海关，当时因为我们洋山港区实行的是先报关后进港，与外高桥港区、吴淞港区先进港后报关的海关监管模式不一样，当时这个模式在全国都

是新的监管模式，所以要在芦潮港地区和港区各设有一道卡口，如果是没有报关进来的货，就会积压在海关监管的卡口，积压在我们码头的卡口。整套监管程序，我们跟海关讨论了三四个月最终敲定。监管程序确定之后，口岸单位和我们公司一起向船公司、货代、运输公司大力宣传，宣传推介会开了不下五六次。洋山港气候多变，上海海事局也给了我们很大的支持。

2005 年 12 月 10 日，洋山一期码头如期开港。那天的天气也让我印象深刻。12 月 9 日开始下大雨，对我们准备的会场影响很大，好在开港仪式举行之前不仅雨停了，而且还出了太阳。开港仪式结束后，过了 15 分钟雨又下了起来。顺利的开港仪式和作美的天气让大家倍受鼓舞。就像盛东公司经营运作洋山一期、二期一样，也是经历了风风雨雨后迎来了彩虹。

七次刷新集装箱装卸世界纪录

洋山港没有试生产的时间。我们第一个月做了 17 万箱，业绩很好。两个月后，很多压港外高桥码头的船都过来了，箱量不断增加，给我们码头装卸和安全管理带来较大压力。当时人员紧缺，好在我们大家都铆着一股劲，人员不够就从其他地方调，把量做上去，2006 年完成了 300 万标准箱，大大提升了上海港码头的装卸能力。第一年就没有亏损并实现略微盈利，超乎所有人的预期。当时预计会亏损 3 年，没想到开港第一年就有这么好的业绩，第二年更是达到了 600 万箱。2007 年洋山二期也投入运营，整个码头的岸线从原来的 1600 米增加到 3000 米，桥吊从原来的 15 台增加到 34 台，也就是说整个设备、岸线、船舶的装卸量都大大增加。我们顶住装卸量骤然增长的压力，在各方面的全力支持下，顺利完成生产任务。经过开港两年多来的运营，我们在码头安全管理、生产经营、对外服务等方面积累了不少经验。2008 年底，外贸依存度极高的洋山港，面对世界金融危机导致港口生产从顺风顺水转为逆水行舟，公司面临着很大的压力。我们不等不靠、主动作为，打破了以往码头坐等客户上门的“朝南坐”形象，推出码头代表制、“七项服务承诺”等一揽子为客户提供服务计划。

2009 年后，洋山港真正进入产能稳增期，装卸量远超原设计能力。产能增加的背后，不仅仅是因为设备数量的增加，更是因为科技创新注入了动能。

之前，我们桥吊一个吊具，也就是一个40英尺的集装箱；2006年我们从振华港机采购13台双40英尺双起升桥吊后，一次可以吊两个40英尺的箱子，这也是振华港机的最新设备。如何把新的设备用好，这就需要我们利用高科技提升生产效率，提高码头的利用率。按照原来传统的码头装卸模式，桥吊要先把船上的集装箱全部卸下，然后再把需要装船的集装箱全部装入船上指定位置，也就是先卸后装，这个过程中，会有一次集卡空车和桥吊空吊具返回的动作，而一装一卸就会产生两次集卡空车和桥吊空吊的动作。我当时提出来一个很大胆的想法，就是集装箱码头的边卸边装。张彦劳模工作室参与了这个项目。边卸边装是垂直操作，一边将货轮上的集装箱卸载到集卡上，一边将集卡送来要装船的集装箱再吊到货轮上。桥吊效率提升近30%的同时，桥吊节能约30%，集卡的空车率下降了40%。我们将这项技术申请了专利，经过两年时间，集结了来自高校、业内的众多专业建模、数控团队共同研发，终于将“集装箱双吊具边装边卸”的自主知识产权转化为洋山港全新的操作流程，现在已经基本成熟了。目前世界上拥有集装箱码头双起升、双40英尺桥吊边卸边装技术，我们上海洋山港独此一家，而且效率最高。

其实边卸边装技术的实际运用，也依靠与船公司密切配合。码头上的配载要跟船公司的配载互通信息，我们整个港口真正做到了港航一家，码头为船公司的利益考虑，船公司也为码头的装卸方便条件考虑，这样船舶在港的时间就缩短了，船舶成本降低，船公司效益提高。中远海运、马士基、达飞等船公司巨头，均把洋山作为自己的母港，其他大大小小的船公司也都愿意在洋山港靠泊。我们跟马士基、中远海运等船公司都合作得很好。唯一的缺陷就是对船员来说，因为装卸速度快，在港休息时间太短，基本上没有时间到上海市区。我们公司多年来保持这个传统，一条船第一次靠我们公司，会有一个当班的领导上船对船长表示欢迎，还赠送一个我们洋山港的锡盘纪念盘，这在无形中也宣传了我们洋山港的形象。当船靠码头的时候，我也经常会去打个招呼，拜访一下船长，顺便看看他们系带缆绳的安全状况，检查现场安全工作。

更让我们自豪的是，“集装箱码头装卸效率世界纪录”七次被我们自己打破。2009年4月，在对中远“腾河”轮的装卸作业中，公司827桥吊仅用5.17小时，就完成了663自然箱的装船作业，桥吊单机效率达到每小时128自然箱，再次刷新了由盛东公司员工创造并保持的桥吊单机作业效率的世界纪录，使洋山港的声誉在国际同行中越发响亮。盛东公司先后七次刷新集装箱装卸世界纪录，最高桥吊台时量达到197自然箱，船时量达到850自然箱，为上海港集装箱装卸效率达到世界级水平起到了“领头羊”的作用，提高了上海港的形象。当时集团领导就要求我们要培养新生力量，通过传帮带，树立起我们集团的标杆，2011年设立了以张彦名字命名的劳模工作室。“80后”张彦的劳模工作室的确不负众望，他自己是集装箱装卸世界纪录的保持者，全国劳动模范，更是带出了140多个桥吊司机，“张彦桥吊操作法”如今已成为公司培训桥轮吊司机的“口袋书”，盛东公司装卸效率那么高，这个劳模工作室功不可没。张彦还被选为党的十九大代表、全国青联常委，这是我们上海港的光荣。

从公司管理方面来说，多年来，我们保持每天早晨碰头会制度，每天早晨8时30分要开晨会，每个部门主管以上的领导都要参加，把前一天24小时的安全生产、经营管理、船舶装载效率、对外服务质量等情况，进行简要总结。如果中间有任何问题，分管经理要了解情况并解决问题，我作为总经理最后总结发言，提出问题和要求。我们盛东公司筹备时，我就提出一个口号叫“当日事，当日毕”，当天的事情当天一定要完成，一天要完毕，必须要在24小时之内解决。另外，我们公司从洋山筹备的时候起，实行准军事化管理。员工宿舍被子叠得方方正正，就像部队里一样。员工去食堂吃饭、上下班都要排队，三人要成列，这个习惯已经保持了十几年。

现在，整个洋山港80多台桥吊整齐地在码头作业，非常壮观。回想起大约20年前，去新加坡参观的时候，对方骄傲地跟我说，我们码头有100多台桥吊，新加坡是世界大港，没人能赶上。当时我心里就想，总有一天我们上海港会赶上去。这只是当时不服气的想法，想不到我们国家发展这么快，现在新加坡港经常来上海交流探讨，我们集装箱吞吐量和作业效率都比他们高。洋山四期作为全球最大的无人码头投入运营，我们上海港人非常自豪。它虽然不是全球第一个无人控制的码头，但是技术最先进、最成熟的一个。

建设好一个项目，带出一批人才

正是凭着码头工人的那股子韧劲，这些年，我们团队实施多项科技创新及节能技改项目，获得多项国际及全国发明展览会金奖和银奖，公司获得“全国五一劳动奖状”“上海市文明单位”等称号。我个人在洋山港期间，也被评上了全国劳动模范、上海市优秀党务工作者、上海市建设功臣、科技领军人物等，还享受国务院政府特殊津贴。12 年来，盛东公司为上港集团输送了十多人，进入其他公司担任行政及党务工作领导。洋山四期公司运营管理的不少领导也是从我们公司出去的，尽管我们自己人手也很紧张，但还是全力支持，就像当时一期刚刚开始筹建，各方面给予我们大力支持一样。大家在洋山港的建设中成长着，也为上海建设国际航运中心的事业奋斗着。我们筹备好一个公司、建设好一个项目，也带出了一批人才，感到非常有成就感。

我们港口还加入了索拉斯公约。美国海岸警卫队曾两次到港飞行检查。如果检查中发现安保工作不合格，从我们港口所有开往美国港口的船都要接受严格检查，因为他们认定船舶是来自一个不安全的港口，会威胁到停靠港的安全。这个不仅仅是对我们港口有影响，对船公司都有影响，整船检查会使得船在码头上停泊时间延长，而且会给船上带来很多不必要的麻烦。2010 年的某天深夜，美国海岸警卫队来到我们港口要突击检查，被港口保安拦下，经层层上报，因没有预约和相关证件，被拒之门外。他们办理相关程序后才得以进港检查，并认为我们港口安保工作做得很好。后来又来检查了一次还是这样，认定我们港口是安保信得过的港口。2010 年初，洋山港创建国际卫生港口顺利通过世界卫生组织（WHO）验收考核，正式成为国际卫生港口之一。WHO 验收考核组专家对洋山港创建国际卫生港口给予高度评价，一致认为，洋山港已经具备防控疾病国际间传播和应对突发公共卫生事件等能力，客户对我们的信任感就更足了。

上海港口的一个大优势就是内陆腹地对我们的支持。长江中转这些货物，对我们整个上海港支持很大，所以我们一直把长江航线叫做生命线。我们码头要做好服务工作，把它们的货物及时转运出去。因为洋山深水港不仅仅是为上海服务，实际上也是中转码头，要把我们国家原来到香港、釜山、新加坡中转的货物都吸引到洋山港来。在这个方面，实际上我们应该还要做很多的工作，像政策法规，比如启运港退税，海港青岛、内河港口武汉也在试点，如果起运港政策可以兑现，整个洋山港的吞吐量还会上升。

现在比较遗憾的是岛上没有急救站，毕竟洋山岛离开大陆几十公里，但是码头作业也有一定的危险性，大桥上也偶发交通事故，而且在岛上工作的职工也难免突发疾病。2012年，因为雨雪天气，东海大桥上一个司机驾车撞到隔离栏，因没有得到最及时救治不幸身亡。所以，我一直呼吁，要在岛上建立急救站。我们公司后来自己建了一个微型急救站，配备了救护车，只要岛上有人员发生突发状况，救护车就会将其运送出去，这也是我们企业承担了一定的社会责任的表现。

风雨扬帆又十年

口述前记

安呈瑶，1951 年 9 月出生。2003 年 2 月至 2008 年 10 月，任上海市港口管理局办公室主任。2008 年 10 月至 2011 年 9 月，任上海市交通运输和港口管理局副总经济师。2006 年 6 月至 2010 年 3 月，任中国航海博物馆筹建办党支部书记、主任。2010 年 3 月至 2011 年 12 月，任中国航海博物馆党委书记、副馆长。

口述：安呈瑶
采访：杨建勇、许　璇、范婷婷
整理：范婷婷
时间：2017 年 12 月 12 日、2017 年 12 月 18 日

回顾 40 多年的工作生涯，我先后负责或参与过好几项筹建工作，如筹建上海市市政管理委员会市容处、上海市苏州河环境综合整治领导小组办公室等。进入 21 世纪后，我参与筹建上海市港口管理局、负责筹建上海港口管理局洋山港区管理办公室，以及负责筹建上海唯一一座大型国家级的中国航海博物馆。十年风雨，创业艰辛，我本着“边干边学、开拓创新”的精神，成为上海国际航运中心建设的参与者和见证者。

筹建港口管理局，推进上海港口管理体制创新

2002 年我还在建委的交通运输处工作，那年夏天，国务院发了一个文件，决定把全国各个重要港口的管理进一步下放给地方政府。时任建委副主任许培星同志找我谈话，根据国务院文件精神，上海市委、市政府正在考虑分别组建港口局和港务集团。不久，就从建委机关抽调了 4 至 5 位同志组建了一个筹建班子，由我负责，主要对港口局机构框架、部门设置、主要职能、人员配备等方面做些调查研究，提出初步方案。经过几个月的努力，到 12 月下旬，基本形成一个比较完整的初步方案，其中还包括了新机构的廉政建设。我们把方案交给许培星同志，接下来就是等市委、市政府的消息。2003 年 1 月中旬，许培星同志告诉我说快了。1 月 23 日，上海市委、市政府在市府大厦三楼会议室举行了揭牌仪式，市委主要领导揭开铜牌上的红布，宣布上海市港口管理局、上海国际港务集团正式成立，我们筹建近半年的港口局终于诞生了。

港口管理局是上海历史上第一个政企分开的港口行政管理机构，它的成立对深化全国的港口体制改革起到了示范和引领作用。记得当时韩正市长在北京参加全国交通工作会议期间专门接受了记者专访，《中国交通报》登了一个整版。韩正市长谈到上海港口体制改革时提到一个观点叫“大企业、小政

府”，认为上海港口体制的模式就是港务集团要大，政府管理机构要小。港口局仅90个公务员编制，很小；而港务集团很大，规模达数万人。管理体制改革后，港务集团把原港务局的港政管理职能以及下属的执法单位成建制地划给港口局。港口管理局成立后，组织上任命我担任局办公室主任，不久又决定由我任局党组成员。在港口管理局组建后的第一次干部大会上，许培星同志提出了弘扬“三个气”，实现“两个零”的要求，“三个气”是大气、正气、雅气；“两个零”是全局系统不发生违反政纪党纪和违法犯罪案件。这两个要求很高，实施难度不小，但局机关和基层的同志都很认可，决心建设一个高效廉政的政府部门。

港口管理局成立后，国外港口纷纷与我们联系，我们在原港务局建立的友好港基础上，又和多个国际港口建立了合作关系，上海港的友好港增加到了23个。通过友好港渠道，我们定期开展互访和业务交流，安排人员去新加坡、安特卫普等港口接受培训。在国内，广州、大连、青岛、天津等沿海港口也都相继开始启动港口管理体制改革，港口之间经常开展考察交流活动，一起研究探讨港口管理体制改革后特别是实行政企分开后的行政管理所面临的新课题，相互交流学习，收益很大。

上海港口的体制改革对上海国际航运中心建设具有重要的推动作用。原国航办是市政府负责上海国际航运中心建设的协调管理机构。从1996年初到2002年底，国航办一直承担着上海国际航运中心建设特别是洋山深水港选址论证和工程项目等方面工作，为洋山深水港工程项目建设做了大量工作。港口管理局成立后，国航办机构职能划入了港口局，港口管理局在推进上海国际航运中心建设方面重点推进了三个方面的工作。第一，推进包括洋山深水港在内的上海港口总体发展规划编制工作。1996年1月，国务院专题会议之后，洋山深水港是作为上海国际航运中心新港址在选址论证和项目规划中立项的。2002年6月，洋山深水港一期工程开工建设，2005年12月建成投产。洋山深水港码头地处大、小洋山，按照属地管理原则，属于浙江管理。因此，在编制上海港总体发展规划时如何妥善解决这个问题，客观上讲也是存在一定难度的。港口管理局成立后，我们多次与浙江方面沟通商议这个问题，最后在交通部协调下，在两省市领导的关心下，两地主管部门在这个问题上取得了充分共识，有效地解决了包括洋山深水港在内的上海港口总体发展规划编制问题。第二，推进港口行政管理体制创新。“一港一政”是港口管理体制改革的核心内容。我们抓住《港口法》的机会，制定了《上海港口管理条例》，为港口行政管理部门依法行政提供了依据。同时，我们根据国家发改委、交通部有关文件精神，制定了洋山深水港区港政航政管理办法，在跨行政区域开展港政航政管理方面进行了实践探索。第三，推进港口航运服务环境建设。在政企合一体制下，原港务局既是港口行政管理部门，又是港口生产企业，与船公司之间难免会存在一些利益关系问题。港口管理局在成立后，完全成为一个为港航企业提供管理与服务的平台，不存在利益相关问题。我们每年举行一到两次的港航企业座谈会，请中外各家船公司来给政府提意见。许培星局长和各位分管领导还经常带领部门同志登门拜访各家船公司和港务集团，征求对上海港政府管理的意见和建议，及时协调解决矛盾和困难，优化上海的港口经营环境。第四，积极争取中央部委对上海国际航运中心建设的支持。港口管理局每年要去交通部汇报工作，争取交通部对上海港口工作的支持，并与国家发改委、财政部、国家税务总局、海关等建立工作沟通渠道，积极争取各方面对上海国际航运中心建设的支持。我们主动向交通部申请，把一些专业性强、影响面广的大型活动安排到上海港，如港口设施安保培训、港口安保大演习等，不断提升我们的行政管理和服务能力。第五，加强政策研究。政府部门是依法行政，是执行政策和法规的工作部门。港口管理局有专门的研究室和法规处，每年要花很大精力研究海港码头、内河航运的相关政策，深化江海联运、海铁联运、综合交通运输体系建设等项目的研究和实施；每年还要清理行政许可事项，努力与国际惯例接轨。我们还组建了专家库，为上海国际航运中心的建设出谋划策。

筹建洋山办，推进洋山深水港区建设

国家发改委在向国务院报洋山一期工程可行性报告的同时，提出把洋山港区的港政航政管理划归上海港，实行“一港一政”。交通部正式发了《关于上海国际航运中心洋山深水港区港政和航政管理的意见》。港口局挂牌之后没几天，杨雄副市长专门来我局听取有关洋山深水港区管理准备工作情况，要求我们要尽快上岛行使管理职能。当时我想，这是不是早了点，岛上还在动拆迁居民的过程当中，连怎么上岛、上岛住哪里都是问题。市领导离开后，许培星同志就专门组织研究落实，决定专门内设一个部门来具体负责洋山深水港区的行政管理。在向市编办报了关于成立洋山港区办公室的请示之后，很快就得到批复，同意港口管理局成立一个洋山办，编制在我局 90 名编制当中调剂使用。接下来，我又一次开始了筹建工作。

当时许培星同志找我谈话，要我兼任洋山办主任，因为那时候我是局党政合一的办公室主任，机关财务、政策研究、信息、受理中心、后勤保障等工作都归办公室负责，办公室能够比较灵活地使用局的资源来支持洋山办的工作。根据许培星同志要求，我从机关、港政中心和码头中心抽调了 5 位同志组成一个工作班子，也就是港口管理局第一任洋山办。我们定在 2003 年 11 月 18 日挂牌，揭牌地点是洋山岛的一个小山坡上，在当地农民遗弃的一间房屋外，门牌是小洋山岛 38 号。下午，在满天的彩霞映衬下，我和港务集团公安局局长邵建等同志一起为上海港口局洋山港区办公室和上海港洋山港区公安分局揭了牌。

小洋山上条件非常艰苦，因为老百姓动迁走了，岛上没电没水。上下岛要租用渔民的渔船，遇到风浪很容易晕船。岛上原来的蓄水池被严重污染，无法饮用，所以我们喝的水、吃的菜和粮食及液化气都需要洋山办同志自己扛上去。用电则求助于施工单位的柴油发电机。后来我们与公安分局一起搬到了原来岛上的卫生站，居住条件好了一些，但依然缺水缺电。晚上大家睡折叠床，有的只能睡在原来医生的办公桌上。记得那年大年三十，岛上零下 5 度，北风呼啸，我和洋山办、洋山公安局的驻岛同志一起吃年夜饭，局机关负责后勤保障的同志设法送来一些酒和菜，许培星局长打来电话向大家拜年，大家向许局长表示虽然条件艰苦，但只要咬紧牙关坚持下来，就一定不会辜负领导的期望。

洋山办按照国家发改委文件精神主要做了这么几项工作。第一项，抓安全监管。当时洋山在建设，到处都是炸山、填海的工地，部队的工程兵也上去了，洋山办负责监督工程安全，包括对危险品的排查。那时候洋山没有路，我给每位洋山办的同志发了登山鞋，结果后来每个人都在一年内穿破了两双厚重的牛皮登山鞋。那时洋山办同志在岛上的交通基本靠走、通信基本靠吼，因为当时小洋山的通信基站还是浙江省的，用手机漫游价格实在昂贵。到了岛上有了简易公路时，洋山办配备了一辆越野车，但因天天在砂石路上颠簸，所以轮胎不停地磨损调换，大家乐呵呵地说这可是洋山岛上唯一的“凯迪拉克”啊。第二项，抓综合信息建设。2005 年 6 月，上海市政府决定在洋山港区开港前建立一个现代化的信息共享平台，要求洋山办牵头建一个信息中心，把洋山港区的“一个扁担两个筐”——洋山岛、东海大桥、保税区的一共 262 个视频探头集中起来，在新建的指挥中心大楼进行全方位监控。因为当初建设时是各单位分头进行，这 262 个探头包括数字、模拟等三种模式，互不兼容，整合起来很有难度。在时任市政府副秘书长沈骏同志的支持下，我们组织亿通公司和各个驻港单位信息部门日夜奋战，到 2005 年 12 月 10 日开港的时候，终于建成了上海港历史上第一个覆盖港务、海关、商检、边检、海事的综合信息平台，极大地方便了各个部门的资源共享。与此同时，我们还设了一个信息服务台，船公司可以随时咨询关于洋山港方面的信息，提出服务的需求，我们安排专门的人员负责接听电话并处理，船公司反映很好。第三项，抓环境保护和环境卫生。小洋山港在历史上是个风景区，是海鱼洄游群经常出没的地方，而且这个地方水质很好，不能因为大规模施工和今后的码头运作，危害到环境。洋山办紧紧盯住各个施工单位，严格执行环境保护和

洋山港区办公室工作人员在察看港区情况

环境卫生的标准。比如说各单位的垃圾倾倒和废物排泄，都必须严格按照现代化港口的要求，集中处置，决不能污染周围环境。除此之外，洋山办还履行港政航政的其他的职责，例如卫生防疫、洋山客运的安全监管、洋山港码头的运行统计、航政管理等工作。

洋山办最开始是 5 个人，再扩到 7 个人，后来扩到 11 个人。在临近开港前，随着东海大桥的开通、洋山岛上基础设施的完善，洋山办的工作条件有了很大的改变。办公室也搬到指挥大楼，有了一个层面且宽敞明亮的现代化办公场所。到了 2005 年 12 月 10 日，洋山港一期工程竣工，上海市举行了一个盛大的开港仪式，号召全市人民学习“洋山精神”。之后，洋山港开始变成热点，很多人要登岛参观洋山港，学习洋山建设者的拼搏精神，此时，洋山办又增加了一个特殊的职能——洋山办的同志个个都成了接待员，给一批又一批参观者介绍洋山港的建设历史和未来规划，做起“洋山精神”的传播者。总之，洋山开港以后，洋山办的筹建工作结束了，港政和航政的管理工作也都走上正轨了。局党组决定不再由我兼洋山办主任，另安排同志接替了我洋山办主任的岗位。2006 年 1 月，领导找我谈话，让我去筹建中国航海博物馆。

筹建中国航海博物馆，弘扬上海国际航运中心文化

2005 年，在上海举办了纪念郑和下西洋 600 周年活动。活动结束以后，专家们向国家部委提了两个建议：一是建议把郑和下西洋从浏河岛出发的那一天，即每年的 7 月 11 日定为中国航海日；二是建议建立中国航海博物馆。中宣部、交通部、国家文物局采纳了专家意见，联合向国务院打了一个请示，建议设立中国航海日和建设中国航海博物馆。经国务院审议，同意批准设立中国航海日和成立中国航海博物馆。上海市政府从建设上海国际航运中心的全局考虑，向中央积极争取，由上海市政府和交通运输部联合筹建中国航海博物馆。中国航海博物馆地处浦东临港滴水湖旁。对这一个选址，当时还有不同意见，有些同志认为航海博物馆放在市中心城区比较好，容易聚集人气，但最后还是决定放在临港地区。因为临港周边就是洋山深水港和洋山物流园区，上海海事大学、上海海洋大学都在附近，把国家级航海博物馆建在这里，

更能体现出上海建设国际航运中心、打造航运文化要素聚集区的决心。2006年1月，时任交通部部长李盛霖和上海市市长韩正为中国航海博物馆奠基。

大家都知道博物馆之所以称其为博物，就是因为它是以文物为基础的。但是，我接手筹建航海博物馆时什么文物都没有，同事们都疑惑地问我：你怎么筹建？一般来说，博物馆建设是有规律的，它首先要根据自己馆藏文物的等级、质量、体积、特点等，设计一个展示方案，根据这个展示方案再来设计博物馆建筑，也就是说是由内到外的。但是现在倒过来了，是从外到内。负责建造博物馆建筑的港城集团公司也没有任何相关经验，他们去找上海海事大学的几个老师依据中国航海史编写了展陈大纲，再拿这个大纲报发改委。集团负责人告诉我，他们做的时候也很茫然，不知道该怎样设计建造，于是就采用国际招标，把设计临港滴水湖的公司——德国JMP招来了。这家公司也没做过博物馆，他们展开了丰富的想象力，设计了现在我们中国航海博物馆的样子。其外观确实很别致，在国际上独一无二，其中两块巨大的风帆状铝合金板块参照了澳大利亚悉尼歌剧院的外形，内部则参照了一些其他博物馆的设计。但因为这家公司没有做过博物馆，不了解博物馆的特性，所以整幢楼在设计好并开工建设后，我们发现楼内缺少许多博物馆特有的功能区域，甚至连工作人员工作的场所都没有安排，办公、吃饭的地方都没有。现在我们办公的地方原来是展厅，设计公司原来想法很不错，在两边裙楼里利用自然光展示油画、雕塑等艺术品。但是，工作人员没地方待，不得已，只好把两边裙楼的场地都修改了，一边作为临时展厅加办公室和图书馆，另一边作为办公场所，并在车库里划出一块地方作为职工食堂。

博物馆那么大的体量，建筑面积有4万多平方米，里面要展示什么东西，谁都不知道。我们真的是从零开始，没有物、没有人也没有财，只能靠自己来，在干中学、在学中干。上海市领导要求这件事由港口局牵头，把它作为上海国际航运中心建设的一件重要工作。于是，我们以港口管理局的名义给市编办打报告，市编办批复给了我们20个事业编制（后续增加到70个编制，开馆前增加到200个编制）成立筹建办。我将招来的20人依照筹建工作需要分了4个小组：综合组、文物组、工程组、展示组。以后，随着招募人员增加，又成立了8个工作小组，将筹建工作进一步细化、做实。在搬至博物馆办公后，正式成立了13个工作部门，人员也扩充到150人。工作部门的设置紧紧围绕博物馆最基本的四大功能：教育功能、研究功能、展示功能和收藏功能，人员努力做到高效精简；能社会化的工作，例如安保、清洁、设备管理等尽量委托给物业公司去做。

工作小组成立后，第一步就是征集文物，因为博物馆的展示文本就是靠文物，申请经费也要靠文物，没有文物只能是一个陈列馆而不是博物馆。韩正市长在全市会议上说“要举全市之力办好博物馆”，市政府专门成立了一个领导小组，由杨雄副市长和沈骏副秘书长以及交通部徐祖远副部长为正副组长，上海市相关的委办局领导如市委宣传部、文物局、发改委、建设交通委、财政局、上海海事大学的负责人参加。我记得第一次开会，领导就提出来，我们要办出一个设计是高品位的、施工是高质量的、陈展是高水平的、运营是高起点的博物馆。

之后，上海市政府会同交通部、国家文物局和国家海军总部一起召开全国范围内的文物征集会议，会上定的目标就是博物馆要在2010年5月18日国家博物馆日这天开幕。会前，我们在北京开了一个专家座谈会，听取专家对文物征集的意见。那时候交通部的航海日办公室对我们支持很大，帮助我们找了很多专家来讨论，使我们深受启发。我们还走访了海军总部、国家文物局及交通部，征得了他们对会议的支持。最后由交通部、国家海军、国家文物局和上海市政府联合发文，动员全国为航海博物馆征集文物，努力把交通部系统的、国家文物局系统的、海军三大舰队还有我们上海市政府系统的机关企事业单位全部动员起来。

这次会议是2007年春天召开的，但一直到2008年上半年，我们的文物征集工作基本上仍是颗粒无收。我鼓励筹建办的同志们不泄气、不懈怠，开动脑筋，想方设法寻找文物线索，带着国家几部委的红头文件坚持到全国各地跑。我们制定了中国航海博物馆文物捐赠管理办法，对捐赠文物的单位和个人发捐赠证书，承诺在建成的博物馆墙上镌刻捐赠者名单，并给予一定的奖励。当时我们总结了经验和教训，重新部署博物馆征集文物工作，要做到多管齐下：第一，向各大博物馆求助，虽然结果不是很理想，但也得到了一些复制品，个别博物馆还将一些重要文物借给我馆展示；第二，到各个档案馆、历史馆去寻找，结果有了不少收获；第三，向交通系统企事业单位和解放军部队征集，获得了新的线索和征集成果，我馆馆藏的10余万张珍贵海图就是海军部队捐赠的；第四，向民间、社会各界、拍卖行，甚至向自己的亲戚朋友征集，大大拓宽了征集的渠道，得到了许多珍贵文物；第五，开展海外文物征集，征集到一批珍贵的航海仪器和航海艺术品。功夫不负有心人，经过一年多的上门求助和沟通，彼此加强了了解、增进了工作感情，到 2008 年春天以后，出乎意料一下子来了很多文物，最令人兴奋的是有一个月征集来了 700 多件珍贵文物，那时真的感受到了丰收的喜悦。

我国的历史档案馆分布在两处，一个是第一历史档案馆，在北京；另一个在南京，是第二历史档案馆。这两个历史档案馆是我们的主攻方向，我们反复从里面找文献资料。在找的过程当中，文物组负责人王军同志打听到第一历史档案馆有幅画，叫“大明混一图”，明朝洪武年间绘制，是中国历史上第一幅绘制了部分世界的彩色地图。但是原件已经打不开了，因为 600 多年下来，已经风化了。档案馆在 20 世纪 80 年代做了 4 件复制品，按照文物法，国家一级文物的复制品要经过严格的审批程序，用原材料、原工艺、原方法复制出来。这幅图里面有非洲和南亚，亚洲的地方都画得非常详细，而且很生动。黄河用黄颜色标出来的，长白山上面有雪，很有意思。这 4 件复制品一件由我国领导人送给了曼德拉，放在南非的国家博物馆中。一件送给日本的国家博物馆。目前还有两件，一件档案馆自己要留着，还有一件许多馆闻讯后都在争取征集。我们立即与馆方联系，反复表达了我们征集该画的迫切愿望和理由。最后该馆党组会议郑重研究后决定，将这幅画给了我们。我立即找港口管理局副局长王洪全商请上海武警部队派员将这幅画武装押运到上海。这幅画很珍贵，也非常漂亮，现在放在航海历史馆区展示，平时要恒温恒湿，照明用 LED 灯保护。类似的故事还有很多很多，我们就是这样锲而不舍地先后征集到 3 万多件珍贵的文物，支撑着中国航海博物馆如期建成开馆。

我记得开馆后，韩正书记来临港调研时专门抽出时间来馆视察，他看得很认真，原来只安排 15 分钟，结果看了 45 分钟。临走时，韩书记对我说，你们辛苦了，真没想到你们能在这么短的时间里搞出这么好的博物馆，博物馆我也看过不少，你们这个博物馆可以的。我想，能够得到领导的肯定，我们的辛苦都是值得的。

中国航海博物馆除了展示中国的东西，还有很多国外的东西。这些东西可以让观众增长航海知识，还可以放眼看世界。我在德国航海博物馆里看到一艘金船，是用金子制作的一艘小帆船模型，德国人自豪地说这是世界上独一无二的金船。我当时就想，作为中国的国家航海博物馆，我馆也应该有自己独一无二的中国船模。我通过朋友打听到，台北“故宫博物院”虽然声称活人的作品从不收藏，却破例收藏了唯一在世艺术家吴卿的作品。吴先生是微雕艺术家，擅用黄金做禅意作品。我通过台湾的朋友想办法联系他做一艘中国的古代金船模型，他同意了。我们组织专家与他一起设计，反复论证，历时一年，耗材 3 公斤黄金，做成了春秋战国时期的大翼战船模型。船上共有 96 个士兵和将军，48 个人在甲板上打仗，48 个人在甲板下面划船，叙说的是楚国和吴国在长江上的一次战役。船模制作之精美、人物之生动，都是十分罕见的。我们把它作为是中国航海博物馆的镇馆之宝之一。吴先生做完了金船就毁去了模具，并承诺不再制作类似的作品。所以说，这一船模可以说是全世界独一无二的。我当时就此展品在《新民晚报》上写了一篇文章《连通两岸的金船》，向社会推介这一中国航海博物馆的镇馆之宝。

在中国航海博物馆筹建过程中，我们靠的是三种精神。一是“在干中学、在学中干”的精神。我馆是一个新建馆，队伍来自四面八方，平均年龄只有 28 岁，这在国家级博物馆和省市级博物馆中都是十分少见的。我要求领导带头，踏踏实实地在干中学、在学中干，从我自己做起，虚心向书本学习，向专家学习，向同行学习。我们列出《中国古代航海史》等相关必读书籍目录，要求全员通读，每一位同志都必须认真阅读，系统掌握近代航海史和航海技术的基本常识。我们还组织骨干人员到本市和各地的省市级博物馆参观，每年还组团去国外考察国际知名的航海博物馆。在出境访问的 12 天中，除了来回路上的时间，一般要安排考察 14 个博物馆。一个团组 6 个人，进馆后两人一组分散到各个展区，拍照摄像，不能拍照的就用笔认真记录，晚上汇总情况，回国后再把这些资料做成 PPT，给筹建办的其他同志看，大家一起讨论。由于我们学习借鉴了国内外博物馆的最新成果，博物馆试运营时，我馆请了全国各地的文博专家来参观并提意见。专家们在提出中肯的建议和意见的同时，也对我们这样一群非专业人士、入行时间又不长的年轻人能做出这么专业的博物馆给予了充分评价。二是“不抛弃不放弃”的精神。这是当时一个热门电视剧《士兵突击》里的一句台词，我们组织职工观看了这个电视剧。我对大家说，我们现在面对很多无法想象的困难，你们都没接触过，我也没接触过，当然我会努力学习，做一个合格的博物馆馆长；大家也要努力做到“不抛弃不放弃”，争取尽早“从菜鸟变成老鸟”。“不抛弃不放弃”成了全馆职工的行动口号，“把职业作为事业来做”也成了许多同事的座右铭。三是“三个臭皮匠顶一个诸葛亮”的精神。筹建中我们做任何工作都依靠集体智慧。我们的会议室永远是满负荷的，大家都在思考在争议。一个个方案、一个个合同，仔细比较，详尽论证，反复推敲。虽然我们大部分同志都比较年轻，缺少经验积累，但一张白纸反而能画出最美的图画。例如博物馆的4D电影院。当时有两种意见，一种是建造技术成熟的巨幕电影，但它是放电影胶片的；另一种是使用最新技术的数字影院。我们群策群力，反复比较考证，最后选择了数字影院。为此，还一度受到一些质疑。世博会期间，我率队参观了所有展馆的4D影院，得出结论——我们馆的影院是最先进的，也是当时全国最大最好的4D影院。在事实面前，我们的方案得到了各级领导的认可，也得到了广大观众的赞誉。

中国航海博物馆原来计划安排在2010年上半年开馆，因举办上海世博会，上海市政府要求我们把开馆日期推迟到2010年7月。这个时节雷阵雨比较多。记得开馆的前一天就是风雨交加，到了开馆当天早上，依然是大雨滂

国际学校学生在中国航海博物馆参观

沱。当时我们安排的仪式场地是在露天广场上，大家都非常担心。到了开馆仪式时间，天空突然放晴了，阳光在地面积水的映衬下显得格外娇艳。在场的人都说，苍天也被你们的精神感动了。当天晚上全体职工在食堂聚餐，许多年轻人哭得稀里哗啦，他们感到这一生有这么一次光荣的经历，得到这么艰苦的锻炼，学到了这么多的知识和本领，太值得了。

中国航海博物馆在筹建过程中所体现出的精神，其实也是对洋山精神的一种诠释，是上海建设国际航运中心精神的组成部分。这种迎难而上、敢于创新的精神，是博物馆的宝贵精神财富。我想，在筹建博物馆的同时，打造一支特别能吃苦、特别能战斗的队伍，才能使博物馆在今后的工作中具有可持续发展的动力，帮助博物馆早日实现“国内一流、世界先进”的目标。

亲历深水港选址论证

口述前记

唐士芳，1962年8月出生。1996年8月任上海港务局计划统计处处长助理。1997年1月任上海国际航运中心上海地区领导小组办公室（以下简称国航办）港口规划处负责人（主持工作）。1998年8月任国航办港口规划处副处长（主持工作）。2001年6月任上海深水港工程建设指挥部工程协调部副部长。2002年9月任上海深水港工程建设指挥部港城分指挥部规划部副部长。2004年1月起先后任上海世博土地储备中心规划研究处处长、上海世博会事务协调局技术办公室副主任、上海世博发展（集团）有限公司战略发展部总经理、上海国际港务（集团）股份有限公司专职监事等职。

口述：唐士芳
采访：杨建勇、刘明兴、范婷婷
整理：刘明兴
时间：2017 年 12 月 14 日

我大学毕业后进入上海港务局计划处新港区规划科，主要从事上海港新港区规划和建设前期工作，曾先后参与《上海港总体布局规划》编制，外高桥港区一期工程和罗泾港区一期工程建设的前期工作。国航办成立后，我担任港口规划处负责人，具体实施深水港选址论证工作。2001 年深水港工程建设指挥部成立后，我担任工程协调部副部长，具体负责港口航道建设前期工作的协调推进工作。2002 年，我调到了港城建设指挥部，主要从事海港新城的规划建设工作。从进入国航办开始，一直到组织调动安排我参与 2010 年上海世博会筹建工作而离开深水港建设指挥部，整整 7 年时间，我有幸参与了洋山深水港前期论证的整个过程，亲身经历了项目的起伏沉浮，感受了其中的苦辣酸甜，切实体会到项目成功来之不易，也为自己能够为这一宏伟的世纪工程贡献了一份绵薄的力量而感到幸运和自豪。

深水港选址论证的开展

上海港务局对深水港选址问题早有考虑，当时主要是在上海辖区范围内寻找，提出了“北上”“东进”“南下”几个方案。所谓“北上”就是在罗泾建设罗泾新港区；“东进”主要是新建外高桥新港区；“南下”就是建设金山嘴新港区，并提出了上海港新港区选址可行性研究报告报交通部。由于受长江口拦门沙和杭州湾航道的限制，上述选址方案只能满足吃水 9.5—11 米船舶乘潮进出港，而进入 20 世纪 90 年代以后世界集装箱船舶已发展到第五代和第六代，尤其是载箱 6600 标准箱的第六代集装箱船舶吃水达到 15 米。因此，上海深水港选址又面临新的选择。

1992 年 10 月，党的十四大提出把上海建成“一个龙头、三个中心”的重大战略。上海市委、市政府认真贯彻落实十四大精神，结合上海实际，提出了以建设国际航运中心，促进“一个龙头、三个中心”建设的工作方针。

国际航运中心的核心就是集装箱深水枢纽港。为此，上海市委、市政府把深水港课题列为 1995 年十大调研课题之首。1995 年 8 月和 9 月间，市委、市政府主要领导多次就建设国际航运中心深水枢纽港港址进行调研和实地考察。1996 年 1 月，国务院总理李鹏在上海召开专题会议，明确提出建设上海国际航运中心的任务。同年 5 月，市委、市政府决定成立上海国际航运中心上海地区领导小组，下设办公室（即国航办），启动深水港选址可行性研究。

1996 年 8 月，交通部下达了《关于印发〈上海国际航运中心新港址论证工作大纲〉的函》，要求苏浙沪两省一市对各自提出的航运中心的新港址按照大纲确定的工作原则、工作内容、工作分工、深度和进度要求进行论证。上海市委书记黄菊同志明确指示要抓紧上海深水港新港址比选和前期准备工作。接到这个任务后，国航办领导高度重视，召开专门会议研究部署任务。第一件事就是确定选择参与新港址论证的课题承担单位，主要考虑要有权威性，同时能得到交通部认可。据此选择交通部三航设计院作为该项目技术上的总负责单位，上海航道设计院为航道设计研究单位，上海船舶经济研究所为港口经济运量研究单位，这三家单位都是交通部所属单位。之后，我们就和三航设计院等单位研究商量怎样开展洋山区域水文、气象观测、泥沙测验等工作。要建港，这些基础资料非常重要，而我们又缺乏这些资料，考虑到洋山港址位于浙江省境内，当时上海方面还不适宜进入现场大规模地开展勘查工作。根据在港务局的工作经验，类似跨地区的海上勘查工作我们都是委托国家海洋局东海分局（以下简称东海分局）做的。于是，我陪同徐柏章主任和顾刚副主任拜访了东海分局副局长盛六华（主持工作），徐主任讲明了来意后，盛副局长明确表示，东海分局受国家海洋局授权行使东海海域的海洋管理权限，负责东海海域的海洋调查、水文观测、环境监测等工作，可以以正常业务活动的名义开展外业工作。盛副局长还当场表态，利用该局飞机在洋山海域执行任务的机会拍摄大、小洋山岛的航测照片。此次拍摄的 6 幅大、小洋山岛的现状照片成为洋山深水港论证的经典照片，以后在许多重要场合和文件上被多次应用。

第一个难题迎刃而解了，我们非常高兴，马上再接再厉，又拜访了上海市气象局局长王雷，王雷局长也表示，上海市气象局对华东地区气象工作有业务指导权，完全可以在洋山开展气象观测外业工作。两位领导的表态为在洋山港址开展外业工作扫清了障碍。紧接着，为解决对洋山港址进行地质钻探的问题，我们找到南汇县政府，让南汇县和嵊泗县合办的芦洋实业公司来承担此项工作。这样，第一次洋山地区冬季水文泥沙测验、水文气象观测和地质勘探工作就顺利开展起来了。

有了这些资料以后，我们就开始进行新港址研究论证工作了。领导明确由我具体组织实施新港址论证工作。研究制订组织开展新港址论证工作方案，拟定课题承担单位，提出对工作大纲和技术要求的意见，起草委托书；参与有关研究课题的委托、谈判；负责水文泥沙测验、水下地形测量、地质勘探、波浪观测、气象对比观测等外业协调工作；参与洋山港址工程方案研究、数模研究、冲淤演变规律研究、航道回淤分析研究和气象、波浪条件评价等课题协调工作。当时为确保研究成果的科学性，对于比较重大的研究课题，我们会同时委托两家单位分别研究。例如我们同时委托上海航道院和华东师大河口与海岸研究所开展洋山海域冲淤演变规律分析研究，在研究过程中发现两家的研究结论差异性很大。为此，我们深入两家科研单位，详细了解研究资料、方法、过程等，最终得出了大、小洋山海域海床 100 多年来基本处于动态平衡，略有微淤，自然水深达 15 米以上，具备建设大型深水港的自然水深条件的科学结论。

12 月中下旬，新港址论证陆续进入初步成果汇总阶段，上海市气象局等 8 家单位相继完成了各自的子课题研究，向我们递交了气象条件评价等 11 份研究报告，三航设计院也完成了《上海国际航运中心新港址论证报告》总课题的报告。我们陆续组织召开新港址论证各项子课题及总报告研究的专家评审会，前后共举行了 7 次，对 7 个子课题及 1 个总课题的 12 份研究报告进行了评审。参加评审的专家共计 71 位 102 人次，分别来自北京、天津、上海和南京等地的 43 个单位。评审意见充分肯定了建设洋山深水港的必要性和可行性。1997 年 3 月 18 日，我们按时组织编制完成了《上海国际航运中心新港址论证报告》及附件等共计材料 26 册 11 个研究报告，并正式向上海市政府上报。

根据港口建设规范要求，为进一步收集建港基础资料，1997 年 6 月下旬，我们开始组织安排洋山港址地质勘查、地形测量和夏季水文泥沙测验工作，并着手建立观音山、杨梅嘴测风站，观音山、杨梅嘴波浪观测站，科普站气象观测站及大岙、科普站测风站等 5 处水文气象观测站。

为了尽快把波浪和气象观测站建立起来，那段时间我基本上都与上海市气象局、东海分局等有关人员在现场工作。我们还请了气象局一位曾留苏的老专家来当顾问。当时陆岛之间 30 多公里的海上交通是依靠船行的，我们经常来往奔波于洋山岛和大陆之间，有时风浪比较大，晕船呕吐也在所不顾。终于赶在 7 月底之前把这些观测站全部建立起来。不久，8 月 18 日第 11 号强台风来袭，这是五十年一遇的大台风，在浙江温岭登陆，登陆前其中心位置距洋山仅 300 公里，对于建港来说，其所依据的就是经历大台风考验的资料，这是最难得宝贵的。当时在收集资料的时候，现场观测人员不怕牺牲，冒着生命危险获取资料。例如水文观测站都设在码头附近，正常是 4 小时取水一次，检测含沙量、含盐度。为了收集到这些资料，东海分局做水文泥沙潮位观测的同志用绳子绑住自己，后面让人拖着，慢慢挪过去取样。有一个气象观测站是设在山顶上，人员休息地点设在山下，台风来了之后，管理人员为了观测就住在上面了，风太大实在下不来，就在上面待了 3 天，以方便面充饥。就是在这样艰苦的条件下收集了资料，这些资料以后都得到专家们的认可。这次罕见的强台风过境期间，大、小洋山各观测站取得了宝贵的水文气象资料，观音山测波站测得港内最大波高 H1/10 为 2.7 米，而位于小洋山北侧的杨梅嘴测波站测得最大波高 H1/10 为 3.5 米。最大风速与芦潮港同期测出来的一样，港外的波高比马迹山要小得多，表明洋山岛链对港内水域有很好的掩护作用。

11 月 3 日，通过对洋山海域一年现场观测的建港基础资料的分析研究，结合港区数模计算及其他专题研究成果，我们把这些新取得的宝贵资料进一步充实到《上海国际航运中心新港址论证报告》和《新港址工程方案研究报告》中。11 月 18 日，上海市计委、国航办联合向交通部上报《上海国际航运中心新港址论证报告》。

论证工作的进一步深化

对于深水港技术可行性问题，上海市委书记黄菊非常重视，多次强调洋山深水港这件事情从战略上说是有把握的，关键是技术上是否可行，一定要论证清楚，这个是要上报中央的，要经得起检验。同时，对开展技术论证过程提出了两项要求，一是工作要经得起历史的检验，找合作单位要考虑到全国范围，不要只集中在上海；二是对专家所提的问题一定要做到百问不倒。

新港址论证报告上报以后，按照国家基本建设程序和交通部有关规范要求，我们马不停蹄地开展了大、小洋山新港址总体布局规划和一期工程预可行性研究工作。其间，除继续组织进行水文、气象等建港基础资料的观测、收集和全面开展地形测量、地质钻探等外业工作外，着重开展了大、小洋山深水港址地质构造稳定性评价、洋山港区潮流场定床物理模型试验和数学模型计算等上百个专题的研究论证工作。预可行性研究阶段工作相比选址阶段要深入很多，包括港区平面布置等，都需要建立数学模型、物理模型来确定。模型试验研究水流到底是不是合适平顺，水流太乱会影响船舶航行安全；研究泥沙的淤积量，淤积量太大就不行。这项研究工作，对于流急、沙多这种建港环境比较特殊的洋山地区是比较重要的。在含沙量很高的情况下，为什么这个地方水深呢？是流急。如果一旦建港了，把流速降下来了，就有可能会淤积。因此怎样归顺水流、减少淤积是非常重要的，这也是后来专家们提出来洋山建港需要重点关注潮流和泥沙这两个关键问题，这是需要通过数学模型计算和物理模型试验进行研究解决的。为此，我们分别委托天津水运工程科学研究所和南京水利科学研究院承担数学模型和物理模型试验研究，前者还是交通部《海岸与河口潮流泥沙模拟技术规程》的主编单位。这一南一北两个单位是当时全国这一方面研究比较权威的单位，他们做出来的结果交通部也比较认可。结果，这两家单位得出的结论是相互印证的，得到了专家们的认可。

当时还有专家提出日本的濑户大桥上正在行驶的汽车被大风刮到海里去的情况，洋山港建大桥会不会也出现这种情况，如何解决？针对这个问题，我们请了同济大学汽车学院的专家专门做了这一方面的研究。他们做了计算机模拟研究，测试六级风的时候汽车行驶的情况怎么样，七级、八级、九级、十级又怎么样。他们模拟了之后提出了结果：如果真的刮十级以上大风的时候，不只是桥的问题，港口都会关闭的；如果是九级以下的风，汽车只要限速，九级限速 60 码，八级限速 70 码，七级限速 80 码，就绝对没有问题。现在开港这么多年就是按照他们的这个建议来做的。因此，我们在做的过程中就是坚决贯彻黄菊书记的要求，保证论证的科学性。

为了缩短前期工作周期，我们绞尽脑汁想方设法在保证资料齐全性、可靠性的前提下，知难而进、排难而上，摸索了一条“超前安排、交叉进行”的工作方法，对前期工作进行科学安排、统筹规划，既不违反工作程序、又尽量缩短工作周期。我们把新港址论证阶段开展的两次水文泥沙测验，有意识地与今后总体布局规划、一期工程预可行性研究的要求结合起来；在安排临时水文、气象、波浪观测时，充分考虑与今后前期工作阶段固定观测点的长期观测能相互衔接，以延长原始资料积累的周期。

总体布局规划和预可行性研究是前期工作中两个不同的阶段，目的不同，要求不同，工作先后有严格划分，但逻辑上有密切联系。我们采取了总体布局规划和一期工程预可行性研究“齐头并进、交叉进行”的办法，一方面，分别明确技术要求，分别委托，分别编制报告；另一方面，不拘泥于阶段和程序的刻板划分，总体布局规划的某一中间成果一完成，即应用到一期工程预可行性研究当中去，从而保证了总体布局规划和一期工程预可行性研究两个阶段的工作基本同步完成，既有效缩短了前期工作时间，又节约了前期工作费用，为前期工作赢得了至少一年以上的时间。

正是这样脚踏实地苦干加巧干了3年多，基本认清了在大、小洋山建港

2000年6月，中国国际工程咨询公司考察洋山港区

需要解决的一系列重大技术、经济问题，我们终于使洋山深水港区建港方案站稳了脚跟，证明了在洋山建设集装箱深水枢纽港在技术上是可行的、经济上是合理的，能力上能满足上海口岸2020年前集装箱吞吐量的增长需要，使世界各大船公司看到了最终的希望。

1999年是新港址选址论证的关键之年。3月17日至19日，受国家计委委托，中国国际工程咨询公司在北京召开上海国际航运中心深水港第一次论证会议，邀请国内港口、航道、运输、桥梁、水利、综合经济等方面的30多位专家听取上海、浙江、江苏和交通部规划院提出的深水港港址方案介绍，两省一市相关部门的同志也参加了会议。5月19日至21日，中咨公司又在北京召开第二次深水港论证会议。会议主要研究讨论了上海国际航运中心建设的必要性和紧迫性、上海国际航运中心的功能定位、集装箱吞吐量预测、深水港水深条件等问题。有13位专家出席会议。两省一市和交通部规划研究院未被要求参加会议。据了解，两次会议在上海国际航运中心建设必要性、上海国际航运中心深水港必须建在上海、上海国际航运中心深水港必须具备15米以上水深条件等重大问题上达成基本共识。但是，在具体选址方案上存在较大分歧。

上海对参加这两次会议作了精心的组织准备，韩正副市长亲自参加了第一次论证会，极大地鼓舞了上海同志们的士气。两次论证会期间，在市计委和国航办牵头组织下，市政府发展研究中心、上海投资咨询公司、交通办、上海港务局、三航院、上海市政院、七〇八所、南科院、天科所、上海海运学院、上海船研所、东海海洋工程勘察设计研究院、上海气象科学研究所、华东师大等十多家单位共同努力，经过历时3个多月的日夜奋战，为论证会议提供了洋山港区建设必要性、洋山港区建设方案可行性和集装箱运输系统合理性等3大本论证报告、7个附件、13份补充材料、11个专题报告，总计80余万字，圆满完成了论证资料汇编、工程技术汇报、重大技术问题答复和答疑等工作。上海方面为参会专家提供的会议资料就重达1.8吨，是通过航空集装箱运送到北京的。这两次会议，我亲身参与了编写论证材料、组织材料打印和校对工作，还承担了有关联络沟通和专家服务工作，注意收集会议有关信息，及时向领导反映会议动态，并整理成专报及时发回上海。

上海市委、市政府领导高度重视深水港论证工作，在北京开会期间，市委书记办公会议专门听取了新港址论证会议的情况汇报。黄菊书记充分肯定了国航办的工作，再次强调深水港建设是上海发展的重中之重，要树立信心，把工作做深做细，做得更完善、更科学、更有针对性，要有思想准备，经得起挫折，要树立信心，坚韧不拔。

1999年10月18日和26日，国家计委在上海国际会议中心主持召开上海国际航运中心洋山港区专家论证会议（宏观经济专题和技术经济专题）。宏观经济专题专家论证的结论是：洋山集装箱深水港区建设宏观经济效益显著，对带动长江三角洲及长江流域经济的发展具有重大战略意义；建设洋山深水港区是非常必要的，也是十分紧迫的，从实现我国经济发展战略和全局考虑，从提高我国的综合国力和国际竞争力考虑，洋山港区的建设宜早不宜迟，宜快不宜慢，需要早下决心，早作决策。技术经济组全体专家论证的结论，一致认为根据洋山港的自然条件，建设15米深水集装箱港区，技术上是可行的。提出的《预可行性研究报告》其内容及深度达到了交通部规定的要求，可以作为编报项目建议书的基础。为使项目建设条件落实，建议对资金筹措及融资方式提出专项报告，便于领导部门决策，争取早日立项，开工建设。至此，洋山深水港选址论证应该可以说是大局已定了。

从石沉大海到峰回路转

10月的论证会开完后，我们感到很振奋，觉得洋山深水港项目应该很快就要上马了。所以，会议一结束，我们就按照国家计委和市领导要求，继续深化洋山深水港项目的后续工作。过了一段时间，我们陆续听到一些关于部分专家对在洋山建深水港持异议向中央领导写信，洋山深水港建设项目有可能近期内难以立项等方面的传闻。2000年七八月间，徐柏章主任因积劳成疾住院。其间，市领导前来探病慰问徐主任，徐主任从领导的关心中证实了这些传闻并非空穴来风。当时一些科研单位也出现了不愿再接有关洋山前期工作课题研究的情况，机关内也有部分同志产生了畏难消极情绪。面对内外压力，徐主任多次召集国航办领导和有关处长到医院开会，研究工作，鼓励大家要坚定信心，正视困难，不消极等待，要采取主动行为，通过各种途径宣传洋山深水港建设的重要性、紧迫性和技术上的可行性，为项目上马创造有利的外部环境。

我从工作中接触过的几位老专家那里了解到，长江口深水航道治理工程一开始也曾经遇到过与我们相似的情况，后来交通部请专家全面分析项目的利弊得失，特别是把技术可行性风险性讲深讲透，为领导最终决策提供了依据，使得工程项目得以顺利推进。受此启发，在一次会议上，我提出了可以借鉴长江口深水航道治理工程做法的建议。徐柏章主任非常赞同我的建议，说可以试试看。当时有同志提醒徐主任要慎重，弄得不好会有风险；也有同志觉得，这是无谓的徒劳，不会有结果；也有领导劝徐主任，你也已经尽力了，这种情况你也无能为力。我非常敬佩徐主任，在这种情况下，他把党的事业放在个人荣辱之上，他对我们说，大家都是亲身参加过洋山深水港前期论证的全过程，心里都很明白，我们干到今天的所有一切，都不是为了我们个人争利益，也不是为了上海争利益，而是为了国家利益。如果有什么问题，由我个人承担全部责任。当时，我们都非常感慨。经过商量，我们准备请两院院士李国豪先生牵头，因为从新港址论证一开始，李先生就担任新港址论证评审专家，对洋山深水港项目非常了解。不久之后，记得是 2000 年 9 月间，徐主任带了我们几位同志专门拜访了李先生。听了我们的来意之后，李先生表示，1996 年以来他自始至终参与了洋山深水港的论证工作，还到现场作过实地考察。他和一大批参加过论证的专家都认为，在洋山建港、建桥在技术上不存在不可解决的问题。上海提出在大、小洋山建深水港完全是立足国家利益，从参与国际竞争，把上海建成“一个龙头、三个中心”作为着眼点。长江口深水航道治理工程有其重要性，但解决不了 15 米水深问题。上海有运用市场机制筹措建设资金的方案，不会给中央财政增加困难。建议要尽快决策，以免误事。我们把李先生的谈话整理后送他审阅。不久，就听说李先生会同 15 位院士专家，并以个人名义，前后两次陈书中央领导，充分表现出一个老科学家的家国情怀。同年 11 月，中央主要领导对上海国际航运中心建设作出了重要批示。

2001 年 2 月 21 日，国务院第 94 次总理办公会议审查批准了洋山深水港区一期工程项目立项。2002 年 6 月，洋山深水港区一期工程项目正式开工，同时这也标志着我们的前期论证工作阶段正式结束。

洋山深水港选址论证为我提供了一个为党努力工作的平台，在国航办参与深水港论证的5年里，我始终贯彻上海市委、市政府关于加快洋山深水港建设前期工作的指示精神，并落实在具体的工作中。无论洋山港项目处于顺境还是逆境，高潮还是低谷，都能对洋山港建设事业保持坚定的信念，兢兢业业，尽心尽职地做好本职工作。5年中，我组织和参与组织召开的技术、经济论证会和评审会约50次；主持召开了许多专业性强、涉及面广的技术协调会议；协调处理了各课题承担单位在工作中的许多矛盾和问题；多次深入洋山港址进行建立观测站的现场踏勘，帮助海洋局和气象局协调解决建站有关问题；撰写了一系列报告和材料，5年来，撰写、起草的报告、论文、请示、情况专报、简报等约上百篇，听领导说，黄菊书记无论工作再忙，国航办送来的简报和报告，他都要及时阅批。在深水港论证期间，我绝大部分休息日都是在办公室度过，绝大部分时间晚上都要加班到很晚才回家，有时为了赶写材料甚至通宵达旦。在国航办召开洋山深水港工程前期工作总结表彰大会上，办党组决定给予港口规划处记集体三等功，给予我记个人三等功，这既是对我5年工作的肯定，也是对我未来人生的激励。

岁月匆匆，转眼深水港选址论证开始至今，已经过去了21年。2017年底，上海港集装箱吞吐量可望突破4000万标准箱，连续8年雄踞全球港口之

2001年3月，召开上海国际航运中心洋山港区总平面方案专家咨询会

首，洋山港可以靠泊全球最大的集装箱船，国际集装箱枢纽港的作用日益凸显，上港集团归属母公司净利润将突破百亿元，上海港集装箱吞吐量屡创新高，经济运行质量稳中有升。

回想起来，在洋山深水港前期选址与论证的5年时间里，我们以科学的态度，坚韧不拔的意志，严谨求实、艰苦论证而得到的研究成果，其价值无可估量，其意义非同凡响。以事实证明了洋山可以有深水大港必需的港池水深条件，能够满足全球超大型集装箱船舶对水深的要求。前期经过科学研究论证预测预报的水深条件，奠定了今天洋山深水大港的国际地位，并不断地为上海港发展带来新的起点。

"雄关漫道真如铁，而今迈步从头越。"如今，每当驱车行驶在芦潮港至洋山港区32.5公里长的东海大桥上，每一次见到洋山深水港，都依然非常怀念，在国航办深水港论证工作时，那苦中有乐的5年岁月，历历在目，仿佛就在昨天。

我在上海国航办的八年

口述前记

杜麒栋，1952 年 6 月出生。1996 年至 2003 年在上海国际航运中心上海地区领导小组办公室工作，曾任上海组合港办公室秘书处处长、上海国际航运信息研究中心主任等职。现任中国港口协会副秘书长、港口发展研究中心主任、《中国港口》杂志主编。

口述：杜麒栋
采访：杭财宝、刘　捷、沈　洋
整理：沈　洋
时间：2017 年 11 月 9 日

从 1996 年到 2003 年，我在上海国际航运中心上海地区领导小组办公室（以下简称国航办）工作了 8 年。我自己到国航办完全是一次偶然。从 1976 年起，我在上海港口设计研究院已经工作了 20 年，担任院总工程师室主任。一次偶然的机会，我去局机关联系工作，正好遇见港务局总工程师丁承显，他问我："小杜，你现在在干什么？"我把情况汇报了一下，他说："你知道吗，上海现在要搞国际航运中心了。"我说知道。他突然讲了一句，现在成立了上海国际航运中心办公室，你应该到国航办去。我说，国航办的人我一个都不认识。于是，他立马用便条纸给我写了封"推荐信"给国航办。

我与丁承显总工程师没有什么私人渊源。也许是因为我曾经做过几个研究课题，他看了比较满意。也许是 1995 年我们写了《国际经济中心城市港口的比较——兼论上海建成国际航运中心的研究》的研究报告，他认为我比较适合这份工作。也许是因为我曾经问过他，为什么上海港 2 万吨级的码头经常停靠 8 万吨级以上的船舶？他苦笑回答，上海港没有条件啊，停靠 8 万吨的船也是没有办法。他推荐我到国航办，使我有幸拥有了 8 年丰富多彩的工作经历，参加了上海深水港的前期论证工作。不久他就住进了华东医院，我带着鲜花去医院探望他时，他说只要你经常来给我讲一讲上海港建设深水港的进展，他心中就高兴。这位睿智慈祥的老者希望上海建成国际航运中心，希望看到上海港建成深水港，却没有机会亲自对上海港建设国际航运中心深水港发表自己的意见。他的引荐，令我终生记忆在心。

在上海组合港工作获益良多

1996 年 1 月，国务院在上海召开专题会议，研究了上海国际航运中心建设的有关问题，会议指出，“从全局看，建设上海国际航运中心既是我国经济发展的需要，也是国际政治斗争的需要，意义重大”。自此，上海国际航运中心的工作紧锣密鼓开展。1996 年 7 月，我到了国航办，其时，国航办还没有正式挂牌，除了徐柏章主任和李諴、顾刚副主任外，总共只有十来个人员。按照当时李鹏总理的指示，上海国际航运中心的工作从六个方面做起，一是成立上海航运交易所，二是长江口整治，三是成立上海组合港，四是扩建外高桥集装箱码头，五是宁波开辟远洋集装箱航线，六是新港址论证。国航办的工作就围绕这六个方面展开。

到国航办后，我被安排参与组建上海组合港工作并联络外高桥集装箱一期码头工程建设的进展。1997 年 9 月上海组合港成立后，我就被国航办派到上海组合港。上海组合港管理委员会是一个跨地区的集装箱码头行政管理机构，由交通部和苏浙沪两省一市组成，管理委员会主任由交通部刘松金副部长兼任，副主任由两省一市的副省长副市长兼任。具体日常工作由组合港办公室承担，办公室主任由交通部指派，副主任由两省一市派员担任。从 1997 年到 1999 年底，我一开始在上海组合港规划处，后来任上海组合港秘书处处长。

上海组合港办公室第一任主任是交通部水运司副司长朱永光，在我眼中，他是个能力强、敢负责、有远见的领导。他对上海港有独特的见解，他的名言是：“如果上海港没有深水港，即使完成 1000 万标准箱，也只是个支线港。”他是积极支持上海深水港建设的。当时有一种观点认为，上海国际航运中心的实体和管理中心是可以分开的，管理中心可以放在上海，码头可以放在宁波港。这样，我们在组合港内交流时，就用朱副司长的这句话进行宣传，以此肯定上海必须要建设自己的深水集装箱码头。

成立组合港最早是宁波港的提议，原先是要求将上海外高桥 900 米岸线与宁波港北仑四期的 900 米岸线组合，以此发展宁波港的集装箱业务。但在以后的筹建中感到无法操作，于是在给国务院的文件中留了个尾巴，说在条件成熟时再组合，以后遂无人再提了。朱永光曾设想将组合港建成交通部与各港口之间的一个漏斗，港口规划和建设方案都要通过组合港，这一设想未被认可，因此，组合港始终是个“虚政”。

上海组合港的范围是上海吴淞口以下、江苏省南京长江大桥以下的长江水域以及浙江省宁波、舟山地区水域内已建集装箱泊位及规划建设集装箱泊位的深水岸线。这一范围的确定合理规避了上海港与李嘉诚合作协议的法律条文，因为合作协议的条文规定了合资码头必须占有上海港92%以上的集装箱作业量；同时如果上海港要建设集装箱码头，必须要征得他们的同意。所以，外高桥码头的建设原先不是以集装箱码头的名义，而是称之为多用途码头。上海组合港的成立，打破了这一约束，由此上海港的外高桥集装箱码头建设得以蓬勃发展。对方当然是非常不高兴，合资公司的港方代表也来过上海组合港，认为上海方面不讲信用，未果。在以后时间里，他们投资到宁波港，对上海港也有比较大的影响。这是后话。

上海组合港办公室第二任主任曹忠喜曾担任交通部台办主任，比较稳重，比较注重平衡和协调，对两省一市轻易不予表态。在曹忠喜的领导下，上海组合港办公室工作人员虽然来自两省一市，互相之间并没有大的争论，关系显得融洽。他关心的是交通部所属项目，他让我陪他去看位于川沙的长江口试验中心，去看太仓港，当时太仓港项目还刚刚启动。我们认为，太仓搞集装箱枢纽港不太合适，太仓离上海港太近，货运到太仓就离上海港不远了，大多不愿停留下来。太仓港还要受到长江口深水航道限制，而且太仓港与上海港属两个航区。从上海引航至宝钢，再往上游，要由江苏方面来引航，这样既花费时间，又花费金钱。曹忠喜通过交通部协调，把这些问题（包括收费）都予以解决了，引航可以直接引到太仓。因此，太仓港能发展到今天，应该感谢曹忠喜为他们做的工作。

浙江省在上海组合港办公室担任副主任的是宁波市副市长兼宁波港务局局长叶信虎，他工作最认真，每个星期都要来组合港，他的第一件事情就是看文件，了解上海市的动态。叶局长非常关心宁波港发展的事情，他让上海组合港的工作人员都去参观北仑港10万吨级矿石码头，并展示当时李鹏总理亲自给北仑港的题词“洋洋东方大港”，是想表达宁波港具有天然的深水岸线，建设国际航运中心就应把深水港放到宁波。宁波的同志担心上海发展起来了，宁波就会受到影响，因此宁波对上海、对洋山深水港的态度是坚决反对。江苏省的同志认为，宁波偏于长三角一隅，没有长江流域的支持，发展前途堪忧。而长江口即使浚深到12.5米，但长江沿岸港口分散，难以形成枢纽，他们反而希望上海港能得到发展。大家虽各有想法，但在正式场合都避开这些话题。叶局长在平时还是很和蔼的，在即将退休之际，特意到上海请我们吃了一顿西餐。我对叶局长是很尊重很佩服的，1996年宁波港的集装箱年吞吐量只有20万标准箱，但宁波港就提出要建设集装箱枢纽港，这要有多大的远见和自信。所以宁波港发展得那么快，而且李嘉诚集团、达飞轮船公司最早都是去宁波港投资了。宁波港现已成为全球集装箱吞吐量第四大港。

交通部科学研究院承担了交通部科教司的科技项目“上海组合港发展战略及实施对策研究”，由总工程师聂嘉玉同志带队，我参加了这一课题。我与聂嘉玉同志原先就认识，这次在课题调研中，我们考察了组合港的每一个港口，与各港探究各个港口的优势与劣势，长江的港口（太仓港尚在酝酿中）普遍支持上海港，愿意成为上海的支线港，同时也希望开辟近洋航线。研究的结论是：上海港是上海国际航运中心的中心、国际集装箱枢纽港，宁波港作为我国沿海主要港口之一，长江港口分别为支线港和喂给港。同时要发展多式联运，扩大经济腹地，改善集疏运条件等。

聂嘉玉是我国最早留学苏联的港口专家，淡泊名利，敢讲真话。她原先支持宁波建设深水港，国务院领导也说过，在宁波建港，时间最快、最省、最为有效。但通过了解上海市建设国际航运中心的决心和总体设想，她认为，只有上海建成深水港，才能建成我国真正的国际航运中心，中国在世界航运界才有话语权。后来，她成为洋山建设深水港的坚定支持者，在洋山深水港址的多次论证中都可以看到她的身影。考察过程中，我从聂嘉玉身上学到很多，她说她一生只做一件事，就是中国的港口发展。之后我们成了忘年交，在北京她将她在北方交大讲课的教材送给我学习。她承担科技部政策司课题“加速上海国际航运中心建设的研究”，也要我一起参加研究。在上海组合港工作期间，我们还办起了《组合港信息》小刊物，对上海组合港动态进行整理编辑，每月一份，送上海组合港各港口和国航办参考，并将有关情况及时送国航办。

我的另一项任务是每个星期要去外高桥一期、二期码头建设进程的协调会，了解有关情况并带回国航办。有一次，我遇见达飞轮船公司人员，他提出，上海港码头装卸桥效率不高，影响船公司的船期。我就写了一篇

外高桥二期、三期

报道《船公司希望港务局增加设施提高效率》，这篇报道获夏克强副市长批示。

参加洋山新港址论证有关工作

我在国航办的时候参加了关于洋山新港址论证的具体工作。

为了让大家认识大、小洋山，国航办准备拍摄一部《大小洋山建港条件简介》，于是我带着拍摄组到洋山拍摄现场。大热天，在大、小洋山没有路径的山峰海崖，都留下我们扛着摄像机走过的脚印，我们还租了渔船围绕洋山拍摄海湾岬角。小洋山上没有旅馆，只能住在原有的兵营，晚上有蚊虫，没有电灯，只能在黑暗中讨论脚本，其条件艰苦可想而知。在洋山，我们结识了洋山老乡和乡镇有关领导，他们给了我们很大帮助。以后我又数十次到洋山，或了解情况或陪专家考察，他们都给了我们很大帮助和支持。

1996 年 9 月，交通部发了《关于印发〈上海国际航运中心新港址论证工作大纲〉的函》，要求上海、浙江、江苏分别提出的各种新港址方案进行比选。上海市方面紧锣密鼓地按照工作大纲进行论证工作，包括水文波浪、气象、勘察、航道、地震、环保、总平面、吞吐量预测、船型、桥梁、集疏运、投资、经济效益，等等。因为我比较熟识港口，参加了港口论证有关文件的编写小组，参加人员有计委、投资咨询公司、上海海运学院、港务局等单位的同志。通常是白天写报告，晚饭后有关委办领导到场开始讨论，边读边议边修改。第二天白天经修改后，晚上再继续讨论。如此四五次修改，材料就比较成熟，但我们工作人员比较辛苦。

1999年，国家计委中咨公司在北京召开深水港港址论证会。浙江省提出了宁波北仑—金塘方案，江苏省提出了依托长江口深水航道治理工程的太仓港方案，上海市提出的是洋山深水港方案。国航办对方案作了详细的论证，光材料就装了几大箱。相比之下，浙江省和江苏省的方案都比较简单，新港址方案进行比选变成了对洋山的争论。争论主要围绕深水港建设的必要性、技术的可行性和经济的合理性展开。对方提出了一系列他们认为有争议的问题要求上海答疑。上海市领导提出，对争议问题的答疑要做到精益求精，百问不倒。其实这些问题中有的只是对方随口提出的。例如宁波方面以某个其他码头为例，认为洋山码头建成的年作业天数只有270天，以此来质疑洋山码头选址的可行性。对此，国航办领导高度重视，邀请了交通部一航院的港口大师顾民权组建的团队，通过调研测算论证，得出了洋山码头的年工作天数会超过350天的结论，这才堵住了有关方面的悠悠之口。事实证明，洋山码头建成后每年的工作天数超过了360天。由此可见当时国航办工作的认真负责。

洋山港的论证说是答疑，实际上是一场旷世的大争论，从来没有哪个港口为立项而如此大动干戈，全国几乎所有与港口有关的研究人员和专家，不管是从正面，还是从侧面、反面都卷入了这场大争论。据统计，当时参加课题研究的共有5000多人次，其中高级研究人员有1000多人次，研究课题200多个。通过这次争论，进一步提高了对加快建设上海国际航运中心的重要性和紧迫性的认识，在涉及洋山深水港建设的许多理论问题和实践问题上取得了重大创新和突破。

在答疑过程中，我们认真研读江苏和浙江的港址论证报告，认真研读各方面提出的问题。我联系较多的是三航院、上海港务局、上海海运学院、上海船研所的专家，因为跟他们比较熟悉。专家们都发表了他们的意见和文章，包括《国际集装箱运输船舶大型化趋势》《国际集装箱枢纽港之争》《国际集装箱港口发展趋势》《上海需要深水港》《洋山深水港建设的经济合理性》等。领导要求我汇总，于是 1999 年 9 月我在《中国港口》杂志编辑“上海国际航运中心建设论文专辑”，共计收入 20 多篇文章，供有关方面参考，也算是一个小结。在这里应该感谢他们对深水港建设的热心和支持。

在国航办工作期间，我曾随国航办副主任李諴和时任上海航交所总裁许立荣到香港、新加坡等港口考察他们建设国际航运中心的经验。对方给我们介绍了他们地主港、自由港、中转港、枢纽港、信息港、配送中心和保税制度等各方面的经验，但是他们眼中时不时透露出一种轻视一种傲慢，他们说国内已经有太多人去学习过，转了一圈就没有消息了。他们认为上海不可能成为国际航运中心。一是上海地理位置没有新加坡好，不能成为中转枢纽；二是上海没有自由港，不能为远洋船舶免税加油；三是上海没有信息港，大连港引进了一套他们的信息系统，但难以运用，等等。上海只能向他们学习，但不能在短时间内从根本上学到手，因此上海港只能成为他们的一个支线港。我们很不高兴，心想上海港总有一天会赶超他们。在香港，交通部原副部长、招商局主席刘松金接见了我们代表团，他将国际航运中心软环境归纳为“宽松、简便、服务、灵活”八字方针，即政策宽松、手续简便、服务周到、营运灵活。他的高度概括使我清醒认识到，高层领导比我们看得更清楚，但即使是他们也无法改变现状。不是不知道，而是时机未到。因此许多时候就是要积极准备，等待时机。

1999 年 10 月，国家计委在上海召开了“上海国际航运中心洋山港区专家论证会”。论证会分为“宏观经济专题”和“技术经济专题”两次会议，共开了十多天，十多位院士及国家级专家参加了会议。我承担文秘组工作，白天要做会议记录，晚上大家又讨论到很晚，还要整理会议纪要，第二天早上送到市领导桌子上。我们还有一个任务是负责接待中科院院士，共两次上洋山参观考察，为他们介绍洋山建港的有关情况，回答他们的一些问题。我感到论证会的这段时间是工作最辛苦，也是思想上最紧张的一段时间。经过十多天的专家论证会议，宏观经济专题论证结论是“洋山深水港建设宏观经济效益显著，对带动长三角和长江流域经济发展具有重要战略意义。要尽早加快建设”；技术经济专题论证的结论是“洋山建设 15 米深水港区在技术上是可行的，建议尽早立项，开工建设”。经过这次论证会，建设洋山深水港在国家计委层面得到了认可。

其间，由于聂嘉玉承担了国家科技部的重点科技项目“加快上海国际航运中心建设的研究”，她到上海来与国航办合作，要求我也参加这个课题，于是我从组合港抽出时间随她到上海各有关单位调研。经过对上海与周边集装箱港口发展趋势分析，课题研究的结论是上海亟须建设15米水深的集装箱港区；要积极大力发展国际中转，发展现代物流；要建立开放的国际航运市场；建立自由贸易区，实施特殊政策；要多渠道融投资，完善法规环境。研究报告已初步勾勒洋山现代港口的轮廓。

通过聂嘉玉，我结识了曾担任交通部科技司司长、交科院院长的张德洪。张德洪也是我国最早一批的留苏生，聂嘉玉向我介绍了他的许多情况。张德洪知识渊博，德高望重，但并未因为我人微言轻而予以轻视，而是以平等身份作交流讨论。当谈到远洋航运和船舶大型化等时，他送我一本他和顾家骏合著的《远洋船舶船型论证》。虽然当时他对洋山港的论证比较谨慎，但他介绍世界船型发展的知识，使我深受感动，获益匪浅。以后他对国航办、对我都给予了很大帮助。交通部水运科学研究院有许多我在加拿大进修的同学，与他们也是交流甚欢，他们以后多数在洋山港建设中，参加了规划、运输、环保、安全生产等论证工作。

在上海国际航运信息研究中心工作成果颇丰

1999年底，我调到上海国际航运信息研究中心，担任研究中心主任。上海国际航运信息研究中心是国航办下属独立的事业单位，主要承担国际航运中心建设的信息资料搜集整理和研究。信息研究中心人手不够，幸亏有上海海运学院的肖钟熙教授主动要求过来帮助我们工作。我说我们没有专项补贴资金，他说不要费用也愿意帮助搞港口信息研究。肖教授是上海海运学院水运管理系资历最深的教师之一，我在上海海运学院学习时他就对我照顾有加。虽然他已经退休，但让老师帮助我们进行资料整理汇编，我总感到过意不去。我说您一个星期来一两次就可以，但他仍然坚持每天来，一直工作了三年多，分门别类地对港航动态进行收集整理汇集。经常来的还有顾家骏老师，他是上海船研所的研究员，他对国际航运和港口发展非常熟悉，当他收集到对上海国际航运中心有用的资料，他就过来，坐在电脑操作员边上，边讲边打。每当我回忆起国航办这段工作经历时，我就想起他们，感谢这些老专家默默无闻地为上海深水港建设作出的贡献。

有了他们的帮助，信息研究中心的工作趋于忙碌，出了情况汇编，比如《宁波港的详况》《北仑集装箱码头情况和分析》《长江港口发展动态》《香港集装箱码头的发展与趋势》《上海港与宁波港口岸软环境比较》《国际集装箱航线发展态势》《我国周边港口的竞争》等信息动态，供有关方面参考。

在信息研究中心，我感到除了完成领导交办的任务外，还可以更自主地研究更多问题。这段时间是我在港口航运杂志和有关方面发表文章的重要时期，针对上海国际航运中心和枢纽港论证和建设以及形势发展的需要，我们写了《关于上海港实现跨越式发展的思考》《上海港船型预测及各种船型的承运比重》《关于洋山深水港实施自由港的探讨》《"第四次革命"和上海港的发展》《集装箱港口群发展的思考》《长江三角洲港口的发展和上海国际航运中心建设》等20多篇文章，并在有关刊物发表。这段时间是我们对上海国际航运中心和洋山深水港进行大量思考和探索的时期。

除了对上海国际航运中心和洋山深水港建设进行宣传、对有关问题进行了讨论或澄清之外，我们还承接或与有关方面合作开展研究课题。为促进上海港海铁联运的发展，我们与上海铁路局合作进行了"促进上海港海铁路集装箱运输研究"的课题，为此我们还到义乌、西安、成都、重庆等地进行调研。我们与上海市政府发展研究中心合作，承担"2003年—2007年进一步推动上海国际航运中心建设的研究"的课题，并参与他们的"两岸通航后可能对上海国际航运中心建设带来的影响"的研究，研究结果供市有关方面参考。受上海港务局科技处委托，承担"上海建设国际集装箱枢纽港的研究"课题，研究中我们提出了集装箱枢纽港核心竞争力的观点，得到对方的认可。我们此后又承担了"上海港务局'十五'科技发展规划总体方案研究"。与原南汇区合作，承担了上海市科技发展基金软科学重点项目"关于设立洋山自由港的研究"。该课题由我负责，上海WTO研究中心副秘书长、外高桥保税区管委会研究室李力教授也参加这个课题，他从上海外高桥保税区发展过程，说明我国自由港发展将会有一个逐步进展的过程。因此，我们不能急躁，以为自由港会一下子成立，但我们都有这样的信念，相信随着我国改革开放，上海国际航运中心需要自由港，而且一定会搞成自由港。这个课题在上海市决策咨询研究成果奖评选中获三等奖，我为第一完成者。另外，我参与的《上海国际航运中心洋山深水港建设论证报告》获上海市决策咨询研究成果奖特等奖。

上海国际航运中心洋山深水港和配套部分的论证、研究大体完成后，国航办顾刚副主任提出要把研究论证的主要成果汇集，因此我负责向有关方面收集、组织重要文章，编撰了《上海，迈向国际航运中心——上海国际航运中心建设文集》一书，顾刚是主编，我是副主编，书名“上海，迈向国际航运中心”是汪道涵同志的亲笔题字，体现大家对建设上海国际航运中心的共同意愿。这本书共70多万字，包括总论、现状与趋势、对策与探索、论证与规划、比较与借鉴五大部分，集聚了上海国际航运中心论证过程各阶段的重要观点和论述，并进行了整理、编排。

2001年，上海市城市规划展示馆成立，为全市人民展示上海市规划建设的成就和展望。规划展示馆给我们指定了长7米、宽5米的一块区域，要求做一个预期中洋山港建设的模型，那时候洋山港还未建造，洋山上面是一片空白。国航办领导对此提出了很高的要求，要求在模型中大、小洋山范围都能看得见，港区的吊车能作业，船能航行，车辆能行驶，整个区域能反映出白昼与黑夜。具体由秘书处处长沙伟倩和我负责，洋山港区的规划，技术上的事情都由我操作。做具体模型时，整个区域是按1∶1000的比例，但如果按同一比例，吊车、车辆等将无法运行，最后定了集装箱装卸桥模型比例为1∶300，集装箱卡车为1∶100，船模比例1∶500，并配备了10万个集装箱模型，一共有6个不同的比例。在没有成型之前，我的心中一直忐忑不安，害怕6个不同比例模型的组合会是怪胎，最终做出来的效果还可以，这才把心放下。此外还有一部三维动画宣传片，介绍洋山情况，分为港区、大桥、芦潮港生活区的前景。由于模型工程只能晚上进行，因此我们只能晚上来协调、督促，经常忙到半夜1时以后。虽然辛苦，但我们对此寄予极大希望。希望规划馆对公众开放后，相比一些静态的展示区，洋山展示能吸引众多市民参观。我们希望广大市民和国家领导在观摩洋山港口模型展示后能留下深刻的影响，能形成促进洋山深水港建设的良好环境。

洋山深水港的建设者

在大家焦虑等待中，终于传来好消息，江泽民同志对李国豪等院士的信作了重要批示，洋山港建设终于正式立项并开工建设了。多少人的梦想、愿景、论证终于付诸实施了。

国航办的历史使命完成了，我们在国航办的工作经历也结束了。多年后，我到洋山港对面的大洋山岛眺望洋山港的壮丽景色，回顾这段经历，依然心潮澎湃，感慨万千，深感骄傲，数去更无君傲世，看来又有几知音。

洋山港正展开大海般的襟怀迎接全世界的船舶，迎接更加灿烂的明天。

上海国际航运中心建设大事纪要

1978年

9月　我国第一艘半集装箱船——中国远洋上海分公司“平乡城”号首航澳大利亚。

1984年

3月26日—4月6日　沿海部分城市座谈会确定：进一步开放由北至南的大连、天津、上海、广州等14个沿海港口城市。

1985年

2月8日　国务院批转上海市政府、国务院改造振兴上海调研组《关于上海经济发展战略的汇报提纲》，强调上海是重要的交通枢纽。

1986年

10月13日　国务院批复上海市政府《上海市城市总体规划方案》，指出上海是我国最大的港口。

1990年

4月18日　中共中央、国务院宣布开发开放浦东。

1991年

7月1日　浦东外高桥港区一期工程开工兴建，1993年10月竣工。1997年7月，外高桥港区一期集装箱化改造工程开工，1999年6月完工。

1992年

10月12—18日　党的十四大提出以上海浦东开发开放为龙头，进一步开放长江沿岸城市，尽快把上海建成国际经济、金融、贸易中心之一，带动长江三角洲和整个长江流域地区经济的新飞跃。

12 月 15—20 日　上海市第六次党代会确定上海深水港工程、浦东国际航空港工程等第二批新的十大工程。

1994 年

12 月　上海港罗泾煤码头一期码头主体工程开工，1995 年 12 月底完工。

1995 年

12 月 8 日　国务院总理李鹏批示指出，把上海建成国际航运中心是开发浦东，使其成为远东经济中心，开发整个长江的关键。

1996 年

1 月 16 日　国务院总理李鹏在沪主持召开浙江、江苏、上海和国务院有关部门负责人会议，研究把上海建成国际航运中心的有关问题。

5 月　上海市委、市政府决定建立上海国际航运中心上海地区领导小组，下设办公室。

8 月　交通部下达《关于印发〈上海国际航运中心新港址论证工作大纲〉的函》。按照大纲要求，上海启动深水港选址方案比选论证。

11 月 28 日　经国务院批准，由交通部、上海市政府共同组建的我国第一个国家级航运交易市场——上海航运交易所正式开业。

1997 年

7 月 1 日　中国海运（集团）总公司在上海成立。

9 月 29 日　国务院批复成立上海组合港，作为跨上海、浙江、江苏三省市的港口集装箱码头的行政管理机构，组合港管委会办公室设在上海。

10 月　外高桥港区二期工程开工建设，1999 年 8 月建成完工。

11 月　上海完成《上海国际航运中心新港址论证报告》，报交通部。

1998 年

1 月 27 日　长江口深水航道治理一期工程开工建设。该工程分为三期，一期工程于 2001 年 6 月完工，航道水深 8.5 米。

同日　中国最大的远洋集装箱运输船队——中远集装箱运输有限公司在上海成立。

1 月　上海市国航办向市政府上报上海航交所推进市场服务功能组合实施方案。

4 月 13 日　上海航运交易所首次发布中国出口集装箱运价指数（CCFI），填补了世界集装箱运价指数和中国运价指数领域的空白。

1999 年

6 月 18 日　中华人民共和国上海海事局成立。

10 月 18—21 日　国家计委在沪主持召开上海国际航运中心洋山港区专家论证会议（宏观经济专题）。

10 月 23—26 日　国家计委在沪主持召开上海国际航运中心洋山港区专家论证会议（技术经济专题）。

10 月　外高桥港区三期工程开工建设，2001 年 11 月建成完工。

2000 年

11 月 3 日　中共中央总书记、国家主席、中央军委主席江泽民对李国豪等院士关于建设洋山深水港的联名信作出重要批示，要求有关各方要有全局观念，从建设东北亚国际航运中心的国家利益出发，统筹考虑、通力协作、认真比选、科学决策。力求决策正确，经得起历史考验。

12 月　外高桥港区四期工程开工建设，2002 年 12 月完工。

12 月　上海港集装箱吞吐量突破 500 万标准箱。

2001 年

2 月 《上海市国民经济和社会发展第十个五年计划纲要》明确提出：要以建设集装箱集疏运通道为重点，加快内河航道整治，形成以“一环十射”为骨架的内河航道网。

5 月 11 日　国务院批复同意《上海市城市总体规划 1999 年—2020 年》，明确将上海逐步建成国际经济、金融、贸易和航运中心之一。

7 月　上海市委、市政府决定成立上海市深水港工程建设指挥部。

10 月 31 日　上海市计委向国家计委上报上海国际航运中心洋山深水港区一期工程可行性报告。

11 月 15 日　上海市第十一届人大常委会第三十三次会议审议通过《上海市内河航道管理条例》，这是上海第一个内河航道管理地方性法规。

2002 年

3 月 13 日　国务院第 56 次总理办公会议审议通过洋山深水港区一期工程可行性研究报告和开工报告。

4 月　长江口深水航道治理工程二期工程开工建设，2005 年 3 月完工，航道水深 10 米。

5 月 24—28 日　上海市第八次党代会要求加快社会主义现代化国际大都市和国际经济、金融、贸易、航运中心之一的建设步伐。

2003 年

1 月 27 日　上海港口管理体制实行改革，分别组建上海市港口管理局和上海国际港务（集团）有限公司，实现政企分开，实行“一港一制”。

6 月　外高桥港区五期工程开工建设，2004 年 11 月完工。

9 月 16 日　上海港吴淞客运中心举行开航揭牌仪式。9 月 25 日，原停靠十六铺客运站的客运班轮航线全部搬迁至吴淞客运中心。

10 月 1 日　上海口岸试行“5 + 2 天”工作制，即上海口岸对货物通关实行每周 7 天的新工作制度，365 天天天能通关。

12 月　上海港集装箱吞吐量突破 1000 万标准箱。

2004 年

1 月 3 日　上海港国际客运中心工程在北外滩高阳码头开工，2008 年 8 月 5 日全面建成投入使用。

4 月 15 日　上海外高桥保税物流园区正式封关运作，成为国内首个“区港联动”试点示范区。

8 月　交通部下发《关于印发长江三角洲地区高等级航道网规划（要点）

等的通知》，建立以长江干线和京杭运河为核心，三级航道为主体，四级航道为补充，由23条航道组成的“两纵六横”航道网络。

10月1日　上海市港口管理局、上海海关、上海出入境检验检疫局、上海出入境边防检查总站、上海海事局联合颁布《上海港口章程》。

2005年

2月《上海市内河航运发展规划》发布，上海市全面启动以“一环十射”干线航道为骨干的内河高等级航道网建设。

6月　罗泾港区二期工程进入实质性启动阶段，2007年9月1日全部建成，是上海港迄今最大的现代化综合性散货码头。

7月8—14日　为纪念航海家郑和下西洋600周年，交通部、国防科工委、国家海洋局和上海市政府联合举办郑和航海暨国际海洋博览会、国际海洋论坛、中国首个航海日等活动。

12月10日　上海国际航运中心洋山深水港区一期工程全面建成正式开港，该工程于2002年6月26日开工，主要包括港区工程、东海大桥、沪芦高速公路和芦潮港陆域配套工程。同日，我国第一座长距离跨海大桥——上海国际航运中心洋山深水港东海大桥正式通车，该桥于2002年6月26日开工建设。

12月20日　上海“十一五”内河航道整治工程全面启动，工程包括赵家沟、大芦线、苏申外港线（上海段）、杭申线（上海段）、苏申内港线等航道整治工程。

12月29日　上海市第十二届人大常委会第二十五次会议审议通过《上海港口条例》，该条例是上海制定的第一部港口方面的综合性地方性法规。

12月　外高桥港区六期工程开工建设，2010年12月完工。

2006年

1月　由交通部和上海市政府共同筹建的上海中国航海博物馆举行奠基仪式，2010年7月5日正式开馆。这是我国首个经国务院批准设立的国家级航海博物馆。

5月25日　上海市政府召开上海口岸工作领导小组第一次会议，明确上海口岸建设的定位是以建设洋山枢纽港和航空枢纽港为重点，努力把上海口岸建设成为安全、便捷、高效的国际一流口岸。

6 月 12—13 日　中共中央总书记、国家主席、中央军委主席胡锦涛考察东海大桥和洋山深水港区，及上海振华港口机械（集团）股份有限公司、中船江南长兴造船基地等企业。

7 月 2 日　美国嘉年华集团旗下的意大利豪华邮轮“爱兰歌娜”号在上海港国际客运中心码头举行首航仪式，标志着北外滩国际客运中心成为中国大陆第一个邮轮母港。

9 月　长江口深水航道治理工程三期工程开工建设，2010 年 2 月完工，航道水深 12.5 米。

12 月 10 日　上海国际航运中心洋山深水港区二期工程正式建成，工程于 2005 年 6 月 13 日开工建设。

12 月 26 日　上海市政府印发《上海海洋经济发展“十一五”规划》，明确到 2010 年基本确立上海国际航运中心地位，初步建成国际上具有重要影响的船舶研发制造基地和我国海洋工程技术装备研发制造基地，使海洋产业成为上海国民经济的重要支柱。

12 月　上海港集装箱吞吐量突破 2000 万标准箱。

2008 年

11 月　洋山深水港区三期（二阶段）工程建成完工。洋山深水港区三期分为两个阶段，一阶段工程于 2006 年 4 月开工建设，2007 年 12 月建成完工；二阶段工程于 2007 年 4 月开工建设。

12 月 20 日　上海吴淞口国际邮轮港开工建设，2011 年 10 月开港试运营。2015 年 6 月 18 日，上海吴淞口国际邮轮码头后续工程开工建设，2018 年 7 月 13 日正式运营，并具备四船同靠能力。

2009 年

4 月 14 日　国务院印发《关于推进上海加快发展现代服务业和先进制造业建设国际金融中心和国际航运中心的意见》，明确到 2020 年，上海基本建成与我国经济实力和人民币国际地位相适应的国际金融中心、具有全球航运资源配置能力的国际航运中心。5 月 8 日，上海市政府印发《贯彻〈国务院关于推进上海加快发展现代服务业和先进制造业建设国际金融中心和国际航运中心意见〉的实施意见》，明确加快推进上海国际金融中心和国际航运中心建设的具体任务和措施。

5 月 25 日　上海国际航运仲裁院成立。

7 月 3 日　上海口岸工作领导小组会议审议并原则通过《关于推进上海国际航运中心建设优化上海口岸通关环境的若干意见》。

7 月 31 日　交通运输部在上海航运交易所设立全国唯一的国际集装箱班轮运价备案中心。

9 月 16 日　新版上海出口集装箱运价指数（SCFI）在上海发布，该指数包括 1 个综合运价指数和 15 条分航线市场运价指数。

9 月　上海市政府批准《上海市内河港区布局规划（2007—2020）》，确定芦潮港、外高桥、罗蕴 3 个主要港区，蕴东、安亭、塔汇等 7 个重要内河港区及 43 个一般内河港区的布局。

11 月 18 日　上海综合保税区管理委员会正式挂牌成立。其作为上海市政府派出机构，统一管理洋山保税港区、外高桥保税区（含外高桥保税物流园区）及浦东机场综合保税区的行政事务。

2010 年

1 月 28 日　交通运输部与上海市政府在沪签署加快推进国际航运中心合作备忘录，明确双方重点围绕优化现代航运集疏运体系、发展现代航运服务体系等方面，共同推进上海国际航运中心建设。

6 月 27 日　融资租赁项目正式启动。2011 年 4 月 7 日，上海首批非银行系融资租赁公司正式获批运营。

7 月 20 日　上海开展航运经纪准入试点，首批 135 人获得国际航运经纪人考试合格证。7 月 29 日，首批 9 家国际航运经纪公司获得营业执照。

7 月 30 日　中国保监会批复同意中国人保、中国太保在上海试点设立“航运保险运营中心”。

12 月　上海港集装箱吞吐量达到 2906.9 万标准箱，跃居世界第一。

2011年

1月21日　上海市第十三届人大第四次会议审议通过《上海市国民经济和社会发展第十二个五年规划纲要》，明确到2020年上海要基本建成与我国经济实力和国际地位相适应、具有全球资源配置能力的国际经济、金融、贸易、航运中心，基本建成经济繁荣、社会和谐、环境优美的社会主义现代化国际大都市。

1月　长江口深水航道12.5米水深延伸段顺利开通。

6月28日　上海航运运价交易有限公司正式运行，开展上海航运运价交易。

11月17日　上海市第十三届人大常委会第三十次会议审议通过《上海口岸服务条例》，这是全国首部以强化地方政府口岸服务保障职能、形成优化口岸环境合力为出发点的地方性法规。

12月　上海港集装箱吞吐量突破3000万标准箱。

2012年

3月6日　中国洋山港保税船舶登记启动，洋山保税港区成为全国第一个开展保税船舶登记试点的区域。9月6日，“冠海朝阳”轮完成全部登记手续，成为首艘“中国洋山港”籍船舶。

5月9日　上海市政府印发《上海市加快国际航运中心建设“十二五”规划》，明确到2015年上海要基本实现航运要素与资源全面集聚，初步具备全球航运资源配置能力，形成上海国际航运中心核心功能，为2020年具备全球航运资源配置能力打下框架基础；并提出“十二五”期间上海国际航运中心建设的七项主要任务。这是上海国际航运中心建设的第一个专项五年规划。

8月1日　承运首批启运港退税货物运输的国内支线船舶分别从青岛前湾港、武汉阳逻港出发，前往上海洋山保税港区，启运港退税政策正式启动。

8月10日　交通运输部、上海市政府联合召开合力建设上海国际航运中心阶段总结推进会暨加快推进国际航运中心建设深化合作备忘录签字仪式。

8月　交通运输部和上海市政府共同为“北外滩航运服务总部基地”授牌。

9月15日　由国家旅游局批准设立的“中国邮轮旅游发展实验区”在宝山吴淞口国际邮轮港正式揭牌，这是我国第一个国家级邮轮旅游发展实验区。

12 月 19 日　上海港首次实现对国际集装箱货物的二次集拼和中转运输，洋山保税港区国际中转集拼业务正式启动。

2013 年

2 月 25 日　波罗的海国际航运公会（BIMCO）上海中心正式成立，该中心是全国首家由国际性行业组织设立的民办非企业组织。

8 月 22 日　国务院正式批准设立中国（上海）自由贸易试验区。试验区范围涵盖上海市外高桥保税区、外高桥保税物流园区、洋山保税港区和上海浦东机场综合保税区四个海关特殊监管区域。

9 月 27 日　交通运输部与上海市政府联合发布《关于落实〈中国（上海）自由贸易试验区总体方案〉加快推进上海国际航运中心建设的实施意见》，提出从扩大开放水平、创新航运政策、拓展中心功能、提升服务水平、加强基础建设五个方面加快推进国际航运中心建设。

12 月 26 日　我国第一家专业性航运保险社团组织——上海航运保险协会揭牌。

12 月 31 日　交通运输部批复同意《中国（上海）自由贸易试验区国际船舶登记制度试点方案》，自贸试验区正式开展国际船舶登记。

本年　上海市口岸办联合上海口岸海关、检验检疫、海事和边检全面推行无纸化作业和通关一体化改革，降低综合通关成本，提高通关效率。

2014 年

1 月 30 日　上海市政府办公厅转发《关于本市加快中国邮轮旅游发展实验区建设的若干意见》，提出到 2015 年基本建成全国领先的国际邮轮港，到 2020 年建成亚太区域国际邮轮枢纽港、国际邮轮中心之一。

2 月 21 日　上海国际贸易“单一窗口”试点启动，率先在上海自贸试验区洋山保税港区试点。6 月 18 日，“单一窗口”平台正式上线运行。2015 年 7 月 23 日，上海自贸试验区开展“一站式”申报查验作业，进一步简化口岸通关手续。

6 月 26 日　由新华社国家金融信息中心指数研究院联合波罗的海交易所编制的“新华·波罗的海国际航运中心发展指数”在上海首次发布。

7 月 21 日　太仓港至洋山深水港水上穿梭巴士首航，上海港外高桥不再承接长江上游集装箱中转洋山港业务，重庆、武汉、长沙、九江等长江中上游地区外贸集装箱调整至太仓港集拼再中转至洋山港。

8 月　国务院发布《关于促进海运业健康发展的若干意见》。

9 月 12 日　国务院发布《关于依托黄金水道推动长江经济带发展的指导意见》，同时发布《长江经济带综合立体交通走廊规划》。

2015 年

3 月 28 日　国家发展改革委、商务部、外交部联合发布《推动共建丝绸之路经济带和 21 世纪海上丝绸之路的愿景与行动》。

4 月 8 日　国务院发布《进一步深化中国（上海）自由贸易试验区改革开放方案》，上海自贸试验区的面积由 28.78 平方公里扩至 120.72 平方公里，涵盖保税区片区、陆家嘴金融片区、金桥开发片区、张江高科技片区。

7 月 1 日　经中国保监会批准同意，上海开展航运保险产品注册制改革，航运保险产品注册管理平台正式上线运行。

7 月　上海自贸试验区率先试点“先进区后报检”模式，实现货物到货和入区无缝连接，提升上海口岸物流通关效率。

9 月 19 日　上海市政府办公厅印发《上海市贯彻〈国务院关于促进海运业健康发展的若干意见〉的实施方案》，确定完善港航物流体系、发展航运服务产业、推动海运业改革创新、完善海运业发展环境四项具体任务措施。

12 月 10 日　洋山深水港开港十周年总结报告会举行。会议强调，“洋山精神”是上海城市精神的重要诠释，上海需要传承和弘扬不辱使命的奉献精神、艰苦创业的拼搏精神、求真务实的科学精神、争创一流的进取精神和团结协作的大局精神。

2016 年

1 月　上海市政府发布《上海市国民经济和社会发展第十三个五年规划纲要》，明确到 2020 年，形成具有全球影响力的科技创新中心基本框架，基本建成国际经济、金融、贸易、航运中心和社会主义现代化国际大都市。

2 月 18 日　由中国远洋和中国海运重组建立的中国远洋海运集团有限公

司在上海正式成立。

4 月 1 日　长三角水域率先实施船舶排放控制区政策。

5 月 31 日　中船保商务管理有限公司在上海成立，这是我国第一家国际保赔管理公司。

6 月 23 日　上海市第十四届人大常委会第三十次会议审议通过《上海市推进国际航运中心建设条例》，这是我国第一部关于航运中心建设的地方性法规。

8 月 30 日　上海市政府印发《“十三五”时期上海国际航运中心建设规划》，提出到 2020 年，基本建成航运资源高度集聚、航运服务功能健全、航运市场环境优良、现代物流服务高效，具有全球航运资源配置能力的国际航运中心。

9 月　国务院印发《长江经济带发展规划纲要》，该纲要是推动长江经济带发展重大国家战略的纲领性文件。

12 月 16 日　中国船东协会整体迁址上海并落户北外滩。

2017 年

3 月 30 日　国务院印发《全面深化中国（上海）自由贸易试验区改革开放方案》，要求对照国际最高标准、最好水平的自由贸易区，全面深化自贸试验区改革开放，加快构建开放型经济新体制，在新一轮改革开放中进一步发挥引领示范作用。

5 月 15 日　由联合国国际海事组织（IMO）委托授权，亚洲海事技术合作中心（MTCC-Asia）在上海海事大学成立。

7 月 26 日　中波轮船股份公司“乾坤”轮在上海海事局完成船舶所有权登记，这是首批获批免税进口的中资“方便旗”船在上海落户登记。

10 月 8 日　中国船东互保协会总部迁址上海并落户北外滩。

12 月 10 日　全球最大自动化集装箱码头——上海国际航运中心洋山深水港区四期开港试运行，该工程于 2014 年 12 月 23 日开工建设。

12 月 15 日　国务院批复原则同意《上海市城市总体规划（2017—2035 年）》，确定上海城市性质为长江三角洲世界级城市群的核心城市，国际经济、金融、贸易、航运、科技创新中心和文化大都市，国家历史文化名城，并将建设成为卓越的全球城市、具有世界影响力的社会主义现代化国际大都市。

12 月 29 日　上海港集装箱吞吐量突破 4000 万标准箱。

2018 年

6 月 27 日　上海市政府办公厅印发《上海国际航运中心建设三年行动计划（2018—2020）》，提出打造世界先进的海空枢纽港、优化完善枢纽港集疏运体系等六项重点任务。

9 月 1 日　上海等国内 10 家地方海关启动试点关税保证保险。11 月起，试点范围进一步扩大至全国。

10 月 8 日　上海市政府办公厅印发《关于促进本市邮轮经济深化发展的若干意见》，提出到 2035 年，建成国际一流邮轮港，形成完备的邮轮经济产业链，成为亚太邮轮企业总部基地和具有全球影响力的邮轮经济中心之一。

11 月 5—10 日　首届中国国际进口博览会在上海举行。6—7 日，中共中央总书记、国家主席、中央军委主席习近平在上海考察。他在视频连线洋山港四期自动化码头，听取码头建设和运营情况介绍时指出，经济强国必定是海洋强国、航运强国。洋山港建成和运营，为上海加快国际航运中心和自由贸易试验区建设、扩大对外开放创造了更好条件。要有勇创世界一流的志气和勇气，要做就做最好的，努力创造更多世界第一。他希望上海把洋山港建设好、管理好、发展好，加强软环境建设，不断提高港口运营管理能力、综合服务能力，在我国全面扩大开放、共建“一带一路”中发挥更大作用。

2019 年

7 月 27 日　国务院印发《关于同意设立中国（上海）自由贸易试验区临港新片区的批复》，以及《中国（上海）自由贸易试验区临港新片区总体方案》。方案明确在上海大治河以南、金汇港以东以及小洋山岛、浦东国际机场南侧区域设置新片区，按照“整体规划、分布实施”原则，先行启动南汇新城、临港装备产业区、小洋山岛、浦东国际机场南侧等区域。

10 月 10 日　由文化和旅游部批准设立的“中国邮轮旅游发展示范区”在 2019 Seatrade 亚太邮轮大会开幕式上正式揭牌，这是我国首个国家级邮轮旅游发展示范区。

12月1日　中共中央、国务院印发《长江三角洲区域一体化发展规划纲要》，明确长三角的战略定位是全国发展强劲活跃增长极、全国高质量发展样板区、率先基本实现现代化引领区、区域一体化发展示范区和新时代改革开放新高地。

12月　上海港集装箱吞吐量达到4330万标准箱，连续10年位居世界第一。

后 记

2020年是上海基本建成航运资源高度集聚、航运服务功能健全、航运市场环境优良、现代物流服务高效，具有全球航运资源配置能力的国际航运中心的目标年。自1996年1月国务院正式决定建设上海国际航运中心伊始，特别是洋山深水港开港以来，从装卸转运能力严重不足到连续十年稳坐全球集装箱吞吐量第一大港，从国际航线寥寥无几到联通全球的完善网络，从产业形态单一到聚集航运交易、经纪、保险等各类要素，上海国际航运中心建设取得举世瞩目的成就，也为服务国家战略作出了重大贡献。为了及时记录好上海国际航运中心建设的历史轨迹，中共上海市委党史研究室与上海市交通委员会、上海中国航海博物馆共同合作，历时三年多，编写而成《向海而兴——上海国际航运中心建设亲历者说》一书。

本书的口述者都是上海国际航运中心建设的推动者、建设者和参与者，他们本着对历史负责的精神和严谨细致的态度，回顾了上海国际航运中心建设过程中的重要事件、精彩细节及难忘记忆，还原了许多鲜活的历史现场，有些口述者还提供了很多宝贵的文献史料。

本书在编写过程中得到了各方面的大力支持，交通运输部、国家体育总局、中远海运集团、舟山市委、宝山区委、国家海洋局东海分局、上海海事局、上海市气象局、上海组合港办公室、上海航道局、长江口航道管理局、上海航交所、三航局、三航设计院、上港集团、同盛集团、振华重工、同济大学城市风险管理研究院等单位为我们开展口述访谈提供了帮助。上海人民出版社的领导和编辑为本书的出版倾注了大量心血，在此一并表示感谢！

上海国际航运中心建设涉及领域广、产业跨度大、关联部门多，由于我们水平有限，对于国务院2009年19号文颁布后列入上海国际航运中心建设范畴的口岸和空港建设内容涉及不多。书中疏漏和不足之处，恳请各位领导、专家和广大读者给予批评指正。

编者

2020年5月

图书在版编目(CIP)数据

向海而兴:上海国际航运中心建设亲历者说/中共上海市委党史研究室,上海市交通委员会,上海中国航海博物馆编. —上海:上海人民出版社,2020
ISBN 978-7-208-16395-9

Ⅰ.①向… Ⅱ.①中… ②上… ③上… Ⅲ.①国际航运-航运中心-建设-概况-上海 Ⅳ.①F552.751

中国版本图书馆 CIP 数据核字(2020)第 093944 号

责任编辑 沈骁驰
装帧设计 谢定莹

向海而兴
——上海国际航运中心建设亲历者说
中共上海市委党史研究室
上 海 市 交 通 委 员 会 编
上 海 中 国 航 海 博 物 馆

出　　版 上海人民出版社
(200001 上海福建中路 193 号)
发　　行 上海人民出版社发行中心
印　　刷 常熟市新骅印刷有限公司
开　　本 720×1000 1/16
印　　张 34
插　　页 2
字　　数 531,000
版　　次 2020 年 7 月第 1 版
印　　次 2020 年 7 月第 1 次印刷
ISBN 978-7-208-16395-9/K·2946
定　　价 148.00 元